KB272340

읽는 설교 | 마태복음 강해

하나님을 아는 것을 원하노라!

김주한 지음

드림북

서문

기독교의 신앙은 하나님을 아는 것이며 그분을 닮는 것입니다. 종교적 행위로 색칠을 해서 의로움을 드러내자는 게 아니라 하나님과의 관계성 속에서 의로움입니다. "주일성수 십일조가 아니라 예수 안에서 하나님 자녀 된 자의 실제 삶의 가치와 원리와 내용과 반응과 처신과 기준과 선택에서 세상사람과 뭐가 다르냐!"입니다. 예수님은 "열매는 속에서 맺는 것이지 그럴듯한 모조품을 다는 것이 아니다!" 하셨습니다.

예수님이 맺으신 열매는 '성육신'과 '십자가'입니다. 성육신은 무한이신 하나님이 유한이 되신 사건입니다. 스스로를 가두고 묶고 매어 보다 낮은 차원으로 격하시킵니다. 예수님의 십자가만 고통으로 아는데 성육신은 그보다 더 큰 고통입니다. 우리가 3차원의 시공을 살아가는데 어느날 평면의 2차원에서의 삶은 생각할 수조차 없는 것과 같습니다.

예수님은 어느날 하늘에서 뚝 떨어져 십자가를 지신 것이 아니라 33년의 생애를 사셨습니다. 자라나셨고 일을 하셨으며 길을 가셨습니다. 사람들은 열심과 속도보다 방향이라는 말을 합니다. 절벽으로 달려가는 자동차는 속도가 붙을수록 절망입니다. 저는 방향보다 길인 듯합니다. 인생은 직선거리가 아니기 때문입니다. 우리는 날개가 없음으로 산과 강을 만나면 돌아가야 합니다. 사람들이 말하길 "왜 반대쪽으로 가냐?"고 하겠지만 그러나 분명한 것은 목적지를 향한 길입니다.

절대적 기준인 나침반의 방향을 따라서입니다. 기준이 없으면 세상은 혼돈과 무질서입니다. 누가 동쪽에 있는 겁니까? 서양 사람기준으로 극동이지 우리기준은 아닙니다. 갈수록 세상은 상대화되고 "너의 가치와 신념을 나에게 강요하지 말라!"고 하는 각자도생만 남아있습니다. 그러나 절대자가 인격으로 계십니다. 히브리서 11장 6절에서 "하나님께 나아가는 자는 반드시 그가 계신 것과 자기를 찾는 자들에게 상주시는 이심을 믿어야 할지라!" 여기서 하나님을 찾는 다는 것은 그분의 지식과 목적하심과 뜻을 찾는 것을 의미합니다.

마태복음의 주제가 "예수님이 누구시냐?" 라면 저는 "예수님이 말씀하시는 하나님은 어떤 하나님이시냐?"를 살피려합니다. 예수님이 마태복음 9장 13절에서 바리새인들에게 "내가 긍휼을 원하고 제사를 원치 아니하노라 하신 뜻이 무엇인지 배우라!"하셨기 때문입니다. 다윗도 시편51편에서 "하나님이 제사를 원하셨으면 내가 드렸을 것입니다. 하나님이 구하시는 제사는 상한 심령이라!" 합니다.

내가 그 무엇을 드린다 해도 그것이 하나님께 아무런 감동도, 채움도, 만족도, 기쁨도 안 되는 것을 아는 자의 가난한 마음입니다. 신앙은 내가 가진 재능으로 교회에 기여하고 세상없는 것을 하나님께 드려서 감동시키겠다는 게 아니라 내 인생에 먼저 찾아오셔서서 행하신 하나님의 일하심에 항복하는 것입니다.

하나님은 택하신 약속의 백성들에게 오실 때 그들의 조건과 자격을 보시는 것이 아니라 이와 같은 마음과 중심을 보십니다. 그렇게 오늘도 찾아오시고, 만나시며, 다루시며, 대우하십니다. 하나님이 누구를 찾고 계시며 그 하나님이 어떤 하나님이신지를 알게 되는 우리 모두이기를 기도합니다.

2026, 4, 5, 부활절 아침에 ...

차례

1. { 아브라함과 다윗의 자손 예수 그리스도의 계보라! }

(마태복음 1:13~17)

신약 성경을 처음 열면 마태복음이 있고 누가 누굴 낳고 하는 족보 이야기가 기록됩니다. 저자인 마태사도가 글을 시작하며 족보를 기록한 이유는 동족인 유대인들을 예수 믿게 하기 위해서입니다. 예수가 자신들의 조상인 아브라함과 다윗의 계보를 이어받아 유대인의 왕으로 오셨고 자신들뿐만 아니라 온 세상을 구원할 메시야가 되심을 증명합니다.

그래서 택한 조상이 아브라함과 다윗입니다. 아브라함, 다윗, 바벨론유수, 예수 그리스도를 사이에 두고 3차례에 걸쳐 14대로 이어지는 계보는 유대인에게는 익숙한 그림입니다. 유대인은 히브리어 알파벳을 숫자로도 쓰기에 다윗의 이름은 14를 뜻합니다. 자연스럽게 유대인은 예수 그리스도가 다윗의 왕권을 가지고 오신 분인 것을 연상하게 됩니다.

본래 유대인의 시조는 야곱이기에 야곱부터 시작해야 맞습니다. 그런데 아브라함부터 언급함은 창세기 12장 3절에서 "땅의 모든 족속이 너로 인해 복을 받을거다!" 하셨기에 예수는 우리민족만 구원하는 왕이 아니라 모든 족속을 구원하는 왕임을 밝히기 위함입니다.

그 다음 장인 13장으로 가면 "내가 네 자손에게 복을 주어 하늘의 별처럼 땅의 모래처럼 되게 하리라!" 말씀도 마찬가집니다. 사도바울은 갈라디아 3장 16절에서 "여기서 '자손'을 단수로 하심은 곧 '그리스도'를 가리킴이라!" 예수는 유대민족만의 예수가 아니라 온 세상을 구원할 예수가 되셔야 하기에 아브라함부터 시작합니다.

　　그리고 다윗입니다. 유다 나라의 왕은 다윗의 후손만이 왕권의 정통성을 이어받을 수 있습니다. 북 왕국 이스라엘은 힘 있는 자가 언제든지 쿠데타를 일으켜 왕조가 계속 바뀝니다. 나라가 남북으로 갈라진 이유가 있습니다. 다윗의 아들인 솔로몬이 왕궁과 성전 짓는 토목공사를 벌여 백성들을 혹사시킵니다. 그러면 그 아들 르호보암 때 가서는 백성들을 다독이며 유화정책을 폈어야 했는데 르호보암이 왕이 되어 무슨 말을 하냐면 "우리 아버지가 채찍으로 너희를 대했다면 나는 전갈채찍으로 할거다!" 라고 더욱 강경하게 나옵니다.

　　이에 반기를 든 '여로보암'이라는 신하가 이스라엘 10지파를 이끌고 북쪽으로 가버립니다. 남쪽은 유다와 베냐민지파만 남았는데 베냐민은 작은 지파라 유다에 흡수돼서 그냥 유다지파 이름이 나라 이름이 되어버립니다. 남 왕국 유다는 사무엘하 7장이 일종의 헌법 같은 역할을 합니다. 다윗이 하나님께 "성전 지어드리겠습니다!" 하다가 하나님께서 "내가 너의 집을 지어줄거다!" 약속하시는 말씀입니다.

　　7장 11~16절입니다. "네 몸에서 날 네 씨를 네 뒤에 세워 그 나라를 견고하게 할거다… 네 집과 네 위를 영원히 보존할거다!" 여기서 네 몸에서 날 '네 씨'가 솔로몬을 가리키는 것이지만 그 보다 참된 하나님의 왕국 즉 그리스도가 왕이 되어 다스리시는 하나님의 왕권을 상징합니다. 왜냐하면 이스라엘은 솔로몬의 아들 르호보암 때 나라가 둘로 갈라지고 더 나아가서 두 나라는 모두 멸망하고 없어집니다.

　　그러니까 사무엘하 7장에서 하나님이 약속하신 말씀은 "네 몸에서 날 자 곧 그리스도가 메시아로서 이 땅에 와서 그의 나라를 완전하게 할거다!" 입니다. 복음서에서 소경이 예수님을 부를 때 "다윗의 자손 예수여!" 라고 부릅니다. 메시아를 지칭하는 용어입니다.

　　마태사도가 "아브라함과 다윗의 자손 예수 그리스도의 계보라!" 하고 그의 복음서를 시작할 때 읽는 독자들이 주의해야 하는 것이 있습니다. "씨가 어디 다른데 가지 않는 것처럼 그리스도는 이와 같이 훌륭한 인물을 낳은 가문을 배경으로 해서 오신 분이다!"를 말함이 아닙니다. 족보를 중요하게 여기는 것은 우리나라도 마찬가집니다. 뼈대 있는 가문의 긍지를 갖자는 데는 이견이 없습니다. 그런데 우리나라에 족보가 유독 발전한 이유가 있습니다.

조선후기 두 차례의 왜란과 역시 두 차례의 호란으로 온 나라가 쑥대밭이 되자 지배계층을 향한 민심의 반감은 상당한 것이었습니다. 왜란 때 임금은 자기만 살겠다고 의주로 도망치고 자신의 무능을 덮고자 원균 같은 이를 일등공신으로 올립니다. 호란으로 많은 백성이 청나라에 노예로 끌려갔고 또 돌아온 이를 환향년이라 조롱합니다. 이에 소위 권력층에 대한 민심이반이 극에 달했습니다. 영화 남한산성에서 대장장이가 한 말 중에 "나는 벼슬아치들은 믿지 않아!"가 당시의 시대상을 잘 드러냅니다.

물론 전란의 와중에도 너무나 훌륭한 조상들이 많이 계십니다. 그러나 이 때 대부분의 양반들은 뭘 했냐면 자신들의 입지를 더욱 공고히 결속시키기 위해 "우리는 저런 상것이 아니다!", "우리는 뼈대 있는 가문이다!" 해서 '예학'이라고도 하는 '족보학'을 발전시킵니다. 그런데 아무리 우리 집안 이야기라 훌륭히 보려고 해도 그 조상들이 결국 그 시대 지배층인 외척세력이 되고 당파싸움에 매몰되어 자기들만의 정치적 안위를 위해 살았지 정말 백성은 안중에도 없었다는 것입니다.

이런 말씀드리기는 뭐하지만 족보 자랑하는 분들이라면 조선후기 지배층인데 그분들이 나라를 잘못 이끌어 나라가 일본에 속국이 되게 한 장본인들입니다. 결코 자랑의 족보일 수 없는 자중과 성찰과 반면교사의 족보라는 것입니다.

지금도 정치하시는 분들 보면 정말 나라의 안위를 위하시는 분들인지 의심스럽습니다. 나라를 빙자하여 자신들만의 팬덤 선동 갈라치기만 일삼고 있습니다. 어쩌다가 법 무서운지 모르는 흉악범이 거리를 활보하고 어떻게 된 세상이 선생님의 그림자가 아니라 실제로 선생님을 밟는 세상을 만들었냐는 것입니다.

"우리 예수님이 아브라함 후손이야!", "우리 예수님이 다윗의 자손이야!"가 아니라는 겁니다. 그럼 뭐냐? "하나님께서 아브라함과 다윗을 통해 약속하신 내용을 그리스도가 성취했다!"입니다. 아브라함과 다윗을 기준으로 예수를 보는 것이 아니라 예수에게서 이 분들을 바라보라는 것입니다. 아브라함과 다윗은 여러모로 부족하지만 이 분들에게 주신 말씀을 예수를 통해 이루셨다는 것을 말씀하는 것이 마태복음 1장 1절입니다.

사람들의 족보는 결국은 부끄러운 족보입니다. 우리나라도 그렇지만 여인들은 족보에 그 이름이 오르지 못하는데 마태가 기록한 오늘 족보에는 네 명의 여인이 등장합니다. 다말, 라합, 룻, 우리아의 아내입니다. 다말은 시아버지에게 씨를 받습니다. 해괴망측하다 아니할 수가 없습니다. 라합은 천한 기생 출신 가나안여인이었고 룻은 적대국 모압 여인으로서 다윗의 외증조 할머니가 됩니다. 다윗은 순수한 유대혈통이 아닙니다.

그리고 수치 끝판 왕이 나옵니다. "다윗은 우리야의 아내에게서 솔로몬을 낳았더라!"입니다. 남의 여자를 빼앗아 자식을 낳습니다. 마태는 왕이라고 해서 다 자기 여인이 아님을 밝히며 우리야의 명예를 회복시킵니다. 마태는 왜 이런 감추어야 하는 족보를 일부러 드러내고 있는 것입니까! 사람의 자랑과 혈통과 족보로 이루어진 구원이 아니라는 것입니다. 오직 하나님의 약속인 그리스도 안에서 이루어진 구원이라는 것입니다.

낳고, 낳고, 낳고의 수동태가 쭉 이어지다가 마지막에 '나시니라!'의 능동태가 이 모든 상황을 뒤집습니다. 마태복음 1장 16절입니다. "야곱은 마리아의 남편인 요셉을 낳았으니 마리아에게서 그리스도라 칭하는 예수가 나시니라!" 예수님은 성령으로 잉태되셨기에 실제로는 요셉과는 아무 상관이 없습니다. 그러나 요셉은 마리아와 결혼을 해야 예수님이 요셉의 족보를 물려받을 수 있습니다. 그래야 하나님의 말씀의 성취가 이루어집니다. 오늘의 메시지는 "사람의 족보를 자랑하지 말고 하나님의 약속과 그 약속을 성취하신 예수를 자랑하라!"입니다.

2. { 성육신과 임마누엘 }

(마태복음 2:18~25)

성탄을 맞아서 〈성육신〉과 〈임마누엘〉의 말씀을 전하겠습니다. 먼저 〈성육신〉입니다. 성육신은 창조주가 피조물의 한계 아래 들어오고 시간과 공간의 제약 속으로 자신을 가두신 사건입니다. 스스로의 격을 가장 밑바닥으로 떨어뜨리고 모든 기능을 결박시키셨습니다. 사람으로 하자면 눈을 가리우고 귀를 막고 입을 봉하고 손발이 묶여서 살아가는 것만도 못한 지경입니다. 이 땅 가운데 하나님의 일하심의 방법은 항상 당신을 드러내는 것으로가 아닌 감추고 숨기시는 것으로 입니다.

오늘 본문 21절입니다. "아들을 낳으리니 그 이름을 임마누엘이라 하라 이는 그가 자기 백성을 죄에서 구원할 자이심이라!" 예수님은 정치적 군사적 구원자가 아니라 죄로 인한 사망과 영원, 멸망, 지옥에서 우리를 구원하시는 분이십니다.

요한복음 3장 16절에 "하나님이 세상을 이처럼 사랑하사 독생자를 주셨으니 …", 17절 "하나님이 그 아들을 세상에 보내심은 …" 하나님이 우리의 구원을 위해 아들을 보내셨다는 사실이 우리가 믿었다는 행위보다 우리 신앙과 구원의 본질이며 근원인 것을 놓치면 안 됩니다. 하나님이 하시는 일은 그 일이 외부의 방해나 공격으로 인해 결코 좌절되고 실패를 보지 않습니다. 독생자를 주시고 아들을 보내셨다는 것은 이미 죄인의 구원은 끝났다는 선언입니다.

구원을 안 하실 거면 안 주시고 안 보내시면 됩니다. 그러면 어느날 우리는 모두 지옥에 있는 겁니다. 18절 "믿지 않는 자는 독생자의 이름을 믿지 아니함으로 이미 심판을 받은 것이라!" 믿지 않아서 심판받았다는 게 아니라 심판받아서 지금 안 믿고 있는 겁니다. 반대로 내가 믿어서 구원이 아니라 구원받아서 지금 믿고 있더라 입니다. 시간적으로 뒤를 바라보며 하시는 말씀입니다.

믿음이 먼저가 아니라 구원이 먼저임은 로마서 5장 8절입니다. "우리가 죄인 되었을 때에 그리스도께서 우리를 위해 죽으심으로 하나님께서 우리에게 대한 자기의 사랑을 확증하셨다!"입니다. 예수님의 성육신은 죄인 구원의 시작이면서 또한 완성의 보장입니다.

성탄의 또 다른 의미 〈임마누엘〉입니다. "처녀가 잉태하여 아들을 낳으리니 그 이름을 임마누엘이라 하라!" 임마누엘 즉 "하나님이 우리와 함께 하신다!"입니다. 특별히 우리의 무엇과 함께 하시냐면 '연약함'입니다. 히브리서 4장 15절 "우리에게 있는 대제사장은 우리의 연약함을 동정 못하시는 이가 아니요 모든 일에 우리와 똑같이 시험을 받으신 이로되 죄는 없으시니라!" 동정하다! 체휼하다! 핥고 지나가다! 다 같은 말입니다. 예수님이 안 계시는 곳이 없고 예수님이 안 속한 시간이 없다는 의미에서 임마누엘입니다.

"내가 겪는 이 고통 누가 알까! 하나님도 내 마음은 모르실 거야!" 바로 그 시간 거기 임마누엘입니다. "왜 내게 이런 일이!... 어떻게 이럴 수가 있지!... 이 보다 더 밑바닥은 없을거야!" 바로 그 자리에 임마누엘입니다. 임마누엘 즉 "하나님이 관여하지 않고 하나님이 없는 경우와 지경과 시간은 없다!" 입니다. 처녀가 잉태하여 아들을 낳는 자리까지 임마누엘입니다. 처녀가 잉태하는 건 우리 쪽에서는 기적이고 하나님의 역사이며 독생자를 보내시는 하나님의 방법이지만 세상 쪽에서는 조롱이며 비난이며 정죄입니다.

그러면 "이 모든 경우와 시간 속에 계시면서 왜 보고만 계십니까?"를 물어야 합니다. 멋지게 그곳에 하나님의 살아계심과 주권을 드러내서야지 왜 침묵하시는지입니다. 여기가 매우 중요합니다. 하나님은 "내가 네 옆에 있으니 네가 한 번 해봐!" 그러시는 겁니다. 예수님이 오신 것은 조금 전 말씀처럼 이미 게임 끝난 것이라고 했습니다.

"이미 이긴 자로 이미 구원과 영광과 승리가 보장된 자로 오늘을 살아라!" 입니다. "이미 답을 알고 미래와 운명이 확보된 자로 자신감을 가져라!" 입니다. 잘하면 구원받고 못하면 지옥 간다는 이야기가 아닙니다. 구원은 우리의 선택과 결정의 결과물이 아닙니다.

로마서 8장입니다. "누가 우릴 그리스도의 사랑에서 끊으리요! 환란이나 핍박이나 기근이나 적신이나 위험이나 칼이랴... 이 모든 일에 우리를 사랑하시는 이로 말미암아 우리가 넉넉히 이기느니라! 내가 확신하노니 사망이나 생명이나 천사들이나 권세자들이나 깊음이나 높음이나 어떤 것도 우릴 주 예수 그리스도 안에 있는 하나님의 사랑에서 끊을 수 없으리라!" 이 얼마나 자신에 찬 성경의 외침입니까!

이런 말씀들이 우리를 절망에서 일어나게 하는 것이고 담대한 믿음의 사람이 되게 합니다. 오늘은 성탄절입니다. 그런데 진짜 성탄의 맛은 성탄전야입니다. 당일은 김빠져서 별 감흥이 없습니다. 소풍가는 것과 마찬가집니다. 소풍가기 전날 김밥 싸고 친구들과 먹을 과자 음료수 싸는 맛입니다.

예수님이 오셨습니다. 성육신 하셨습니다. 뭐가 끝난 것입니까? 구원은 끝난 겁니다. 하나님이 함께 하십니다. 임마누엘입니다. 그럼 게임은 어찌되는 겁니까? 이미 이겨놓고 하는 게임입니다. 이미 구원받고 이미 승리하고 이미 영광을 얻은 자로 성탄전야를 누리는 것입니다. 이 날은 이상하게도 사람들의 마음이 다 넉넉하고 푸짐합니다. 눈까지 내린다면 사람들의 마음이 더욱 열립니다. 그 심리를 이용해서 백화점은 지갑도 열라고 합니다.

그 가운데 우리 성도들은 이미 이긴 자의 삶으로 오늘을 넉넉하게 품을 수 있기를 소망합니다. 제가 드린 말이 언어의 유희가 아니라 힘겨운 우리의 삶속에 능력으로 역사하는 은혜가 있기를 기도합니다.

　사실 오늘 성탄의 메시지는 지난 여름 은혜를 받고 준비한 말씀입니다. 말씀을 미리 주신고로 저에게는 이미 확보된 6개월이었습니다. 내년 한 해도 말씀을 미리 받고 내일이 보장된 삶을 담대하게 살아가시는 성도들이 되시기를 축복합니다.

3. { 회개하라! 천국이 가까이 왔느니라! }

(마태복음 3:1~12)

오늘 말씀의 제목은 세례요한과 예수님이 외친 "회개하라 천국이 가까이 왔느니라!"입니다. 세례요한은 예수님보다 6개월 먼저 나서서 예수님이 오시는 길을 평탄케 하는 소임을 맡은 사람입니다. 마태복음 바로 앞장이라 할 수 있는 말라기 4장 5절을 보면 "내가 엘리야를 보내리라!"가 예언됩니다. 마태복음 17장에서 예수님의 제자들이 묻기를 "서기관들이 그러는데 엘리야가 와서 나라를 회복한다!"고 합니다. 예수님은 말씀하시길 "사람들이 알아보지 못해서 그렇지 엘리야가 벌써왔느니라!" 하셨습니다. 그제서야 제자들은 엘리야가 세례요한임을 깨닫습니다.

11절 세례요한의 말씀이 중요합니다. "나는 너희를 회개케 하려고 물로 세례를 주지만 내 뒤에 오시는 이는 능력이 많은 분으로 성령과 불로 세례를 주실거다!" 세례요한의 세례가 죄인임을 자각하고 회개를 촉구하는 물세례라면 예수님의 세례는 회개하고 믿는 자에게 부어주시는 성령세례입니다. 우리가 예수 믿어서 받는 세례가 다 성령으로의 세례입니다. 성령의 은사가 동반되기도 하지만 아닐 수도 있습니다.

세례요한이 특별히 누구를 지명하여 회개를 촉구하냐면 바리새인들과 사두개인들입니다. 8절입니다. "독사의 자식들아 너희가 어찌 임박한 하나님의 진노를 피하겠느냐 속으로 아브라함이 우리 조상이라 하지 말고 회개하라 도끼가 나무뿌리 옆에 놓였으니 회개치 않는 자는 찍혀 불 가운데 던지우리라!" 조상과 족보와 혈통에 의한 구원이 아니라 죄의 고백과 회개를 통한 하나님의 긍휼과 용서로 얻는 구원임을 강조합니다.

당시 바리새인 사두개인들은 종교적, 윤리적, 사회적으로 흠잡을 데가 없는 사람들이었습니다. 종교적으로 규율에 어긋남이 없었으며, 윤리적으로 깨끗했고, 사회적으로도 모든 이들의 존경을 받고 있었습니다. 그래서 그들은 생각하길 당연한 구원, 당연한 천국, 당연한 영생입니다. 여기다 대고 세례요한은 "회개하라! 천국이 가까웠다! 천국에 들어가려면 예수 믿어야 한다!"라고 하자 이들은 "무슨 소리냐! 우리가 하나님을 얼마나 잘 섬기고 있는데 천국은 당연히 우리거다!"

복음서 내내 예수님과 바리새인간의 대립입니다. 바리새인들은 "자기들은 하나님을 누구보다 잘 안다!"는 것이고 예수님은 "나를 모르고서 어찌 하나님을 알 수 있단 말이냐! 하나님을 안다면 결코 나를 모를 수 없다!"입니다. 기독교는 오직 예수로만 열리는 하나님의 세상입니다. 마치 우리가 지금 세상을 살아가면서 전기가 들어와야 이 모든 것이 비로소 존재로서의 가치와 기능을 갖는 것과도 같습니다. 도시에 전기가 모두 끊겼다고 가정하면 말 그대로 블랙아웃입니다. 컴퓨터, 전자기기, 가전제품, 가로등, 엘리베이터 등등 이 모든 도시의 인프라와 문명의 이기들은 다 무용지물이고 존재의 가치를 상실합니다. 어둠이고 혼돈이고 무용함입니다.

마찬가집니다. 예수가 들어가지 않은 모든 존재는 블랙아웃 상태입니다. 그 존재로서 기능하지 못하고 마지막에 쓸어 담아 버리면 그만인 무익한 존재가 됩니다. 오직 예수로만 하나님의 창조와 이 모든 세상을 볼 때 전기가 들어온 것입니다. 모든 것이 똑바로 보입니다. 예수가 들어가지 않으면 깜깜함과 무지와 혼돈 속에 진화론이나 이야기하는 것이고 길과 진리를 찾지 못하다가 스스로 망합니다.

예수생명이 들어와 있는 저와 여러분인 것을 믿습니다. 예수 없는 세상의 마지막은 어둠이고 혼돈이고 사망입니다. 성경에서 생명과 사망을 논할 때는 생물학적 의미가 아닙니다. 하나님과의 올바른 관계를 맺고 있을 때 생명이라 하고 하나님과의 관계가 끊겨있을 때를 사망이라 합니다. 하나님은 아담과 하와에게 "선악과 먹는 날에는 정녕 죽이리라!" 하셨는데 "그들이 정말 선악과 먹고 죽었나요?" 안 죽었습니다. 나뭇잎으로 옷 해 입고 있다가 하나님이 가죽옷으로 바꿔주시고 에덴동산에서 쫓겨났습니다.

오늘 "회개하라! 천국이 가까웠다!" 하심은 "하나님께서 보내신 예수를 믿고 생명을 회복하라!"입니다. 원수 되었던 하나님과의 관계를 회복하는 것으로의 생명입니다. 아담과 하와는 타락 전에는 생명이 있었으나 타락 후에는 생명을 상실합니다. 고린도후서 5장 17절 "그런즉 누구든지 예수 그리스도 안에 있으며 새로운 피조물이라 이전 것은 지나갔으니 보라 새것이 되었도다!"

이제 후로는 하나님과의 관계가 회복된 자로서의 지위와 신분을 누릴 수 있어야 합니다. 하나님과의 관계가 회복되어 그분의 자녀가 된 자가 갖는 특권이 있습니다. 그것은 "기도를 할 수 있다!"는 것입니다. 기도는 누구나 다 하는 것인데 그게 무슨 특권이냐 하고 좀 싱겁게 들릴 수 있습니다. 많은 사람들이 기도해서 뭘 받아내는 것만 특권으로 압니다. 여기가 이제 한국 교회의 수준이고 기복주의로 인한 병폐입니다.

혹시 내가 언제고 하나님을 아버지로 부를 수 있다는 사실에 감동되어 감사가 우러나오신 적 있나요? 물론 기도는 응답을 구하기 위함입니다. 그러나 어린아이가 땡깡 부리듯이 응답이 있으면 하나님이 계신 것이고 없으면 안 계신다는 수준에 있다면 그 신앙은 아직 먼 겁니다. 기능을 이야기하기 전에 존재를 확인하자는 것입니다. 기도를 말할 때 "방법론으로만 삼으려하지 말고 하나님과의 관계성에서 신뢰를 구축하는 곳으로 가져가라!" 입니다.

로마서 8장 14절입니다. "하나님의 영으로 인도함을 받는 사람은 하나님의 아들이라 다시는 무서워하는 종의 영을 받지 않고 양자의 영을 받았음으로 아빠 아버지가 부르짖느니라 성령이 친히 우리 영으로 더

불어 우리가 하나님의 자녀인 것을 증거하나니…"

자녀는 아버지를 부르는 것입니다. 아버지의 영이 없으면 아버지를 부를 수 없습니다. 우리에게 아버지의 영을 주셔서 아버지를 부를 수 있게 하신 우리 하나님께 감사와 영광과 찬송을 드릴 수 있는 우리 모두이기를 축복합니다.

아버지가 계신 곳은 천국입니다. 땅에 있는 그의 자녀들을 최종적으로 부르시는 곳입니다. 회개하고 예수 믿어야만 천국과 구원과 영생이 우리 것이 됩니다. 혹 예수 안 믿으시는 분이 계시면 회개하고 예수믿어 천국에서 모두 만나기를 간절히 소망합니다.

4. { 세 가지 시험 }

(마태복음 4:1~11)

마귀가 예수님께 던진 세 가지 유혹을 함께합니다. 예수님은 요단강에서 세례요한에게 세례를 받으시고 성령에 이끌려 광야에서 40일을 금식하셨습니다. 금식을 마치실 때 마귀가 예수님께 다가와서 세 가지 유혹을 합니다. 마귀의 시험은 유혹으로서의 시험이지 실력을 알아보는 테스트가 아닙니다. 제일 먼저 돌을 떡으로 만들어 먹으라고 합니다. 예수님은 신명기 8장 3절의 말씀으로 유혹을 물리치셨습니다. 유혹은 물리치는 겁니다. 하라는 대로 하면 유혹에 넘어간 겁니다.

똑 같은 유혹이 저 같은 사람에게는 주어지지 않습니다. 왜냐하면 저는 돌로 떡을 못 만듭니다. 예수님에게 이것이 유혹으로서의 시험이 되는 것은 이것을 할 수 있는 능력이 있기 때문입니다. 그러나 예수님이 이것을 행하게 되면 "나 이정도야! 니들 까불지 마!"식의 자기 증명과 높임과 자랑이 됩니다. 예수님은 자기를 증명하기 위해 오신 분이 아니라 자기를 부인하고 종이 되어 많은 사람의 죄를 대신해서 죽으시는 대속의 제물이 되기 위해 오신 분이십니다. 메시아직분은 자기증명이 아니라 자기부인입니다.

마귀가 저에게 "포르쉐 벤트리 타고 도로를 누벼라!" 유혹한다면 제게는 아무런 시험거리가 아닙니다. 그런데 수백억 자산가와 그의 자녀들에게 마귀가 "이런 차를 타고 너를 자랑하고, 너를 높이고, 폼 잡고, 행세하라!" 하면 얼마든지 시험에 빠집니다. 자기를 드러내고 증명하는 자기애가 지나치게 강한 나르시즘의 사람들은 모든 시간과 자리를 오직 자기를 높이지 않으면 견디지를 못합니다. 벌써 시험에 깊이 빠져 있는 것과 다름없습니다.

예수님이 인용하신 신명기 8장 3절의 말씀을 잘 이해합니다. "너희를 낮추고 주리게 하시며 만나를 먹이신 것은 사람이 떡으로만 사는 것이 아니요 하나님의 입에서 나오는 모든 말씀으로 사는 것을 네게 알게 하려 함이라!" 이 말씀이 있기까지 모세는 민수기에서 "너희가 애굽을 나와 광야 길을 행하며 먹을 것이 없다고 불평했다!", "우리를 다 광야에서 죽이려고 끌어냈다!"고 원망했다. 그리고 하는 말이 "먹을 것만 충족되면 하나님은 잘 섬길 수 있다!"고 했다.

그래서 하나님은 "너희가 정말 그런지 한 번 그렇게 해보자!" 해서 "광야 40년 동안 만나와 메추라기를 주신거다!" 그랬더니 결과가 어떻게 나왔냐면 "외적 요건이 변하고 환경이 좋아진다고 해서 하나님을 잘 섬기는 것이 아니더라!"를 너희가 경험해서 알았으니 "사람이 외적 환경으로 사는 것이 아니라 하나님의 말씀을 먹고야 살 수 있는 거구나!"를 고백하게 하기 위해 "지난 40년간 만나가 내린 거다!"의 의미가 마지막 "네게 알게 하려 함이라!"입니다.

두 번째 시험은 독특합니다. 마귀하고 하나님 말씀은 같이 다니지 않는 것인데도 불구하고 마귀는 하나님의 말씀을 가지고 예수님을 유혹합니다. 시편 91편 말씀입니다. 거룩한 성중 높은 곳에 예수님을 세우시고 뛰어내리라고 합니다. "네가 하나님의 아들이면 천사를 시켜서 널 다치지 않게 할거다!", "그러니까 말씀을 똑바로 알지 못하면 하나님 말씀으로도 얼마든지 시험에 들 수 있다!" 입니다. 모든 이단들은 자기들의 성경해석이 진리이고 자신들이야말로 말씀으로 똘똘 뭉친 자들이라 자부합니다. 말씀을 바르게 깨달을 수 있는 분별과 지혜와 안목이 있고 그 다음에 간절함 열심 진심이 의미를 지닙니다. 열심과 진심이 이단에게 속한 것이라면 그 진심이 열심을 가질수록 하나님과는 멀어지게 됩니다. 진정성으로 하면 불상 앞에 108배, 3000배, 티벳의 오체투지를 따라갈 진정성이 없습니다. 대상이 없는 허망한 자기만족의 거짓신앙입니다.

"하나님 말씀이 여기 있다! 어서 뛰어내려라! 하나님이 틀림없이 널 지켜줄거다!" 마귀가 하라는 대로 하면 유혹에 넘어간 것입니다. "네가 정말 하나님의 아들이라면 높은 곳에서 뛰어내려도 하나님 말씀대로 정말 천사들을 시켜 너를 상하지 않게 하실지 한번 시험해보라!" 입니다. 예수님은 역시 신명기 6장 16절의 말씀으로 물리치셨습니다. "너희가 맛사에서 시험한 것 같이 하나님을 시험치 말라!"입니다. 이때도 이스라엘은 물이 없어 불평할 때 무슨 말을 했냐면 "하나님이 우리 중에 계신가 하더라!", "하나님은 없다! 있어도 우리를 돕지 않는다!"입니다.

도무지 믿지 않는 이스라엘 백성에게 하나님이 "날 한 번 시험해봐라!"고 하신 것은 십일조 밖에 없습니다. 그러나 이건 하나님 편에서의 말씀이고 하나님을 섬기는 우리는 하나님을 시험할 수 없습니다. 마가복음 16장을 보면 "믿는 자에게는 이런 표적이 따르리니 뱀을 집으며 무슨 독을 마실지라도 해를 입지 않으며 …" 이 말씀을 정말 그런지 시험해 본 사람이 교회사에 있다는 것입니다. 미국의 어떤 목사는 뱀 들고 설교하다 물려 죽었으며 한국의 어떤 목사는 독을 마시고 죽었습니다. 그 어떤 경우에도 하나님은 믿음의 대상이지 시험의 대상이 아닙니다.

마지막 8~10절입니다. 마귀가 천하만국의 영광을 보여주며 "날 경배하면 이 모든 나라의 영광을 다 네게 주겠다!"입니다. 예수님은 역시 신명기 6장 13절의 "주 너의 하나님을 경배하고 다만 그를 섬기라 하였느니라!"의 말씀으로 물리치십니다. 여기서 마귀가 천하만국의 영광을 보여주었다는 것은 우리가 세상에서 누리고자 하는 자랑과 높음과 권세입니다. 세상이 우리를 만족시켜주는 것들입니다. 마귀가 자기에게 절하라는 것은 결국 세상에서 난 지위, 재물, 명예 이런 것에 절하고 섬기라는 말입니다.

그러나 우리는 세상에서 난 것으로 만족해서 사는 사람들이기전에 하나님의 것을 공급 받아야 만이 살수 있다고 고백하는 사람들입니다. 하나님이 왜 우릴 연단시키시고 훈련시키시며 끊임없는 도전을 주시는 겁니까. "나는 너를 세상으로만 만족해서 살게끔 그렇게는 못 놔두겠다!"입니다. "나를 만난 기쁨을 알게 하고, 말씀의 맛을 알게 하며, 나를 아는 지식을 갖게 하겠다!"입니다.

지난 시간 왜 하나님이 선악과를 아담과 하와 앞에 두셨다고 했나요? 선악과가 자체에 어떤 사람을 죽이고 살리는 기능이 있었던 게 아니라 그거 하나 금령으로 두는 것으로서 이 모든 일의 최종권위자가 네가 아님을 알리는 일종의 상징이었다는 것입니다. "모든 판단과 기준과 가치가 하나님의 말씀에 따라 결정되는 거지 네가 정하는 게 아니다!"입니다.

그럼에도 선악과를 먹고 타락하게 되자 하나님이 뭐라 하시냐면 "쟤들이 선악을 아는 일에 우리중 하나같이 되었다!" 하십니다. 진리를 기준해서 선악을 아는 게 아니라 자기 맘대로 기준해서 선악을 나눈다는 의미에서 선악을 아는 일에 우리 같이 되었다 입니다. 모든 사람들이 다 자기를 기준해서 선악을 나눕니다. 세상이 왜 이렇게 혼란스럽고 대립 반목 분열이 계속 되는 것입니까! 나름대로의 선악을 살아가기 때문입니다. 내가 하면 로맨스고 남이 하면 불륜입니다. 세상을 경배한다는 것은 세상의 가치와 원리와 기준을 경배한다는 것이고 하나님을 경배하는 것은 가치와 기준과 생명과 진리를 논할 때 하나님의 것으로 나의 것을 삼겠다 입니다. 세상을 경배하면 결국 자기들끼리 싸우다 망하겠지만 하나님을 경배하는 성도는 진리와 생명 안에 영원히 거하게 됨을 믿습니다.

5. { 천국과 치유 }

(마태복음 4:18~25)

예수님이 공생애를 시작하신 후 처음으로 하신 일은 제자를 부르신 일입니다. 갈릴리의 평범한 어부들이었던 베드로, 안드레, 요한, 야고보를 제자 삼으셨습니다. 예수님은 이 모든 일을 혼자 하실 수 있지만 우리에게 일을 같이 하자고 부르십니다. 사도바울은 죄인 중 괴수인 나를 동역자로 불러주심에 감사하고 있습니다. 에베소서 4장 11절입니다. "어떤 이는 사도요 어떤 이는 선지자요 어떤 이는 복음전도자요 어떤 이는 교사와 목사로 삼으셨으니 이는 성도로 온전케 하며 봉사의 일을 하게하며 그리스도의 몸을 세우게 함이라!"

오늘 부름 받은 제자들이 나중에 사도들이 됩니다. 이들이 부름 받을 때의 모습을 볼 필요가 있습니다. 20절에 베드로와 안드레는 "그물을 버려두고…" 22절 요한과 야고보는 "배와 아버지를 버려두고 예수를 따르니라!"로 되어있습니다. 여기서 주의해야 할 것이 있습니다. 주의 제자가 된다는 것이 "현실을 다 내 팽개치고 주를 따른 다는 것이냐!"의 질문입니다. "인생 어차피 모 아니면 도인데 예수가 진리인고로 직장도 가정도 내팽개치고 선교하러 떠나는 것이 온당하고 성경적이며 바른 처사냐!" 의 질문입니다. 이단으로 갈수록 이게 바른 처사가 되지만 정통신앙으로 갈수록 그렇지 않습니다.

하나님이 내 가정을 돌보라는 사명을 주시고 내 가정으로 보내셨다는 사명감이 복음전도자의 사명보다 결코 못하지 않습니다. 교회일은 하나님일 가정일은 세속일이라는 이원론에서 탈피해야 합니다. 이 모든 일은 다 하나님의 일입니다. 오늘 제자들이 주를 따를 때 표현한 "다 버려두고…"가 모 아니면 도라는 식의 급진적이고 극단적인 말씀이 아닙니다. 다른 복음서를 종합해보면 제자들은 배도 여러 척 있고 집에 하인들도 있었습니다. 베드로는 장모의 열병을 챙기는 가정적인 사람이었으며 나중에 사도행전에서는 부인을 데리고 선교 다닙니다. 요한도 예수님이 십자가에서 운명하시며 어머니 마리아를 부탁하자 그날부터 자기 집에 모셨다고 했습니다. 다 버렸는데 자기 집이 어디 있습니까!

다음으로 예수님이 오늘 제자들을 부르셔서 무엇을 가르치시고 어떤 일을 하셨는지 4장 23절에 기록됩니다. 예수님이 가르치신 것은 '천국복음'이며 하신 일은 '약한 것을 고치는 일' 이셨습니다. 먼저 천국복음입니다. 예수님은 우리에게 구원을 주시기 위해 오신 분이십니다. 다른 말로 하면 천국 보내는 것입니다. 천국을 주고, 천국을 알게 하며, 천국을 누리게 하기 위함입니다. 예수님이 무슨 말씀을 하고 계신지에 집중해야 합니다. 사람들은 예수님이 주시는 말씀보다 자기가 듣고 싶은 말만 들으려합니다. 사람들이 주로 듣고 싶은 건 "내가 하나님께 이렇게 했더니 하나님이 이렇게 갚아주셨다!"는 간증입니다. 그러나 간증보다 중요한 것이 천국입니다.

마태복음을 천국기독론이라고 하는데 예수님의 가르침 많은 부분이 "천국은 마치~"로 시작되기 때문입니다. 대표적인 장이 마태복음 13장입니다. "천국은 사람이 자기 밭에 심을 겨자씨 같다. 천국은 마치 여자가 가루 서 말 속에 넣은 누룩 같다 천국은 마치 밭에 감추인 보화 같다. 천국을 아는 것이 너희에게는 허락되었지만 저희에게는 아니다." 예수님이 천국을 가르치신 것은 세상과는 다르기 때문입니다. 천국을 살아가는 원리와 질서와 윤리는 어떻게 다른지? 천국에서는 어떤 가치와 기준에 따라 참과 거짓이 나뉘는지? 천국에선 무엇을 중요하게 여기며 무엇을 하찮게 여기는지? 입니다. 예수님은 우리가 죽어 천국에 들어가서 낯선 세상을 만나게 하지 않으시고 이곳에서 미리 천국을 맛보게 하십니다.

예수님이 말씀하시길 "귀신이 쫓겨 가는 것을 보았다면 이미 천국이 너희 가운데 임하였다!" 하셨습니다. 천국의 주권자이신 예수님과 함께 이미 천국이 여기와 있다는 말씀입니다. 나라가 이루어지는 세 가지 요소가 있습니다. 주권, 백성, 영토입니다. 그런데 사람들은 나라하면 대부분 땅을 생각합니다. 미국 같은 큰 땅을 가진 나라와 남평양의 아주 작은 섬나라 같이 영토 개념으로 나라를 생각하는데 사실 나라의 제일 요소는 통치권이라고도 하는 주권입니다.

천국의 주권자는 예수님이십니다. 그리고 그의 백성인 성도가 우리들입니다. 그런데 영토는 여기가 아닙니다. 예수님이 요한복음 18장 36절에서 "내 나라는 이 세상에 속하지 않았다!" 하셨습니다. 영토가 여기가 아니라는 말씀입니다. 천국은 영토를 지닌 실제하는 나라입니다. 그 곳은 밟을 수 있는 땅이 있고, 나무와 돌이 있으며, 바람이 불고 물이 흐릅니다. 여기와 다른 것은 상함과 해함이 없고, 이별과 비극이 없고, 아픔과 눈물도 없고, 다시 죽는 일이 없습니다.

지금 여기서는 완전한 천국을 누릴 수 없지만 천국을 미리 맛보기 위해 주신 곳이 있습니다. 그곳은 우리의 가정입니다. 가정은 세상의 이해관계로 다스려지는 곳이 아니라 사랑으로 다스려지고 유지 보존되는 곳입니다. 하나님이 그의 백성들에게 미리 맛보라고 주신 가정천국을 귀하게 여기시고 지키시길 바랍니다. 마귀는 결국 여기를 무너뜨려 천국을 맛보지 못하게 합니다. 천국은 나 혼자 누리는 곳이 아니라 같이 누립니다. 지상천국은 멀리 있는 게 아니고 가장 가까이 있는 내 가정입니다.

다음으로 예수님이 하셨던 주된 사역은 23절 후반의 말씀처럼 "모든 병과 모든 약한 것을 고치는 일"이었습니다. 예수님이 가시는 곳 마다 놀라운 치유사역이 나타납니다. 병드는 것도 약하기 때문입니다. 소경이 눈 뜨고, 앉은뱅이가 일어나고, 중풍병자가 고침을 받고, 죽은 이가 살아나는 기사와 표적들이 나타나는데 이것이 다 '미라클' 로서의 '기적'이 아니라 '세메이온'으로서의 '표적'이라는 것입니다. '기적'과 '표적'이 다릅니다. 기적은 "나 이런 사람이야!" 라면 표적은 "나 메시아야!"입니다. 저와 여러분이 기적의 예수님이 좋아서 예수님께로 가면 예수님은 물리치시지만 표적의 예수님을 보고 예수님께 가면 기뻐하십니다.

단순히 놀라운 흥밋거리로서의 기적이 아니라 내 죄를 대신 지시기 위해 이 땅에 오신 메시아로서의 표적을 보는 것입니다. 오병이어를 경험한 사람들이 예수님께로 왔을 때 예수님은 "너희가 날 따라온 것은 표적을 본 까닭이 아니요 먹고 배불렀기 때문이다!" 하시며 물리치셨습니다. '먹고 배불렀다'는 말씀이 '기적만 보고 따라 왔다' 입니다. 예수님이 행하신 모든 이적들을 보면서 표적(세메이온)을 보아야지 기적(미라클)을 보면 안 됩니다.

마태복음 10장 1절을 보면 예수님은 이와 같은 표적들을 제자들에게도 나타나게 하십니다. "예수께서 그의 열두 제자를 부르사 더러운 귀신을 쫓아내며 모든 병과 모든 약한 것을 고치는 권능을 주시니라!" 지금도 병 나음의 치유사역이 하나님의 사람들을 통해 나타날 때 "와 놀랍다!"의 기적으로 가면 안 되고 "예수님이 날 위해 죽으셨구나!"의 표적으로 가야함을 믿습니다.

"친히 나무에 달려 그 몸으로 우리 죄를 담당하셨으니 우리가 죄에 대하여 죽고 의에 대하여 살게 하심이라 저가 채찍에 맞음으로 너희는 나음을 얻었나니..." (벧전2:24)

6. { 팔복 }

(마태복음 5:1~12)

1절을 보면 "예수님이 무리를 보시고 산위에 앉으시니 제자들이 나아온지라!" 로 되어있습니다. 지금 예수님 앞에 있는 사람들은 불신자들이 아니라 이미 믿는 자들입니다. 예수님은 "심령이 가난한 자는 복이 있나니... 애통하는 자는 복이 있나니... "하시면서 8가지의 복을 말씀하시는데 주의해야할 것이 있습니다.

'가난하고 애통하며 온유해야 하는 조건을 만족할 때 복 있는 자가 된다!'는 의미가 아니라 '이미 복 있는 자들이기에 심령이 가난하고 애통하며 온유하다!'입니다. 좀 더 정확한 번역은 "복 받은 자들은 심령이 가난하다!(Blessed are the poor in spirit)"입니다. 그러니까 지금 예수님 앞에 말씀을 들으려고 나와 앉은 제자들은 이미 복 받은 하나님의 자녀이며 택한 백성이고 부름받은 천국백성입니다. "천국백성 되려면 최소한 이 정도는 되어야하지 않겠니!"의 팔복이 아니라 "천국백성은 그의 삶에서 항상 이와 같은 상태를 보인다!"의 팔복입니다.

8가지의 상태를 보면 공통점이 있습니다. 한 가운데를 관통하는 맥입니다. 이 모든 것이 철저히 하나님과 나와의 관계성 속에서 나타나는 현상이고 반응이며 내용이라는 것입니다. 믿지 않는 자는 하나님과의 관계성이 없습니다. 이를테면 주일예배 못 드렸다면 믿는 자는 그 마음에 자책이 일어납니다. 하나님과의 관계성에서 일어나는 마음입니다. 그러나 불신자는 하나님과의 관계성이 없기에 아무 반응이나 느낌이 없습니다.

먼저 심령이 가난한 것은 하나님 앞에 내가 무엇을 내놓을 것이 없다는 가난입니다. 하나님 앞에 보란 듯이 "여기 있습니다!" 할 수 있는 게 없습니다. 내 속엔 하나님을 기쁘시게 할 만한 것이 하나도 없다는 가난입니다. 하나님 앞에 설 때 그렇게 자신 있거나 떳떳하지 않습니다. 하나님 앞에 복 있는 자의 마음상태입니다. 두 번째 애통하는 자도 마찬가집니다. 심령의 가난과 연결됩니다. 이 애통은 통회 자복 회개하는 자의 애통입니다. 시편 51편에서 다윗이 밧세바를 범하고는 회개할 때 주께서 제사를 원하시면 제사들 드리겠습니다. 은금을 원하시면 드리겠습니다. 그러나 주께서 원하시는 제사는 상한 심령이라고 합니다. "나의 실체는 그냥 숨 쉬는 것이 죄입니다!"를 고백한 것입니다.

세 번째 온유한 자도 의미가 연결됩니다. 죄 지은 자가 무슨 할 말이 있고 목에 핏대 세우고 성질 낼 일이 있냐는 겁니다. "죄인은 입이 열 개라도 할 말이 없습니다!" 의 온유입니다. 하나님과의 관계성에서 이런 모습이 나타난다는 것입니다. 네 번째 의에 주리고 목마른 자의 모습도 지금까지 발견한 자기인식의 답을 찾는 과정입니다. 이 사람이 지금 왜 의에 주리고 목마른 겁니까! 왜 사슴이 시냇물 찾기에 갈급함 같은 갈급함이 있는 겁니까! 내 것이 없고 내 것으로는 안 되기에 하나님의 것을 구하는 것입니다. 하나님의 의와 하나님의 선하심과 하나님의 자비를 얻기 위한 주림과 목마름입니다.

다섯 번째 긍휼히 여기는 자는 내가 하나님의 놀라운 용서와 불쌍히 여김을 받았는데 누구를 비난하고 정죄할 수 있는가에 대한 반문입니다. 긍휼을 입은 자로서 긍휼히 여기는 것이고 반대로 긍휼이 여겼기에 긍휼이 여김 받는 하나님과 나와 이웃사이의 긍휼순환입니다. 우리의 구원은 긍휼이 여김 받는 것으로의 구원이라는 것을 잊으면 안 됩니다.

다음은 "마음이 청결한 자가 복이 있다!"입니다. 하나님 앞에 나가는 사람은 어떤 다른 속이 있지 않다는 말씀입니다. 인맥을 쌓기 위해, 장사를 하기 위해, 혹은 표를 의식하고 하는 식의 사적유익을 위해 신앙을 이용하지 않습니다. 오직 하나님과 나 사이의 죄만 보는 것입니다.

하나님 앞에 감히 갈수 없는 나의 허물과 죄만 보이는 사람이 마음이 청결한 사람입니다. 청결한 자는 하나님을 볼 것입니다.

일곱 번째는 화평케 하는 자의 복입니다. 하나님과의 화목을 이룬 자로 이 땅을 살아갈 때 마찬가지로 화목을 도모한다는 것입니다. 조금 전 긍휼히 여기는 것과 일맥상통합니다. 긍휼을 받아서 긍휼히 여기듯이 화목을 주셨기에 또한 화목을 이루는 자로 살아갑니다. 하나님의 아들인 예수가 이 일을 이루셨습니다. 반대로 분열과 대립과 반목은 사탄마귀의 일입니다. 그들의 이름인 '디아볼로'에서 알 수 있듯 '갈라놓는 자'입니다. 내가 지금 하는 일을 통해서 하나 되게 하고 있는지 아니면 가르고 있는지 살펴야 합니다.

마지막 8번째는 "의를 위해 박해를 받는 자는 복이 있다!" 입니다. 여기서의 의는 '사람의 의'가 아니라 '하나님의 의'입니다. 하나님의 의는 한 마디로 예수입니다. 11절에 "나로 말미암아 너희를 욕하고 핍박하고…" 여기서 '나'가 바로 '하나님의 의' 입니다. 세상은 자기의 의를 높이고 찬양하며 숭배하지 결코 하나님의 의인 예수를 받으려 하지 않습니다. 그러나 우리는 오직 하나님의 의인 예수를 나의 의로 삼고 이 세상에서 받는 불이익과 핍박과 조롱에도 흔들리지 않습니다. 천국이 그의 것이라고 말씀합니다.

처음 심령이 가난한 자가 받을 복도 천국이 그의 것이라 하셨습니다. 결국 팔복은 천국으로 열고 천국으로 닫습니다. 그리고 그 천국을 가는 사람들은 지금 말씀드린 8가지의 마음상태로 세상을 살아갑니다. 이 8가지는 결코 하나님 앞에 "내가 이 정도 했습니다!", "이 만큼 드렸습니다!"의 넉넉하고 흐뭇하고 자신 있는 자의 모습이 아니라 하나같이 주리고 목 마르며 갈급한 자의 모습입니다.

복이 무엇입니까! 모든 자리와 시간에서 하나님을 바라고 하나님을 갈급한 상태가 곧 성경이 말씀하는 복입니다. 천국에 뿌리를 내리고 천국의 것을 공급받는 자입니다. 시편1편 3절에서 복 있는 자를 이렇게 설명합니다. "그는 시냇가에 심은 나무가 시절을 쫓아 과실을 맺으며 그 잎사귀가 마르지 아니함 같으니 그가 하는 모든 일이 다 형통함이로다!"

7. { 가난한 마음 }

(마태복음 5:1)

성경에서 참 풀기 어려운 인물입니다. 난해한 본문만큼이나 난해한 인물을 들자면 단연코 이 사람입니다. 많은 사람이 좋아하면서 내막을 알면 결코 좋아할 수 없는 사람인 것만은 분명합니다. 그 이름은 솔로몬입니다. 사람과 그림은 멀리서 보아야 한다는데 가까이서 볼수록 도무지 알 수 없는 양극단에 놓인 인물이라고 할 수 있습니다.

무려 천 명의 이방여인과 정략결혼을 하면서 온 국토를 그 여인들이 가져온 우상의 전시장을 만들어버릴 뿐만 아니라 거기서 분향까지 하게 됩니다. 2장에서 아버지 다윗 왕이 유언을 네 가지를 하는데 밑으로 세 가지는 2장에서 다 지켰는데 반해 가장 위의 계명인 하나님을 경외하고 우상을 멀리하라는 유언은 가벼이 여깁니다.

첫 단추가 잘못 끼워짐으로 아무리 솔로몬이 부귀영화를 누리고 지식과 지혜를 가지며 가장 강력한 왕국을 이루었다고 해도 그의 마지막은 전도서의 기록처럼 "해 아래 새것이 없나니 모든 것이 헛되도다!"가 됩니다. 이것은 솔로몬의 비명입니다. "세상엔 참된 만족이 없더라!", "권력도 돈도 영화도 이 모든 것이 부질없고 속절없더라!"입니다. 전도서 마지막에서도 "일의 결국을 다 들었으니 하나님을 경외하고 그 명령을 지킬지어다! 이것이 사람의 본분이니 하나님의 선악 간 모든 은밀한 행위를 심판하신다!"의 너무도 은혜로운 귀감이 되는 말씀을 남기지만 정작 본인은 이 말대로 살지 않았다는 것이 아이러니입니다. 신앙은 작은 것이라도 삶으로 가져가서 지키는 것입니다.

솔로몬은 자기가 살 때에는 태평성국을 이루지만 말년에 가서 나라는 파탄지경에 이릅니다. 그는 토목공사에 진심이어서 여기저기 성과 망대를 만들고 성전과 왕궁을 짓느라 백성들의 등골이 휘게 됩니다. 그래서 결국 그가 원인이 되어 그의 아들 르호보암 때에 나라가 북왕국 이스라엘과 남왕국 유다로 찢어지는 아픔을 겪습니다. 그는 처음만 좋았던 사람입니다. 하나님 앞에 '일천 번제'를 드리고 나서 하나님이 꿈에 보이십니다. 여기서 '일천 번제' 잠깐 하고 갑니다. 일천 마리의 번제(제사)이지 일천 번(횟수)의 제사가 아닙니다. 띄어쓰기를 잘못해서 벌어진 해프닝입니다.

한국교회는 일천 번의 횟수로 이것을 곡해하고 일천 번의 예물을 드리는 신앙열심으로 가져갔습니다. 신앙의 열심이 그 발상지와 목표하는 바가 분명하다면 그것이 없어서 문제입니다. 열심히 공부하는 학생이 훌륭하게 되기 위한 열심공부가 아니라 나만 잘되자는 열심공부는 아닌 것과 같습니다. '일천 번제'가 불교의 108배나 삼천배가 되어 버린 느낌입니다.

하나님은 4~5절에 "내가 네게 무엇을 줄까?" 하니까 솔로몬은 7~9절에서 "종은 아이와도 같아서 출입할 줄 모르니 이 많은 백성을 다스릴 수가 없습니다. 듣는 마음(지혜)을 주서서 공의로 재판하고 선악을 분별케 해 주세요!" 이게 바로 솔로몬의 초기 훌륭한 점입니다. '가난한 마음'입니다. 자기를 부인하고 하나님의 것을 구합니다. 출입할 줄 모른다는 것은 좌우분별 안 되고 선악 구분 못한다는 것입니다. 성경에서 말하는 지혜는 바로 이런 사람의 것입니다. 지혜는 "나는 미련합니다!"하는 자의 것이며 구원은 "나는 죄인입니다!" 하는 자의 것이고 "나는 부족하고 모자랍니다! 주님이 채워주시지 않으면 어림도 없습니다!" 하는 자에게 하나님은 '예수'로 '지혜'로 '하나님의 손길'로 채워주십니다.

"'일천번제'를 했으니까 하나님이 나에게 잘 해 주신다!"로 너무 이쪽으로 가지 말라는 말씀입니다. 예전에 교회 질 때쯤 되면 부흥회 강사가 와서 주로 무슨 이야기를 했냐면 "너 하나님께 기도 얼마나 했어? 교회가 지금 어려운데 금식기도 했어?", "너 건축헌금 했어? 얼마나 했어? 하나님의 집은 그대로 두고 네 집만 잘 꾸미고…", "너 전도 몇 명이나 했어?", "그러구서 무슨 응답이고 축복이고 형통을 바래…" 어떤 본문으로 해도 내용은 결국 이겁니다.

반말로 윽박을 지르는 대도 여기에 다 은혜를 받았습니다. 왜 "그땐 그랬습니다!"라는 거 있습니다. "맞습니다. 저는 하나님께 드린 것도 없고 한 것도 없으면서 응답과 축복과 형통만 바랬습니다!" 하면서 다들 찔찔 울었습니다. 이것도 물론 은혜가 맞기는 하지만 아주 중요한 부분을 간과한 은혜입니다.

이 논리는 하나님과 나와의 관계에서 내가 먼저 시작이고 원인이고 이유가 되지 않았기 때문에 응답도 축복도 형통도 못 받았다는 겁니다. 전도도 헌금도 안했기에 응답 축복 못 받았다는 거니까요. 그러나 참된 기독교는 내가 먼저 시작이 아니라 하나님이 먼저 시작이고 원인이고 이유라는 것입니다. 이것이 결정적으로 기독교가 다른 종교와 다른 겁니다.

성경말씀을 깨닫는 것으로 오심이 진짜입니다. 먼지보다 못한 인생을 위해서 치밀하게 구원계획을 세우시고 아브라함을 택하시고, 이스라엘을 세우시고, 예수를 보내서서 오늘의 구원받은 나를 있게 하셨습니다. 성령의 동행하심으로 늘 나와 함께 하십니다. 이렇게 하나님이 나에게 하신 것을 깊이 알고 많이 알고 자세히 아는 것을 믿음이라 합니다. 내게 있는 것을 시작과 근거로 해서 하나님께 가지 말고 하나님의 무한하신 사랑을 근거와 시작으로 하나님께 가는 것입니다.

그래서 다소 불경하게 들릴 수 있지만 오해가 없길 바랍니다. 어느 정도 우리의 신앙은 배짱의 요소를 지닙니다. 이 배짱을 부릴 수 있음은 먼저 뭐가 전제되어 있어야 하냐면 하나님의 먼저 시작하심과 찾아오심 그리고 나를 향한 깊은 사랑을 확인한 자만이 부릴 수 있는 거룩한 배짱입니다. 마치 어린아이가 밥 안 먹으면 부모가 속상하다는 것 알고서 문 걸어 잠그는 것과 같습니다. 이것은 부모가 아니라면 어디에서도 할 수 없는 일입니다.

자식을 향한 부모의 사랑은 자녀 이기는 부모가 없기에 자녀의 땡깡에 부모가 넘어가지만 자녀를 향한 하나님의 사랑은 부모의 사랑보다 높고 깊고 완전한 사랑이기에 결국은 구약의 야곱이 항복했듯이 그의 인생을 통해 찾아오신 주님 앞에 고집이 꺾이고 무릎 꿇게 됩니다.

창세기 28장에서 하나님은 야곱에게 "네게 허락한 것을 다 이루기까지 널 떠나지 않을 거라!"하십니다. 여기서 '허락한 것'은 "널 위해 계획한 것… 널 위해 목적한 것… 널 위해 준비한 것을 다 네게 주기까지… 난 널 포기하지 않고 널 놓지 않으며 끝까지 같이 가는 거야!"입니다.

바로 "난 널 놓지 않는다! 내가 널 얼마나 사랑하는지 아니!"가 열왕기상 3장 후반부에 기록된 그 유명한 솔로몬의 재판에서 드러납니다. 솔로몬에게 주신 하나님의 지혜는 곧 하나님의 사람들을 향한 하나님의 마음이며 진심이며 통치이념이며 다스림 그 자체입니다. 3장 초반부에 지혜를 주시고 나서 그 지혜가 바로 발휘되며 구현되는 현장입니다.

같은 집에 사는 두 여인이 동시에 아들을 낳았는데 미련한 여인이 밤에 자기아이를 뭉개서 죽게 합니다. 그리고는 옆에 아이와 바꿔치기를 하는 사기행각을 벌입니다. 아이를 빼앗긴 생모는 눈이 뒤집히고 억장이 무너집니다. 서로 자기 아이라고 주장하다가 솔로몬 왕을 찾아갑니다. 솔로몬은 칼로 아이를 반 갈라서 나눠 가지라고 합니다. 바로 그때 26절에 산 아들의 어머니의 멘트가 매우 중요합니다.

"산 아들의 어머니가 되는 여자가 그 아들을 위하여 마음이 불붙는 듯하여…" 생모의 멘트 속에 하나님은 당신의 마음을 담으십니다. 이 말은 "하나님이 저와 여러분을 향하여 마음이 불붙는 듯하여…"와 같습니다. 여기서의 아들은 죽기 직전에 놓인 아들입니다. 솔로몬에게 주신 지혜 속에 하나님이 거기 계신 겁니다.

　사랑하는 성도 여러분! 신앙은 맞고 틀리고 정답을 이야기하자는 것보다 훨씬 높은 이야기를 하는 것입니다. 신앙은 생명에 속한 것이고 생명을 살리는 것입니다. 지금 저 아이를 살릴 수만 있다면 생모는 자기는 아무래도 좋은 것입니다. 내가 생모가 아니라고 해도... 억울해도... 날 욕해도... 상관없습니다.
　예수님도 똑같습니다. 너희를 살릴 수만 있다면 오해도 무시도 조롱도 핍박도 십자가도 다 괜찮으신 겁니다. 아이 입장에서는 상황파악 전혀 못합니다. 이제 곧 자기 몸이 두 동강 난다는 것 모르고 죽게 생겼으니 여기저기 "도와주십시오! 살려주세요!" 말 한 마디 한 적 없습니다. 그런데 생모의 사랑으로 그 아이가 살았듯이 저와 여러분이 하나님의 사랑으로 살았습니다. 나를 살리신 주님의 십자가에 감격하며 오늘을 감사하는 성도들이 되시길 축복합니다.

8. { 빛과 소금 }

(마태복음 5:13~16)

"어찌 그리 복이 있어서 마음이 가난하게 되었니~"로 시작했던 예수님의 8복 강해에 이어지는 말씀입니다. 모든 것의 시작은 심령의 가난입니다. 하나님과 나와의 관계성 속에서 나는 하나님을 기쁘시게 할 만한 것이 없고 하나님을 만족시켜 드릴만한 것이 없다고 하는 절망의 고백이 곧 하나님 앞에 복 있는 자의 상태입니다. 기독교에서 제일 경계해야 하는 부분은 "내가 이 정도면 하나님 앞에 잘 살았다!"고 하는 자기 긍정과 만족과 흡족함입니다. 죄송합니다만 기독교는 마음이 부자인 사람을 반기지 않습니다. "나는 이것저것 없어도 마음만은 부자다!"라고 하는 말을 흔히 듣습니다. 마음이 부자라는 것은 내겐 근원적인 부분에서 부족한 것이 없고 충분하다는 자기만족입니다. 부족한 것이 없고 충분한데 어찌 하나님을 찾고 구하겠습니까. 병든 자에게 의원이, 목마른 자에게 물이, 우는 아이에게 젖이, 죄인이라 하는 자에게 용서가 주어지는 이치입니다.

기독교에서 왜 원수를 사랑하라 하신 겁니까! 정확한 말씀은 내가 내 처지를 알기에 원수를 둘 수도, 만들 수도, 맺을 수도 없다는 겁니다. 내가 불쌍한 존재로서 불쌍히 여김을 받았는데 내가 누구에게 (나와 같은 이에게) 심판의 칼을 드리밀 수 있냐는 것입니다. 필연적으로 이런 상태로 갈수밖에 없습니다. 이와 같은 마음상태가 곧 '심령의 가난'입니다. 자꾸 조건으로 가면 안 되고 상태로 가야하는 것을 놓치면 안 됩니다. "너희가 하나님을 섬긴다고 하면 최소한 이와 같은 8가지의 덕목은 갖춰야 하지 않겠니!"의 팔복이 아니라 하나님 앞에 항상 이와 같은 상태라는 겁니다.

그 상태를 계속 말씀하실 때 오늘 본문도 "너희는 세상의 소금이다! 빛이다!" 하십니다. 여기서 빛과 소금도 조건이 아니라 상태입니다. "세상의 빛이 되어라! 세상의 소금이 되어라!" 라면 "예수 믿는 자로 이와 같은 조건을 충족해라!"가 되겠지만 그게 아니라 예수님은 일방적으로 "너희는 세상의 소금이고 빛이다!" 라고 선포해 버리십니다. 아무리 봐도 내 안에는 소금과 빛이 없는 것 같지만 예수님이 우리에게 빛이다 소금이다 하심은 우리 안에 성령이 계시기 때문입니다. 성령이 우리로 하여금 예수를 나의 주 나의 하나님으로 고백하게 하시고 빛이 되게 하셨습니다. 빛은 진리를 비춰입니다. 예수 믿는 우리는 진리를 비췰 수가 있습니다. 세상엔 진리가 없습니다. 예수님이 "너희가 세상의 소금이라!" 하심은 "세상이 너희로 진리를 맛보게 하라!" 이며 "너희가 세상의 빛이라!" 하심은 "세상이 너희로 진리를 보게 하라!"입니다.

세상은 범신론인고로 자기 안에 진리가 있다고 믿습니다. 진리를 깨우치는 요소와 성분이 자기 안에 있어서 공부하고, 도 닦고, 깨끗이 살면 진리에 이른다는 것이죠. 그런데 기독교만 범신론이 아닙니다. 내 안에 있는 그 어떤 것으로도 진리에 이를 수 있는 가능성은 전무하다는 데서부터 시작합니다. 이것이 또한 심령의 가난이기도 합니다. 기독교는 철저한 자신의 무능과 절망을 보는 것이며 그 자리에 하나님의 말씀과 은혜로 채우는 것입니다.

내 것으로는 안 되니까 외부에서 와 줘야 합니다. 밖에서 흘러 들어와야 합니다. 사도바울이 고린도전서 1장 21절에서 "전도의 미련한 방법으로 믿는 자들을 구원하시길 기뻐하셨다!"는 말씀이 바로 이것입니다. 전도는 누가 말해주는 겁니다. "예수 믿어야 한다!"고 "교회 가야 한다!"고 들려준 겁니다. 범신론은 말해주는 게 아니라 스스로 깨치는 겁니다. 그러나 기독교의 진리는 말해주지 않으면 모릅니다. 빛은 비춰 줘야 볼 수 있고 맛은 보게 해야 압니다. 백문이 불여일견이고 백견이 불여일타입니다.

　그래서 저는 이런 생각을 합니다. 빛은 우리의 시각과 만나야하며 맛은 우리의 혀와 만나야 합니다. 빛이 비추고 있지만 눈 감고 있거나 시력을 잃으면 못 보는 것이고 아무리 좋은 맛이라도 우리의 혀에 닿지 않으면 예수님 말씀처럼 길가에 밟히는 소금입니다. 만나는 것 하나 더 있습니다. 하나님의 계시는 우리의 지성과 만나야 합니다. 우리에게 영원히 알려지지 않고 아무에게도 깨달아질 수 없는 계시는 계시가 아닙니다. 말이 어려워 '계시'지 곧 '말씀'입니다. 말씀은 깨닫는 것으로 우리에게 주어집니다.
　예수님이 "너희가 세상의 소금이다!" 하심은 우리로 하여금 세상이 맛을 본다는 말씀입니다. 사람들이 늘 하는 말이 세상사는 맛이 없다는 말입니다. 입맛을 잃었습니다. 우리에게만 진리가 있음으로 맛을 잃어버린 세상에 맛을 줄 수 있습니다. 세상은 자신이 어디서 와서 어디로 가는지 모릅니다. 아무리 세상 것 가져봐야 결국은 떨떠름한 맛입니다. 그러나 우리는 우리의 존재와 운명을 압니다.

　많은 경우 한국교회 성도들의 신앙이 일종의 표어와 운동과 명분이 된 경향이 없지 않습니다. "빛이 됩시다! 소금이 됩시다! 사랑합시다!"로 몰고 가는 식의 신앙입니다. 신앙은 마치 머리에 두건 두르고 함께 외치는 표어나 구호가 아닙니다. 자신의 현재모습과 삶과 책임에 대하여 깊이 생각하는 것입니다. 아무 생각 없이 그저 열심히만 신앙생활 하면 축복 주신다니까 몰아치기식의 신앙을 신앙으로 생각하면 안 됩니다. 세를 모아서 전체를 생각 없이 달리게 만드는 선동이 신앙이 아니고 신앙은 냉정하고 침착하게 자기를 보게 하는 것입니다. 신앙은 내 가까이 있는 사람들에게 표리부동 이율배반하지 않는 것이고 책임과 신의와 도리를 다 하는 것입니다. 신앙은 "사랑합시다!"의 명분이 아니라 하나님의 자녀가 된 본질에서 자동적으로 결실하게 되는 열매와도 같습니다. 본질이 사랑이어야지 밖에 있는 명분이 되면 잠깐 흉내만 내

다 마는 것입니다. 교회에선 그럴듯한데 집에서는 안 되면 이건 본질
이 아닌 겁니다.

　우리의 신앙과 사랑은 본질이어야지 명분이 되면 안 됩니다. 예수님
이 팔복에서 우리의 본질을 말씀해 주셨습니다. "심령이 가난한 너희는
이미 복이 있다!"하십니다. 복이 우리의 존재 안에 실제 하는 본질이라
는 말씀입니다. 복을 구하는 게 아니라 이미 복인 저와 여러분임을 놓
치지 마시기 바랍니다.

　오늘도 "빛이 되라! 소금이 되라!"의 명분이 아니라 "이미 빛이며 소
금이라!" 선포하십니다. 한국교회는 너무 겉으로 드러난 열매에만 신
경을 쓰느라 그 열매를 맺는 나무를 보는 일에 대해서는 소홀했습니다.
"좋은 열매를 맺었냐? 나쁜 열매를 맺었냐?"를 논하기 전에 좋은 나무
인지 나쁜 나무인지 본질을 보자는 겁니다. 이미 소금이요 빛이요 복
이 본질인 우리 모두의 삶의 자리에 하나님의 은혜와 사랑이 가득할 것
을 믿습니다.

　"어찌 가시나무에서 포도를 엉겅퀴에서 무화과를 얻겠느냐 이와 같
이 좋은 나무가 아름다운 열매를 맺고 못된 나무가 나쁜 열매를 맺나니
좋은 나무가 나쁜 열매를 맺을 수 없고 못된 나무가 아름다운 열매를
맺을 수 없느니라!" (마7:16~)

9. { 더 나은 의 }

(마태복음 5:17~20)

예수님이 미리 경계하시면서 주시는 말씀입니다. "내가 율법을 폐하러온 줄 생각지 말라! 나는 율법을 완전케 하려고 왔다!" 그리고 하시는 말씀의 패턴이 17, 21, 27, 31. 33절에서 "너희가 옛 사람에게 이렇게 들었으나 나는 네게 이르노니 ~" 마치 "옛 사람에게 들은 율법은 문제가 있고 오류가 있기에 내가 이렇게 다시 율법을 수정한다!"처럼 들릴 수 있기 때문에 이를 경계하기 위해서 하신 말씀입니다. 예수님이 율법을 완전케 하신다는 의미는 "불완전한 것을 완전케 한다!"가 아니라 "퇴색되고 빛바래고 성에가 끼고 김이 서려 창문밖에 사물이 제대로 보이지 않을 때 그것을 걷어내고 닦아내고 깨끗하게 해서 그 실체를 드러낸다!"입니다.

당시의 유대인들이 율법을 잘못 이해하고 또한 엉터리로 적용하고 "자기 할 일 다 했네!" 하고 있던 것을 예수님이 지적하신 것입니다. 율법은 잘못된 것이 없습니다. 예수님 말씀처럼 율법은 일점일획까지 다 성취될 것이며 율법의 아주 작은 것이라고 우습게 여기는 자는 하나님이 그를 우습게 여긴다고 하셨습니다. 그리고 예수님은 "너희 의가 서기관과 바리새인의 의보다 더 낫지 않으면 천국에 못 간다!"고 하셨습니다.

그러면 우리가 생각하기를 "서기관과 바리새인들은 일주일에 이틀을 금식했는데 최소 3일 이상은 금식해야 하며 십일조 가지고는 안 되고 십의 이조 이상해야 하는 것으로의 '더 나은 의'냐?"는 것입니다. 바리새인과 서기관의 의는 예수님의 줄기찬 지적처럼 사람에게 보이기 위한 외식하는 의입니다. 그러니까 그들의 신앙과 하나님과 율법은 사람들 앞에 자신들의 신앙적 우월함을 과시하기 위한 자기치장에 불과합니다. 신앙은 그 어떤 경우에도 목적이지 방법이어서는 안 됩니다.

이 사람들이 한 것을 반대로 하면 됩니다. 율법과 신앙을 하나님 앞에 보이기 위해서 내 속사람으로 가지고 가야 합니다. 그리고 그 속사람의 변화는 이웃에게 알려집니다. 우리 믿음의 진위가 어디서 판가름 나는지 알 때에 그 증명은 교회 안이 아니라 교회 밖입니다. 교회는 깨닫고 결단하고 다짐하며 기도하는 곳이라면 내 믿음이 참된 믿음이라는 것은 교회 밖에서 가장 가까운 내 옆 사람에게 나타납니다.

사람들이 잘 하는 것이 남은 잘 평가하면서 자기는 모릅니다. "아이고 저 바리새인들은 왜 저렇게 위선적인 신앙을 살았을까?" 하면서 혀를 차면서도 그와 똑같이 살고 있는 자기를 못 봅니다. 역사를 보면 항상 지나온 시대를 이러쿵저러쿵 평가는 잘하면서 정작 자기 역사를 돌아보는 일에는 소홀합니다. 훈수만 둘 줄 알지 책임 있게 자기 역사를 사는 것은 잘못합니다.

물론 서기관과 바리새인보다 '더 나은 의'는 '예수 믿는 의'입니다. 로마서 3장 21절처럼 "율법 외에 하나님의 한 의가 나타났으니 곧 예수 그리스도를 믿는 믿음으로 말미암는 의니 차별이 없느니라!" 그리고 빌립보서 3장 9절처럼 "내가 가진 의는 율법에서 난 것이 아니요 예수 그리스도를 믿는 믿음으로 말미암는 것이니…" 그런데 이 믿음으로 말미암는 의는 반드시 우리의 삶의 자리에서 인격과 성품으로 열매맺습니다. 분노조절을 잘 하는 것으로… 오래참고 견디는 것으로… 따뜻하게 말해주는 것으로… 눈 한 번 질끔 감아주는 것으로…

오늘을 예수 사람으로 책임 있게 살지 않고 자신이 신앙적 행위를 했다는 것을 핑계삼아 믿는 자의 책임을 떠넘기려는 경우가 있습니다. 교회에서 예배하고 봉사하며 각종 행사에 헌신한다는 것으로만 믿는 자의 행위를 증명할 수 없습니다. 잘못하면 구약의 바리새인과 똑같아집니다. 당시에 '고르반'이라는 이름으로 사람들이 악행을 일삼았는데 본래 '고르반'이라는 뜻은 '하나님께 바쳤다는 것'을 말합니다. 그런데 사람들이 갈수록 하나님께 드렸다 하는 것으로 부모봉양의 의무를 외면하고 면피한 것입니다. "내가 지금 교회 나와 하나님일 하게 생겼는데 집안일 챙기겠습니까!" 말하자면 이런 겁니다.

이단의 전형적 형태입니다. 교회는 그거 하라고 가르치는 곳입니다. 교회에 행사가 너무 많아 성도들로 하여금 하나님 일을 해야 한다는 명분으로 교회에만 가둬두는 것은 성경적이지 않습니다. 하나님 앞에서 내가 오늘이라는 현실을 살아야 할 책임을 교회일로 때울 수 없다는 것입니다. "하나님 일 했으니까 다 괜찮아!"식의 위로는 넌센스입니다.

집에 아이들과 남편이 올 시간인데 밥도 안 해놓고 교회일하는 것은 장로들이 가르친 고르반의 유전폐습입니다. 무책임한 사람의 자기변명입니다. 내가 살아야 하는 책임과 도리와 신의를 신앙이라는 이름으로 덮지 말라는 것입니다. 우리의 신앙은 항상 현실을 담아내는 것이지 현실에서 도망가는 게 아닙니다. 신앙은 부딪치는 것이고 살아내는 것입니다. 기도원에 들어가서 금식하는 것이 신앙이 아니라 오늘 내게 주신 현실을 책임 있게 살아내는 것이 신앙입니다. 하나님의 사람으로서 심령이 가난하고 온유하며 겸손하게 살아가는 것은 예배당에서 보이는 게 아니라 삶의 현장에서 증명하는 것입니다. 예배하고 헌금하고 기도했다는 것으로 사람들 앞에 살아야 하는 실제적 책임을 무마할 수 없습니다.

결국 율법은 목숨을 다해 하나님을 사랑하는 것이고 네 몸과 같이 네 이웃을 사랑하는 것입니다. 그래서 사랑이 율법의 완성입니다. 구약의 율법은 크게 두 가지입니다. 하나는 제사법(의식법)이고 또 다른 하나는 사회법(도덕법)입니다. 제사법은 십자가에 제물 되신 주님께서 단번에 자기 몸을 드려 우리 죄를 사하셨기에 신약시대에 폐기됩니다. 그러나 사회법 즉 도덕법은 신약시대인 지금도 유효합니다. 이 도덕법이 바로 갈라디아 6장 2절의 "너희가 그리스도의 법을 성취하라!" 곧 사랑의 법으로 신약시대 성도들에게 다시금 주어집니다.

그러니까 예수님이 바리새인의 의보다 더 나은 의를 행해야 구원받는다고 하신 것은 한 마디로 하면 "예수 믿고 그 예수 믿은 자의 증명을 네 옆 사람에게 보이라!"입니다. 많은 사람들이 하나님의 일 하면 '열방전도', '세계선교', '교회봉사'만 하나님의 일이라고 생각합니다. 그러나 하나님의 일은 오늘 나를 깨닫게 하고, 오늘 나를 회개시키며, 오늘 나를 하나님의 성품 닮은 자로 만드는 것이 진정한 하나님의 일인 것은 잘 모릅니다.

내 주위에서 일어나는 모든 일들과 만나는 사람들을 통해 오늘 하나님이 소원하고 목적하시는 일은 바로 나라고 하는 한 사람의 변화입니다. 우리는 하나님의 일을 목적하잖아요. 예배, 기도, 전도, 성경읽기 등등... 그러나 하나님이 목적하시는 일은 나라고하는 한 사람입니다. 성경에 한 영혼이 천하보다 귀하다는 말씀을 하시는 것은 단순히 한 영혼이 지옥에서 천국으로 옮겨졌다는 의미에서만이 아니라 거기서 더 나아가서 "한 영혼이 하나님의 형상을 회복하고 하나님 닮은 자가 되었다는 의미에서 천하보다 귀하다!" 입니다.

열방전도 세계선교가 물론 중요하지만 그거해서 그 다음에 뭐하자는 거예요? 우리가 이렇게 큰 교회를 세웠다! 세계를 그리스도로 가득하게 했다! 그 다음엔 과시와 자랑인가요! 역사를 보면 세상이 다 교회인 적이 있었습니다. 중세시대입니다. 무려 천년이 넘게 로마라는 커다란 제국이 기독교 국가였습니다. 그런데 교회가 힘을 가지고 세상에 덕을 끼치는 것이 아니라 온갖 나쁜 일은 다 하고 다녔습니다. 문예부흥이후 지금까지 욕을 먹습니다.

제가 답을 미리 말씀드립니다. 답은 '예수사람으로 살라고'입니다. 하나님은 왜 우리에게 가정을 주셨나요? 아빠의 자리, 엄마의 자리, 자녀의 자리에서 거기서 '예수사람으로 살라고' 입니다. 하나님은 왜 고난을 주셨나요? 고난이란 현실을 마주하고 거기서 기죽지 말고 그 한 복판에서 '예수사람으로 살라고'입니다. 하나님은 왜 이렇게 어디 가서 누구에게 말할 수도 없는 일을 내 앞에 두셨는지? 그리고 하나님은 나를 왜 이렇게 못나게 하셨는지? 답은 뭐예요? 나의 못남으로 하나님의 일이 좌절되지 않으니 거기서 자폭하지 말고 '예수사람으로 살라고' 입니다. '더 나은 의'를 소유하신 성도들은 책임 있게 신의를 지키고 도리를 다하며 오늘을 예수사람으로 살아감을 믿습니다.

10. { 원망 들을 일 }

(마태복음 5:21~26)

산상수훈의 말씀이 계속됩니다. 5장 1절에서 “예수님이 무리를 보시고 산에 앉으시니 제자들이 나왔다.” 하셨고 2절에서 “입을 열어 가르치시되 심령이 가난한 너희가 복이 있다!” 하고 시작하신 말씀이 두 장 넘겨 8장 1절 “예수께서 산에서 내려오시니…” 까지 이어집니다. 그러니까 5장 6장 7장이 전부 예수님의 산상수훈입니다. 지금 설교자가 설교를 하느라고 타이틀을 붙여 주일마다 설교를 하지만 쭉 이어지는 하나의 흐름을 가지고 있습니다. 그 흐름의 출발점이 바로 심령의 가난입니다. 여덟 가지의 복의 뿌리가 다 여기입니다. 나는 근원적인 부분에서 진리에 이를 수 없고 구원받을 수 있는 조건과 자격이 없다는 심령의 가난입니다.

이와 같이 자신이 부인된 심령에 주님이 오십니다. 그래서 예수 믿는 것은 예수를 영접했다와 같습니다. 예수님은 우리 안에 오셔서 빛이 되십니다. 우리는 빛을 담는 등입니다. 예수님이 등불을 켜서 됫박아래 두지 않고 등경위에 둔다 하셨을 때의 등경이 우리입니다. 또한 빛을 비추는 것은 16절에서 우리의 착한 행실이라고 하십니다. 그리고 이어서 하시는 말씀이 천국에 가기 위해서는 서기관과 바리새인보다 더 나은 의를 말씀하십니다. 즉 다시 말해서 천국은 예수 믿고 착한 행실로 열매 맺고 사는 사람이 가는 곳인데 그 착한 행실가운데 중요한 것 하나가 바로 오늘 주시는 “형제에게 노하지 말라!”입니다.

다른 복음서에서는 “형제를 미워하면 살인하는 것과 같다!”는 말씀을 22절 오늘 마태복음에서는 “네 형제에게 욕을 하면 안 된다 그리고 예물을 드리기 전에 원망들을 만한 일이 생각나거든 그 형제와 화해하고 그리고 예물을 드려라!"입니다. 25절로 가면 한 걸음 더 나가서 "길 가다가 너를 고발하는 자를 만나거든 급히 사화하라 그가 너를 재판장에게 넘기면 너는 거기서 다 갚기 전에 한발자국도 나올 생각하지 마라!"입니다.

22절에서 뭐가 그리 못 마땅한지 욕을 잔뜩 해대고 있습니다. 머저리(멍청이)라는 욕이 비난입니다. 자기 맘에 안 들고 자기 성에 안 차고 자기 눈에 거슬리는데 자기가 기준이고 절대고 진리입니다. "내가 저 놈을 고쳐 놓아야지 나 아니면 가르쳐 줄 사람이 없다!" 하면서 자기는 지금 사명감을 가지고 합당한 일을 하는 거라고 생각합니다. 자기 맘에 안 드는 누군가를 공격하면서 그 공격의 이유가 자기가 교만하고 못되고 심술 맞아서 라고는 추호도 생각 못합니다. 저 상대가 모자라서 내가 지금 가르치느라고 이렇게 욕을 한다는 겁니다.

22절에 형제에게 노하는 자가 심판받는다는 말씀은 "네가 지금 공격하는 논리와 방식과 잣대로 네가 심판받을 거다!" 입니다. 23절의 "원망들을 일이 생각나거든"도 잘 해석해야 합니다. 이 말씀은 가해자에게 주시는 말씀입니다. 그런데 이 말씀을 잘못 적용해서 피해자가 무슨 자학증환자도 아니고 가해자에게 가서 "당신 맘에 안 들어서 죄송합니다!", "나의 못남이 당신의 불쾌와 분노가 돼서 죄송합니다!"하는 경우가 있습니다.

기가 막힌 것은 가해자가 이 본문을 자기식대로 해석해서 "저 놈은 하나님에게 가기 전에 나한테 먼저 와서 회개하고 용서를 빌어야 한다!"는 식의 사고를 합니다. 그러니까 원망들을 만한 일이 생각나거든 이게 은혜입니다. "내가 아무래도 생각이 독불장군이었구나! 모든 걸 내 기준과 잣대로만 생각했구나! 내가 모질고 못되고 교만해서 사람들이 나를 피하는구나!" 라는 생각이 나는 것이 은혜입니다. 대부분은 "저 놈은 나에게 욕먹어 싸다!", "자격지심에 하는 소리다!" 이렇게 가지 "내가 못되고 모질다!"로 가지 않습니다.

피해자 입장에서는 마주치지 않고 피해야 하는 것이 지혜입니다. 미련한 피해자가 되면 23절의 "원망들을 만한 일"을 피해자인 자신에게 적용해서 "당신 맘에 안 들어서 죄송합니다!"로 갑니다. 세상은 갈수록 악해져서 피해자가 더 깊은 2차 3차 피해를 받고 가해자는 피해자 코스프레를 하면서 자신은 병든 사회구조 속에서 만들어진 희생양인 것처럼 악어의 눈물을 흘립니다. 세상은 죄악세상이라 여기서 완전한 정의를 기대할 수 없습니다.

영화 〈밀양〉을 보면 가해자인 유괴범이 이신애의 아들을 죽입니다. 시간이 흐르고 이신애는 가해자를 용서하려고 교도소를 찾아갔는데 가해자로부터 피가 거꾸로 솟는 이야기를 듣습니다. 자신은 신앙을 가지고 하나님께 회개했으니 이미 다 용서 받았다는 것입니다. 이 말에 이신애는 까무라치며 오열합니다. 그리고 명대사를 남깁니다. "용서를 받았다는데 저 인간을 어찌 다시 용서할 수 있겠어요!"

용서는 가해자가 해야 합니까! 피해자가 해야 합니까! 이상하게 이게 헷갈려지는 세상입니다. 뻔뻔하게도 용서란 말을 가해자가 꺼내는 겁니다. "하나님이 다 용서하셨기에 이젠 다 끝난 일이니 잊어버리라!"는 식입니다. 가해자를 용서할 마음이 있다가도 이 말에 더 큰 충격과 시험에 빠집니다. "저 사람이 내게 모질게 대했으니까 그래도 양심이 있으면 조금이라도 미안한 마음이 있겠지…"가 피해자의 마음일 수 있는데 가해자가 찾아와서는 "옛날이야기니까 다 잊어버립시다!" 하고는 오히려 자기가 용서하는 것 같은 포즈를 취한다면 이건 기만입니다.

25절에서 가해자 피해자 헷갈리지 않도록 주님은 분명한 말씀을 주십니다. "너를 고발하는 자를 길에서 만나거든 급히 그와 사화하라!", "옥에 갇혀서 거기서 한 푼이라도 남김없이 갚지 못하면 못나온다!"하십니다. 오늘 말씀은 누구에게 주시는 말씀이냐면 "원망들을 만한 일이 생각나거든…" 곧 가해자입니다.

먼저는 자신이 가해자인 것을 아는 것이 은혜이고 다음으로 하나님께 용서받기 전에 먼저 해를 끼친 사람에게 용서받아야 한다는 강력한 메시지입니다. 이신애의 아들 유괴범이 하나님께 용서받았다 하기 전에 오늘 말씀과 같이 먼저 이신애 앞에 영혼을 갈아 넣는 사죄를 구해야 합니다. 더불어 드리는 말씀은 피해자도 언제까지나 피해의식에 사로잡혀 있어선 안 됩니다. "내 귀에 들리는 말이 다 상처가 된다!" 하지 말고 "내 말도 더러는 남에게 거슬리겠구나!" 하고 모든 것을 사랑으로 품을 수 있길 바랍니다.

11. { 네 아내를 사랑하라! }

(마태복음 5:27~32)

예수님의 산상수훈 말씀이 이어집니다. 예수님은 4장 23절에서 갈릴리를 두루 다니시며 천국복음을 전하셨고 그 증명으로 병자를 고치셨습니다. 오늘도 예수님이 전하시는 천국의 가치와 윤리와 질서에 귀 기울입니다. 5장 1절에서 처음 입을 열어 천국복음을 전하실 때 심령의 가난을 말씀하셨습니다. 즉 내가 부인된 심령에 예수님이 오시고 오신 예수님은 우리 안에서 착한 행실로 세상의 빛이 되게 하십니다.

천국 가는 사람은 수직적인 하나님과의 관계를 위해 먼저 수평적으로 사람과의 관계를 올바로 한다는 것입니다. 하나님과 나 그리고 나와 이웃의 관계를 별개로 놓지 않습니다. 반면에 그렇지 않은 사람은 여기저기 미움과 원망을 사고 원한관계를 만들어 놓고는 하나님과의 관계만 중요시 여깁니다. 천국 가는 사람은 항상 그 마음이 낮고 가난한 상태이지만 지옥 가는 자는 항상 높고 판단하는 심사위원의 마음입니다.

오늘 주시는 말씀은 "간음하지 말라!"입니다. 사실 이 말씀을 조금 더 적극적으로 받게 되면 "네 아내를 사랑하라!"로 받을 수 있습니다. 이제 뒤에 나오지만 이 모든 것은 "네 마음을 다 해 하나님을 사랑하고 네 이웃을 네 몸같이 사랑하라!"에 준하는 말씀입니다. 형제 사랑이 이웃 사랑이지만 사실 가장 일차적 책임의 대상으로의 이웃은 아내(배우자)입니다.

"음욕을 품었으면 이미 간음했다!" 예수님은 껍데기가 아닌 본질을 집중적으로 파고 들어가십니다. 하나님은 7계명을 어기는 것을 매우 악하게 여기십니다. 28절 말씀을 잘 봅니다. 여자를 보고 음욕을 품었다가 아니라 음욕을 품고 여자를 본 것입니다.

그러니까 여자를 하나의 인격으로 보는 것이 아니라 자신의 성적욕구를 해결하기 위한 착취의 대상으로만 본 것입니다. 비단 음욕뿐만 아니라 모든 사람들을 바라볼 때 존엄한 인격을 지닌 인격체로 대할 수 있는 은혜가 있기를 바랍니다. 우리 앞에 있는 모든 사람은 아무리 초라하고 보잘 것 없는 모습이라 할지라도 나와 전혀 다를 것 없는 나와 방불한 한 인격입니다.

사기꾼은 모든 사람을 대할 때 뭐로 보이는 겁니까? 저 놈을 어떻게든 잘 꼬셔서 집문서 땅문서 다 내놓게 만드는 것이지 인격으로 보지 않습니다. 지금 앞에서는 온갖 사탕 바른 말을 하고 있지만 결국엔 남김없이 뜯어먹을 생각만 하는 늑대입니다. 아내 분들 들으시기 바랍니다! 어디를 갔더니 말쑥하게 차려입은 남자가 지나치게 친절을 베풀면 "세상에 남편도 몰라주는 미모를 이 사람이 알아주는 구나!" 하면 이미 낚인겁니다. "늑대야 물러가라!" 해야 합니다. 나를 인격으로 보고 친절한게 아니라는 것입니다.

31절 32절입니다. 당시에는 여성의 사회적 지위가 아주 열악했습니다. 남편에 의해서 모든 게 결정되었습니다. 남편의 신원이 자기의 신원입니다. 남편이 없으면 신원보증이 안 됩니다. 그런데 싫다고 그냥 아내를 쫓아내면 그냥 거리의 여인인지 홍등가의 여인인지 알 수가 없습니다. 그나마 이혼증서라도 써 주어야만 어디 가서 살아갈 수가 있습니다.

"하나님이 하나 되게 하신 것을 사람이 나눌 수 없다!" 곧 "이혼하지 말라!"가 하나님의 말씀인데 사람들이 이 말씀을 가볍게 여기고 이혼해 버리니까 여성은 하루아침에 인권사각지대에 놓이게 되는 겁니다. 그래서 "버리려면 차라리 그거라도 써줘라 해서 모세가 이혼증서 써주라!" 한 거지 사실은 그게 아니다.

마치 이혼이 합법인 것처럼 바리새인이 예수님께 와서 "모세가 신명기 24장에서 이혼증서 써주라 하지 않았습니까!" 하자 예수님은 "너희 마음이 완악해서 그런 거지 사실은 그렇지 않다!" 그러니까 28절에서 음욕이 가득해서 여자를 보는 것은 그 다음에 이혼하고 아내를 갈아타겠다는 의도입니다. 예수님말씀처럼 배우자의 외도가 아닌 경우 이혼은 분명히 죄입니다. 이혼이 지금 시대에는 너무나 만연된 사회풍조로서 부끄러움도 아니라고 하지만 하나님의 사람들이라면 이것을 알고 있어야 합니다. 하나님은 사람이 꼼수부리는 것을 다 보십니다. 쫓아내려고 하니까 모든 게 다 쫓아낼 이유가 되는 겁니다. 아내 측에서도 마찬가집니다. 이혼하려 하니까 모든 게 이혼의 사유가 되더라 입니다.

지난시간 형제를 욕할 때 모든 것이 자기 기준에서 그렇게 한 것처럼 아내를 버릴 때도 마찬가지라는 것입니다. 남편들은 내가 가장 책임을 다해 사랑해야 하는 이웃으로 아내를 주셨다는 것을 잊으면 안 됩니다. 구약 말라기서는 "이스라엘 백성이 온갖 죄악된 짓을 해놓고 우리가 무슨 잘못을 했단 말입니까!"로 오리발 내미는 내용의 반복입니다. 그 중에 2장 13절 이하에서는 아내에게 못되게 군것을 지적하는 말씀입니다.

새번역입니다. 13절 "너희가 잘못한 일이 또 하나 있다 주께서 너희 제물을 외면하시고 받지 않으신다고 울면서 기도했다", 14절 "그러면서 너희는 무슨 까닭으로 이러십니까 하고 묻는다... 그 까닭은 네가 젊은 날에 만나서 결혼한 너희 아내를 배신하였기 때문이며... 그 여자는 너의 동반자이며 네가 성실하게 살겠다고 언약을 맺고 맞아들인 아내인데도 네가 아내를 배신하였다!" 15절 "한 분이신 하나님이 네 아내를 만들지 않으셨느냐... 경건한 자손을 원하시는 것이 아니겠느냐... 젊어서 결혼한 너의 아내를 배신하지 말아라!" 16절 "나는 이혼하는 것을 미워한다... 아내를 학대하는 것도 나는 미워한다... 그러므로 너희는 명심하여 아내를 배신하지 말아라!"

성경이 왜 이렇게 아내사랑을 강조하냐면 영적으로 그리스도의 아내가 성도이기 때문입니다. "예수님이 당신의 아내인 성도에게 책임과 도리와 신의를 다했듯이 너도 네 아내에게 그와 같이 하라!" 입니다. 그래서 하나님의 경건한 자손들을 이어가게 하십니다.

이혼을 하면 경건이 사라지고 정조가 깨어지며 순결이 더럽혀집니다. 성적인 정조와 순결은 비단 사람들 사이에서만이 아니라 하나님 앞에 고귀하고 존귀하며 신성합니다. 신명기 24장을 보면 "이혼한 여인이 다른 남자를 남편으로 얻고 살다가 다시 전남편에게로 가지 못한다. 이는 가증한 것이다." 라는 말씀이 나오는데 이게 무슨 말씀이냐면 첫 결혼의 고귀함과 신성함과 거룩함이 깨어졌기 때문입니다. 깨진 고려청자입니다. 다시 붙일 수 없고 돌이킬수가 없고 회복할 수 없습니다. 뭐가요? 순결과 정조 첫 결혼이 그렇다는 것입니다.

물론 예외조항은 있습니다. 성폭행이죠. 그러나 성폭행은 개에게 물린 것입니다. 인격이 한 게 아닙니다. 저 짐승이 나를 인격체로 보지 않았는데 내가 왜 저를 인격으로 봐야 합니까! 오늘 말씀을 조금 더 적극적으로 지키면 "네 아내를 사랑하고, 네 아내를 만족하고, 네 아내를 기뻐하라!" 입니다. "네 이웃을 사랑하라!" 하신 계명을 주실 때 가장 일차적 책임있는 대상으로서의 이웃은 아내(배우자)인 것을 믿습니다.

12. { 맹세하지 말라! }

(마태복음 5:33~37)

"맹세하지 말라!"입니다. 본래 성경은 맹세를 하도록 되어있습니다. 사람이 맹세를 하는 건 그 사안이 매우 중대해서 무슨 일이 있어도 말한 바를 지키고 이행하겠다는 다짐에서 비롯됩니다. 이를테면 결혼서약 같은 것도 일종의 맹세라고 하겠습니다. 그런데 오늘 예수님이 맹세하지 말라 하신 것은 34절과 35절의 말씀과도 같이 무엇을 걸고 맹세하는 행위를 하지 말라는 것입니다. 당시에 사람들이 하늘을 걸고, 땅을 걸고, 예루살렘을 걸고, 자기 머리를 걸고 맹세했습니다.

레위기 19장 12절을 보면 "너희는 내 이름으로 거짓 맹세함으로 내 이름을 욕되게 하지 말라 나는 여호와임이라!" 이 말씀을 근거해서 이스라엘은 하나님의 이름으로 맹세할 수 없습니다. 그런데 사람들이 하나님의 이름으로 맹세를 할 수 없으니까 하나님보다는 못하지만 거의 그에 준하는 큰 이름들을 사용해서 맹세를 했습니다. 예수님은 "하늘은 하나님의 보좌요 땅은 발등상이며 예수살렘은 큰 왕의 성이며 너는 네 머리카락 하나도 희고 검게 할 수 없기에 이 모든 것 위에 하나님이 계심으로 하나님의 이름을 피해갈수가 없다!"입니다.

사람들은 어떻게든 맹세를 하려고 잔머리를 굴리는데 마태복음 23장으로 가면 16절 이하에서 성전으로 맹세하는 것은 가능하나 성전의 칠해진 금으로는 불가능하며 제단으로 맹세할 수 있으나 제단위의 예물로는 안 된다는 식의 맹세를 지켜야하는 것과 안 지켜도 되는 것을 구분해놓기까지 했습니다. 이에 예수님은 23장 19절에서 "맹인들아! 성전으로 맹세하면 결국 성전의 금이 그 안에 있는 것이고 제단으로 맹세하면 그 위에 제물이 있는 것과 같다." 탄식하십니다.

이걸 먼저 물어봐야 합니다. 사람들이 지금 왜 이렇게 맹세를 하려고 하는지에 대해서입니다. 여기서 당시의 사회상을 금방 엿볼 수 있습니다. 저 사람이 지금 내 말을 안 믿고 못 믿으니까 자꾸 뭘 걸고서 맹세를 합니다. 신뢰가 땅에 떨어지고 믿음이 사라진 사회입니다. 지금 저 사람의 말을 내가 못 믿듯이 내 말도 저 사람이 안 믿어줍니다. 그러니 자꾸 과정하고 포장하고 부풀리고 과격한 말을 동원해야 합니다. 우리로 하면 "내 이름을 건다! 손에 장을 지진다! 성을 간다!" 이런 말을 많이 하는 것은 미안하지만 반증입니다. 지금까지 진실되고 정직하게 사는 것과는 거리가 있었다는 겁니다.

오늘 예수님이 왜 도무지 맹세하지 말라 하시는 겁니까! 맹세가 필요 없는 세상을 살라는 것입니다. "책임있는 말을 하고 진실을 말하고 정직을 말하라!"입니다. "거짓되고 왜곡되고 부풀리며 아니면 말고 식의 선동하는 말을 하지 말라!" 입니다. 정직과 진실을 요구하시는 말씀입니다. 그래서 37절에 "예 할 때는 예라고 하고 아닐 때는 아니라고 해라!" 사욕과 정략적 이해관계 때문에 봤으면서 못 봤다고 하고 알면서도 모른다 하지 말라입니다. 이 부분은 십계명의 "거짓증거하지 말라!" 와도 직결됩니다.

"언제든지 상황에 따라 말을 뒤집는 위선과 기회주의를 살지 말라!" 입니다. 그래서 37절 후반절에 "이에서 지나는 것은 악으로부터 나느니라!" 하신 것입니다. '예'와 '아니오'가 섞여있으면 무엇인가 뒤에 구린 것이 있다는 것이고 그 인격이 투명한 인격이 아닙니다.

허영과 허세가 있고 자기현시욕(과시욕)이 강해서 어떻게든 자신을 믿게 만들기 위해 맹세를 합니다. 하늘로도 땅으로도 예루살렘으로도 안 되니까 나중에 자기머리를 겁니다. 이게 굉장히 우스운 이야깁니다. 예수님은 "너는 네 머리터럭 하나도 희거나 검게 할 수 없으면서 무슨 네 머리를 거냐!", "자신이 얼마나 대단한 존재이기에 머리를 걸

수있냐!" 반문하시는 겁니다. "네가 무슨 불변하는 권세와 능력을 가지고 있어서 네가 오늘 한 말이 반드시 내일 이루어질 것처럼 자신할 수 있냐!"입니다.

지금 그렇게 맹세를 남발하고 있는 너의 기고만장함과 방자함과 교만을 회개하라는 말씀입니다. 이게 다 처음으로 돌아가서 심령이 가난한 상태가 아닙니다. 높은 자의 마음 판단하는 자의 마음 자랑하는 자의 마음이지 낮고 겸손한 마음이 아닙니다. 예수님은 지금 거짓과 교만을 지적하십니다. 거짓말로 남을 조종하여 사욕을 채우려는 사람을 하나님은 미워하십니다.

조심스럽지만 살아가면서 내가 누군가를 믿고서야 이 일을 진행할 수 있는데 상대 쪽에서 "나도 예수 믿는 사람이야! 교회 집사야!" 하면서 자기를 믿으라고 신앙을 내어 거는 사람이 있다면 일단 경계해야 합니다. 여기에 너무도 많은 사람이 걸려 넘어졌고 시험에 들었습니다. 신앙은 그렇게 맹세하듯 내어걸라고 있는 게 아니라 그의 삶을 통해서 진실과 정직을 먼저 보이고 나중에 "저분 진실하시던데 집사님이셨구나!" 이렇게 가는 게 맞습니다.

"나도 예전에 새벽기도 했고... 집사권사 다 했어... 심지어 나 목사야!" 이렇게 나오면 더 위험합니다. 자꾸만 더 센 걸 가지고 믿음을 요구하고 있기 때문입니다. 죄송하지만 사기꾼일 확률이 매우 농후합니다. 진실이 사라지고 거짓이 난무하는 세상을 예수님이 고발하고 계십니다.

21절 이하에서 형제에게 욕을 남발하는 것도 거짓된 자기만의 세계에 갇혀서 형제를 못 마땅이 여긴 결과입니다. 27절 이하의 음욕을 품고 여자를 보는 것도 아내를 버려야겠으니 말도 안 되는 거짓된 사유를 갖다 붙이는 것입니다. "맹세하지 말라!" 또한 내가 하도 거짓말을 많이 한 양치기 소년이 되었기에 자꾸 하늘을 걸고 땅을 걸고 하는 것입니다. 예수님은 지금 이 모든 거짓을 발가벗기십니다. 하나님이 거짓을 미워하시는 것은 하나님 앞에는 거짓이 없기 때문입니다. 그런데 어리석은 사람들은 끊임없이 불가능한 일에 도전합니다. 이 모든 진실을 하나님이 다 보고 계심에도 불구하고 손바닥으로 하늘을 가립니다. 오늘 "맹세하지 말라!"는 결국 사람들의 거짓과 교만에서 나온 것임을 알게 됩니다.

예수님말씀처럼 우리는 머리카락 하나도 희게 할 수 없습니다. 오늘 있은 일이 내일도 있을 거라 장담하거나, 큰 소리 치거나, 자신하지 말고 겸손히 오늘의 삶을 허락하신 하나님께 다시 또 내일의 짐을 질수 있는 힘을 달라고 기도하라는 것입니다.

13. { 하나님은 우리의 충분이십니다! }

(마태복음 5:38~42)

"너희가 이렇게 들었으나 나는 너희에게 이렇게 말한다!"로 시작하십니다. 율법을 왜곡시키고 자기 좋을대로 해석한 유대인을 질책하시면서 율법의 참된 의미를 드러내고 밝히십니다. 율법은 우리에게 주어질 때 주로 "무엇을 하지 말라!"의 형태로 주어집니다. 율법의 대표가 십계명인데 4계명 안식일 준수와 5계명 부모공경을 제외하면 나머지 여덟 가지가 다 "하지 말라!"입니다. 여기에 우리의 반응은 순응이 아니라 반발입니다. 뭔가 순응은 무능한 자의 것 같고 반발하는 자가 도약할 것 같습니다.

그러나 하나님이 "무엇을 하지 말라!"를 계속 말씀하시는 것은 최소한의 안전펜스로서의 가이드라인입니다. 그걸 넘으면 절벽이고 낭떠러지고 죽음이라는 위험신호입니다. 아이들 물놀이 할 때도 여기까지는 안전하지만 이 선을 넘으면 위험하다를 알리기 위해 안전부표가 떠 있습니다. 이렇듯 안전을 알리는 것은 "하지 말라!"(위험하다!)이기 때문에 그 자체로 소극적이고 부정적인 속성을 지닙니다.

율법은 이와 같은 안전펜스 같고 또한 마치 스포츠의 라인 같아서 그 펜스 안과 라인 안을 누리고 즐거워하고 감사하라고 주신 것입니다. 그런데 사람들은 그 펜스와 라인을 얼쩡거리면서 "여기 넘으면 어떡하지?" 하며 필요이상의 두려움에 빠지고 "정말 위험한지 한 번 넘어볼까?"의 도발을 감행합니다. 물놀이하는 아이라면 안전부표 안에서 친구들과 마음껏 물놀이를 즐겨야 하고 스포츠 선수라면 라인(룰) 안에서 마음껏 경기를 펼쳐야하며 마찬가지로 성도들은 하나님이 주신 말씀의 라인 안에서 맡겨주신 포지션과 역할을 즐거워해야 합니다.

　아담과 하와는 지상낙원 에덴을 즐거워하기에는 저기 홀로 떠 있는 부표인 선악과가 너무나 거슬렸습니다. 죄를 안 짓기 위한 몸부림으로서의 신앙은 너무도 빈약한 신앙입니다. 의를 누리고 기뻐하고 즐거워하는 것이 참된 신앙의 부요함입니다. 이를테면 "간음하지 말라!"의 7계명은 소극적 명령입니다. 이 명령을 적극적 명령으로 받으면 "네 아내를 기뻐하고 즐거워하며 만족하라!"입니다. 8계명의 "도둑질 하지 말라!"도 소극적이고 부정적 개념입니다. 똑 같은 말씀을 좀 더 적극적 긍정적으로 적용하면 "하나님은 이미 네게 충분한 것을 주셨으니 그것을 누려라!" 입니다. "남의 것을 꼭 빼앗아야지만 네가 만족하게 하지 않았다!"

　그래서 10계명의 "탐내지 말라!"는 명령을 마지막으로 주십니다. "이미 네게 충분하다는 것을 인정하고 그 안에서 만족하라라!" 입니다. 우리의 불만은 모두 상대적 불만입니다. 물론 상대적 박탈감을 무시 못합니다. 그러나 사람이 만족과 행복을 느끼는 사이즈는 모두 같습니다. 만수르도 나도 하루 세끼 먹고 220그람 버립니다. 물론 만수르는 비싼 것 먹고 나는 김치에 나물 먹지만 만수르가 입맛 없어서 산해진미 맛없다고 할 때 나는 입맛이 좋아 김치에 나물도 맛있어서 밥한 그릇 뚝딱 비운다면 삶의 질에서 내가 결코 만수르만 못하지 않습니다.

　서론이 너무 길었습니다. 오늘 말씀은 "눈은 눈으로 이는 이로 갚으라는 말을 너희가 들었으나 악한 자를 대적하지 말고 오른뺨 맞으면 왼뺨 돌려 대라!"는 기독교인 아니라도 다 아는 유명한 구절입니다. "눈은 눈으로 이는 이로!"의 말씀이 직접 기록된 신명기 19장으로 가면 이 말씀이 꼭 피해자가 원수를 갚고 보응하라는 의미가 아닙니다.

　내 눈 3센티 찢어졌으니까 너의 눈도 3센티 찢어져야 하고 내 이빨이 2개 뽑혔으니 너의 이빨도 2개 뽑아야 한다는 뜻의 계산하고 정산하는 법이 아니라 지금 이 사안은 법정위증에 대한 내용이라는 것입니다. 어떤 사람이 누군가에게 해를 입히려고 악한 계획을 세운 겁니다. 율법에 한 명 증인은 안 된다고 했기에 돈으로 거짓증인도 두세 명 매수해 놓았습니다. 그런데 19장 18절에 재판장이 자세히 조사했더니 위증교 사가 드러납니다. 그래서 19절에 "그가 그의 형제에게 행하려고 꾀한 그대로 그에게 행하라!"는 의미에서 "눈은 눈으로 이는 이로!"입니다.

즉 "악한 계획을 되돌려서 그 자신이 세운 계획에 당하게 하라!"가 율법의 정신입니다. 이것은 보복하고 응징하라는데 초점이 있는 게 아니라 "천국에선 이와 같이 이웃을 해하려는 마음을 갖지 않는다!"입니다. 성경이 알리는 메시지는 "네가 악한 계획을 세우고 형제와 이웃을 해하려 한다면 그대로 네가 당하게 될 것이니 그렇게 해선 안 된다!"입니다. 형제를 비난하고 욕하는 것도 그대로 부메랑이 되어 네게 돌아오는 것과 마찬가집니다.

그 대표적인 예가 구약 에스더서에서 기록됩니다. 아하수에로 왕의 총애를 입은 하만이 왕의 재가를 받고 대신들로 자신에게 절하게 합니다. 모르드개는 하만이 누군 줄 알기에 절하지 않았습니다. 하만은 아말렉 사람 아각의 후손입니다. 반면에 모르드개는 유대 베냐민 지파 기스의 후손입니다. 사무엘상을 보면 하나님이 아말렉을 진멸하라 하셨을 때 사울왕이 아말렉 왕 아각을 잡아옵니다. 이 둘은 역사적 앙숙관계입니다.

하만은 모르드개가 자신에게 절하지 않자 모르드개 뿐 아니라 유대인을 멸절시킬 계획을 세웁니다. 이때 왕후였던 에스더가 죽으면 죽으리라 하며 왕 앞에 나아가서 하만의 계략을 좌절시킵니다. 하만은 모르드개를 죽이기 위해 세운 높은 장대에 결국은 자신이 달려 죽게 되는 비참한 결과를 맞이합니다. "나쁜 마음먹고 악한 발상과 계획을 가지고 다른 사람에게 해를 입히려한다면 그것은 반드시 부메랑이 되어 돌아온다!"입니다.

그리고 오늘 39절의 말씀처럼 악한 자를 똑같이 악으로 되받아 치지 말 것은 하만의 궤계를 끊으시고 자기가 판 함정에 자기가 빠지게 하시듯이 "악의 징계와 응징은 하나님이 하신다!"입니다. "왜 내가 꼭 보응을 하겠다는 것입니까?" 하나님께 맡기기엔 못 미더워서입니다. 하나님은 우리의 모든 충분이십니다.

오늘 본문 속에서 이미 축복받은 자의 여유와 배짱과 넓음을 읽어낼 수 있어야 합니다. 오른뺨 맞은 것이 억울하고 분하지만 말씀에 순종해야겠으니 파르르 떨며 왼 뺨을 돌려대는 것이 아닙니다. 맞을 땐 좀 아프지만 그 정도는 괜찮습니다. 속옷 달라하면 겉옷까지 줘라 오리를 가자하면 십리를 가줘라 이게 다 무슨 얘기냐면 이미 충분히 모든 것을 다 가지고 있는 자의 넓음입니다. 하나님 한 분만으로 충분한 겁니다.

율법은 결국 십계명인데 위로 네 계명은 "하나님 한 분으로 너의 필요충분이 다 채움이 되기에 다른 것을 끌어드리지 말라!"는 것이며 아랫계명 역시 "네가 남의 것을 도둑질하고 간음하고 살인하고 탐욕을 부려서 네가 만족할 수 있는 게 아니다!" 입니다. "하나님 자녀 된 자의 신분과 지위를 소유하고 누려야 한다는 것을 모르면 결국은 탐욕을 부리게 된다!"입니다.

14. { 원수사랑 }

(마태복음 5:43~48)

하나님은 계속해서 우리에게 믿지 않는 자들과의 '다름'을 요구하십니다. 구약성경에서는 "내가 거룩하니 너희도 거룩하라!" 하시는 말씀이 오늘 48절 예수님 말씀으로는 "하나님의 온전하심 같이 너희도 온전하라!"입니다. 그리고 이 말씀을 조금 더 의역하면 "내가 넓으니 너희도 넓어라!"로 받을 수 있습니다.

지난 시간에는 "오른뺨 맞으면 왼뺨 돌려대고, 오리를 가자하면 십리를 가주고, 속옷 달라하면 겉옷까지 주어라!" 하시다가 오늘은 더 세게 나가서서 "원수를 사랑하라!" 하십니다.

그런데 사실 이와 같은 넓음, 넉넉함, 여유, 배짱, 포용, 아량 같은 단어들은 이미 있는 자의 단어입니다. 아무것도 없는 자가 결코 사용할 수 없는 말들입니다. 하나님을 정말 내 아버지로 믿고 그렇게 두고 모시고 산다면 그 아버지를 누리고 영위합니다. 아버지를 누리는 것이 참다운 신앙생활입니다.

아버지를 누리지 못하고 사는 사람이 누가복음 15장에 기록됩니다. 돌아온 탕자비유에서 등장하는 탕자의 형입니다. 탕자 동생이 집에 돌아오자 아버지는 새 옷을 입혀라! 반지를 끼워라! 소를 잡고 동네잔치를 벌여라! 합니다. 이 소리를 들에서 일하던 형이 듣고는 집에를 안 들어갑니다. 그리고 아버지께 뭐라고 하나면 아버지 재산을 창기와 함께 말아먹은 저 놈에게는 소를 잡아주고 나를 위해서는 염소새끼 한 마리 안 잡아 주셨다고 따집니다. 그 때 아버지가 31절에서 우리 모두가 들어야 하는 말씀을 주십니다. "애야 너는 항상 나와 함께 있어 내 것이

다 네 것이지만 네 동생은 죽었다 살았고 잃었다 얻었느니 우리가 기뻐하는 것이 마땅하지 않냐!"

"너는 항상 나와 함께 있어..." 여기가 결정적입니다. 우리가 주님과 동행한다고 하는데 이 말은 주님의 소유된 통치와 권세와 능력과 지혜가 항상 나와 같이 있는 것입니다. 당장 염소새끼 안 잡아 줬다고 투정하는 이 형의 모습이 우리 가운데 있을 수 있습니다. 우리가 진정으로 대주재시며 천지와 바다와 만물을 지으신 하나님을 내 아버지로 모시고 산다면 넓음 배포 넉넉함은 기본으로 깔고 가는 겁니다. 애지간한 건 다 품고 넘어가게 됩니다. 내 편만... 나에게 잘해주는 사람만... 이렇게 좁고 인색하게 가지 않습니다.

45절의 말씀처럼 "하나님은 그 해를 악인과 선인에게 비취시고 그 비를 의로운 자와 불의한 자에게 내리신다!" 하나님은 예배 잘 드리고 말씀에 항상 순종하는 사람들 밭에만 해를 비취시고 비를 내려주시는 것이 아니라 툭하면 하나님 있으면 나와 보라고 삿대질하는 사람의 밭에도 빛을 비취시고 비를 내려 주신다 입니다. 46절 이하에서도 "사랑하는 자를 사랑하는 건 세리도 그렇게 한다. 네 형제에게만 문안하면 남보다 나은 게 무엇이냐!" 뭔가 다른 게 있어야 할 게 아니냐! 여기서 다름은 넓음입니다. 그러니까 우리가 나만, 내 가족만, 내 편만 이렇게 사는 것은 하나님이 원하시는 온전함이 아닙니다.

그리고 그 넓음을 조금 더 적극적 의미로 구체화시키면 넓음의 다른 말은 사랑입니다. "네 이웃을 사랑하고 원수를 미워하라하는 말을 너희가 들었으나 나는 너희에게 이르노니 원수마저 사랑하라!" 입니다. 당시 유대인에게 있어서 원수같이 여겼던 사람은 이방인 사마리아인 이었습니다. 예수님은 선한 사마리아인 비유를 통해 원수가 형제보다 나은 이웃이 될 수 있음을 말씀하십니다. 누가복음 10장에서 예수님은 부자청년에게 "하나님 사랑과 이웃 사랑이 모든 계명이고 율법이다!"라고 말씀하시자 하나님 사랑은 대상이 확실하니까 사랑할 수 있는데 이웃의 범위와 대상을 정해달라고 합니다. 그러면 그 이웃을 사랑하겠다고 10장 29절에서 "내 이웃이 누구입니까!"라고 묻습니다.

그래서 예수님은 선한 사마리아인 비유를 들어 주십니다. 여리고로 내려가던 한 사람이 강도를 만나 거진 죽게 되었는데 동족 그것도 이 사람을 돌봐주어야 하는 책임 있는 지배층인 제사장과 레위인이 못 본 척 그냥 지나갔다. 그런데 평소 원수처럼 여겼던 사마리아인이 지극정성으로 돌봐줘서 이 사람이 죽었다 살아나게 되었다. 그렇다면 누가 이 강도만난자의 이웃이 되겠느냐?

누가 이웃인지 대상을 정해달라고 한 이 청년의 질문을 예수님이 역으로 뒤집어서 답을 주십니다. 이 청년은 "누가 나의 이웃입니까? 말씀해주십시오!" 이웃을 정의하고 규정하는 권한이 마치 자기에게 있는 듯 예수님께 물은 겁니다. 이에 예수님은 "아니다 이웃을 이웃이라 부를 수 있는 권리는 너에게 있는 게 아니라 이웃에게 있는 거다!" 라고 답을 주신 것입니다. 이웃을 이웃이라 부르고 친구를 친구라 부르는 것은 내 마음이지만 정말로 이웃이 나를 이웃으로 그리고 친구가 나를 친구로 생각해주는가는 별개입니다. 선한 사마리아인의 비유를 말씀하고 계신 주님의 말씀을 잘 이해해야 합니다. "못되게 굴고 심술부리고 상처 주고 하면서 무슨 형제니 이웃이니 친구니 할 수 있냐!"입니다.

특별히 약자와 가난한 자 어려움에 처한 자를 돕는 부분에 있어서도 오늘의 선한 사마리아인은 그러한 자신의 선한 행위를 자기 의와 자기 높음과 자기자랑으로 가져가지 않았다는 것을 주목합니다. 반면에 바리새인은 시장 사거리에서 기도하면서 가난한 자를 구제한 행위를 자기 인격과 도덕률의 높음으로 사람들 앞에 드러내며 자랑하고 있습니다. 다시 말하면 자신의 선행을 드러내기 위해서 가난한 자의 명예와 자존심을 빼앗고 그들을 밟고서 자신이 높아지는 행위는 성경이 말하는 참된 구제와 사랑이 아니라는 것입니다.

사랑을 빙자하고, 구제를 빙자하고, 신앙을 빙자해서 결국은 자기의 자랑으로 가는 것을 성경은 금하고 있습니다. 다음 시간에 나오는 "오른손이 하는 일을 왼손이 모르게 하라!"가 바로 이 내용입니다. 참된 신앙인은 옆 사람을 밟고서 내가 높아지는 세상원리를 따라 살지 않습니다. 마찬가지로 남을 비난하고 헐뜯어야 내가 실력 있다는 생각을 하지 않습니다.

기독교는 반대로 나보다 남을 낮게 여기고 훌륭하게 여깁니다. 남을 밟고 내가 서는 게 아니라 내가 낮아지는 것으로 상대를 높입니다. 상대를 높이는 데는 두 가지 방법이 있습니다. 상대의 장점과 훌륭한 점을 높이는 것으로 상대를 높이는 게 있고 상대가 아무리 봐도 훌륭한 게 없을 때는 그냥 내가 망가지면 상대가 높아집니다.

예수님이 이렇게 하셨습니다. 성육신입니다. 예수님은 자신을 한 없이 낮추고 부인하고 망가뜨려서 격이 아주 낮은 사람의 자리까지 아니 그 보다 더 낮은 종의 모습으로 오셨습니다. 빌립보서 2장 5절 이하입니다. "그는 근본 하나님의 본체시나 하나님과 동등됨을 취할 것으로 여기지 아니하시고 자기를 비워 종의 형제를 가져 사람의 모양으로 나타나셨으매 곧 십자가에 죽으심이라 이로써 하나님이 그를 지극히 높여 모든 무릎을 예수의 이름에 꿇게 하시고 모든 입으로 그리스도를 주라 시인하여 하나님께 영광을 돌리게 하였느니라!"

세상에 오셔서 우리를 높이시려고 하는데 우리는 잘난 게 없고 가진 건 죄밖엔 없으니까 그 보다 더 밑으로 내려가셔서 우리를 높이셨습니다. 자신의 권세를 내세우며 우리를 밟고 비난하고 정죄하는 것으로 구원하신 게 아니라 우리 밑으로 들어가서 우리가 하자는 대로 다 해서 아무 힘없이 사람들에게 잡혀 죽는 것으로 우리를 구원하십니다. 이것이 구원의 신비입니다.

나를 망가뜨리면 자존감이 상실됩니다. 그러나 예수 안에 이 신비와 비밀을 알고 예수님처럼 나를 망가뜨리면 자존감이 상실되지 않습니

다. 하나님이 내 아버지시며 그분이 나 같은 죄인을 살리려 아들을 십
자가에 내어 주셨다는 지식은 우리에게 건강한 자존감을 갖게 합니다.
감옥에 있는 사람들이 그렇게 자존감이 높다고 합니다. 우리에게 필요
한 것은 높은 자존감이 아니라 건강한 자존감입니다.

15. { 구제에 대하여... }

(마태복음 6:1~4)

선하고 의로운 일에 대해서 주시는 말씀입니다. 당시 바리새인들은 구제를 할 때 그 행위를 자기 인격과 도덕률의 높음으로 삼으려 했는데 이것은 뭐냐면 다른 사람의 연약함을 이용해서 자기를 자랑하는 행위입니다. 성경은 "약한 자를 희생물로 삼아서 너의 높음으로 가지고 가지 말라!"입니다. "약한 것 미숙한 것 모자란 것을 대할 때에 그것을 밟고 너의 의와 잘남으로 가지 말라!"입니다.

비난도 마찬가집니다. 왜 비난합니까! 내가 보기에 여러 가지 면에서 모자라고 부족하기에 비난합니다. 비난은 "난 너 보다 위에 있다! 너 보다 실력 있다! 너 보다 많이 안다!"를 기본으로 깔았을 때 하게 됩니다. 비난하는 순간 "나는 너보다 높다!"입니다.

구제가 경제적 어려움에 처한 사람을 도와주는 건데 자칫 잘못하면 그의 약함을 내가 이용하는 것일 수 있습니다. 마찬가집니다. 비난도 삶이나 인격이나 연약함으로 비난을 듣습니다. 그러나 비난하는 자는 약한 자의 그 약함을 밟고 너의 높음을 드러내지 말라 입니다. "우리에게 스승은 예수님 한분이시니 자꾸 가르치려 들지 말라!"입니다.

사람들이 왜 이러고 있냐면 사랑이 없어서 그렇습니다. 지난 시간 예수님이 5장 48절에서 "너의 아버지의 온전하심 같이 너희도 온전하라!", "원수마저 사랑하라!" 한 마디로 "좁게 보지 말고 영적인 안목과 식견을 넓혀라!" 네가 정말 가난한자를 사랑해서 그에게 구제를 행했다면 그에게 돈 몇 푼 주고 그의 명예를 빼앗지는 않는다. 비난도 마찬가지다. "내가 가르치고 고쳐놓고 바로 잡는다!"를 명분으로 삼고 있지만 결국은 "그의 부족함을 밟고서 네가 높다는 것을 증명하는 것 아니냐!"입니다.

예수님은 죄인인 우리를 사랑하셨습니다. 만약에 우리를 사랑하지 않으시고 구원하러 오셨다면 어떻게 오셨을까요? 왕으로 군림하여 오시고, 권세를 자랑하며 오시며, 우리의 연약함을 밟고 오시는 겁니다. 그래서 히브리서 4장 15절이 중요합니다. "우리에게 있는 대제사장은 우리의 연약함을 동정하지 못하실 이가 아니요 이 모든 일에 우리와 똑같이 시험을 받으신 이로되 죄는 없으시니라!" 여기서 "우리의 연약함을 동정하지 못하실 이가 아니요!"가 바로 "우리의 연약함을 자신의 연약함으로 삼으셨다!"는 성육신입니다.

어느 날 하늘에서 뚝 떨어지셔서 철권통치를 휘두르며 말 잘 듣는 자들 천국에 들이고 말 안 듣는 자들 지옥에 던지는 무서운 통치자로 오신 게 아니라 가난한 목수의 아들로 오셔서, 죄인이 아님에도 죄인의 모습을 하시고, 죄인들의 손에 잡혀 죽는 것으로 죄인을 구원하셨습니다. 왜 이렇게 하셨을까요? 이것이 바로 사랑입니다!

사랑을 하면 사랑하는 대상의 연약함을 밟지 않습니다. 그리고 사랑하는 대상과 똑 같아 집니다. 건강한 가정 사랑이 녹아있는 가정이라면 그 집에 가장 연약한 자가 그 집의 기준입니다. 아이를 키우는 가정이라면 그 집의 모든 부분에서 그 아이가 자라기에 가장 적합한 환경이 됩니다. 식탁, 장판, 벽지, 소파 등등 모든 게 그 아이의 시각이고 눈높이며 경험입니다. 아이는 그 집에 가장 연약한 구성원이지만 가정구성원이 모두 그 아이에게 맞추는 것은 그 아이를 향한 가족의 사랑입니다. 시각장애인 자녀를 둔 가정에 이야기를 들은 일이 있습니다. 이사도 못가고 모든 물품이 그 자녀가 자랄 때 그대로 라고 합니다. 그럴 수 밖에 없는 것이 그 연약함을 가족 모두가 함께 하고 있기 때문입니다. 건강한 가정입니다.

그런데 그 반대가 있습니다. 힘없는 연약한 구성원이 그 가정의 기준이 아니라 힘 있는 자가 기준이 되고 그의 권세에 따라 모든 게 셋팅되어 있는 집이 있습니다. 나머지 가족들은 언제 내가 저 분의 눈에 거슬리거나 눈 밖에 나서 야단맞을지 몰라서 항상 바늘방석이고 불안 공포 두려움입니다.

그렇다면 하나님의 집은 누가 기준일까요? 히브리서 4장 15절을 다시 갑니다. "우리에게 있는 대제사장은 우리의 연약함을 동정 못하는 분이 아닙니다." 우리와 눈높이를 같이하고 못남과 무력함과 절망의 자리에 찾아오셔서 우리와 똑같은 처지가 되십니다. 그래서 "이 모든 일에 우리와 똑같은 시험을 받으신 이로되 죄는 없으시니라!"가 기록됩니다.

첫째가 되려면 많은 사람의 종이 되어야 한다. 나는 앉아서 대접받는 자가 아니라 서서 섬기는 자로 왔다. 내가 너희 발을 씻겼으니 너희도 서로 섬겨야 한다. 이런 말씀을 계속해서 하심은 "이게 천국의 가치고 원리며 질서다!"입니다. 천국은 약하고 무능한자를 나무라고 비난하고 그의 약함을 딛고 나의 높음을 드러내는 것이 아니라 그 연약함을 나의 것으로 삼고 도리어 그 약함 밑으로 들어가서 그를 구원하는 것입니다.

마치 부모가 어린 핏덩이 자녀를 바라보고 있는 그 마음이고 눈빛입니다. 사랑하는 부모는 사랑하는 자녀의 연약함을 이야기하지 않습니다. 그 연약함은 곧 자신의 연약함이기 때문입니다. 사랑입니다. 사랑은 여기 있으니 우리가 하나님을 사랑한 것이 아니라 하나님이 우릴 사랑하사 화목제물로 자기 아들을 주셨습니다. 우리가 아직 죄인 되었을 때에(연약할 때에) 그리스도께서 우리를 위하여 죽으심으로 우리에 대한 사랑을 확증하셨습니다. 너희를 종이라 하지 않고 친구라 하리니 종은 그 하는 일을 일러주지 않지만 친구는 다 일러준다. 이런 말씀들이 다 무엇입니까? 우리의 연약함 밑으로 들어가서서 우리를 높이시는 것입니다.

요한복음 17장 예수님의 기도 속에 "아버지가 내 안에 내가 아버지 안에 그리고 저들도 우리 안에 있어 우리의 영광을 보게 하소서!" 입니다. 사랑이 없으면 무슨 일을 하냐면 나와 너를 자꾸 분리시키려합니다. 나는 돈 많은데 너는 돈 없고, 나는 많이 배웠고 너는 못 배웠고, 나는 성공했는데 너는 아니며, 나는 명품 있는데 너는 없고, 나는 의인인데 너는 죄인이며 … 이런 말들이 결국은 다 뭐냐면 상대의 약함을 밟고 자신을 높이는 겁니다.

사랑을 하면 이런 일을 하지 않습니다. 예수님은 우릴 사랑하셔서 우리와 당신을 분리하지 않으시고 친구라 하시고, 영광을 같이 하자 하시며, 같이 기뻐하고 함께 살자하십니다. 그럼 그렇게 연약한자의 자리에 함께하시는 예수님이 왜 바리새인과 서기관은 신랄하게 비난하신 겁니까? 연약한 자리는 자신에게서 아무런 가능성도 찾을 수없는 죄인의 자리입니다. 그런데 바리새인들은 죄인이 아니라 합니다. 스스로 연약하지 않고 자신의 행위로 얼마든지 의롭게 되며 천국갈 수 있다는 겁니다. 성경은 "의인은 없나니 하나도 없으며 깨닫는 자도 없고 하나님을 찾는 자도 없고 다 한가지로 무익하게 되어 선을 행하는 자가 없나니 하나도 없도다!"입니다. 죄인임에도 의인이라 착각하고 자기를 속이고 하나님을 속이는 자들을 향한 예수님의 개탄입니다. 그것은 비난이라기보다는 너무나 속상하신 예수님의 깊은 탄식이고 비애입니다.

오늘 말씀의 결론입니다. 성도는 어떤 경우에도 "다른 사람의 연약함을 토대로 해서 그 위에 나의 높음과 자랑과 정체를 구축하지 않는다!"입니다.

16. { 기도... }

(마태복음 6:1~4)

기독교 신앙의 기도는 그 대상이 분명하다는 데서 시작됩니다. 기독교를 제외한 여타 종교의 기도는 기도의 대상이 중요한 게 아니라 기도하는 주체가 중요합니다. 즉 기도를 듣는 신보다 기도를 하는 나의 진심과 간절함과 열심에 더 무게가 실립니다.

누구나가 다 아는 사실이고 이게 참 아무것도 아닌 것 같으면서도 매우 중요합니다. 물론 히스기야의 기도처럼 기도하는 나의 정성과 눈물과 식음전폐 그리고 오랜 기도의 인내와 자세가 우리에게 요구되고 있지만 이와 같이 기도하는 나에게 포인트를 맞추면 무슨 일이 벌어지냐면 기도가 응답되고 이루어졌을 때 이 사람이 생각하길 "뭔가 내 기도가 하나님 앞에 남다른 게 있고 내 정성과 눈물이 하나님께 닿았으며 보좌를 움직일만한 나의 행위가 있었다!"로 가게 됩니다.

"하나님을 충족시킬만한 범상한 것이 내게 있었다!"로 가게 되면 기도를 들으신 하나님보다 기도하는 자의 영광입니다. 남다른 종교성으로 사람들 앞에 높임을 받는 겁니다. 마치 구제가 남다른 도덕성으로 사람들 앞에 높임을 받는 것과 같이 기도가 이렇게 자기를 높이는 일에 동원된다는 것입니다. 성경은 어떤 경우에도 영광을 사람이 가로채는 행위를 금하고 있습니다. 천주교가 결정적으로 비성경적인 것이 이 부분입니다. 수많은 의로운 사람들의 행위를 높이며 그들을 통해서만 예수님께 갈수 있다고 가르칩니다.

성도들은 다 거룩한 나라며 왕 같은 제사장이며 보혈의 피를 힘입어 담대히 보좌 앞에 나아감을 얻습니다. 천주교는 베드로, 바울, 마리아 등등 수많은 성자들을 성도들과 예수님 중간에 두고서는 마치 성자들을 부로커 삼아서 리베이트 챙기며 정작 예수님께 가는 길을 막는 형국을 만들어 놓았습니다. 의인은 없나니 하나도 없다고 한 성경의 외침을 망각한 경우입니다.

기도의 응답은 하나님이 기도하는 자를 불쌍히 여기셨다는 것 그거 하나입니다. 하나님이 은혜와 자비와 사랑이 무한하셔서서 긍휼을 베푸신 것이지 기도응답의 결과를 얻기까지 "내가 조건을 만족시켰다!"로 가면 결국 기도마저 자기 의가 되어버립니다. 기독교는 기도하는자의 정성 방법 능력 내용 이런 것보다 기도의 대상이시며 그 기도를 듣고 계신 하나님에게 거의 모든 무게중심이 있습니다.

오늘 말씀 6절에 기도할 때 "골방으로 들어가라!" 하십니다. 기도의 자리, 기도의 방, 기도의 시간 이것은 아버지의 자리를 찾아가는 것이며, 아버지의 방으로 들어가는 것이고, 아버지와의 시간을 갖는 것입니다. 7절에 중언부언하지 말라는 것은 주문을 외우지 말라는 것입니다. 지금도 그렇지만 당시에 이방종교의 특성은 주문을 외우는 것 자체에 주술적이고 신비한 능력이 있어서 무슨 말인지도 모르고 그저 오래 그리고 계속해서 외우게 되면 응답이 이루어진다는 것입니다. "열려라 참깨!" 같은 주문은 정말 기도의 대상하고는 아무 관련이 없습니다. 그래서 기독교와 가장 멀리 있는 것이 주문인데 기독교도 이교도화 되서 할렐루야를 무슨 주문처럼 외우는 분들이 계십니다. 8절에 "저들은 말을 많이 해야 즉 주문을 외워야 응답될 줄로 안다 그것을 본받아서는 안 된다!" 하시며 9절에서 "너희는 이렇게 기도하라!" 주기도문을 가르쳐주십니다.

아버지 방에 들어가면 '아버지!'하고 불러야 합니다. 나의 기도의 간절함과 급박함 절박함을 말하기 전에 지금 앞에 '아버지가 계신다!'에 집중합니다. 우리말은 "하늘에 계신 우리아버지" 하고 아버지가 제일 뒤에 나오는데 원문에는 아버지가 제일 먼저입니다. 그 아버지는 8절 말씀처럼 우리가 왜 이렇게 아버지 앞에 나왔는지 그리고 무엇을 구하는지 벌써 다 알고 계십니다. 여기가 중요한 부분입니다. 다 알고 계시는데 무슨 말과 기도라는 형식이 필요하냐 하는 것입니다. 여기에 우리가 놓치면 안 되는 기독교에서 말하는 기도의 본질과 속성이 담깁니다.

기도는 사랑하는 아버지와 사랑하는 자녀가 만나는 자리입니다. 저분이 가진 능력과 권력이 필요해서 협상을 벌이는 게 아닙니다. 흥정과 술수와 꾀임을 통해 저분의 마음을 돌이키게 해서 내가 원하는 응답을 받아내는 게 기도가 아닙니다. 자녀는 아버지께 꼭 달라고 해야 얻는 게 아니고 아버지도 자녀가 달란 말 안했다고 안 주시는 분이 아닙니다.

흥정과 협상은 남하고 하는 것입니다. 기도는 아버지하고 하는 겁니다. 관계입니다. 아버지와 자녀를 연결하는 게 기도입니다. 자판기에서 돈 넣고 원하는 것 뽑는 식의 기도가 되어서는 안 됩니다. 아버지는 우리가 무엇을 말할 것 까지 다 알고 계십니다. 그럼에도 말하라고 하심은 하나님과 자녀는 기계가 아니라 관계이기 때문입니다. 자판기가 아니라 인격입니다.

하나님은 우리가 영광 돌리지 않아도 이미 충만하고 완전하고 불변하는 영광중에 계십니다. 그럼에도 "아버지의 이름이 영광을 받으소서!" 말하는 겁니다. 하나님은 이미 지난 밤 우리의 몸을 어루만지시고 새 날을 맞이하게 하십니다. 우리 앞에 모든 것을 셋팅해 놓으셨음에도 "오늘 일용할 것을 구하라!" 입니다. 또한 하나님은 우리의 발을 지켜서 악에 빠지지 않게 하십니다. 그럼에도 "우리를 악에서 구해달라!" 고 기도하라는 것입니다.

인간관계도 서로간의 관계요구가 밀접하고 긴밀하게 충족될수록 그 관계의 만족도가 높습니다. 관계가 이름만 아는 관계가 아닌 정서와 지식과 소원과 웃음과 자잘함을 나누는 관계여야 합니다. 관계는 일방작용이 아니라 상호작용입니다. 공감능력이 떨어지는 사람은 관계의 그릇이 적으며 관계자체를 소홀히 여깁니다. 꼭 자기필요에 의해서만 연락하고 찾아옵니다. 이런 사람은 곧 손절각입니다.

예수님이 "중언부언하지 말고 말을 많이 해야 들을거라고 생각지 말라!" 하심은 일방적으로 쏘아대지 말라는 것도 있습니다. 그냥 내지르기만 하니까 생각할 틈이 없습니다. 상호관계가 아니라 일방관계일 수 있습니다. 그러다가 응답이 없으면 마치 돈만 먹은 자판기 흔들어대듯 합니다. 기도는 내 시간과 생각과 계획과 필요를 아버지께 차분히 말씀드리는 것입니다.

그럼 하나님도 날 향하신 뜻과 목적하심과 계획을 말씀해주십니다. 그냥 당장 지금 내가 원하는 것이 아니라 나를 향해 가지고 계신 하나님의 커다란 계획과 고급한 내용과 소원하심을 알리십니다. 이것이 먼저 되고 그 다음이 오늘 나의 작은 기도제목입니다.

하나님은 지금 기도하는 당신의 자녀를 사랑하십니다. 질투라는 말을 동원하지 않으면 다른 설명이 안 될 만큼 우리를 향한 하나님의 사랑열심은 우리의 기도진심보다 강열하십니다. 하나님의 사랑은 너무 강한 거라서 화도 내십니다. 하나님은 우리위에 군림하고 장악하고 굴복시켜 우리를 착취하시는 분이 아닙니다. 잠잠히 깨닫기를 바라시고 오랜 시간 인내하며 조금씩 조금씩 하나님 아버지를 닮아가길 원하시는 인자하고 자상하신 아버지십니다.

아버지와 다정하고 친근하고, 든든하고, 긴밀하고, 유쾌한 기도의 시간을 갖으시길 축복합니다.

17. { 그 목적하는 바... }

(마6:19~24)

마음이 머무는 곳입니다. 발길이 머무는 곳에 마음이 있고 마음이 있는 곳에 발길도 향한다 하지만 이게 따로 놀 때가 있습니다. 몸은 교회에 있지만 마음은 다른 곳에 있을 수 있고 몸은 교회에 없어도 마음은 이곳을 향해 있는 경우입니다. 성경은 무엇을 중심으로 해서 우리 마음이 거기 있다 하냐면 21절 말씀처럼 내가 귀하고 소중히 여기는 보물이 있는 곳 입니다. 그런데 보물이 물질인 것은 맞지만 물질만이 보물은 아닙니다. 어떤 분은 평생 쌓은 지식이 보물이고 어떤 이는 지위와 명예가 보물이며 친구간의 우정을 보물로 여길 수도 있고 혹 사업하시는 분은 신용과 신뢰를 보물처럼 여깁니다.

이와 같은 것들이 이 땅에서의 귀한 가치인 것만은 사실인데 예수 믿는 우리에게는 다름 아닌 예수가 보물이고 말씀이 보물이고 믿음이 보물입니다. 사람들이 보물을 가지려하는 것은 그 보물이 가져다주는 위로와 평안과 기쁨과 자랑 때문입니다. 그래서 19절에 "너를 위해서 보물을 땅에 쌓지 말라!"입니다. 땅에 쌓는다는 것은 지난 시간 말씀처럼 어떤 행위든지 그것이 선한행위 구제가 되었든 종교행위 기도가 되었든 다른 사람 앞에 나의 높아짐의 욕심에서 기인한 것이면 무슨 명분이 되었든지 그건 다 땅에 쌓는 것이고 하늘의 상급이 없는 것이며 잘못된 신앙입니다.

보물을 하늘에 쌓는다는 것은 철저히 하나님과의 관계성 속에서의 모든 행위를 말합니다. 사람들 앞에 그럴듯한 종교적 사람으로 평가받고 싶어서 목사가 될 수도 있고 종교행위를 할 수 있습니다. 역시 사람들 앞에 높임 받고자 선행을 할 수도 있습니다.

하나님과의 관계성은 한마디로 은밀성입니다. 6장 4절 "네 구제함을 은밀히 하라!" 6장 6절 "기도할 때 은밀히 하라!" 6장 18절 "금식할 때 은밀히 행하라" 곧 은밀한 중에 계신 하나님을 뵈올 줄 아는 게 하늘에 상급이 있고 보물을 하늘에 쌓는 바른 신앙이라는 것입니다. 관건은 '은밀'을 터득하는 일입니다. 우리가 하나님을 은밀히 만나야 하나님도 은밀히 오셔서 이 모든 것을 주장하십니다.

그런데 여기서 말하는 '은밀'은 세상과 분리되어 은둔자로 하나님을 뵙는 것이 아닙니다. 하나님을 은밀히 만나는 것이 아무도 없는 산속 기도원으로 들어가는 것이 아닙니다. 성경에서 말하는 '은밀'은 장소적 물리적 위치가 아니라 내면적이고 영적인 '은밀'입니다. 보다 성품적이며 전인적입니다. 사방이 시끄러운 곳에서도 하나님을 은밀히 만날 수 있고 산속 기도원에서도 은밀히 만나지 못할 수 있습니다.

무엇을 기준으로 이것이 나눠지냐면 그 목적하는 바가 사람에게 결국 보이기 위한 것이면 거짓 '은밀'인 것이고 보이지 않는 하나님을 목적한 것이면 참된 '은밀'이 됩니다. 시끄러운 시장에서도 "오늘 하루 하나님사람으로서 세상 앞에 승리할 수 있게 해 주세요!" 하고 기도하면 하나님을 은밀히 만난 것이고 기도원에서도 하나님을 부르고 있지만 실상은 "욕심껏 사람들 앞에 높임 받게 해 주세요!" 하면 '은밀'이 아닙니다.

어떤 자리든 시간이든 경우든 거기서 하나님의 자녀로 순종하고 충성하며 맡겨진 책임을 다하는 것이 '은밀'을 터득한 성도이며 결국은 사람들 앞에 자기를 치장하고 군림하는 것으로 종교행위를 동원하고 있다면 그건 '은밀'과는 아직 먼 겁니다.

예수님의 말씀 중에 "너희가 하나님과 재물을 같이 섬길 수 없다!"는 24절이 키가 되는 구절입니다. 여기서 두 주인이 나오는데 하나님과 재물이 두 주인입니다. 홍미로운 것은 본래는 주인이 종을 임의로 택하는 것인데 종이 주인을 선택할 수 있다는 것이 말씀의 요지입니다. 종인 우리가 하나님을 주인으로 선택할 수도 있고 재물을 주인으로 선택할 수도 있습니다. 왜 종이 주인을 선택하는 모양새가 되었냐하면 종은 주인의 평가를 받기 때문입니다.

내가 나의 존재와 인생과 신앙을 재물을 통해서 평가받겠다하면 재물이 나의 주인입니다. 본문에는 예수님이 재물을 등장시키셨지만 하나로 대표된 제유법입니다. 내가 쌓아 놓은 것으로 평가받겠다고 할 때 그것이 재물일수도, 지식일수도, 명예일수도, 높은 도덕률일수도 심지어는 신앙심일수도 있습니다. 쌓은 것 자체를 뭐라 하는 것이 아닙니다. 그것을 가지고 사람들 앞에 가지고 가서 나의 높음과 자랑과 영광을 삼으면 그게 바로 하늘의 상급이 없는 잘못된 신앙이며 하나님을 은밀히 만나는 게 아닙니다.

그러나 저와 여러분의 신앙이 천국 상급이 있는 은밀 신앙이 되려면 이 세상에서 재물을 쌓든지 인격을 쌓든지 명예를 쌓든지 그것으로 보이지 않는 하나님께 가지고 가서 하나님께만 평가 받겠다고 할 때 그것이 진짜 신앙입니다. 진짜는 하나님이 내게 하시는 말씀이 중요합니다. 죄악이 가득한 지금 여기서의 평가가 아니라 그날 거기서 완전한 하나님 앞에서의 평가입니다. 가짜는 나중에 하나님이 뭐라 하든지 지금 당장 사람들에게 경배와 영광을 받길 원합니다.

예전에 강도사 인허 받고 목사안수받을 때 신대원졸업장, 강도사인허증, 호적등본등 떼다가 시찰장 목사님 뵙고 마지막으로 노회서기 목사님을 찾아갔는데 절 보자마자 다짜고짜 자기가 차기 노회장이라면서 여기 네 도장 찍을 데 하나도 없다고 하면서 반말로 고래고래 위세를 떠는 겁니다. 저 그분 처음 뵙는 거였고 무슨 말대답을 한 것도 아닙니다. 이제 막 신학교 졸업하고 목사안수받겠다고 찾아온 햇병아리 목사를 앞에 두고 자기가 누군 줄 아냐면서 한없이 자기를 높이는 겁니다.

얼마나 사람 앞에 높아지고 싶었길래 같은 급도 아니고 이제 막 햇병아리를 앞에 두고 저럴 수가 있을까! 잊혀지지가 않습니다. 더불어 드리고 싶은 말씀은 은밀 신앙이 명분이나 개념이 아니라 본질이고 삶이 되길 바라는 것입니다.   어떤 목사님 세상없어도 12시면 은밀히 기도하러 하나님과 약속해서 교회에 가야 한다고 하셨습니다.   그러나 광고하고 하는 은밀은 은밀이 아닙니다. 은밀해야 한다니까 은밀로 자기 높음을... 겸손해야 한다니까 겸손을 떠는 것으로 자기 높음을... 감사해야 한다니까 감사로 자기 높음을 가져가는 것은 아니라는 것입니다. 재물이나 인격이나 명예나 지위나 신앙이나 그 어떤 것으로도 사람 앞에 높임받으려는 것이 그 목적하는 바가 아니라 오직 그 날에 하나님이 내게 주실 말씀을 목적하면서 천국상급이 있는 은밀 신앙으로 나아가시길 소망합니다..

18. { 너의 본심이 있는 곳 }

(마6:19~24)

우리 신앙의 본질이 무엇인지에 대해서 말씀을 주고 계십니다. 참된 신앙은 하늘에 상급이 있는 신앙이고 그것은 이 땅을 살아가면서 하늘에 보화를 쌓는 것으로 나타난다고 하십니다. 그리고 말씀하시는 것이 '은밀'입니다. 그러니까 하늘보화를 쌓는 관건은 얼마나 하나님을 은밀히 뵙고 살았는지를 통해서 알 수 있습니다.

설령 기도, 금식, 구제를 하더라도 그것이 사람들에게 보이기 위한 자기치장이고 자랑이라면 하늘에 상급이 없는 가짜 신앙이고 '은밀신앙'을 터득해서 그 목적하는 바가 사람에게 보이기 위한 것이 아닌 마지막 날 하나님께 들을 칭찬을 기대하면서 행한 것이면 그것이 곧 하늘에 쌓이는 보화고 참된 신앙입니다. 중요한 것은 그 목적하는 바입니다. 결국 목적하는 바가 내 영광이냐? 하나님 영광이냐? 의 차이입니다.

우리가 하나님 앞에 '은밀신앙'이 되면 하나님도 은밀히 우리에게 오셔서 다 챙겨주십니다. "은밀한 중에 기도하라! 은밀히 갚으시리라!", "은밀히 구제하라! 은밀한 중에 갚으신다!", "은밀히 금식하라! 네 아버지께서 은밀히 갚으신다!" 때론 기도하지도 않았던 것인데 나도 모르는 사이에 다 알아서 돌보신다는 말씀입니다. 하나님은 우리의 아버지십니다. 아버지는 자녀가 달란 말 안했다고 제때 꼭 필요한 것을 안 주시는 분이 아닙니다.

전도, 기도, 예배 이런 신앙행위만 하늘에 쌓이는 보화고 우리의 일상생활은 땅에 쌓는 보화라고 이원화시키면 안 됩니다. 신앙행위를 하고 있더라도 그 출발과 지향하는 바가 사람들 앞에 자기 높음과 자기 증명으로 가게 되면 그건 가짜를 넘어서서 죄입니다. 바리새인의 신앙행위가 그러하며 아나니아와 삽비라의 헌금이 역시 그러합니다.

　반대로 일상이라는 시간을 살아가고 있지만 그 모든 시간과 경우와 형편과 조건이 "하나님이 내게 맡기신 것들이다!"를 놓치면 안 됩니다. 하나님이 지금 내 앞에 두신 가정이고, 내게 주신 사람이며, 내게 맡기신 시간과 자리입니다. 심지어 더 나아가서 하나님이 내게 주신 문제 고난 역경입니다. 거기서 하나님 앞에서 믿는 자로서 책임있게 순종하고 인내하며 충성할 때 그것이 곧 하늘에 보화를 쌓는 참된 신앙입니다. 흔히 성도들이 생각하길 "'의'는 교회 안에 있고 '죄'는 교회 밖에 있다!" 좁은 의미로는 맞습니다. 그러나 가장 신성한 기도와 예배의 자리에도 죄가 들어올 수 있습니다. 예수님이 지금 이 말씀을 계속 하시는 겁니다.

　"죄를 생각할 때 개념화 형태화 시키지 말라!"입니다. 도둑질, 사기, 간음, 불신앙, 교만이 죄가 맞지만 이런 단어들 안에 죄를 가두게 되면 진짜 죄가 뭔지 모릅니다. 진짜 죄는 '의지'입니다. 자꾸만 뭘 하려고하는 의지입니다. 뭘 하려고 하냐면 자꾸만 높아지려 하고, 대접받으려 하고, 여봐라 이리 오너라 를 하고 싶은 겁니다. 그리고는 하나님이 앉아야할 자리에 자기가 가서 앉고 싶은 것이 곧 죄의 본질입니다.

　자기 말에 힘이 실려서 "여봐라 이리 오너라!" 하면 사람들이 "성은이 망극하나이다!" 하는 것을 듣고 싶은 겁니다. 작은 지위라도 차지하고 있으면 자기가 무슨 큰 시혜를 베푸는 것처럼 행세하기를 좋아합니다. '의'도 마찬가집니다. 예배 전도 찬송이 의로운 행위지만 참된 의는 자꾸만 높아지려고 하는 나를 말씀에 굴복시키고 하나님만 바라고 목적하며 소원하는 방향으로 내 인생을 이끄는 모든 과정과 시간이 다 하나님이 우리에게 요구하시는 '의'입니다. 예수님이 오늘 본문 21절에서 "네 보물 있는 곳에 네 마음이 있다!" 하심은 "네 마음이 어디로 움직이는지 네가 잘 살펴보라!"입니다. "무슨 일에 희로애락을 느끼는지 너의 마음이 움직이는 출처와 근거 그리고 지향하고 목적하는 바가 결국 어디인지를 파악하라!"입니다. "아! 내가 돈만 보물처럼 여겼구나! 내가 자식만 보물처럼 여겼구나! 내가 사회적 지위만 보물처럼 여겼구나! 그래서 그것들을 결국 사람들 앞에 가지고 가서 나의 영광 삼는 것을 목표로 해서 지금껏 살았구나!" 스스로를 돌아보라 입니다.

그것이 22~23절 말씀입니다. 예수님은 "네 보물 있는 곳에 네 마음 있다!" 하시고는 갑자기 눈 이야기를 하십니다. "네 눈이 성하면 온 몸이 밝을 것이고 눈이 어두우면 그 어두움이 얼마나 더 하겠느냐!" 여기서 '눈이 성하면'은 눈이 온전하면 즉 눈이 분별되면의 뜻입니다. 눈이 성하지 못한 것은 분별이 안 되어 어둠가운데 헤매는 것입니다. 눈이 성(온전)하여서 분별이 되고 중요한 것과 그렇지 않은 것이 구별되어야 합니다.

"안경을 무슨 안경을 쓰고 있나?"로도 말할 수 있습니다. 파란색 안경을 끼면 세상이 다 파란색이고 노란색 안경을 끼면 세상이 다 노란색입니다. 내가 지금 무슨 안경을 끼고 세상을 살고 있는지 자기를 아는 사람은 지혜로운 사람입니다. 결국은 관점입니다. "눈은 몸의 등불이다!" 라는 예수님 말씀은 어떤 관점으로 어디다 포인트를 두고 인생을 사느냐에 따라서 "네 어두움(어리석음)이 얼마나 더 하겠느냐!"의 책망을 들을 수도 있고 "뭐가 중한지?"를 바로 분별하고 살아서 "네 온 몸(삶)이 밝을 것이다!"의 칭찬을 들을 수도 있습니다.

그리고 이제 지난 시간 주신 주인 선택하는 말씀이 24절에 주어집니다. "눈이 성하지 못한 사람은 세상의 재물이나 지위 명예를 자기 주인으로 삼아서 자기 인생을 평가받겠다고 하겠지만 반대로 눈이 성한 사람 곧 분별이 되는 사람은 마지막 날 주께서 내게 주시는 말씀과 평가와 칭찬을 바라보며 오늘이라는 시간을 견디며 감사하며 소망하며 살아간다!" 입니다. 오늘 말씀의 제목이기도 한 결론입니다. "네 본심이 어디에 있는지 보라!"는 것입니다. 사람들이 자기 본심을 자기도 잘 모릅니다. 이끌리고 휩쓸리고 선동되어 살아가는 세태 속에서 다시 한 번 우리의 믿음을 점검하며 천국소망, 천국상급, 천국관점을 회복하시기를 축복합니다. 성도는 이 세상에 미련과 소망두지 않으며 여기서의 분깃을 찾지 않습니다.

어떤 목사님이 설교하면서 "신앙생활 열심히 해서 축복도 받고 권능도 받고 해서 사람들 앞에 좀 잴 수도 있는 것 아닌가! 아버지가 부자라면 아버지 차 한 번 몰고 나가서 폼 좀 잡은 것 가지고 뭘 그러냐!" 들은 일이 있습니다. 이와 같은 행태가 바로 하나님과 재물을 같이 섬기는 것입니다. 이것은 신앙과 하나님을 사칭해서 결국은 자기를 높이는 거짓 신앙의 전형입니다.

19. { 그날 거기서 }

(마태복음6:25~32)

성경을 한마디로 집약시키면 '하나님 사랑과 이웃사랑'입니다. 마찬가지로 오늘 산상수훈에서 예수님이 주시는 말씀을 한마디로 엑기스를 뽑아내면 '지금 여기서가 아니라 그날 거기서'입니다. 최종적으로 '하나님 사랑 이웃사랑'이 되려면 '지금 여기서가 아니라 그날 거기서'를 살아야 한다는 말씀입니다. 이 말씀을 이렇게 저렇게 풀어서 설명하고 계십니다.

그런데 사실 우리는 '그날 거기서'를 이해하기 어렵고 더 나아가서 그 가르침을 삶으로 가져가서 나의 삶의 지침과 원리와 가치로 삼는다는 것은 더욱 힘든 일입니다. 우리는 철저히 '지금 여기'가 중요하고 '지금 여기'가 익숙한 사람들입니다. 하나님을 뵌 일도 없고 천국과 지옥도 마찬가지고 초월을 경험한 적도 없습니다. 그럼에도 불구하고 예수님은 계속해서 '그날 거기서'를 말씀하십니다.

은밀한 중에 하나님을 뵙고 세상 평가가 아니라 하나님의 평가가 중하다 하고 살면 '그날 거기서'가 되는 것이고 반대로 은밀한 중에 하나님을 뵐 줄 모르고 시장 사거리에서 두 손 들고 기도하면 그것이 신앙 행위라 할지라도 사람에게 평가받으려고 했기에 '그날 거기서'가 아닙니다. 혹 사람들이 여러분들을 높이시거든 도망가시기 바랍니다. 도망가다 잡히시면 모든 영광을 하나님께 돌리시기 바랍니다. 예수님이 왜 사람들에게 높임 받지 말라 하시냐면 "여기서 받으면 그날 거기서 받을 게 없다." 때문입니다.

"신앙생활 열심히 하고 기도해서 축복받아 사람들 앞에 높임 받는 게 뭐가 문제냐!" 라고 자꾸 제게 따지십니다. 세상과 하나님을 같이 섬기는 것이기 때문입니다. 모든 구약의 축복개념은 예수님을 통해서 보아야 하고 예수님이 해석해주시는 것으로 받아야 하며 예수님의 조명과 빛 아래서 구약을 보아야 합니다. 우리는 모세교가 아니라 기독교입니다. 지금 예수님이 말씀하시는 "너희가 옛 사람에게 말한바 이렇게 들었으나 나는 너희에게 이렇게 말한다!" 입니다.

여기 세상에서 높임 받겠다는 것은 저기 하늘에서 상이 없다는 것이고, 여기서 받았기에 저기서 못 받는 것이고, 여기서 참아서 저기서 상 받는 것이며, 여기서 내 맘대로 살아서 저기서 혼나는 것이고, 여기서 낮춘 것으로 저기서 높아지며, 여기서 하나님을 은밀히 뵌 것으로 저기서 하나님을 대면하여 봅니다.

누가복음 16장 25절 부자와 나사로 비유에서 예수님이 부자에게 하시는 말씀입니다. "너는 살았을 때 좋은 것을 받았고 나사로는 고난을 받았으니 이것을 기억하라 그는 여기서(거기서) 위로를 얻고 너는 괴로움을 받느니라!"

"네가 하나님께 축복받아 재물을 얻었다 할지라도 실상을 들여다보면 하나님과 신앙을 빙자해서 너의 높음을 삼은 것이 아니냐!" 그래서 성경이 그렇게 "첫째가 되려거든 말째가 되어라! 초청 받았거든 말석에 앉아라! 시장에서 문안 받고 대접받으려 하면 안 된다! 큰 자는 어린 자가 되고 다스리는 자는 섬기는 자가 되어야 한다!" 왜 이런 말씀을 거듭해서 하시는 겁니까! 그날 거기서 상급을 주시고 그날 거기서 우리를 높이시기 위함입니다.

오늘 본문 25절 '그러므로...'가 중요합니다. 앞에 하신 말씀을 전부 받는 말씀입니다. 의역하면 "그래서 하는 얘기다!", "신앙을 빙자해서 재물을 섬기지 말아라!", "눈이 온전해야 구별이 된다!", "하나님과 재물을 같이 섬길 수 없다!" 그리고 '뭣이 중한디?'를 다시 말씀하십니다.

"목숨이 있어 음식이 있고 몸이 있어 옷이 있는 거다! 너희는 현실적인 음식과 옷이 중하다 하지만 생명과 육신은 하나님이 주관하신다! 새가 그 생명을 이어가는 양식 그리고 꽃이 그날 입을 옷을 하나님이 챙기신다!"

"새는 먹이를 찾아 돌아다니고 꽃은 하늘을 향해 두 팔 벌리고 있으면 하나님이 먹이고 입히신다! 그냥 놔둬도 알아서 잘 사는 미물을 하나님이 챙기시는데 어찌 그 자녀를 돌보지 않겠냐? 너희가 나오기 전에 무엇이 필요한지 이미 다 알고 계시고 이 모든 것이 있어야 할 것도 다 알고 계신다! 하나님은 초월에만 계시고 현실에는 안 계시며 그날 거기서만 계시고 지금 여기는 없으신 분이 아니다! 하나님은 초월과 현실, 여기와 거기, 지금과 그날을 다 주장하신다. 오직 하나님 홀로 세상을 만드시고 역사를 주장하신다!"

우리는 당장 "이 현실만 해결해 주시면 더 열심히 신앙생활 하겠다!"고 하지만 하나님은 우리가 현실 앞에서 "하나님의 자녀로서 책임 있는 자세와 내용을 보이라!"입니다. 우리는 당면한 현실이 중요한데 하나님은 우리의 자세가 더 중요합니다. 자꾸 내 어려운 현실을 타개하기 위한 도구와 방법으로 하나님을 동원하지 말고 나를 향한 하나님의 바람과 뜻과 소원이 무엇인지 깨달으라는 것입니다.

7절에 "염려한다고 키를 한 자나 더 할 수 있냐!" 31절 "염려하지 말라! 염려는 하나님을 아버지로 두지 않고 있는 사람들이 하는 거다!" 30절에 "염려하는 것은 결국 믿음이 적은 것이고 믿음이 적은 것은 생각이 짧고 생각의 방향이 잘못된 것이다!", "저렇게 하찮은 미물도 최선을 다해 완벽관리 하시는 하나님께서 자녀인 나를 어찌 혼신의 힘을 기울여서 눈동자와 같이 지키지 않겠는지 생각하라!" 입니다.

"아버지와의 관계성 회복을 먼저 생각하라!", "마음대로 살다가 급할 때만 하나님을 찾지 말고 하나님이 성경을 통해서 죄인인 나에게 어떻게 오셨는지를 생각하라!" 입니다. "내가 나의 구원의 필요성을 인지하지도 요청하지도 않았을 때 즉 내가 죄인 되었을 때 나의 구원을 끝내 놓으셨다는 것을 기억하라!", "하나님이 널 어떻게 사랑하시고 구원하셨는지를 깊이 생각하고 거기서 믿음을 도출해라! 그것이 중요한 것이다!" 입니다.

하나님이 당신의 존재와 일하심과 속성을 세상에 알리심은 곧 '은밀'입니다. 하나님은 독생자를 아무도 모르게 세상에 보내셨고 그래서 은밀히 우리의 구원을 이루셨습니다. 세상과 역사도 마찬가집니다. 마치 세상이 제멋대로 돌아가고 있는 것 같지만 은밀히 이 모든 세상역사와 시간들을 주장하십니다. 그리고 오늘 사는 내가 어떻게 반응하는지 역시 은밀히 지켜보십니다.

극이 끝나고 막이 올라가야 연출자가 등장하는 것이지 극중에 연출자가 등장하는 경우는 없습니다. 각자 맡은 배역과 역할이 있을 뿐입니다. 오늘도 맡겨진 자리에서 연출자이신 하나님의 마음을 흡족하게 살아내는 성도들이 되시길 축복합니다.

20. { 아버지의 어떠하심을 구하라! }

(마태복음6:33~34)

"그런즉 너희는 먼저 그의 나라와 그의 의를 구하라 그리하면 이 모든 것을 너희에게 더하시리라!"의 6장 33절 말씀을 통해 6장 전체를 정리하겠습니다. '그의 나라와 그의 의'는 한마디로 '하나님의 어떠하심'입니다. 즉 하나님 아버지의 성품과 속성, 그 분의 생각과 계획, 그 분의 일하심과 일하시는 스타일을 아는 것입니다. 하나님이 당신의 나라를 어떻게 다스리고 통치하시는지를 잘 들여다보고 그것으로 너의 것을 삼아서 "믿음을 얻고, 평안을 얻고, 두둑한 배짱으로 삼으라!"입니다.

먼저 6장 초반부에 집중적으로 말씀하시는 하나님 아버지의 모습은 '은밀'입니다. 하나님은 당신을 세상에 나타내실 때 은밀히 나타내십니다. 은밀히 계시고, 은밀히 찾아오시며, 은밀히 만나십니다. 또 하나 '은밀'을 생각할 때 신비주의로 가서 밤에 꿈꾸며 환상 보는 '은밀'이 아닙니다. 우리의 구원은 그렇게 이루어진 구원이 아니라 우리가 구원을 인식하거나 요청하지도 않았을 때 은밀히 우리 죄를 위해 죽으신 예수님의 십자가로 이루어진 구원입니다.

생색내고 유세하고 자랑하는 찾아오심이 아니라 "그는 주 앞에서 자라길 연한 순 같고", "마른 땅에서 나온 줄기 같고", "흠모할만한 아름다운 것이 없고"… "사람들이 그에게서 얼굴을 가리운 것 같이 우리도 그를 귀하게 여기지 않았도다!"… 그러나 "하나님은 우리무리의 죄악을 그에게 담당하셨도다!"로 이루어진 구원입니다. 은밀히 일하시는 하나님을 알고 뵙는 것으로 믿음이 견고하게 섭니다.

다음으로 6장 19절에서 24절로 이어지는 지혜와 분별입니다. 하나님은 무엇이 더 중요한지 우선순위를 아는 분별을 가지고 일하십니다. 22절의 "눈은 몸의 등불이다! 네 눈이 밝으면 온 몸이 밝을 거지만 네게 있는 빛이 어두우면 그 어둠이 얼마나 더 하겠느냐!"의 말씀은 "눈을 똑바로 뜨고 봐라!" 입니다. "지혜가 있고 분별이 있어서 무엇이 영광이고 수치인지 무엇이 중요하고 그렇지 않은지 판단해라!", "오직 하나님 앞에서 칭찬받을 것을 생각하며 오늘을 살아라!", "이것이 중한 것이고, 이것이 눈이 밝은 것이며 이것이 지혜고 분별이다"

"하나님이 그날 거기서로 모든 것을 유보해 놓고 계시니 너도 '그날 거기서'에 포인트를 맞추어서 살아야 한다!", "지금 여기가 아무리 힘들다고 해도 하나님 아버지가 돌보고 계신다!", "먹을 것 입을 것 보다 중한 것이 너의 몸이고 생명이다!", "생명은 오직 하나님이 공급하신다!", "하나님은 생명만 공급하시는 게 아니라 가치를 공급하신다!", "무엇이 중요한지 알고 그것을 붙잡게 하신다!"

세 번째로 알 수 있는 하나님의 어떠하심은 '성실'입니다. 하나님은 일하실 때 충동적으로 대충하는 일이 없고 계획적으로 꼼꼼하고 진지하게 오랜 시간을 공들여 일하십니다. 천년을 하루같이 하루를 천년같이 졸지도 주무시지도 않고 구원사역과 더불어 타락한 세상의 재창조 사역을 이어가고 계십니다. 하루 피었다가 다음날 땔감이 되는 하찮은 풀 하나도 오늘 아침 어떤 옷을 입힐지 고민하시는 아버지라는 것입니다. 어머니가 사철 때 맞춰 자녀들에게 예쁜 옷을 입히는 것처럼 하나님은 그렇게 자녀들을 돌보십니다. "너희들도 자녀를 키워봐서 알잖냐!" 상식과 일상에 호소하십니다. 상식에 반하는 것은 참된 신앙이 아닙니다.

사람이 가장 영광스럽게 만든 솔로몬 브랜드 슈트가 하나님이 하루 입히시는 꽃 한송이의 영광을 못 따라갑니다. 사도바울의 표현으로는 "하나님의 어리석은 것이 사람보다 지혜 있고 하나님의 약함이 사람보다 강하다!"입니다. 하나님의 일하심이 너무 크고 놀라운 것이어서 사람이 깨닫지를 못할 뿐이지 지금도 하나님은 혼신의 힘을 다하여 일하십니다. 죄악으로 타락한 세상을 다시 일으키시기 위해 아브라함 이삭과 야곱을 부르시고 야곱의 후손을 자기백성 삼으셔서 열방의 제사장 나라가 되게 하시고 그들의 불순종과 교만으로 나라가 망했지만 그 가운데 남은 자를 통해 독생자를 보내주셨습니다.

하나님은 방대한 스케일의 우주와 역사만 운행하시는 게 아니라 우리 한 명 한 명의 개인사 속에 들어오셔서 우리를 향한 하나님의 일을 알리시고 돌보시고 살피시는 일에 성실하십니다. 아침마다 찾아오시고 밤마다 경책하시며 분초마다 불꽃같은 눈으로 지키시는 일에 성실하시니 "그러니 걱정하고 염려하지 말아라!", "제발 아버지 없는 아이처럼 그러지 마라!" 입니다.

마지막 하나님의 어떠하심은 긍휼입니다. 하나님이 공중 나는 새를 먹이시고 들에 핀 백합을 입히시는 것을 보고 무슨 생각을 하는 겁니까? "하나님은 자상하신 분이구나! 사랑이 많으신 분이구나! 긍휼이 많으신 분이시구나! 작은 것이라고 무시하는 분이 아니시구나!"를 아는 것입니다. 상한 갈대를 꺽지 않으시고 꺼져가는 등불을 끄지 않으시는 자비로운 하나님이십니다.

하나님은 우리를 다루실 때 "원인 결과의 세상에만 두시는 게 아니라 은혜의 세상이 있음을 알게 하시고 그곳에 우리를 두시는구나!"도 아는 것입니다. 난 그 분을 알지도 못했고 무엇을 드린 일이 없는데 왜 나를 사랑한다 하시는지 알 수 없었습니다. 그런데 어느날 "내가 널 구원하기 위해서 내 아들을 십자가에 내어주었다!" 하시는 말씀을 믿었을 뿐입니다.

요한일서 1장 9절 "만일 우리가 우리 죄를 자백하면 하나님은 미쁘시고 의로우사 우리를 모든 죄에서 사하시며 모든 불의에서 우리를 깨끗케 할 것이요!" 회개하는 자에게 하나님은 용서하시고 덮어주시고 너의 죄를 기억도 하지 않겠다고 하십니다.

　그 나라와 그의 의를 구한다는 것은 아버지를 구하는 것이며 아버지를 구하는 것은 아버지의 어떠하심을 구하는 것일 때에 '은밀'과 '분별'과 '성실' 그리고 '긍휼'을 붙잡아 우리 믿음으로 삼기를 축복합니다. 어제나 오늘이나 동일하신 하나님은 지금도 이와 같이 우리를 대하시고 만나심을 믿습니다.

21. { 거짓 선지자 }

(마태복음7:1~6)

다른 사람의 약점이나 모자란 것을 들춰내고 공격하는 것은 언제나 겉으로의 명분은 저 모지리 인생을 깨우쳐서 바른길로 인도한다는 취지입니다. 그런데 조금만 깊이 들어가 보면 사실 본심은 자기정당성 확보를 위해서입니다. 상대를 향한 비난은 나는 너 같지 않고 의롭고 정당하다는 자기 확인입니다. 그러나 이것은 너무나 가난한 신앙의 표현입니다. 하나님이 기뻐하시는 부요한 신앙은 사람들이 내 옆에 왔을 때 평안과 쉼과 안정을 취하는 것으로 알 수 있습니다.

어떤 사람이 어려움에 처하고는 집사님 권사님 장로님을 찾아왔다면 "주일 어겼으니까! 기도 안 했으니까! 그렇게 된 거잖아!" 라고 책망하지 마시기 바랍니다. 신앙을 너무 경직된 도식으로 이해해서 '고난의 원인은 곧 불순종' 이렇게 가져가지 말고 뭔가 생명과 영혼에 관점에서 우리 모두는 다 용서와 사랑이 필요한 존재라는 쪽으로 가져가라입니다. 삶과 인생에 대한 이해의 폭을 넓혀서 "너의 그늘 아래 쉴 수 있게 하라!"입니다.

마치 "나는 너와 다른 순종의 인생을 살아서 축복받아 이 위치에 있는 것이고 너는 삐딱하고 불순종하고 죗된 길을 걸어서 지금 그 모양 아니냐!"로 가지 말라 입니다. 깊은 폐부를 살피시는 하나님 앞에 죗된 인생 아닌 사람이 없건만 마치 자신은 깨끗한 냥 나보다 못한 인생 앉혀놓고는 줄 창 인생 훈계할 수 없다 입니다. 50보 100보라는 것입니다. 어쩌면 하나님 보시기에 내가 그 보다 100보 더 뒤에 있을 수 있다 입니다.

오늘 말씀 4절에서 "네 눈에 들보를 못보고 어찌 형제 눈의 티를 빼겠다 하겠느냐!" 그래서 오늘 예수님이 외식하는 자여 위선자여 책망하십니다. 원문 상 '외식하는 자'의 다른 말은 '연기하는 자'도 됩니다. 그러니까 외식하는 자여! 연기하는 자여! 남을 비난하는 자여! 다 같은 말입니다. 신앙을 이해할 때 말씀을 받은 자의 책임과 삶의 내용으로 가져가지 않고 외적인 형태나 라이센스를 얻는 것으로 가져가게 되면 이렇게 됩니다.

하루 종일 성경보고 금식을 밥 먹듯 하며 방언으로만 기도하고 걸을 때 성경을 심장에 대고 팔자걸음 걷는 것을 깊은 신앙으로 알던 시절이 있었습니다. "저 분 믿음 좋다! 신앙심 깊다!" 하면서 많은 사람의 부러움과 높임과 존경을 받았습니다. 그러니까 신앙생활 할 때 받는 대접이 좋아서 그걸 하는 겁니다. 어느 시대 어딜 가든 똑같이 나타나는 증상입니다.

기도하고 성경보고 전도하는 행위를 통해 고급한 삶의 내용 즉 감사하고, 인내하고, 용서하고, 사랑하는 예수 그리스도의 모습이 나타나야 하는데 그런 내용은 하나도 없고 기도, 금식, 방언, 성경보기 그 자체로 사람들에게 영광을 받고 높임을 받는다면 그것은 내 영광을 위해 도입된 신앙이지 예수 그리스도는 어디에도 없습니다.

문제는 뭐냐면 이런 사람들이 지도자라는 것입니다. 혼자 그러다 말면 자기만 엉터리 신앙이다가 그만일 텐데 이런 사람이 선생과 랍비와 지도자가 되면 문제는 심각해집니다. 자기와 똑같은 가짜들을 양산해 내는 결과를 가져옵니다. 그래서 예수님이 바리새인과 서기관을 신랄하게 책망하십니다. 오늘 본문 3~6절입니다. "거룩한 것을 개에게 주지 말며 진주를 돼지에게 주지 말라!" 여기서 개돼지가 누구를 지칭하는 것입니까 바로 바리새인과 서기관입니다. 그 내용은 마태복음 23장에 매우 자세히 기록되어있습니다.

23장 3절 이하입니다. 너희는 바리새인과 서기관들이 하는 말은 듣지만 그들의 행위는 본받지 말라 말만 하고 행하지 않는다! 즉 기도하고 성경보고 금식하고만 있지 용서하고 사랑하고 섬기는 것은 할 줄 모른다! 아니 안 한다! 그들은 모든 행위를 오직 사람 앞에 보이려 집중한다! 그리고 이래저래 항목을 달라 무거운 짐을 사람들에게 지우고는 자기들은 손 가락 하나 까딱하지 않는다! 높임 받고 대접 받고 섬김 받는 것만 좋아한다. 그러나 너희는 랍비라 지도자라 칭함 받지 마라! 지도자는 한 분이시니 오직 그리스도라!

바리새인들은 천국 문 앞에 앉아서 자기들도 안 들어가고 들어가려 하는 자도 못 들어가게 한다! 참으로 나쁜 것은 이들은 돌아다니며 감언이설로 사람들을 꾀어 자기사람 만들고 더욱 많은 지옥자식을 만들어낸다! 이들은 십일조는 칼같이 드리면서 율법의 더 중한바 정의와 긍휼과 믿음을 버렸다! 이것이 바로 하루살이는 걸러내고 약대를 삼키는 거다!

29절 이하를 보면 이들은 선지자들의 비석을 세우고 의인들을 추모하면서 자기들이 조상시대에 살았다면 안 그랬을 텐데 하면서 조상이 했던 말과 행동을 그대로 따라하고 있다. 지금도 사람들은 "성경에 바리새인들은 왜 저랬을까!" 하고 욕하면서 그들과 똑같이 신앙을 사람에게 보여 자신을 높입니다. 종교행위인 껍데기만 있고 내용인 정의와 긍휼과 믿음은 찾아볼 수 없습니다. 여전히 하루살이는 걸러내고 약대를 삼키고 있습니다.

베드로후서 2장 22절에 거짓선지자들의 결국을 다음과 같이 묘사하고 있습니다. "참된 속담에 이르기를 개가 그 토하였던 것에 돌아가고 돼지가 씻었다가 더러운 구덩이에 도로 누웠다 하는 말이 그들에게 응하였도다!" 박하의 십일조를 드려야 하지만 그보다 더 중한 긍휼과 정의와 믿음을 지키는 우리 모두가 되길 축복합니다.

22. { 참된 것을 구하라! }

(마태복음 7:7~12)

우리가 함께 읽은 본문은 많은 성도들에게 기도의 도전과 동력을 불러일으키는 대표적인 구절입니다. 물론 우리의 기도는 간절함과 진실함과 그리고 오랜 인내의 시간을 필요로 합니다. 그런데 저는 오늘 단순히 이 본문을 따로 떼어서 기도에 적용하기보다 지금 예수님이 말씀하시는 전체 맥락 속에서 이 부분이 차지하는 의미를 살펴보려합니다. 성경의 모든 문장은 전체 맥락 속에서 이해할 때 참된 의미가 드러나기 때문입니다. 그렇지 않으면 귀에 걸면 귀걸이 코에 걸면 코걸이가 되고 맙니다.

마태복음 7장은 "비판하지 말라!"로 시작된 본문입니다. "남을 비판하면 네가 비판하는 그 원리와 방식으로 네가 비판받을 거다! 네 눈에 들보가 들었으면서 어찌 형제 눈의 티를 뺀다 하겠느냐!" 그리고 5절에서 "외식하는 자야 네 눈에서 들보를 빼고 밝히 보라!" 빼는 것보다 중요한 게 밝히 보는 것입니다. "네 눈에 가려진 장막과 비늘을 걷어내고 똑바로 봐라!" 앞선 6장 19절 이하에서도 하신 말씀입니다. 네 눈이 성하면 온몸이 밝겠지만 네에 있는 빛이 어두우면 그 깜깜함이 얼마나 더하겠느냐!

그러니까 예수님은 지금 모든 잘못된 시각, 왜곡된 가치, 어그러진 진실을 바로 잡으십니다. 재물보다 중요한 게 하나님이다! 이 둘은 결코 같이 섬길 수 없다! 6절의 말씀이 부연설명입니다. 거룩한 것과 개돼지는 같이 양립할 수가 없다. 개돼지에게는 거룩한 것을 주어봤자 그 가치를 모른다. 하나님이 계신지 모르고 섬길 줄 모르는 자들에게 하나님의 이름은 조롱과 비웃음에 등장할 뿐이다. "거룩한 것을 개에게 주지 말라! 발로 밟고 찢어 상하게 할까 염려하라!"입니다. 앞선 6장에서 예수님은 "무엇을 먹을지 마실지 내일 일을 염려하지 말고 너희들이 염려해야 할 것은 바로 이거다!" 하십니다. 즉 "존귀한 이름과 거룩한 진주가 더럽혀지는 것을 염려하라!", "금보다 귀한 믿음이 밟히고 찢기지 않을까 염려하라!"입니다.

그럼 사람들이 왜 거룩한 것을 지키는 데는 허술하게 되었는지 보아야 합니다. 현실에서 정말 나에게 힘과 위로와 소망을 주는 것은 재물이기 때문입니다. 재물이 나의 안전과 평안을 지키며 나 또한 재물을 지키며 서로 '윈윈'합니다. '윈윈'한다는 것은 '서로 사랑한다!' 입니다. 사람은 자기가 사랑하는 대상을 통해 자기를 평가 받고 싶어 합니다. 재물을 사랑하면 쌓아놓은 재물로 이 정도면 잘 살았다 하는 것이고 하나님을 사랑하면 하나님의 나라가 이 땅에 임하는 날 내게 주시는 말씀을 기대하면서 살아갑니다. 예수님은 지금 무슨 말씀을 하시는 거냐면 "사람들 마음가운데 하나님을 사랑하는 마음이 없다!"를 말씀하십니다.

믿음이 자기만 못한 자들을 손가락질하는 것으로 자기믿음을 확인하는 자들에게 예수님이 하시는 말씀입니다. "실상을 보면 너희들이 손가락질하는 자들보다 너희가 세상을 더 많이 사랑하는 자들 아니냐!", "그러니 재물과 하나님을 같이 섬기려하고 모든 행위의 근거와 지향점이 오직 세상과 사람 앞에 보여 자기 자랑 삼는 거 아니냐!", "외식하는 자여!", "참된 것과 헛된 것을 구별하는 눈을 뜨고 왜곡된 가치를 바로잡고 이 모든 것을 똑바로 봐라!", "그리고 하나님이 귀하게 여기시는 것을 너의 것으로 삼아라!"

여기까지 예수님의 말씀 줄거리를 쭉 이으면 이렇게 됩니다. "세상, 물질, 개, 돼지, 사람에게 보임, 자기영광 이건 다 같은 라인이고 거룩한 것, 진주, 믿음, 은밀한 중에 하나님을 뵙는 것 이것이 또한 같은 선상이다!"입니다. 전자가 헛된 것이며 후자가 참된 것이다. 그리고 7절의 "구하라! 찾으라! 두드리라!"가 나옵니다. 그러니까 7절의 "구하라!"는 내가 당장 원하는 것을 구하라가 아니라 "참된 것 영원한 것 거룩한 것을 구하라!"입니다.

11절에 "악한자라도 자녀에게 좋은 것으로 줄 줄 알거든 하물며 하늘에 계신 너희 아버지께서 좋은 것을 주시지 않겠냐!" 하셨을 때 '좋은 것'이 바로 '참된 것', '거룩한 것', '진주'입니다. 그냥 주시는 게 아니라 '하물며' 주십니다. 6장에서도 '하물며'가 두 번 연거푸 나옵니다.

그리고 마지막 12절을 읽었을 때 전체 문단속에서의 결론이 자연스럽게 도출됩니다. "남에게 대접받고자하는 대로 남을 대접하라 이것이 율법이요 선지자니라!" '황금율'입니다. 우리는 모두 다 비난받고 싶지 않고 용서받고 싶으며 칭찬과 격려와 응원을 원합니다. 이렇게 네가 원하는 것을 상대에게 해 주라는 것입니다.

"나이도, 지식도, 지위도 모든 게 우위에 있으면 그것을 힘으로 해서 가는 곳마다 너를 자랑하고 치장하며 라떼를 읊지 말고 뭔가 상대가 원하는 것을 주라!" 입니다. "상대의 마음을 이해하고 품어서 네가 주고 싶은 것이 아니라 상대가 원하는 것을 줄 때 그것은 곧 네가 또 다른 사람에게 받고 싶은 것이 아니냐!"입니다. 그래서 6절의 개돼지를 이렇게도 해석할 수 있습니다. 돼지에게 거룩한 것을 개에게 진주를 던져놓고 못 알아먹는다고 하면 그건 던진 자의 문제일 수 있다. 상대를 강제하고 조작하려 하지 말고 상대가 마음의 문을 열기까지 상대를 구하고 찾고 두드리는 시간을 갖으라 입니다.

예수님은 우리의 연약함을 자신의 것으로 삼으십니다. 죄인이 아님에도 죄인의 모습으로 오셨고 마치 우리에게 잘못해서 진 빚을 갚는 것처럼 공생애를 사셨습니다. 전능한 능력이 있음에도 그것을 숨기시고 십자가에서 죽으셨습니다. 우리가 아직 죄인 되었을 때 그리스도께서 우릴 위해 죽으심으로 하나님께서 우리에게 대한 자기의 사랑을 확증

하셨습니다. 약자인 죄인 앞에서 생색내며 자기 목숨을 주신 것이 아니라 죄인이 아무것도 모르고 있을 때 그 일을 하셨습니다. 십자가는 하나님이 우리에게 대접받고 싶으셔서 먼저 대접하신일입니다. 이렇게 우리의 마음을 구하고 찾고 두드리셨습니다.

하나님이 원하시는 것은 "나는 인애를 원하고 제사를 원치 않으며 번제보다 하나님 아는 것을 원한다!"입니다. 하나님은 당신을 우리가 아는 것을 원하시고 순종과 믿음으로 은밀한 중에 대접받기를 원하십니다. 그런데 우리는 하나님을 알고 그 뜻을 좇기보다는 세상적 가치와 물질적 풍요를 더 원합니다. 그 이유는 하나님을 사랑하지 않고 세상을 사랑하기 때문입니다.

12절에 "남에게 대접을 받고자 하는 대로..."에서 '남' 자리에 '하나님'을 넣을 수도 있습니다. 네가 이웃을 사랑하면 그 이웃의 연약함을 비난하지 않고 품을 것이다. 마찬가지로 네가 하나님을 사랑하면 그분의 마음을 구하고 찾고 두드릴거다 입니다. 성경의 다른 본문인 "이웃을 사랑하고 하나님을 사랑하는 것이 온 율법이요 선지자다!"가 오늘의 황금율에서 만납니다. '이웃 사랑과 하나님 사랑'이 왜 '남에게 대접받고자 하는 대로 대접하라'와 일맥상통하게 되었는지 알게 되었을 때 우리 믿음의 진보가 있음을 믿습니다.

23. { 좁은 길 }

(마태복음 7:13~14)

'좁은 문' 그리고 '좁은 길'이라고 하는 것은 성도들이 세상에서 하나님을 온전히 믿고 섬기며 살아갈 때 필히 맞이하게 되는 문이며 또한 반드시 가게 되는 길입니다. 이 세상은 죄악세상이기에 하나님을 외면하고 등지는 것 뿐 아니라 하나님을 대적하고 조롱하는 풍조가 지배하는 곳입니다. 결코 하나님께 가까이 가게 하지 않습니다. 흐르는 물에 널빤지가 떠내려가듯 세상의 대세는 언제나 우리를 하나님께로부터 멀어지게 합니다.

그럼에도 불구하고 우리는 천국 가야 하는 사람들입니다. 물론 천국은 예수 보혈을 힘입어 갑니다. 그럼 천국 가는 사람은 어떤 삶을 사는지를 물었을 때 오늘말씀처럼 좁은 문 좁은 길을 간다는 것입니다. 내가 기준이고 중심이 아니라 하나님과 이웃이 기준이고 중심입니다. 곧 내가 위주가 아닌 삶이기 때문에 좁은 길입니다.

내 위주의 하나님 사랑은 주로 하나님의 일을 하는 것입니다. 그러나 참된 하나님 사랑은 호세아서의 말씀과 같이 '인애'와 '지식'입니다. 우리가 하나님의 일을 맡은 자로 충성과 헌신을 보여야 하지만 그보다도 하나님이 기뻐하시는 것은 우리가 하나님의 성품처럼 자비와 긍휼의 마음으로 사는 것이고 또한 하나님을 깊이 아는 지식을 갖는 것입니다.

그저 "내가 예배 잘 드리고 살면 만사형통 주신다!"에서만 멈추는 게 아니라 참으로 하나님을 사랑하는 자라면 성경에 나타난 그 분의 사랑이 얼마나 크고 놀라운 것인지 알려고 하며, 그 분의 약속이 역사 속에서 얼마나 신실하게 이행되었는지 깨달으며, 그 분의 일하심이 얼마나 치밀하게 성취되는지를 보게 됩니다.

　이웃 사랑도 마찬가집니다. 내가 주고 싶은 것이 아니라 이웃이 원하는 것입니다. 이웃 사랑은 어려움 당한 사람에게 구제금 주는 것이라기보다는 그와 함께 마음을 주는 행위입니다. 우리는 누구나 상대가 힘을 가지고 나를 누르면서 오는 것을 원치 않습니다. 돈의 힘을 가지고 가난한 사람에게 가서 구제라는 이름으로 자기를 높이는 것이면 이건 아니라는 것입니다.

　힘 능력 권세 돈으로 세상 앞에 사람 앞에 가지고 가서 자랑하는 것으로 자기영광 삼으면 그건 가짜입니다. 오늘 21~23절에 가짜가 등장합니다. "권능을 행하지 않았습니까!" 여기서 행했다는 것은 사람들 앞에 행했다는 것이고 자기가 가진 권력과 힘과 돈을 행세하고 자랑하고 휘두른 것입니다. 물질적 힘이든지 영적인 힘이든지 그것으로 자기를 드러내고 치장하는 것이라면 그것이 다 넓은 길이고 큰 문이고 결국에는 멸망길입니다.

　참된 성도는 그가 무엇을 가졌다고 해서 그것을 행사하지 않습니다. 우리는 다 행사하고 싶어 합니다. 대학 간판으로, 사회적 지위로, 또는 명품으로 자신을 과시하고 싶고 쥐꼬리 만한 권력이라도 있으면 "여봐라 이리오너라!", "내가 누군 줄 알아!" 하고 싶습니다. 이것이 성경이 말하는 본성적으로 타고난 우리의 죄성이며 타락한 인생의 본 모습입니다.

　그러나 진짜는 자기가 가진 힘으로 옆 사람을 누르거나 밟아서 그곳에 자기영광의 깃발을 꽂지 않습니다. 예수님은 우리에게 그렇게 오지 않으셨습니다. 예수님은 우리에게 섬김 받고 싶으셨습니다. 그래서 예수님의 말씀 그대로 "남에게 대접받고자 하는 대로 대접하라!" 하셨기에 섬기는 자로 오셨습니다. 이와 같이 예수님이 이 땅에 오시고 십자가를 바라보고 걸어가신 모든 길이 다 좁은 길이며 동시에 예수를 따르는 우리 모두에게도 요구되는 길입니다.

21절에 "주여! 주여! 하는 자가 천국 가는 게 아니고 내 아버지의 뜻대로 행하는 자가 가는 곳!"이라고 하셨습니다. "내가 권능을 행하지 않았습니까! 내 이름을 떨치지 않았습니까! 큰 업적을 세우지 않았습니까!"는 이건 다 큰 문 넓은 길입니다. 하나님 앞에서 행한 것이 아니라 사람 앞에 행한 것입니다.

하나님이 귀하게 여기시는 '진짜'는 따로 있습니다. 하나님 아버지의 뜻을 알려면 지금 예수님이 가시는 길을 자세히 보아야 합니다. 이것이 다 좁은 길입니다. 그래서 예수님은 "누구든지 나를 따르려거든 자기를 부인하고 자기십자가를 지고 나를 따를 것이니라!" 하셨습니다.

세상에서 난 것 너무 쫓아가지 마시기 바랍니다. "이 세상이나 이 세상에 있는 것들을 사랑치 말라. 누구든지 세상을 사랑하면 아버지의 사랑이 그 안에 있지 아니하니라. 이는 세상에 있는 모든 것이 육신의 정욕 안목의 정욕 이생의 자랑이니 아버지를 쫓아온 것이 아니요 세상을 쫓아온 것이라. 이 세상도 정욕도 다 지나가되 아버지의 뜻을 행하는 자들은 영원히 거한다!" 하셨습니다. 성경에서 말하는 정욕은 도덕적 성적타락이기도 하지만 하나님외의 것을 목표삼고 기쁨과 힘을 얻으려는 세속성입니다. 주로 물질과 세상적 명예입니다.

아버지의 뜻은 좁은 길입니다. 나를 드러내지 않고 숨기며 오늘 내게 맡겨진 일에 충실하고 감사하는 길입니다. 비전을 품고 큰 뜻을 쫓고 대의를 행한다는 명분으로 마음이 구름 속에 가 있는 것을 보게 될 때가 있습니다. 큰 문으로 들어가는 것만 중한 것으로 알고 작은 일의 소중함을 놓칩니다. 그러나 그날에 우리가 받을 칭찬은 작은 일에 충성한 것으로입니다.

이게 적절한 비유가 될지 모르겠지만 자녀를 유학 보내고 기러기 아빠로 사시는 분들을 보면 안타깝습니다. 물론 아이의 미래를 위해서 오늘을 희생한다는 명분이 있지만 저 같으면 아이의 미래보다 오늘 아이와 함께하는 시간을 택할 것 같습니다. 결국 기러기 아빠들이 바라는 것은 자녀가 미국 유수의 대학을 나와 굴지의 기업에 들어가서 주류사회의 멤버가 되는 것입니다. 이 목표지점을 위해서 오늘 내 자녀가 자라는 것을 보지 못한다는 것은 비극입니다.

내가 인생을 두 번 사는 것도 아닌데 내 아이가 아침에 눈 뜨는 것을 못 보고, 저녁에 집에 가면 반기는 자녀가 없고, 놀이동산 한 번 가본일 없으며, 그저 가끔 영상으로만 보는 아버지이며, 때맞춰 돈만 보내주는 아버지라면 이게 도대체 무엇을 위해 좋은 울리는 것인지 생각지 않을 수 없습니다. 자녀의 입장에서도 성장과정에서 아버지와 함께할 수 없다는 것은 정서적 사회적 롤 모델이 없음으로 인격적 데미지가 있을 수 있습니다. 제 말씀의 요지는 "미래를 위한다는 명분으로 오늘을 홀대하지 말라!"입니다.

물론 오늘의 희생이 쌓여서 더 나은 미래로 가는 것이 맞지만 우리의 오늘은 과거에 바라본 미래로서의 오늘입니다. 영원토록 미래와 내일만 이야기한다면 오늘은 영원히 없는 날이 되고 맙니다. 오늘을 누리고 감사하고 즐거워 할 수 있어야 합니다. 〈빌리 그레함〉 목사님이 소천하시기 직전 생애 마지막 아쉬운 것이 있다면 쓸데없는 행사에 다니느라 아이들이 성장할 때 함께 못한 것이 가장 마음에 걸린다고 하셨습니다.

"너무 큰 것만 찾지 말라!" 는 말씀을 드리면서 또한 드리고 싶은 말씀은 기도할 때도 마찬가집니다. 나라와 민족을 위해서 열방과 세계선교를 위해서 대통령을 위해서 기도하는 것은 우리가 꼭 기도해야하는 기도제목인 것은 틀림없습니다.

그런데 나라와 민족을 위해 산기도 철야기도 새벽기도 하시는 분이라면 뭔가 좁은 길을 가시는 주님과 비슷한 모습이 보여야 합니다. 말씀에 사로잡히고, 말씀에 붙들리고, 말씀에 자신을 잡아 맨 자의 삶이 동반되어야 합니다.

세상에서 받는 환대 박수 인기 높임 이런 거 너무 좋아하면 안 됩니다. 예전에 옥한흠 목사님께서 자신은 "가는 곳마다 쓸데없는 칭찬 너무 많이 받고 다닌다!"고 하시며 한탄하셨습니다. 그 말씀이 마치 바리새인과 서기관들이 자기들끼리 높이고 칭찬하는 것으로 들렸습니다.

오늘은 아무도 모르게 우리 죄를 대속하시기 위해 낮고 초라한 말구유에 오시심을 기다리는 성탄주일입니다. 하늘 영광을 버리고 이 땅에 오시는 그 길이 얼마나 좁은 길인지가 감각되는 우리 모두이기를 기도합니다.

24. { 거짓 교사 }

(마태복음 7:15~23)

일반인들에게 나무는 그냥 그 나무가 그 나무입니다. 그런데 어느 날 사과나무는 사과를 맺고 감나무는 감을 맺습니다. 때가 되면 즉 결실의 시간이 오면 자기 정체를 드러내듯이 사람도 그렇습니다. 평상시엔 그 사람이 그 사람입니다. 그런데 그 사람이 그 사람으로 사는 일에 충실하다보면 어떤 사람인지 자기 열매를 보입니다.

좋은 열매가 나타나고 긍휼과 인애의 열매가 맺히는 사람이 있는가 하면 나쁜 열매 못된 열매 무지와 미련의 열매를 보이는 사람이 있습니다. 내가 나로서 살아갈 때 무슨 열매가 나오는지 보아야 합니다. 가만있으면 혈기 음심 시기가 올라와 열매 맺는 나무가 있습니다. 말 한 마디를 해도 꼭 가시를 그 안에 넣는 가시나무가 있습니다. 못된 나무는 자기가 못된 것 모르고 아무런 자책이나 죄의식을 느끼지 못합니다.

또 있습니다. 18절 19절에 "좋은 나무가 나쁜 열매를 맺을 수 없고 못된 나무가 좋은 열매를 맺을 수 없다. 아름다운 열매를 맺지 않는 나무마다 찍혀 불 가운데 던지운다!" 하십니다. 여기서 중요한 것은 "좋은 열매는 나무에서 나온 것이지 좋은 열매를 하나 달아놓고 좋은 나무 행세를 할 수 없다!"입니다. 지금 저 사람의 겸손이, 친절이, 저 사람의 삶을 통해 맺혀진 것인지 아니면 속이기 위해 위장열매 속임열매를 달아논 것인지 알아야 합니다.

그것을 알기위해 예수님은 열매의 성격과 속성을 말씀해주십니다. 많은 경우 사람들은 열매와 결실을 생각할 때 외적인 성과와 업적의 결과물로 이해합니다. "얼마를 남겼냐! 몇 명을 모아 놨냐! 건물을 지었냐!" 사람들이 이해하는 열매는 보다 능력적이고 성과위주입니다. 눈에 보이는 결과물로서의 열매입니다. 그러나 성경이 말하는 열매는 외적 성과와 업적보다는 그 영혼과 인격과 삶의 내용에 관련됩니다.

22절에 많은 사람들이 예수님께 와서 우리가 선지자 노릇했습니다. 귀신을 쫓아냈습니다. 많은 권능을 행했습니다. 이런 건 다 외적인 능력의 결과물로서의 성과와 업적입니다. 그런데 주님은 "불법을 행하는 자들아 내게서 떠나가라!" 단호히 정죄하십니다. 여기서 중요한 것은 주의 이름을 부르고도 주님하고는 아무 상관없는 일이 있다는 것입니다. 주님의 탈을 쓴 것일 뿐입니다. 사람들 앞에 자신을 과시하기위해 자신의 능력과 힘과 돈과 신앙을 행사하고 있으면 그게 불법이고 위법이고 범법이라는 것입니다.

그럼 합법과 준법은 무엇입니까? 21절 말씀대로 "내 아버지의 뜻대로 행하는 것"이 합법이고 준법입니다. 예수님이 지금 가고 계신 십자가의 길과도 같습니다. 자기를 드러내지 않고 자기를 부인하며 맡겨진 오늘에 삶에 충실하고 감사하는 것이 곧 하나님이 우리에게 요구하시는 합법입니다.

합법 준법하는 이들은 오늘 예수님의 비유대로 하면 아름다운 열매를 맺는 나무입니다. 반대로 불법 범법하는 자들은 다 나쁜 나무입니다. 좋은 나무는 오늘을 오래참고 인내하며 감사하지만 나쁜 나무는 세상에서 난 것으로 자기를 자랑하는데 혈안이 되어있습니다.

그러니까 하나님이 우리에게 원하시는 좋은 열매는 그것이 다 기적적이거나 능력적이거나 성과적인 게 아니라 오늘 내가 깨닫는 것입니다. 인격과 삶의 내용에 깊은 변화를 가져오는 것을 말합니다.

마태복음 25장의 '달란트비유'가 갑절의 달란트를 남긴 결과로 받은 상급임으로 다소 결과위주로 이해할 수 있는 내용이지만 상급에 쓰여진 문구를 보면 "착하고 충성된 좋아 네가 작은 일에 충성하였음으로 많은 것으로 네게 맡기리니…"입니다. 우리 모두가 천국에서 받는 상급에 쓰여진 문구이기도합니다. 성실과 충성에 대한 상급입니다. 갈라디아 6장에 기록된 성령의 9가지 열매가 또한 그렇습니다. 하나같이 인성에 변화를 말합니다. 거기에 능력적이거나 기적적인 것은 없습니다.

거짓 교사들은 항상 힘과 능력과 권세를 가지고 옵니다. 그것을 위세하고 자랑하고 휘두릅니다. 이것이 바로 22절의 "권능을 행하지 않았습니까!"입니다. 옛날이나 지금이나 거짓교사들은 항상 위장합니다. 양의 탈을 쓴 이리로 오며, 열매를 맺는 게 아니라 달아놓으며, 능력과 힘을 위세하며 휘두르며 스스로 속고 남을 속입니다.

또한 거짓교사 하면 빼놓을 수없는 것이 2원론입니다. 영혼과 육체, 목사와 평신도, 천국과 지옥, 자연과 초월 등등 그러나 영혼과 육체는 하나이며 천국에는 직분의 구분이 없으며 천국에는 하나님이 계시고 지옥은 사탄이 주장하는 것도 아니고 자연과 초월도 우리입장에서 2개이지 하나님 시각에서는 하나의 차원입니다. 기독교가 2원론적 요소가 있지만 지극히 제한적 2원론입니다.

소크라테스 이후로 헬라의 2원론은 금욕주의와 쾌락주의로 각각 발달하면서 지고선을 찾는 사상이 주류를 이루었습니다. 영을 깨우치기 위해서는 육신의 욕구를 눌러야 한다는 금욕주의는 기독교에도 영향을 미쳐서 기도원에서 육신을 혹사시키며 하루에 예배를 10번 이상 드리는 것이 참된 신앙으로 여기는 부류와 참된 기독교는 그게 아니다 예수 안에서 무조건 잘되고 행복하고 기쁘고 만족하고 사는 것이 참된 신앙이다. 로 나뉘게 됩니다.

여기에 대해서 골로새서 2장 16절 이하를 봅니다. "아무도 꾸며낸 겸손과 천사숭배를 이유로 너희를 정죄하지 못하게 하라. 그가 그 본 것에 의지하여 그 육신의 생각을 따라 헛되이 과장하며 머리를 붙들지 아니하는지라!"

"예수 그리스도를 머리로 하고 그의 몸이 된 성도가 집중해야 하는 것은 머리로부터 무슨 명령이 오는지에 집중하는 것이다. 금욕을 하면서 거짓 겸손으로 위장하는 것도 아니고 밤에 환상을 보고 천사를 봤다고 그 본 것을 힘으로 권력으로 삼아서도 안 된다!" 이런 것들은 다 과장되고 포장된 것들입니다. 그래서 사실 상당수의 간증이 극적 요소를 위해 과장됩니다.

예배 많이 드리고 신앙이라는 이름으로 육신을 혹사시키는 것으로 자신의 믿음을 확인하지 말고, 또한 세상에서 만사형통 하는 것으로 참된 믿음이라 착각하지 말고, 주 오직 머리로부터 오는 명령을 수행할 때 그곳에는 온전한 자기부인이 있습니다. 신앙은 내 본성과 성질과 죄성을 누르고 그 자리를 예수로 채우는 것입니다.

25. { 관계성으로 맺혀지는 열매 수단이냐? 목적이냐? }

(마태복음 7:20)

구약의 사울과 다윗을 통해 예수님이 말씀하신 "그들의 열매로 그들을 알리라!"의 의미를 살펴봅니다. 다윗은 하나님과의 관계성에서 해야 할 것과 하지 말아야 할 것에 분명한 경계와 구분이 있었지만 사울은 하나님과의 관계성과는 아무 상관없이 본능에 따라 살아갑니다. 사울은 왕으로서 권세와 돈과 사람들을 가지고 있지만 그 자리를 빼앗길까봐 항상 불안하고 두렵습니다. 다윗을 쫓고는 있지만 심리적으로 그 자신이 불안과 두려움에 쫓기고 있습니다. 우울증과 신경쇠약에 시달리다 대적 블레셋이 쳐들어오니까 급기야 엔돌의 무당을 찾아갑니다.

온 이스라엘에서 무당을 쫓아낸 것은 사울 왕 자신이 한 정책입니다. 그러니까 이게 다 뭐냐면 백성들에게 보이기 위한 종교적 형태만 갖추려고 한 것이지 그 신앙본심에서 하나님과의 관계성에서 한 것이 아닙니다. 사울의 말년은 자기가 자기를 찾지 못하고 시기심에 사로잡혀 여기저기 휩쓸리다 스스로 망하는 길을 갑니다. 잠깐 다윗의 말을 듣고 못난 자신이 한심해서 주저앉아 울기도 하지만 끝내 사로잡힘을 극복하지 못합니다.

사로잡힘에서 빠져 나온다는 것은 쉬운 일은 아닙니다. 우리도 세상격정근심에 사로잡힐 수 있고 시기심과 정욕에 사로잡힐 수 있습니다. 다소 알레고리일 수 있지만 다윗도 사로잡힐 때가 있었습니다. 사무엘상 30장을 보면 다윗이 함께한 육백인과 함께 사울왕을 피해 블레셋 땅 시글락에 피신해 있을 때 잠깐 어딜 다녀왔더니만 아말렉이 쳐들어와서 온 성읍을 불태우고 처자식을 다 사로잡아갔습니다. 모든 사람들이 울기운도 없이 소리내어 울다가 리더인 다윗을 돌로 치려합니다.

6절을 보면 "다윗이 크게 다급했으나 그의 하나님을 힘입고 용기를 얻었더라!"로 되어있습니다. 이건 하나님과의 오랜 관계와 소통과 나눔 가운데 가능한 것이지 어느날 갑자기 되는 것은 아닙니다. 하나님으로 힘을 얻을 수 있어야 그것이 참 믿음입니다. 8절에 다윗이 제사장 아비아달을 불러 여호와께 이르되 내가 추격하면 따라 잡겠습니까 여호와께서 대답하시되 그를 쫓아가라 네가 반드시 따라잡고 도로 찾으리라! 사안이 급박하고 시급한 만큼 하나님이 바로 응답하십니다.

이와 비슷한 사안이 28장에도 기록됩니다. 반대로 사울왕의 다급한 상황입니다. 사울왕이 무당들을 다 내쫓았는데 블레셋이 쳐들어옵니다. 하나님께 물어도 아무 대답이 없자 자기가 쫓아낸 무당에게로 갑니다. 사울은 자기 문제 해결을 위해서라면 무당이든 산신령이든 누구라도 좋고 어디든 갑니다.

사울왕의 지금까지 신앙은 다 보여주기식 쇼였다는 것이 일언지하에 드러납니다. 사람들에게 보여주기 위한 무당 쫓아냄이고 겸손이며 예언입니다. 겉모습만 갖추었을 뿐 내면에서 하나님을 만나고 관계하고 소통하는 인격적 만남의 관계가 없었습니다. 하나님과 신앙이 자기 인생의 수단과 방법이지 목적이고 내용이고 방향이고 가치가 아니었습니다. 우리의 신앙은 하나님과의 깊은 관계 속에 자리하는 것이지 그럴듯한 색칠을 하는 게 아닙니다. 마지막 날은 색칠한 것이 벗겨지는 날입니다.

사울왕은 엔돌의 무당을 찾아가서 자신이 미래를 듣습니다. 참고로 엔돌의 무당이 불려 올린 사무엘은 진짜가 아닙니다. 가짜가 진짜인 행세를 하면서 사울의 마지막을 말합니다. 우리는 지금 사울과 다윗을 비교하면서 사람이 절박하고 다급하며 두려움과 불안에 사로잡힐 때 이 둘이 어떻게 서로 다른지를 보는 것입니다. 사울에게 하나님은 자기 인생 급할 때 수단이고 방법일 뿐입니다. 하나님과의 아무 관계성이 없는 자기 본심이 드러납니다. 반면에 다윗은 하나님이 수단이고 방법이 아니라 내용이고 목적이고 방향이며 가치였기에 다급한 일속에서도 하나님만 의지하고 힘을 얻을 수 있습니다.

성경이 처음에 이 둘을 어떻게 묘사하고 있는지 살핍니다. 사울왕은 성경에 처음 등장할 때 삼상 9장 2절에서 "이스라엘 자손 중에 그보다 더 준수한 자가없고 키는 모든 백성보다 어깨 위만큼 더 컸더라!"로 시작합니다. 키와 외모가 부각됩니다. 이후에 겸손한 모습도 나타나지만 그것마저 그럴듯한 색칠입니다.

반면에 16장 12절에서 성경은 처음 다윗을 향하여 새번역에서 "그는 눈이 아름답고 외모도 준수한 동안의 소년이었다!"로 설명합니다. 특별히 눈을 언급함은 눈은 그 사람의 마음을 드려다 볼 수 있는 창이기 때문입니다. 하나님과 소통하는 자의 투명한 눈입니다.

사무엘상 16장 7절에서 "여호와께서 이르시되 그 용모와 키를 보지 말라 … 내가 보는 것은 사람과 같지 아니하니 사람은 외모를 보거니와 나 여호와는 중심을 보느니라!" 라는 말씀이 있습니다. 사무엘이 다윗의 일곱 형들 속에서 제 2의 사울을 보았기 때문입니다. 오죽하면 사무엘도 외모가 준수한 다윗의 형들을 보고는 "여호와의 기름부으실 자가 여기 있구나!"하고 감탄합니다. 사무엘도 사람보는 눈은 없습니다.

사람은 '키와 외모'를 보는데 하나님은 '눈과 마음'을 보십니다. 하나님이 우리의 외모를 보지 않고 중심을 본다는 것은 사람 편에서는 하나님을 자기 인생의 수단과 방법으로 보는것이 아니라 내용이고 목적으로 본다는 것과 같습니다. 그분이 목적이기에 그분과의 만남과 교제와 소통이 중요합니다. 그리고 그것이 곧 동행입니다. 예배당에서 종교적 형식을 취하는 것뿐만 아니라 삶의 현장에서 다윗이 목동생활하면서 그랬듯이 모든 삶의 자리와 형편과 처지에서 하나님을 모시고 경배하는 것입니다.

관계성에서 긴밀하며 밀접했던 다윗은 모든 일에 하나님을 목적으로 열매 맺지만 관계성에서 무관한 사울은 하나님이 수단방법으로만 동원되더라입니다.

26. { 반석과 모래 }

(마태복음 7:24~27)

우리의 신앙은 '하나님을 사랑하고 이웃을 사랑하는 것'인데 내가 나를 사랑해서 신앙을 할 수 있다고 합니다. 예배드리고 헌금하고 기도하는 것이 하나님을 사랑해서가 아니라 사람 앞에 그럴듯한 신앙심을 갖은자로 높임받기 위해서 즉 내가 나를 사랑해서 신앙을 할 수 있습니다.

이웃사랑도 마찬가집니다. 불쌍한 사람을 도와주는 것이 불쌍한 사람을 사랑해서가 아니라 불쌍한 사람을 돕는 자신을 사람에게 보여 사람들로부터 높임을 받기 위해 구제행위를 할 수 있다 입니다. "하나님께 예배 잘 드리고 불쌍한 사람 도와줬으면 그만이지 뭘 그렇게 따지고드냐!"라고 할 수 있습니다. 죄송하지만 주님이 지금 이걸 물어 오십니다.

지난 시간 열매이야기도 마찬가집니다. 열매가 맺히는 것을 보고 그 나무의 정체를 알라는 것입니다. 여기도 그 나무의 본질과 존재를 확인하는 작업입니다. "열매를 주워 모아 달아놓고는 그 나무 행세를 할 수 없다!" 입니다. "열매는 그 나무가 인고의 세월을 견디며 그 속에서 화학반응을 일으켜 맺는 것이지 예쁜 모양의 열매를 달아놓고 그 나무 행세를 할수 없다!" 하십니다.

어디서 시작했는지 보자는 것입니다. 예수님은 지금 뿌리가 어디서 뻗었는지 확인하십니다. 모든 행위의 근거가 널 사랑해서 신앙도 하고 구제도 한 것인지 정말 하나님과 이웃을 사랑해서 한 것인지 그 기초를 보자는 것입니다. "행위와 열심과 성실과 진심에 관한 문제가 아니라 그 시작점과 방향 그리고 그 안에 진리와 생명이 있는지에 대한 말씀이더라!" 입니다.

"아무리 그럴듯한 열매를 많이 모으고 열심히 달아놓아도 그건 다 모래위에서 하고 있는 거다!", "본질과 존재로서 좋은 나무가 되기 위한 싸움을 해야 한다!", "마찬가지로 선지자 노릇하고 귀신을 쫓아내며 많은 권능을 행하는 것이 자기를 사랑하고 자기를 사람들 앞에 높이기 위해 한 것이면 그것 역시 모래위에서 행한 것이다!" 입니다. 예수님께 불법을 행하는 자들로 정죄 받은 자들이 곧 열매를 달아놓은 나쁜 나무와 연결됩니다.

하나님 나라에 합법과 준법은 내가 행한 행위가 어디서 시작했는지 그 본질을 파악하고 열매를 밖에서 다는지 안에서 맺는지 돌아보는 것입니다. 날 사랑한 게 아니라 하나님을 사랑해서 이 모든 일을 하고 있는지 또한 분명히 하는 것입니다. 예수님이 24절에서 "내 말을 듣고 행하는 자는…" 그리고 27절에서 "내 말을 듣고 행치 않는 자는…" 하셨을 때 여기서 행하는 자는 예배하고 순종하고 감사하고 선행하는 행위가 아니라 본질과 존재를 확인하는 행위를 말합니다. 네가 정말 하나님을 사랑하는 자로 반응하고 처신하고 존재하는지에 관한 내용입니다.

자기신앙을 모래위에 세운 사람들은 하늘에서 불도 내리고 선지자 노릇하고 권능을 행하기까지 하는데 그것들이 다 자기행위로 말미암습니다. 내가 기도하고 금식하고 예배 잘 드려서 나의 남다름을 보시고 하나님께서 주신 내 행위의 산물이기에 나의 자랑이고 높음입니다. 반대로 자기신앙을 반석위에 세운 사람들은 내가 받은 것이 다 나로부터 말미암지 않았다는 것을 아는 데에서 출발합니다. "구원이 나로부터 말미암지 않은 것이고 지금 내가 누리는 건강과 평안 행복이 오직 하나님께서 예수 그리스도 안에서 내게 은혜로 주신 것이다!"를 고백합니다.

기독교에서 말하는 겸손은 유교에서 말하는 겸양지덕이 아닙니다. 겸양지덕은 군자가 되기 위해 갖춰야 할 소양중의 하나입니다. 유교는 나는 군자고 너는 소인배다 군자는 대로행이다. 자신을 사람들 앞에 높이는 인격수양으로 쌓아야 하는 군자의 덕목입니다. 기독교의 겸손은 자기 안에서 일말의 가능성도 찾지 않습니다.

"내 속엔 선한 것이 없고, 하나님을 기뻐하게 할 만한 것이 없고, 구원받을 만한 아무런 조건도 자격도 안 된다!"를 깊이 아는 것이 기독교의 겸손입니다. "그 누구도 비난할 수 없고 나보다 못난 사람 하나도 없다!"의 고백입니다. 결코 루저의 자책과 푸념이 아닙니다. 여기가 바로 기독교의 반석입니다. 이 위에 다 세우는 것입니다.

자기의 괜찮은 모습이 보이기 시작하고 자기만 못한 자들이 자꾸 눈에 거슬리게 되면서 이 사람은 모래위로 가고 있는 겁니다. 기독교는 다른 사람을 밟고 그 위에 자기 자랑을 세우지 않습니다. 기독교는 나와 죄인을 나누지 않습니다. 오히려 나는 죄인중의 괴수라고 하는 곳입니다. 유교는 다른 사람과 나를 나누는 것입니다. "나는 너 같은 소인배 (잡것)이 아니라 군자(귀하신 몸)다!"

그래서 자기 기준으로 남을 판단하는 사람은 다 유교입니다. 기독교는 옆 사람의 부족한 모습을 보고 "나는 너 같지 않다!"가 아니라 "내가 저 모습과 같다!"로 갑니다. 요한복음 17절의 말씀처럼 "아버지가 내 안에 내가 아버지 안에 저들(죄인)도 우리 안에!"입니다. 예수님은 죄인이 아닌데 죄인으로 오십니다. 그리고 죄인들과 함께 먹고 마십니다.

고린도전서 1장을 보면 당시 고린도 교인들의 분쟁이 하나같이 자기들끼리의 높음의 싸움이었습니다. 자신들에게 뭔가 예쁨 받을 만한 남다른 구석이 있어서 하나님께서 많은 은사를 주신 것으로 착각했습니다. 사도바울은 고린도전서 1장 26절 이하에서 "너희의 부르심을 보라! 지혜로운 자와 능한 자와 문벌 좋은 자가 많지 않다. 하나님이 어리석은 자와 약한 자를 택하여 지혜롭고 강한 자를 부끄럽게 하신다. 멸시받는 자들을 택하사 있는 자들을 폐하신다. 이렇게 하심은 어느 육체라도 하나님 앞에 자랑하지 못하게 하려 하심이라!"

기독교는 어떤 경우라도 자신을 높이고 자랑하고 위세하지 못하게

하는 곳입니다. 오직 하나님의 일하심과 그 일의 목적하신 바를 이루
시는 데에 그분이 얼마나 신실하시고 선하시고 자비로우신 분인지를
보이는 곳입니다. 우리에게 주신 약속이 우리의 못남으로 취소되거나
무효화되지 않고 얼마나 견고한 반석위에 서있는가를 깨닫게 하는 곳
입니다.

27. { 권세 있는 자와 같고 ... }
(마태복음 7:28~29)

산상수훈 마지막 시간입니다. 마태복음 5장 1절에서 "예수께서 무리를 보시고 산에 앉으시니 제자들이 나와 말씀을 듣더라!" 하고 시작한 말씀이 3장에 걸쳐 이어졌습니다. 세상과는 확연이 다른 천국의 윤리와 질서 그리고 하나님의 통치와 다스림을 잘 듣고 인격과 삶으로 가지고 가서 인격에 깊이 배양하고 삶의 지표로 삼으라는 가르침입니다.

산상수훈의 가장 기초가 되는 토대는 "예수께서 입을 열어 가라사대 심령이 가난한 자는 복이 있나니..." 입니다. 첫 가르침인 '심령의 가난'을 산상수훈 제일 뒤로 가져가면 '반석과 모래'로 연결됩니다. 즉 "그 마음이 가난하여서 나는 아무런 의도 없고 선한 것도 없고 내세울 것 없다 하며 내 것으로는 안 된다 하는 사람은 반석위에 집짓고 사는 사람이고 반대로 그 마음이 자기 의와 높음과 자랑으로 가득하고 천국도 자신처럼 산 사람이 들어갈 것이라고 자고하는 사람은 모래위에 집짓고 사는 사람이다!"를 말씀하시는 저자 마태의 '수미쌍관' 강조입니다.

스스로 다 갖춰서 부하다 하는 자는 하나님이 들어가실 자리가 없습니다. 이 심령의 가난을 깔고서야 그 뒤의 온유도, 애통도, 의에 주리고 목마름도, 긍휼히 여김도... 이게 다 그 토양에 심령의 가난을 자양분으로 했을 때 가능한 것입니다.

이어서 말씀하시는 5장 20절에 "너희 의가 서기관과 바리새인보다 더 낫지 않으면 천국에 못 간다!"는 말씀도 마찬가집니다. 예수님은 "너희들 오해하지 말아라! 나는 율법을 완전케 하기위해 왔다!" 하시면서 "누구든지 미워하는 자는 이미 살인한자다! 음욕을 품고 여자를 보았으면 이미 간음했다!" 하십니다. 율법을 바로세우시니까 여기에 걸려들지 않는 자는 하나도 없게 됩니다.

감나무는 감이 열려있지 않을 때도 감나무입니다. 살인하지 않아도 마음에 미움이 있는 한 그는 살인나무이고 간음하지 않았어도 그 마음에 음욕이 있는 한 이미 간음나무라는 것입니다. 죄를 안 지었어도 죄가 그 안에 있는 너희는 이미 '죄나무' 라는 말씀을 하시는 것입니다.

너희들이 어찌할 수 없는 죄를 해결해주시기 위해서 오신 분이 예수 그리스도입니다. 마태복음 1장 21절 "아들을 낳으리니 그 이름을 예수라 하라 이는 그가 자기백성을 죄에서 구원할 자 이심이라!" 우리가 예수 믿을 때 바리새인보다 더 나은 의를 갖게 됩니다. 하나님이 예수 안에서 우리에게 주신 의입니다.

바리새인 같은 부자의 마음으로 자신을 의롭다 할 때 구원은 없습니다. 세리의 가난한 마음으로 예수를 영접하고야 천국을 소유합니다. 예수를 영접할 때 예수님은 우리를 당신에게 접부치십니다. 로마서 11장 17절 이하를 보면 참 감람나무인 이스라엘은 믿지 않는 불순종으로 하나님 앞에 찍혀나가게 됩니다. 그리고 그 자리를 이방인인 돌감람나무로 접부치셨습니다. 20절 "그들은 믿지 않음으로 꺽였고 너희는 믿어서 섰느니라!" 하나님은 오직 예수 그리스도 안에서 하늘의 신령한 복과 땅의 기름진 복을 채우십니다. 그렇게 예수님께 접부쳐져서 사는 사람들은 마태복음 6장의 삶을 산다는 것입니다.

사람 앞이 아니라 하나님 앞에 보이는 삶을 말합니다. 신앙생활을 해도 가정생활 사회생활을 해도 은밀한 중에 계신 하나님께 보이고자 그 날에 받을 칭찬을 기대하면서 오늘을 참고 감사하고 충성합니다. 사람들 앞에 상 받은 사람은 하늘에 상이 없다고 하십니다.

그런데 이 말이 자칫 마태복음 5장 16절의 "너희 빛을 사람 앞에 비추어서 너희 착한 행실을 보고 하늘에 계신 너희 아버지께 영광을 돌려라!"와 충돌 될 수 있습니다. 오른 손으로 한 일을 왼손이 모르게 했는데 그게 어찌 알려집니다. 사람들에게 높임을 받을 수 있는데 처음부터 자기영광을 목적한 것이 아니었습니다. 그것은 마지막에 하나님께 영광이 돌려지는 지를 보고 그 진위를 알 수 있습니다.

그래서 6장 후반부에 "눈을 똑바로 떠서 뭐가 더 중요한지 보아라!"가 나옵니다. 하나님과 물질을 같이 섬길 수 없다! 세상에서 잘 먹고 잘 살고 자기 영광 받는 것보다 중요한 게 있다! 하나님이 계신 것을 알고 그분이 지금 너에게 무엇을 요구하는지 아는 게 중요하다!

하나님은 지금 여기가 아니라 그날 거기에 모든 것을 유보해 두고 계신다!

그렇다면 좋습니다! '그날 거기서'를 바라고 살겠습니다! 그러나 나는 '지금 여기'라는 현실을 살아야 하지 않습니까! 아이들 키우고 밥 해 먹고 살아야 하는데 여기는 어쩌라는 겁니까! 그래서 너희에게 하는 말이 아니냐! 공중 나는 새를 봐라! 들에 핀 백합을 봐라! 하나님이 먹이고 키우시잖냐!

세상은 어차피 제로섬게임이라 다른 사람을 밟고 이긴 승리와 성공을 가져가지만 너희는 하나님의 자녀 아니냐! 자녀의 필요와 요구는 하나님께서 채우신다! 너희들의 승리와 성공은 세상의 것과는 다르다! 너 자신과 싸우는 싸움이며, 어둠의 세력과의 싸움이며, 꼼짝할 수 없는 관계로 묶여있는 그 자리와의 싸움이다! 자폭할 수도 도망갈 수도 없는 그 시간을 성육신의 연장으로 살아내기 위해 기도하라! 거기서 하나님의 통치와 다스림 곧 하나님의 나라와 그 의를 구하라! 입니다.

그리고 이제 마지막으로 열매와 반석이야기를 하십니다. 탈을 벗고 껍데기를 벗고 그 내용물을 보자는 것입니다. 예수님은 스스로 속고 속이는 기만에 대해서 거듭 강조하십니다. "아무리 탐스런 열매를 많이 주워 모아 달아놨다고 해도 그 나무에게서 나온 것이 아니면 그건 생명 없는 모조품일 뿐이다!", "하나님이 인정하시는 생명과 진리가 그 안에 있는 열매는 꿋꿋이 자신과 싸우며 그 안에서 변화된 인격과 삶과 성품에 열매를 맺는다!"

"네가 서 있는 곳이 모래 위냐? 반석 위냐?"도 마찬가집니다. "네가 널 사랑해서 널 높이고자한 모든 행위들은 모래위에서 행한 것으로 비오고 창수 나도 바람 불 때 모래와 함께 쓸려가는 것이 될 것이지만 하나님을 사랑해서 한 모든 행위들은 비 오고 창수 나고 바람 불어도 흔들리지 않는 반석위에서 행한 것이 된다!"

여기까지의 말씀으로 예수님은 산상수훈의 말씀을 마치십니다. 이와 같은 예수님의 말씀이 권세 있는 자와 같고 서기관 같지 않았습니다. 산상수훈을 같이 했는데 우리 마음의 토대가 항상 가난해야 한다는 것과 함께 예수께 접붙혀진 자로 하나님을 사랑해서 행한 이 모든 열매들이 우리 삶에 주렁주렁 맺을 때 하늘의 상급과 땅의 복으로 가득할 것을 믿습니다.

28. { 말씀과 터치 }
(마태복음 8:1~17)

예수님은 마태복음 5장에서 7장까지 3장을 할애해서 천국의 가르침인 산상수훈의 말씀을 주셨습니다. 신앙은 하나님과 그 분을 아는 지식에서 비롯됩니다. 덮어놓고 무조건 믿는 것은 미신이고 샤머니즘일 뿐 아니라 더 나아가서 하나님을 모독 모욕하는 일이 됩니다. 하나님에 대해 생각하기를 지금 내가 당한 어려움을 해결하기 위해서만 존재해야 하는 분으로 안다면 이건 곤란합니다.

많은 경우 사람들은 생각하길 싫어합니다. 감성적 말초적 자극적 접근만 좋아합니다. "글쎄 어젯밤에 아무개가 천국과 지옥을 갔다 왔대!", "천사도 만나고 예수님도 만나서 무슨 말을 들었대!" 이런 게 이제 성도들을 홀리고 미혹시킵니다. 우리의 믿음은 아무개가 어젯밤에 본 꿈에 의지하는 것이 아니라 신구약 성경을 통해서 하나님이 당신의 백성과 약속하시고 그 약속을 역사 속에서 얼마나 신실하게 이행하셨는지를 아는 지식에서 말미암습니다.

하나님을 아는 지식이 먼저 있고 그 지식을 토양으로 해서 믿음은 자라납니다. 하나님을 만나는 경험은 일종의 거름으로서 존재합니다. 지식이 흙이라면 경험은 양분입니다. 예수님은 5~7장에 걸쳐서 하나님을 아는 토양으로 그 기초를 든든히 하셨고 이어서 8~9장을 통해 하나님을 만나는 치유의 경험을 하게하십니다. 나병환자 그리고 중풍걸린 백부장의 종에 이어서 베드로 장모의 열병치유가 연속해서 기록됩니다.

나병환자는 직접 찾아와 절하며 "원하시면 저를 깨끗케 할 수 있나이다!"의 신앙고백을 합니다. 여기서 "주께서 원하시면..." 이라는 말은 병에서 낫는 것이 자기의 의지와 소원이라기보다는 주님의 소관이며 주권임을 나타내는 귀한 고백입니다.

자기에게서 일말의 여지도 두지 않고 오직 원하시는 이의 불쌍히 여김에만 의존합니다. 우리의 구원도 마찬가집니다. 주께서 원하셔서 이루어진 구원이지 내가 괜찮아서 주어진 구원이 아닙니다. 구하는 자가 아니라 전적으로 주시는 이의 의지와 능력과 사랑에 기인합니다.

사람의 것이 아닌 주님의 것으로 구한다는 것을 아는 것이 참다운 기독교의 기도입니다. 사람의 것이 노력, 헌신, 기여라면 주님의 것은 자비, 긍휼, 은혜입니다.

백부장의 종은 병든 당사자이면서도 자기의 의지와는 상관없이 치유됩니다. 상관을 잘 만난 복입니다. 백부장은 자기종의 아픔을 자신의 것으로 여기며 예수님께 찾아왔습니다. "내 집에 오심을 감당치 못하겠습니다!", "말씀만 하옵소서!"의 믿음은 내게 속한 것으로는 주님을 기쁘시게 할 만한 것이 하나도 없음을 드러내는 구절입니다.

이어서 백부장에게 말씀하신 "네 믿은 대로 될지어다!"의 의미 또한 백부장의 믿음이 훌륭해서 그 믿음의 응답이 시공을 초월해서 나타난 것이라기보다는 "네가 믿은 것(말하는 것)이 그대로 되어라!"입니다. 그러니까 사람의 믿음의 결과로 나타난 응답이 아니라 "지금 네가 말한 내용 그대로 되어라!"고 말씀 하시는 분의 권세와 불쌍히 여김이라는 것입니다.

다음으로 베드로의 장모가 고침 받는 사건입니다. 베드로가 자신의 집에 병든 장모님을 모시고 있었습니다. 가족들이 예수님을 청하여서 예수님이 그 손을 잡으시는 것으로 열병이 떠나갑니다. 주님이 안타까이 여기며 병든 손을 잡으셨다면 설령 장모님이 병 나음의 의지조차 없고 원함도 없다 할지라도 그녀는 일어나야 합니다. 주권자의 의지이며 명령이기 때문입니다. 본인이 나왔건 상관이 대신 나왔건 가족들이 나왔건 예수님이 저들의 말을 들으시고 의지적으로 무엇을 하려 하심은 그것이 무엇이 되었든지 다 해결입니다. 치유의 경험은 각양각색입니다. 그러나 한가지로 구하는 자의 여지없음과 주시는 이의 주권과 불쌍히 여김입니다.

주권의 행사는 '터치'와 '말씀'입니다. 나병환자에게 손을 대시며 내가 원하니 깨끗함 받으라 하셨고 베드로의 장모도 그 손을 잡으시니 열이 내렸습니다. 이 손이 무슨 손입니까?

"태초에 말씀이 계시니라 이 말씀이 하나님과 함께 계셨고 이 말씀은 곧 하나님이라 그가 태초에 하나님과 함께 계셨고 만물이 그로 말미암아 지은바 되었으니 지은 것이 하나도 그가 없이 된 것이 없느니라!" 예수님이 손을 대시면 그것이 무엇이든 이미 그가 만든 것입니다.

'터치' 다음으로 '말씀'입니다. "빛이 있으라!"하면 빛이 있었고 "궁창 위의 물과 궁창 아래의 물로 나뉘라!" 하면 그대로 되는 것처럼 예수님의 입에서 나오는 말씀이 곧 해결이고 능력이고 치유입니다. 16절 17절 나레이션의 말씀을 보면 예수께서 치유사역과 축사사역을 하심은 "이는 선지자 이사야를 통해 하신 말씀에 우리의 연약한 것을 친히 담당하시고 병을 짊어지셨도다 함을 이루려 하심이라!"

이사야 53장 4절입니다. "그는 실로 우리의 질고를 지고 우리의 슬픔을 담당하셨거늘 우리는 생각하길 그가 하나님께 징벌을 받아 하나님께 고난을 받는다 하였도다! 그가 찔림은 우리의 허물을 인함이요... 그가 채찍에 맞음으로 우리가 나음을 입었도다!"

특별히 우리의 연약함 가운데 가장 커다란 연약함이며 절망이며 두려움이며 탄식인 죽음마저도 덮어쓰십니다. 그리고 죽어주는 것으로 죽음을 이기십니다. 사망의 권세는 이 세상의 가장 강력한 권세입니다. 그 누구도 이 권세를 피해갈 수 없습니다. 죄의 삯은 사망인 고로 우리의 죄로 인해 세상에 자리 잡은 권세입니다 예수님은 대속의 죽음을 죽으심과 동시에 사망권세 이기시고 부활하셔서 자기를 따르는 모든 자들에게 부활생명을 주십니다.

질병을 치유함이 곧 영생을 보여주는 시그널입니다. 오늘 주시는 말씀이 곧 치유임으로 특별히 육신의 질병으로 고통 받는 성도들에게 주님의 말씀과 어루만지심이 임하기를 소망합니다. "그가 채찍에 맞음으로 너희가 나음을 입었도다!" 하셨으니 육신의 질병만이 아니라 마음의 질병까지도 깨끗케 되기를 기도합니다.

흥미로운 것은 나병환자에겐 말씀과 터치가 함께 임했고 백부장의 종에게는 말씀만 임했으며 베드로장모의 열병은 말씀은 없이 터치만으로 깨끗함을 받았습니다. 함께 고백하길 바랍니다. "주님 제게 말씀해주세요!", "주님 저를 만져주세요!", "두 개 다 해주세요!"

말씀이 임하여서 가르침으로 그분을 깨닫게 되고 또한 권세자의 능력으로 임하여서 질병의 고통에서 놓이는 하나님 경험을 하는 모든 성도들이 되기를 축복합니다. 말씀이 지성이고 머리라면 경험은 감성이며 심장입니다. 이 둘은 흙과 거름으로 항상 같이 가야 합니다.

마태복음의 배열을 보면 1장은 유대의 왕 되신 예수님의 족보를 2장은 예수님의 탄생기사를 3장은 예수님의 세례받으심을 4장에서는 사탄의 시험을 물리치시고 공생애를 시작하심을 그리고 바로 이어서 5~7장의 산상보훈으로 하나님을 아는 지식을 그리고 8~9장의 하나님 경험을 기록하고 있습니다. 마태사도의 의도는 예수님의 사역을 잘 보고 하나님을 아는 지식과 하나님을 만나는 경험이 잘 조화를 이루어서 후대의 성도들이 흔들리지 않는 신앙생활을 하기위한 것임을 알 수 있습니다.

29. { 어떤 사람이기에... }

(마태복음 8:18~34)

사람들이 예수님을 에워싸고 있습니다. 당시에 예수님은 지금말로 하면 수퍼스타입니다. 예수님은 사람들의 이목이 집중되고 인기를 한 몸에 받는 것을 몹시 꺼려하셨습니다. 복음서 다른 부분인 오병이어의 기적 사건 때도 예수님은 서둘러 그 자리를 피하셨습니다.

예수님은 당신이 전하는 메시지에 사람들이 집중할 것을 원하셨습니다. 예수님의 사역 즉 말씀사역과 치유사역을 통해서 예수님 당신이 곧 구약에 예언된 메시아인 것을 깨닫기를 바라셨습니다. 그런데 정작 사람들은 예수님이 사람들에게 받는 인기에만 편승한 것입니다. 예수님이 누구신지에 대한 관심과 배움은 없고 저분이 유명인사래 … 슈퍼스타래… 하면서 모여들었습니다.

60년대 세계적 슈퍼스타였던 비틀즈를 모르는 사람이 없습니다. 이전까지 음악은 어른들의 음악이었는데 비틀즈부터 젊은이들의 음악이 시작되었다고 합니다. 가는 곳마다 사람들이 모여들고 환호와 갈채를 보냅니다. 그런데 나중에 이게 어찌 되냐면 사람들이 비틀즈의 노래를 좋아하는 게 아니라 비틀즈의 멤버를 좋아하는 것입니다. 그래서 우리를 좋아하지 말고 우리의 노래를 좋아해 달라고 하면서 건물옥상에서 연주를 하는 일까지 벌어집니다. 옥상은 멤버는 안보이고 노래만 들리니까요. 자신들의 음악으로 전하는 메시지에 주목하길 원한 것입니다. 노래에 담긴 반전 평화 가치를 공유하고 사랑해달라는 호소였습니다. 오늘 예수님의 버전으로 바꾸면 "나의 인기와 능력을 좋아하지 말고 내가 전하는 메시지를 통해서 나를 깊이 알기 원한다!"입니다.

예수님은 몰려드는 사람들을 피하여 배에 오르려 하시자 19절에 한 서기관이 예수님을 좇겠다고 왔습니다. 이 서기관이 예수님의 말씀을 듣고 큰 은혜를 받은 겁니다. 가르치는 것이 7장 29절 말씀처럼 서기관 자기 같지 않았습니다. 예수님은 제자가 되겠다고 하는 자들에게 "너의 미래와 장래는 내가 다 책임진다!" 이런 말씀 안하시고 "여우도 굴이 있고 새도 집이 있으나 인자는 머리 둘 곳도 없다!"하시며 나를 따르는 길이 결코 만만찮은 자기부인의 길임을 말씀하셨습니다.

이어서 제자 하나가 아버지 장례 치르고 따르겠다고 하니 예수님은 "죽은 자들로 죽은 자를 장례 치르게 하고 너는 나를 따르라!" 하십니다. "내일 일은 내일이 걱정하게 하라!"와 같은 예수님의 관용어법입니다. 이 말씀에 순종해서 주님을 따르게 된 저와 여러분인 것을 믿습니다.

이윽고 예수님이 배를 타고 건너 마을로 가시니 제자들도 함께 좇았습니다. 그런데 항해 중에 갑자기 파도와 함께 큰 물결이 배에 덮쳤고 그 와중에 예수님은 배 밑에서 주무시고 계셨습니다. 예수님이 완전한 인성을 입으신 사람이었다는 것을 보여주는 대목입니다. 예수님은 하나님의 아들이셨지만 고된 사역에 피곤하셨습니다. 쉬셔야 했고 주무셔야 했습니다. 식사도 챙겨서 드셔야 했습니다. 인자는 머리 둘 곳이 없다하신 것처럼 이동 중에라도 잠깐 눈을 부치셔야 했습니다.

배가 뒤집히게 생겼으니까 제자들이 난리가 나서 예수님을 깨웠습니다. 예수님은 "믿음이 적은 자들아! 내가 지금 너희와 함께 있는데 어찌 그리 두려워하냐!" 책망하셨습니다. 지금도 성도들의 인생 배 안에 주님이 함께 타고 계십니다. 조금 무슨 일이 있다고 해서 두려워하지 마시고 믿음을 가지시기바랍니다. 여기서의 믿음은 내가 믿음을 제공했기 때문에 그것이 원인이 되어서 믿음의 결과로 응답이 주어진다는 게 아닙니다. 기독교의 믿음은 저분이 계시기에 전적으로 괜찮은 것입니다. 저 분이 나를 사랑하시고 내 곁에 계심으로 이 모든 일에 만족하고 안심하고 든든한 것입니다.

예수님의 꾸중으로 지각과 청각기능이 없는 바람과 바다가 순종합니다. 27절에 사람들이 "저가 어떠한 사람이기에 바람과 바다가 순종하는가?" 하면서 기이해합니다. 예수님이 창조주와 주권자 되심을 가르치는 부분입니다.

그리고 예수님께서 타신 배는 건너편 가다라 지방으로 가셨는데 거기서 또 무슨 일이 벌어집니다. 28절 이하에서 귀신들린 사람 둘이 무덤사이에서 나와서는 예수님께 와서는 "하나님의 아들이여! 우리와 당신이 무슨 상관있습니까! 때가 이르기 전 우리를 괴롭게 하려 하십니까!" 사람 속에서 역사하던 악한 영이 예수님을 알아봅니다.

또 하나 그들이 아는 것이 있습니다. 자신들의 최후입니다. "때가 이르기 전..."에서 '때'는 주님이 재림하시는 날입니다. 악한 영도 예수님의 하나님의 아들 되심을 알아보고 자신들의 마지막을 알고 있습니다.

조금 전에는 바람과 바다가 예수님을 창조주와 주권자로 알아 봤다면 여기서는 악한 영도 예수 그리스도의 하나님 아들 되심을 알아봅니다. 사람들만 답답해하며 "저가 (도대체) 어떠한 사람이기에 ..." 라고 합니다. 죄가 영적 눈과 귀를 다 가리우고 하나님의 아들을 몰라보게 합니다. 자연이 알고 귀신이 안다면 그의 자녀들인 성도들도 알아보아야 합니다. 우리 모든 삶의 자리에서 함께하시는 예수님을 볼 수 있는 영적인 눈이 트이기를 소망합니다.

그 분을 왜 알아야 합니까? 그분을 아는 지식에서 그분을 의지할 수 있는 믿음이 나오고 그분을 사랑하는 마음이 도출됩니다. 하나님의 아들이 내 죄를 대속하기위해 세상에 오셔서 십자가에 죽으시고 사흘 만에 살아나셔서 하나님 보좌우편에 앉아 지금 나를 위해 기도해주시며 성령을 보내주셔서 임마누엘로 늘 나와 함께 하신다는 지식에서 그분의 의지할 믿음이 나옵니다. 그분을 사랑할 수 있게 됩니다. 처음으로 돌아갑니다. 예수님을 그냥 사랑하면 안 되고 그분의 메시지와 사역을 통해서 그분을 알고 그리고 사랑해야 합니다.

마지막으로 귀신도 아는 것인데 우리가 몰라서는 안 되는 것 하나 더 합니다. 우리의 마지막 최후와 운명입니다. 우리의 마지막은 하나님 형상의 회복이며 하나님 영광의 참여이며 에베소서1장의 말씀과 같이 하나님 영광의 찬송입니다. 예수님은 귀신이 쫓겨 가는 것으로 기뻐하지 말고 너희 이름이 하늘에 기록된 것으로 기뻐하라 하셨습니다. 할렐루야!

30. { 죄사하는 권세.. }

(마태복음 9:1~8)

계속해서 예수님이 누구인지 알아보는 시간을 갖습니다. 오늘 본문의 예수님은 '죄를 사하시는 권세를 가지신 분'입니다. 기독교를 제외한 모든 여타 종교는 죄에서 시작하지 않고 고통에서 시작합니다. 사람이 태어나서 병들고 죽는 생로병사를 격으며 고난과 고통을 당하는데 이 고난과 고통의 문제를 어떻게 해결할 것인지에서 출발합니다. 사람이 만든 종교의 특징이고 사람이 신을 찾아갈 때 나타나는 현상입니다. 내가 가지고 있지 않은 초월적인 힘을 지닌 신을 임의로 가정해서 하나 만들어놓고는 거기 가서 치성과 열심을 바치는 것이 우상숭배의 기본베이스입니다.

기독교는 사람이 자기문제 해결하겠다고 신을 찾아간 종교가 아니라 신(하나님)이 사람의 문제를 해결하시겠다고 사람을 찾아온 종교입니다. 본질적으로 다릅니다. 그럼 하나님이 보시기에 사람의 문제는 뭐냐면 '죄'입니다. 여기서의 죄는 윤리도덕적 이야기가 아니라 하나님을 떠나고, 잊고, 외면하며, 배제한 모든 삶의 정황입니다.

성경은 사람의 고통이 어디서 왔냐면 죄에서 왔다고 말씀합니다. 반면에 사람이 만든 자연종교의 대표격인 불교에서는 고통이 집착 즉 집착(욕심)에서 왔다고 합니다. 그러면 그 욕심은 어디서 왔냐 물으면 유구무언입니다.

성경에서 말하는 죄는 보다 근원적입니다. 아담과 하와가 타락하여 낙원에서 쫓겨납니다. 그때 하나님은 아담에게 네 이마에 땀이 흘러야

식물을 먹을 것이며 하와는 뱀에 꼬임에 넘어갔으니 산고의 고통이 더할 것이다. 너는 흙에서 왔으니 흙으로 돌아가라 하십니다. 우리가 본래는 영생하도록 지음 받았지만 죄의 삯은 사망인고로 많은 고통가운데 살다가 결국 죽음을 맞이하는 존재가 된 것입니다.

기독교는 사람의 고통이 죄에서 시작되었기에 죄를 해결해야 합니다. 성경은 너의 죄가 해결되어야 너의 고통도 해결된다 말씀합니다. 이것을 알리는 본문이 오늘의 현장입니다. 9장 1절 이하를 보면 사람들이 중풍병자를 들것에 매어서 데리고 왔습니다. 예수님께만 가면 해결된다는 믿음으로 데려온 것입니다. 예수님은 그들의 믿음을 보시고 "소자야! 안심해라! 네 죄사함 받았다!" 말씀하십니다.

먼저는 사람들이 중풍병자를 데리고 왔다는 것이 중요합니다. 예수님께 왔다는 것은 그 자체로 "나를 불쌍히 여겨주세요!", "당신은 나를 불쌍히 여겨주시기 위해 오신 분이 아니십니까!"의 고백입니다. 사람들이 돈을 가지고 병원에 가듯 온 것이 아닙니다. 돈을 가지고 왔다면 그건 거래고 이해관계입니다. 긍휼과 은혜라는 말은 설자리가 없습니다. 우리가 하나님께 드리는 헌금은 그 자체로 감사의 표현이지 이 만큼의 대가를 지불했으니 그에 상응하는 보상을 달라는 것이 아닙니다. 예수님과 사람사이에는 존재하는 것은 오직 불쌍히 여김입니다.

예수님이 보시기에 이 중풍병환자 왜 이렇게 고통 중에 있는 거예요? 그 원인은 죄입니다. 이 사람이 살면서 죄를 지었다 라기 보다는 물려받은 원죄가 있다는 것입니다. 지금 잘 먹고 잘 산다고 자랑할 것이 아닙니다. 인류는 모두가 다 죄의 삯인 사망의 자리로 가고 있으며 그 가운데 질병과 고통에 노출됩니다. 예수님은 오늘 이 사람에게 "네 죄사함 받았느니라!" 하십니다. 왜냐면 고통은 죄에서 왔기에 죄가 해결될 때 고통도 해결됩니다. 고통보다 고통을 있게 한 죄를 손보시는 것으로 근원치료를 하십니다.

이 말을 옆에서 듣고 있던 서기관들이 속으로 부글부글 거리며 "하나님 외에 어찌 죄를 사한단 말인가!" 하면서 심기가 불편합니다. 이 때 5절에서 예수님이 아주 흥미로운 말씀을 하십니다. "네 죄사함 받았다는 말과 일어나 걸으라는 말 중에 어느 게 더 쉽겠느냐!"

사람들에게는 보다 높은 차원과 권세에 속한 것이지만 "죄사함 받으라!"는 말이 더 쉽습니다. 이건 당장 눈앞에 나타나는 게 아니기 때문입니다. 그런데 중풍병자에게 "일어나 걸으라!" 하는 것은 이건 당대 최고의 의사가 와도 불가능한 일입니다.

예수님은 어떤 게 더 쉬우냐면 "일어나 걸으라!"가 더 쉽습니다. 그리고 그것으로 보다 높은 차원의 죄 문제를 해결한다는 것을 지금 앞에 있는 사람들에게 보이고 계십니다. 6절의 말씀과 같이 "인자가 세상에서 죄를 사하는 권세가 있는 줄을 너희로 알게 하려하노라 하시고 중풍병자에게 말씀하시되 일어나 네 침상을 가지고 집으로 가라 하시니 그가 일어나 집으로 돌아가거늘"

그러니까 죄사함과 질병치유가 서로 연관되어있습니다. 지난시간 예수님은 우리의 연약함을 대신 짊어지기 위해 우리 병을 담당하셨다고 했는데 오늘은 예수님이 우리의 죄를 용서하신다는 것을 보이기 위해 질병을 고치십니다. 결국 우리의 연약함은 죄에 대하여 입니다. 우리는 다 하나님으로 만족하기보다는 세상의 조건이 충족되는 것으로 만족하며 어쩌면 하나님도 세상의 것을 충족하기위한 하나의 방법으로만 존재하는 경우를 보게 됩니다.

무서운 것은 죄를 짓고 살면서도 불구하고 아무 일도 없고, 아무렇지도 않으며, 사는데 아무 지장이 없다는 것입니다. 그래서 로마서 1장 28절 이하를 보지 않을 수 없습니다. "또한 저희가 하나님을 마음에 두길 싫어하매 하나님께서 그 상실한 마음대로 내어버려두사 합당치 못한 일을 하게하셨으니... 이 같은 일을 행하는 자는 사형에 처하는 것을 알면서도 자기들만 행할 뿐 아니라 또한 그 일을 행하는 자를 옳다 하느니라!" 죄의 뿌리와 근원이 여기 나타납니다. 하나님을 마음에 두지 않습니다. 정당한 것을 우기는 것이 아니라 자기들이 우기는 것을 정당화 합리화 세력화합니다.

오늘 우리가 같이 한 것이 '죄'입니다. '죄'가 하나님을 마음에 두지 않으려하는 것이라면 '의'는 하나님을 마음에 두기 기뻐하는 것입니다. 내 생각에 하나님을 두고 내 의지와 계획에 하나님을 두며 내 소원에 하나님을 두는 것입니다. 아침에 눈 떠서 저녁에 눕기까지 하나님을 내 삶의 자리에 초청하는 것입니다. 일거수일투족을 주님과 동행하며 동거하는 것입니다. 우리의 죄를 용서하심을 보이기 위해 우리의 질병을 치유하시는 주님께 감사와 찬송과 영광과 존귀를 올립니다.

31. { 긍휼과 제사 }

(마태복음 9:9~13)

마태복음의 저자인 마태를 부르고 계십니다. 지금으로 하면 마태는 세무서 임직원입니다. 당시는 이스라엘이 로마의 속국이라 세금 걷어서 로마에 바치는 일을 했기에 백성들로부터 매국노라 칭함 받으며 죄인 취급받았습니다.

부름 받고 있는 본문을 보면 굉장히 현장성이 강합니다. "마태가 세관에 앉아있는 것을 보시고 나를 좇으라 하시니 일어나 좇으니라!"입니다. 나를 좇으라와 일어나 좇으니라 사이에 그 어떤 고민이나 갈등이 없습니다. 마치 바로 위에 6절에서 예수님이 중풍병자에게 "침상을 가지고 집에 가라 하시니 그가 일어나 집으로 돌아가거늘.." 과도 같습니다. 일어나라와 일어나 집에 가거늘 사이에 그 어떤 서사도 없습니다.

주권자의 권세와 능력이며 영광입니다. 그래서 8절에서 이런 권세를 주신 하나님께 영광을 돌립니다. 오늘 말씀을 시작하면서 먼저 주권자이신 주님의 말씀이 우리 심령과 삶에도 임하여서 절망가운데 쓰러져 있는 성도들에게 "일어나라!" 하시는 명령을 듣게 되기를 소망합니다. 그리고 나서 "어떻게요~", "말도 안 되요~" 하는 후렴구 없이 그 시로 일어나는 역사가 있기를 축복합니다.

주님을 주권자로 섬기지 않는 경우는 마태복음 19장에 영생을 얻겠다고 예수님을 찾아온 부자청년처럼 됩니다. 예수님이 재물을 팔아 가난한 자에게 주고 너는 나를 좇으라 하셨으나 그가 재물이 많은 고로 근심하여 돌아갔다 했습니다. 재물과 하나님을 같은 주권자로 섬길 수 없기에 비롯된 일입니다.

주님을 주권자로 모시고 제자가 된 마태는 자기 집에 예수님을 초대했습니다. 그와 함께 비슷한 업종에 속한 많은 사람들이 같이 만찬을 즐기고 있는데 그것을 본 바리새인들이 예수님의 제자들에게 "아니 너희 선생은 어찌된 게 허접한 사람들하고만 같이 노는거냐!" 하면서 빙정거립니다.

예수님이 이 말을 들으시고 12절에서 "건강한 자에게는 의원이 쓸데없고 병든 자에게라야 쓸데 있나니 나는 의인을 부르러 온 것이 아니라 죄인을 부르러왔다!" 하십니다. 정확하게는 "병들었음에도 병듦을 인정하지 않는 자들에게는 의원이 쓸데없고 자신의 병듦을 인정한 자에게라야 의원이 쓸데 있다!"입니다.

그리고 13절의 "내가 긍휼을 원하고 제사를 원치 않는다 하신 뜻이 무엇인지 배우라!" 하십니다. 그래서 오늘 우리는 긍휼과 제사를 배웁니다. 예수님이 인용하신 이 말씀의 원문은 호세아 6장 6절의 "나는 긍휼을 원하고 제사를 원치 않으며 번제보다 하나님 아는 것을 원하노라!"입니다. 강조를 위한 병행법입니다. 제사와 번제 그리고 긍휼과 하나님이 서로 대칭되어 긍휼을 아는 것이 곧 하나님을 아는 것임을 드러냅니다.

하나님과 우리 사이에 존재하는 것은 오직 긍휼입니다. 우리는 "하나님! 우리를 불쌍히 여겨 주십시오!"이고 하나님은 "내가 너희를 불쌍히 여긴다!" 입니다. 불쌍히 여겨달라고 하는 것은 내 것으로 하나님을 만족시킬 수 있는 것이 전혀 없다는 고백입니다. 이 마음이 하나님이 받으시는 마음입니다. 이와 같은 마음으로 사는 사람을 은혜주의자라고합니다.

이와 반대되는 것이 내가 하나님을 위해서 할 만큼 했으니까 (기도, 전도, 한금, 봉사)그에 상응하는 보상을 달라고 하는 것이 바로 율법주의이며 이와 같은 행태로 살아가는 사람을 가리켜서 율법주의자라고 합니다. 하나님이 받지 않으시는 마음입니다.

율법주의의 문제는 율법을 받은 자들이 율법을 주신 목적을 이해하지 못한 결과입니다. 하나님이 우리에게 율법을 주신 것은 너희들은 율법을 완전히 지킬 수 있는 존재가 아니라는 것을 보이시기 위함입니다. 그런데 이스라엘 사람들은 율법을 완전히 지켜서 하나님을 만족시킬 수 있는 것으로 여겼습니다. 로마서에서 사도바울이 열심히 설명하는 골자가 바로 이 내용입니다.

율법 앞에 모든 사람들은 "나는 죄인이구나!", "나는 율법의 의를 온전히 지킬 수 없는 존재이구나!" 이렇게 나가는 게 율법을 주신 목적에 맞게 율법이 올바로 기능하고 있는 것입니다. 그런데 이스라엘 사람들에게는 율법이 "내가 율법을 완전히 지켜서 하나님의 의를 이룰 수 있다!"로 잘못 작동합니다. 예수님은 산상수훈에서 너희 안에 음욕이 있으면 이미 간음 죄인이고 미움이 있으면 살인 죄인이다. 감나무가 감을 맺지 않아도 감나무이듯이 너희 안에 죄가 있는 한 너희는 죄나무임을 말씀하십니다.

율법에 비춰어 여지없는 죄인인 것을 깨닫고 "그럼 어떡하지?", "어떻게 구원받지?"의 상태를 만들어 놓았다면 율법이 그에게 제대로 작동하고 기능한 것입니다. 성경은 그러니까 빨리 예수에게로 달려가라고 합니다. 로마서 3장 21절입니다. "율법 외에 하나님의 한 의가 나타났으니 곧 예수 그리스도를 믿는 믿음으로 말미암는 의니 이방이나 유대인이나 차별이 없느니라!"입니다.

예수 그리스도는 하나님이 우리에게 주신 은혜요 긍휼이며 자비입니다. 시혜를 베풀만한 아무런 근거나 자격이나 조건이 안 되는 자에게 무조건적으로 부어주신 불쌍히 여김입니다. 조금이라도 받을 만한 근거가 우리 안에 있었다면 그것은 은혜가 아닙니다. 우리의 구원은 받을 구원이 아니라 못 받을 구원입니다. 그래서 은혜를 제대로 깨달았다면 얼마나 놀라운 하나님의 사랑이 우리에게 전해졌는지 전율하게 됩니다.

그런데 사실 이것을 우리가 받기 어려운 것은 우리는 다 한만큼 받는 것에 익숙하기 때문입니다. 안 해서 못 받은 것이고 해서 받은 것입니다. 원인결과와 인과응보의 세상입니다. 물론 하나님은 이 세상의 기본원리와 질서와 법칙의 세상으로서 원인 결과의 세상을 두셨습니다. 성경은 이것을 넘어서는 세상이 있음을 알려주십니다. 즉 은혜와 긍휼과 자비의 세상입니다. 나의 구원은 예수가 한(이룬)거지 내가 한(이룬)게 아닙니다. 그래서 "내가 한 게 아닌데 왜 내가 구원을 받아?" 하면서 구원을 거부하는 경우도 있습니다.

하나님은 우리가 자연질서의 세상 곧 원인결과(인과율)의 1층 세상을 넘어서서 2층인 은혜의 세상을 바라보고 그곳으로 올라오기를 원하십니다. 물론 성경은 "헤치지 않는데서 어찌 모으겠으며 심지 않은데서 어찌 거두겠느냐!"의 1층 세상을 강조하고 있습니다. 우리가 열심히 노력한 결과로서의 세상을 말씀하지지만 또한 신명기 6장 10절 이하처럼 "네가 짓지 아니한 집에 들어가며 네가 파지 않은 우물을 차지하고 네가 농사하지 않은 포도나무의 결실을 먹는 은혜의 세상을 말씀하십니다!"

하나님은 은혜와 긍휼을 주시기 원하시는데 사람은 자기가 한 만큼 받는 율법의 세상을 더 좋아합니다. 자기가 해야 자기 자랑이며 높음이고 치적이 되기 때문입니다. 어떤 권사님 저만 보면 "목사님! 하나님은 공짜가 없으신 분이예요! 다 자기가 한 만큼 받는 거예요!" 저만 보면 그러십니다. 다음에 뵈면 여쭤바야겠습니다.

"권사님의 구원은 값없이 거져받은 구원 아닌가요?", "권사님은 삶에 필수적인 요소들을 항목별로 세분해서 모두 기도해서 받은 것인가요?", "기도해서 받았다면 기도 안 해서 받은 것은 더 많은 것 아닌가요..."1층 세상에만 머물러 계시는 것 같습니다.

하나님은 우리에게 긍휼을 주시기 원하시며 우리가 또한 긍휼을 구하기를 바라십니다. 그런데 사람은 긍휼보다 제사를 더 원합니다. 제사는 내가 행한 행위임으로 내가 한만큼 주서야하는 율법의 1층 세상입니다. 그러면 하나님은 무조건적 긍휼과 은혜와 자비를 베푸시니까 이제부터는 내 맘대로 산다가 아니라 나같이 무익한 자를 구원하시기 위해 독생자를 내어주시고 오늘도 열심으로 돌보고 계시는 하나님께 "어찌 이런 일이…"만 되뇌이게 됩니다. 감사해서 드리는 예배와 헌신과 봉사이지 내가 한 만큼 달라고 하는 예배가 아닙니다.

마태복음 20장의 포도원 품꾼의 비유를 보면 일없이 놀던 자들이 오전 9시 12시 3시에 잇달아 주인의 부름을 받고 포도원으로 들어가 일하게 됩니다. 주인은 심지어 일 끝나기 한시간 전인 5시에도 품꾼을 들여보냅니다. 6시에 일이 끝나자 주인은 약속한 한 데나리온을 모두에게 동등하게 지급합니다.

여기서 이제 미리 왔던 품꾼들이 노발대발합니다. 아니 마지막 사람은 기껏 한 시간 일하고 어찌 우리와 같은 보수를 받을 수 있는지를 따집니다. 이것이 한 만큼 받는 1층의 세상이치로는 잘못된 일이 맞습니다. 그러나 이 비유의 핵심은 포도원 주인이 1층 인과율의 세상을 넘어서서 2층 다시 말해 긍휼의 세상을 가르침입니다.

"잘했다고 해서 그것을 네 자랑과 네 의로 삼는다면 도리어 내쳐지는 것이 되는 것처럼 반대로 못 했고 안 했다고 해서 돌봄과 구원에서 제외되지 않으니까 오늘을 절망하지 말라"가 성경의 메시지입니다. "나는 긍휼을 원하고 제사를 원치 않으며 번제보다 하나님 아는 것을 원하노라!" 의 의미를 조금이나마 함께 이해한 시간이었기를 소망합니다.

32. { 새 술은 새 부대에! }

(마태복음 9:14~17)

"너희는 가서 내가 제사를 원치 않으며 긍휼을 원한다는 것이 무엇인지 배우라!" 의 핵심은 내가 하나님을 만족시켰기 때문에 내게 복을 주시고 구원을 주셨다 라는 생각을 버리라는 것입니다. 우리는 끊임없이 말씀순종과 준행의 삶을 살아야하지만 그것을 근거로 나는 하나님 앞에 자격을 갖췄다는 발상을 하면 안 됩니다. 우리 믿음의 기본베이스는 항상 심령의 가난입니다. 내 속엔 하나님을 기쁘시게 할 만한 것이 없다 입니다. 거기서만이 은혜와 긍휼을 구할 수 있습니다.

제가 너무 은혜와 긍휼만을 강조하다 보니 상대적으로 1층 세상을 너무 약화시키는 것 같이 느끼실 수 있습니다. 그러나 저는 원인결과의 1층 세상을 결코 소홀이 등한히 없이 여기지 않습니다. 노력한 만큼 받는 것이고 안했으니까 못 받는 것입니다. 1층을 딛고야 2층을 가는 것이고 땅이 있고 하늘이 있는 것이지 2층과 하늘만 있는 것은 없습니다.

성도여러분이 열심히 하나님 말씀에 순종해서 살면 하나님은 약속하신 말씀대로 복을 주십니다. 제가 드리는 말씀은 그것을 여러분의 의로 삼지 말라는 것입니다. 오직 우리의 의는 십자가의 의뿐입니다. 바리새인은 십자가의 의를 받지 않고 자신들의 종교행위를 자신들의 의로 여겼습니다. 이 모든 신앙행위를 통해서 구원도 받고 천국도 가는 것으로 알았습니다.

이렇게 자기 의로 충만해서 사는 율법주의자들의 특징은 자랑과 비난입니다. 복도 구원도 다 자기가 하나님 앞에 합당한 행위를 했기 때문에 받았다는 자기 행위의 높음으로 가득합니다. 그 높음은 자랑으로 이어집니다. 그리고 자기만 못한 자들을 비난하며 그것으로 자기믿음을 확인합니다. 아주 고약한 믿음의 확인이 아닐 수 없습니다.

어떤 교회에 사무실에서 부목사님이 빨간 볼펜을 물고 있었는데 지나가는 어떤 분이 아무개 목사님 담배 폈다고 온 교회에 소문을 내서 그 목사님이 단두대위에 끌려 올라가서 목이 잘릴뻔 하다가 간신히 살아났다고 합니다. 안타까운 것은 너무도 많은 성도들이 여기서 살아갑니다. "하나 걸리기만 해봐라!"의 신앙은 성경이 요구하는 신앙이 아닙니다.

바리새인들의 기도는 남을 정죄하는 것으로 자기 의를 삼습니다. 저 죄인들은 십일조도, 구제도, 금식도 안 한다는 비난이 곧 기도입니다. 지난 주간에는 예수님이 죄인들 하고 같이 먹고 마신다고 비난합니다. 오늘은 요한의 제자들이 나와서 "바리새인들은 금식하는데 당신의 제자들은 왜 안하냐!"하며 비난합니다.

당시에 유대인이라면 지켜야하는 신앙행위 중에 십일조와 안식일 준수 그리고 금식이 있었습니다. 금식에 대해서 말씀드리기 전에 금식을 왜 하는지 말씀드립니다. 안식일 십일조 결국은 다 마찬 가집니다. 여기를 이해하면 기독교가 이방종교가 얼마나 다른지 여실히 드러납니다. 이방종교는 그들이 임의로 만든 신을 감동시켜서 그 신의 능력을 빌리자는 것입니다. 108배 3000배 오체투지 왜합니까! 신을 감동시키겠다는 것입니다.

기독교의 신앙행위는 신의 능력을 빌리기 위해 신을 감동시키자는 것이 아니라 반대로 그 분이 이루어놓으신 일을 보고 사람이 감동하는 것입니다. 그분이 지으신 높은 하늘과 광활한 우주와 드넓은 바다를 보며 그분의 지혜와 능력을 찬양하는 것이 우리의 신앙행위 즉 예배입니다. 죄악에 빠져 영벌에 처해져야하는 자들에게 독생자를 보내 주시는 놀랍고 위대한 사랑을 노래하는 것입니다. 타락한 세상을 마지막에 회복시키시고 재창조의 역사로 이 모든 것을 새롭게 하실 하나님을 고대

하면서 하나님을 경배합니다.

기독교의 금식은 하나님이 너무 좋아서 먹는 것을 잊어버린 겁니다. 내가 원하는 것을 얻어내겠다고 떼를 쓰는 것이 아닙니다. 내 정성과 조름으로 하나님을 굴복시키는 것이 아니라 하나님 앞에 내가 두 손 들고 항복하는 것입니다. 이사야서 58장 3절 이하를 보면 금식에 대한 이런 말씀이 있습니다. "우리가 금식하되 어찌 돌아보지 아니하시며 마음을 괴롭게 하되 어찌 알아주지 않으십니까! 보라 너희가 금식하면서 논쟁하며 다투며 주먹으로 치는도다 …" 금식이라는 신앙행위를 한다고 하면서 싸우며 주먹다짐까지 합니다. 자기 뜻을 관찰시키기 위해서 폭력까지 불사하는 것입니다. 여기서 무슨 자기 부인이나 성찰이나 낮아짐이나 섬김이나 신앙상의 귀감이 되는 내용이 있냐는 겁니다. 오직 있다면 신앙도 자기욕심 이루기 위한 방편일뿐이더라 입니다.

안식일도 그렇습니다. 사람이 안식일을 위해 있는 것이 아니라 안식일이 사람을 위해 있습니다. 사람이 안식일을 위해 있다는 것은 무엇인가 안식일이 부족하고 미비된 것이 있어서 사람의 기여와 헌신과 희생으로 보완되어야 한다는 것입니다. 그러나 안식일은 이미 이 모든 것이 완성되고 완전하다는 의미에서 안식(쉼)입니다.

하나님이 세상을 지으시고 항상 보시에게 좋았더라 하실 때 히브리어 '토브'는 "완전하다! 선하다! 손 볼 것이 없다!"의 의미입니다. 성경에서 안식일을 지키면 복 받는다 했을 때 그 지킴은 단순한 소극적 부정적으로 "일하면 안 된다!"가 아니라 이 모든 세상을 지으신 하나님을 생각하고 감사하고 기뻐하는 것이 적극적이고 긍정적인 안식일 준수입니다.

그래서 주일날 예배드리고 집에 가서 성질부리면 안 됩니다. 성질부리면 내 뜻대로 하고 내 고집대로 하겠다는 것입니다. 조금 전 금식과도 마찬가집니다. 금식한다고 하면서 다투고 주먹질 할 수 있냐는 겁니다. "주일이니까 내가 참는다!" 이게 작은 믿음의 진보입니다. 그러다가 다른 날도 참게 됩니다.

"나의 기뻐하는 금식(신앙행위)은 흉악의 결박을 풀어주며 압제당하는 자를 자유케 하며 이 모든 멍에의 줄을 끊으며… 주린 자에게 네 식물을 나눠주며 유리하는 빈민을 네 집에 들이며 네 골육을 피하여 스스로 숨지 않는 것이 아니겠느냐!" 하나님이 원하시는 금식과 율법준수는 자기를 부인하고 관대한 마음으로 섬기는 자가 되는 것입니다.

본문으로 돌아갑니다. 요한의 제자가 우리와 바리새인은 금식하는데 왜 당신의 제자들은 금식하지 않냐 고 따집니다. 자기가 했으면 됐지 왜 그것으로 남을 정죄하며 자기신앙을 확인하냐는 겁니다. "그래 너 잘났다!"의 소리를 아니 들을 수가 없습니다.

예수님은 "생베조각을 낡은 옷에 기우지 않고 새 포도주를 낡은 부대에 넣지 않는다!"의 비유로 그들의 잘못된 신앙오류를 지적하십니다. 예수를 따르지 않는 자는 낡은 옷이고 낡은 부대입니다. 이들은 자기의 행위를 자랑하고 긍휼을 구하지 않습니다. 혹 이들 가운데 행위가 안 되는 자들은 낙심 포기 체념 절망합니다.

예수를 따르고 섬기는 자들은 생베조각이며 새술입니다. 예수를 믿는다고 하면서 여전히 자기 높음과 자랑을 일삼거나 한숨과 절망 속에 살면 생베조각이 낡은 옷에 새술이 낡은 부대를 만난 것과 같습니다. 옷은 해어지고 부대는 이상발효가 일어나서 터지고 맙니다.

하나님은 사람 행위의 자랑을 인정하지 않으시듯 반대로 사람행위의 못남으로 그를 버리지 않으십니다. 우리의 행위로 우리의 운명이 결정되는 것이 아니라 우리를 구원하시는 하나님의 작정으로 이루어진 구원입니다. 이 모든 일에 긍휼과 자비를 구하고 힘들어도 믿음과 소망가운데 섬기는 자로 살고 있으면 새 술이 새 부대에 담긴 것입니다.

"유혹의 욕심을 따라 썩어져가는 옛사람을 벗어버리고 심령으로 새롭게 되어 하나님을 따라 의와 진리의 거룩함으로 지으심을 받은 새 사람을 입으라!"

33. { 긍휼의 범위 }

(마태복음 9:18~31)

예수님은 "신앙행위(금식)를 통해 자기를 자랑하며 남을 비난하는 것으로 자기 믿음 확인하는 것은 다 낡은 옷이고 낡은 부대이다! 예수 믿는 생배조각과 새 포도주는 자랑과 비난의 사이클로 살지 않고 긍휼과 섬김의 사이클로 살아간다!"의 말씀을 하시고 마태의 집에서 일어나십니다.

그 말씀을 하실 때에 한 관리가 찾아와서 다급한 목소리로 "내 딸이 죽었는데 오셔서 그 몸에 손을 얹어 주시면 살겠나이다!" 한 것입니다. 예수님이 그를 따라 나서는 중에 또 하나의 사건이 일어납니다.

열두 해 혈루증 걸린 여인이 예수님의 옷자락이라도 만지면 나음을 입겠다는 믿음으로 뒤에서 예수님이 옷을 만집니다. 예수님은 능력이 나간 것을 아시고 "딸아 안심하라 네 믿음이 너를 구원하였다!" 하시고 가시던 행선지인 관리의 집으로 들어가 "아이가 죽은 것이 아니라 잔다!" 하시면서 소녀의 손을 잡고 일으켜 세우십니다.

오늘 드리는 말씀은 예수님이 베푸시는 긍휼의 범위와 그 깊이가 어디까지 미치는지에 대해서입니다. 지금까지 우리가 본 바로는 "예수님이 오셔야 합니다!", "손을 얹어주셔야 합니다!", "말씀해주셔야 합니다!" 이게 다 예수님을 향한 믿음의 표현인데 이 가운데 얼마 전에 백부장 같은 경우는 오실 것도 없이 말씀만 해달라고 하는 믿음으로 예수님의 큰 칭찬을 받았습니다. "온 이스라엘 중에도 이만한 믿음을 못봤다!" 하시며 기뻐하셨습니다.

저는 그에 견줄만한 큰 믿음으로 오늘의 이 혈루병여인의 믿음을 들고 싶습니다. 하나님의 긍휼을 더 많이 가져갈 줄을 아는 자가 큰 믿음이라는 것입니다. 이 말씀과도 일맥상통합니다. "적게 사함 받은 자는 적게 사랑하고 많이 사함 받은 자는 많이 사랑한다!"입니다. 이렇게 바꿀 수 있습니다. "적은 긍휼을 구한 자는 적게 믿은 자이며 큰 긍휼을 구한 자는 크게 믿은 자이다!"입니다.

이 혈루병 여인은 오늘 사건의 주된 멤버가 아닙니다. 성경의 기록은 예수님과 당사자의 만남인데 오늘 이 여인은 다른 이야기에 실린 비주류며 아웃사이더입니다. 오늘의 당사자는 예수님과 관리인입니다. 지금 이 여인은 샌드위치처럼 다른 사람 이야기 속에 자기 이야기를 집어넣고 있습니다. 처지가 간절하고 절박한 만큼 더 큰 은혜와 긍휼이 임합니다. 더 큰 긍휼은 또한 놀라운 믿음과 함께합니다.

"주님 저도 어떻게 안 될까요!", "높은 사람(백부장)도 아니고 유명인(관리인)도 아닌 나 같은 밑바닥 인생에게도 긍휼을!"입니다. 가나안 여인도 그랬습니다. 예수님이 "주인의 상에서 떡을 취하여 개들에게 던짐이 마땅찮다!" 하시니까 "개들도 그 주인의 상에서 떨어지는 것을 먹습니다!" 하고는 주님의 긍휼을 개의 자리까지 끌어내리고 있습니다. 자신을 낮추는 만큼의 긍휼이고 그 긍휼은 큰 믿음으로 연결됩니다.

백부장 또한 자신의 집에 오실 것도 없다함은 대접할 것이 없다는 말이 아니라 내게 속한 것 즉 내 것으로는 주님을 기쁘시게 할 만한 것이 없음으로 오직 긍휼을 구한 것입니다. 백부장이 예수님을 모실수도 없었다면 이 여인은 예수님께 말을 건넬 수도 없다는 자리까지 가지고갑니다. 이 분이 너무 크신 분이라서 나는 말을 건넬 수도 없는 겁니다. 말을 걸구 나서 그 다음 이야기가 있는 건데 말을 걸기에는 내 처지가 너무 초라합니다.

뭐 하나는 분명하냐면 이 분은 메시아요, 권세자요, 주권자이시기에 나의 병을 고칠 수 있다는 믿음입니다. 누가복음 8장에 보면 이 여인이 많은 의사들에게 가서 돈도 다 썼음에도 불구하고 병은 더 위중해 졌다고 기록하고 있습니다. 예수님께 차마 말을 못 건넨다면 의미부여는 할수 있습니다. "이 분의 옷자락이라도 만지면 나는 낫는다!" 입니다. 믿음은 의미부여입니다. 의미를 부여한 만큼의 믿음입니다. 굳이 옷자락 말고도 "저 분이 나를 한 번 쳐다만 보셔도 나는 낫는다!" 라든지 "저 분의 그림자라도 덮이면 나는 낫는다" 얼마든지 있습니다.

사도행전에 보면 사람들이 베드로의 그림자라도 덮힐까 하여 병자들을 베드로가 다니는 길에 놓고 사도바울의 손수건이나 앞치마라도 얻어서 병자에게 덮으면 나음을 입었다 했습니다. 그렇다고 중세시대 성상숭배(유물숭배)하듯이 신앙을 미신처럼 가져가란 말씀이 아닙니다. "이게 예수님이 달리셨던 십자가 나무 조각이래!"하면서 썩은 나무조각을 섬기는 것입니다. 칼빈은 말하길 그 나무 조각 다 모으면 함대를 만들 수 있다고까지 했습니다. 의미부여란 다름 아닌 "하나님의 긍휼을 배우고 찾고 구하라!"입니다.

중요한 것은 뭐냐면 예수님의 의지와도 상관없이 놀라운 치유의 기적을 경험하고 있다는 것입니다. 그러니까 예수님의 능력만 쏙 빼다 쓴것입니다. 그런데 신기한 것은 이렇게 해도 된다입니다. 예수님이 당황하십니다. "누가 내게 손을 대었냐!" 하시고는 "허락도 없이 나의 능력을 가져간 자가 누구냐!" 꾸중하신 게 아니라 "딸아 네 믿음이 널 구원했다!" 하시며 칭찬하십니다.

누가복음 8장에는 "무리가 밀려들더라!" "베드로가 주여 무리가 밀려들어 미나이다!" 마가복음 5장에서는 "큰 무리가 따라가며 에워싸며 밀더라!", "무리가운데 끼어들어 뒤로 와서 그의 옷에 손을 대니…" 지금이 여인은 정신없이 밀려드는 사람들의 행렬 속에 오늘 본문 21절의 말씀처럼 "이는 재 마음에 그 겉옷만 만져도 구원을 얻겠다 함이라!" 의미부여를 하고 20절 "그 겉옷 가(끄트머리)를 만지니…" 긍휼의 깊이를 깊게 가져갑니다. 거기까지 즉 "이는 제 마음에"까지 예수님의 긍휼이 미친다는 것입니다.

사랑 많고 자비로운 임금이 백성들에게 긍휼을 베풀며 "주린 자는 와서 곡식을 가져가라!", "아픈 자는 와서 약을 가져가라!", "필요한 것 다 가져가라!" 하고는 나눠주었습니다. 그런데 사려 깊은 임금이 생각하길 "아무래도 차마 내 낯을 볼 수 없어서 또는 이러저런 사정이 있어서 선뜻 나오지 못하는 자들이 있을거다!" 하고는 앞으로는 "곳간 문 열어 놓을테니 알아서 가져가라!" 오늘 이 여인이 알아서 가져갑니다.

다음 장인 마태복음 11장에서 예수님은 "세례요한의 때부터 지금까지 천국은 침노를 당한다! 침노하는 자는 빼앗느니라!"의 말씀을 하십니다. 침노는 하나님의 더 깊은 긍휼이 우리를 굴복시키며 더 크게 감싸 안는다는 의미입니다. 침노를 당한다는 말이 원문 상에는 능동태로 도 쓰일 수 있습니다. "우리가 치고 들어간다!"는 의미보다 "하나님나라가 강력한 힘으로 우리를 당신의 통치 안으로 품으시고 포섭한다!"의 뜻입니다. 새번역은 "침노를 당한다!"를 "힘을 떨치고 있다!"로 번역 했습니다.

오늘 열두 해 혈루증 걸린 여인은 측량할 수 없는 하나님의 긍휼의 깊이를 이해했습니다. 그리고는 넓고도 깊은 긍휼의 바닷속으로 들어가서 진주같은 믿음을 꺼냅니다. 미처 상상치 못한 자리인 "이는 제 마음에 이르기를..." 거기 까지도 하나님의 긍휼은 미치더라입니다. 오랜 질병으로 돈이고 사람이고 다 잃은 자가 품은 "제 마음에 이른 것"을 돌아보시더라입니다. 거기 그 자리까지 찾아오시고 따라오시며 긍휼을 베푸시더라입니다.

같이합니다! 거기 그 자리까지 찾아오신 예수님! 거기 그 자리까지 따라오신 예수님!

사람들이 밀고 밀치며 에워싸고 부딪히고 정신없는 가운데 예수님의 옷에 손을 댄 사람은 너무도 많습니다. 그러나 그 많은 무의미한 손

댐 가운데 단하나의 유의미한 카이로스 손댐이 있었습니다. 사랑하는
성도여러분! "누가 내 몸에 손을 대었냐!" 이 말씀을 듣는 우리 모두이
기를 축복합니다.

"읽는 설교"
34. { 긍휼의 침공 }

(마태복음 9:32~38)

예수님이 34절에서 바리새인에게 못들을 말을 들으십니다. 예수님이 귀신을 쫓아내고 병을 고치는 일을 가리켜 바알세불(마귀대장)의 힘을 빌어서 한다고 조롱한 것입니다. 만인에 칭찬을 들어도 시원찮은 일인데도 불구하고 이런 비아냥을 들었으면 사람 같으면 "내가 이런 소리 듣고도 이 일을 계속해야하나!" 하는 체념이 들 수 있습니다.

그러나 예수님은 아랑곳하지 않고 25절에서 각 성과 마을을 두루 다니며 천국복음과 모든 약한 것을 고치시는 사역을 이어가십니다. 천국복음은 죄 사함의 선포이기에 죄와 사망의 권세아래 눌리고 시달리는 사람들에게 자유와 해방입니다. 당신이 받으시는 수치와 모멸감보다 고통당하는 사람들을 향한 불쌍히 여기심이 훨씬 더 크셨습니다.

"죄가 더한 곳에 은혜는 더욱 넘쳤다!"라는 말씀이기도합니다. 죄가 악으로 치닫고 있을 때 긍휼은 그 보다 더 앞서 더 크게 품으신다입니다. 하나님의 나라는 긍휼의 나라입니다. 우리의 구원은 하나님의 긍휼로 이루어진 구원이며 우리의 생명은 하나님의 긍휼로 보존되고 있으며 우리의 모든 삶의 자리에 하나님의 긍휼이 있기에 오늘도 이렇게 우리가 살아갑니다.

우리가 하나님을 예배하는 자리에 나와 하나님의 말씀을 들으면서 동시에 우리는 하나님의 긍휼을 구합니다. "하나님! 저의 기도를 불쌍히 여겨주세요!", "저의 간절함을 딱하게 여겨주세요!" 입니다. "이는 제 마음에 옷자락이라도 만지면 구원을 받겠다함이라!" 이게 얼마나 애처롭고 딱한 지경입니까! 거기까지 찾아오시는 하나님의 긍휼을 알고 믿고 오늘 내게 적용하는 것입니다.

지난시간 선한임금비유에서처럼 하나님은 당신의 것을 다 퍼주는 것이 그분의 일입니다. 끊임없이 퍼주는데도 불구하고 그 안에서 고갈 소멸되지 않습니다. 마치 태양이 수천 수 만년을 저렇게 타오르며 땅에 에너지를 공급하고 있지만 자신은 고갈되지 않는 것과 같습니다.

마태복음 11장 12절을 보면 "세례요한의 때부터 지금까지 천국은 침노를 당하나니 침노하는 자는 빼앗느니라!"의 말씀이 있습니다. 이 말씀을 대할 때에 "하나님이 뭐가 아쉬워서 당신의 것을 사람들에게 다 빼앗긴다는 거지?"라는 의문을 가질 수 있습니다.

침노는 침략이고 약탈입니다. 그러나 원문상의 의미는 사람이 하나님의 나라를 침략해서 들어오는 것이 아니라 하나님의 나라가 사람들에게 침략하여 들어간다는 능동태의 의미로도 쓰일 수 있습니다. 그래서 표준새번역은 "하나님의 나라는 힘을 떨치나니 힘을 떨치는 자는 빼앗느니라!" 로 번역했습니다. 힘을 떨치는 주체가 사람이 아니라 하나님이십니다.

왜 이런 거 있습니다. 내가 방으로 들어가는 줄 알았는데 방이 나를 품은 것입니다. 내가 믿었는 줄 알았는데 그전에 하나님이 구원하셨습니다. 기도한 것만이 아니라 기도 안한 것도 다 주셨더라. 기도의 자리로 더 깊이 내가 들어가는 줄 알았는데 그전에 하나님의 나라가 더 크고 놀랍게 나를 품으시며 내게 오시더라 입니다. 하나님의 나라가 곧 천국이 힘을 떨치며 우리가운데 들어왔는데 그 힘은 무력에 의한 침공이 아니라 하나님의 사랑에서 나온 긍휼의 침공이더라입니다. 그렇게 침공해 들어온 긍휼이 마지막에 우리에게 요구하는 것은 항복입니다. "천부여 의지 없어서 손들고 옵니다!"의 고백입니다.

우리가 하나님의 크심을 헤아리고 측량할 수 없다 하는데 그 크심은 존재의 크심이지만 또한 긍휼의 크심이기도합니다. 이사야 49장을 보면 "여인이 어찌 그 젖먹이 자식을 잊겠으며 자기 태에서 나온 아들을 긍휼히 여기지 않겠느냐 그들은 혹시 잊을지라도 나는 너희를 잊지 않을 것이라!" 젖먹이 아이를 향한 어머니의 사랑이 이 세상에서 가장 큰 사랑인데 그 사랑은 곧 긍휼이더라는 것입니다. 지난 시간은 긍휼이 믿음이었는데 오늘은 긍휼이 사랑입니다.

오늘 본문 36절에서 "예수께서 무리를 보시고 불쌍히 여기시니 마치 목자 없는 양같이 고생하며 기진함이라!" 양은 자기 먹이를 자기가 찾을 수 없습니다. 목자가 이끄는 곳으로 가야 거기 먹이가 있습니다. 그리고 또 하나 양은 자기방어를 할 수 없습니다. 포식자가 오면 반항 한 번 못하고 잡아먹히는 연약한 존재입니다. 그와 같은 연약함 가운데 살아내야겠으니 얼마나 고생스럽고 기진하겠습니까!

그래서 예수님이 말씀을 이어가시면서 "너희들 기도할 때 추수할 것은 많되 추수할 일꾼이 없으니 추수할 일꾼을 보내주십시오!" 기도하라 하셨을 때에 그 '추수꾼'은 다름 아닌 '목자'입니다. 목자가 하는 중요한 일은 방향을 정해주는 것입니다.

"저기 생명과 진리가 있다! 양질의 꼴이 있다!", "그리로 가면 안 된다! 그곳엔 낭떨어지가 있다!", "이 꼴은 맛있어보여도 독이든 풀이다!"

진리가 있는 곳에 생명이 있습니다. 진리가 없으면 거기 생명이 없습니다. 진리에 이르는 길은 예수밖에 없는 고로 예수님은 "내가 곧 길이요! 진리요! 생명이라!" 하셨습니다. 예수밖에 있으면 다 길 잃은 어린양입니다. 지금 아무리 잘 나가고 성공하고 출세했다 해도 결국 다 함께 죄의 삯인 사망과 심판으로 모두 함께 달려가고 있는 것과도 같습니다. 전도서 솔로몬의 고백처럼 "헛되고 헛되다!"의 고백만 남는 것이 인생입니다.

36절의 "불쌍히 여기시고" 의미를 조금 더 살펴봅니다. 이전 개역성경에는 "민망히 여기시니"로 되어있습니다. "불쌍하다!"는 말이 "처지가 안타깝고 사정이 딱하다!"의 의미도 있지만 "민망하다!"의 의미도 있습니다. "하는 짓이 미련하고 한심해서 낯을 들고 볼 수가 없다!"입니다. 로마서 1장의 말씀처럼 그 마음에 하나님 두기를 싫어하고 이생의 자랑과 안목의 정욕을 따라 온갖 방탕한 생활을 하는 사람들을 주님은 민망하게 여기십니다. 뭔가 작게라도 어제와 오늘이 이어지는 게 있고 오늘 쌓인 것인 복된 내일의 삶으로 연결되는 것이 아니라 어제와 오늘이 단절된 허망한 인생을 살아가는 인생들을 보시면서도 주님은 민망히 여기십니다.

자기만의 경험과 지식의 세계에 갇혀서 영원을 인정하지 않고 교만히 말하며 스스로 지혜있다 하나 실상은 어리석은 자들을 또한 주님은 민망히 여기십니다. 권력이 허무하다는 것을 모르지 않으면서도 권력의 맛을 본 사람들은 자리하나 차지하려고 선거철만 되면 저렇게 부나방처럼 몰려다니는 것을 보시고도 주님은 역시 민망히 여기십니다.
사람들이 이렇게 불쌍하게 된 것은 예수님말씀처럼 목자가 없기 때문입니다. 주님의 말씀을 따라 길과 진리와 생명가운데 거하는 은혜가 있기를 축복합니다.

35. { 긍휼 3 }

(마태복음 10:1~18)

"너희는 가서 내가 긍휼을 원한다는 게 무슨 뜻인지 배우라!" 하신고 로 오늘도 긍휼을 공부합니다. 예수님이 제자들을 각 성과 마을로 파송 하고 계십니다. 예수님은 당신이 하신 것을 제자들이 그대로 하길 원하 셨습니다. 예수님이 뭘 하셨냐하면 9장 36절에 "무리를 보시고 불쌍히 여기시니 이는 목자 없는 양 같이 고생하며 기진함이라!"

예수를 믿고 신자가 된다는 것은 동시에 제자가 됨을 의미합니다. 더 나아가 제자는 보냄받은 자이기도 합니다. "저는 신자까지만 하고 제 자는 안할랍니다!"는 없습니다. 이런 말은 "저는 창조는 믿는데 부활은 안 믿습니다!"라는 말과도 같습니다.

그러니까 예수 믿는 성도들은 "내가 지금 예수님의 제자로 내 앞에 있 는 사람들에게 보냄을 받았다!"라는 생각을 항상 해야 합니다. 가정에 서는 남편과 아빠, 아내와 엄마로 직장에서는 사원으로 보냄을 받아서 신분과 지위의 높고 낮음 학식의 유무 그리고 나이 성별을 떠나서 항상 그들을 불쌍히 여기는 마음을 품으라 입니다.

지금 우리 앞에 있는 사람들은 모두 긍휼을 입어야 하는 사람입니다. 왜 알고 보면 불쌍한 것 있습니다. 겉모습은 멀쩡하고 그럴듯해도 속으 로는 골병들어있고 모든 조건과 배경을 갖추고 겉으로는 아무 걱정 없 어 보이는 사람도 알고 보면 삶의 무게에 짓눌려있고 지쳐있습니다. 돈 있고 성공하고 지위만 얻었으면 세상 걱정근심 없고 행복해 죽겠다하 면서 사는 게 아니라 내면의 두려움을 애써 감추고 외면하고 살아가는 존재론적으로 불쌍한 사람들이라는 것입니다.

사람들은 나름대로 모두 한 컷의 행복을 추구합니다. 그 컷에 넣어놓아야 하는 것들 이를테면 명품백이나 수입차로고 상류층 물품들로 구성해놓고 그 가운데 내가 행복하게 웃고 있으면 그것을 행복으로 압니다. 그런데 정말 그렇게 있으면 정말 행복한 건가요?

저에게는 행복이 제가 만든 게 아니라 잠깐 머물렀다 지나가는 구름 바람 같은 것이더라 입니다. 그래서 나중에 아는 거에요 "아~ 그게 행복이었구나!" 밖에서 아들을 만났는데 아빠보고 반갑게 손을 흔드는 게 나중에 집에 와서 아는 거입니다.. 행복이구나 …

돌담에 속삭이는 햇살처럼 풀 아래 웃음 짓는 샘물처럼 잠깐 얼굴을 내밀더라 입니다. 그리고 또 그 행복을 느끼고 싶어서 그대로 연출을 하면 그 느낌이 아니에요. 행복은 아주 사소한 것으로 머물고, 찾아가기 보다는 찾아온 행복을 마중 나가는 것이며, 인위적으로 꾸미는 것이 아니더라입니다.

성공했으면 성공한대로 그것 유지 보수 관리 해야겠으니 고된 인생인 것이고 성공 못했으면 성공해야겠기에 저녁이면 젖은 솜이 됩니다. 진리와 생명과 영원은 모르는데 돈과 시간은 많으니 죄만 지으러 다니는 인생이 역시 불쌍한 인생이며 강한 척 성질을 내지만 그것이 자기내면의 연약함을 감추기 위해 못난 짓을 했다는 것을 본인도 아는 것입니다. 그럼으로 불쌍한 겁니다. 이 세상 사람들은 다 알고 보면 불쌍합니다. 이제 곧 닥칠 운명을 외면 체념 부인하고 오직 성공만을 쫓습니다.

"모든 사람을 대할 때 불쌍히 여기는 마음을 품으라!"입니다. 아내는 남편을 보고 남편은 아내를 보고 직원은 사장님을 사장님은 직원을 불쌍히 여기는 곳에 그곳에 하나님의 은혜가 있습니다. 이것이 성도에게 맡겨진 역할이고 책임이며 시간입니다. 반대로 마귀는 이것을 어떻게 왜곡시키냐하면 "내가 너 만나서 내 인생이 이렇게 꼬였다!"고 자기연민에 빠지게 합니다. 이것을 둘이서 같이 하고 있으면 최악의 조합입니다.

예수님이 내가 이 한심한 죄인들 때문에 안와도 되는 이 땅에 와서 이 고생을 하고 수치와 모욕 속에 죽는구나 하고 자기 연민에 빠졌다면 우리의 구원은 없습니다. 우리가 무슨 짓을 해도 불쌍한 겁니다. 자기의 구원자를 십자가에 못 박으라고 외치는 대도 불구하고 "저들의 죄를 사하소서! 저들이 몰라서 저럽니다!" 하고 우리를 불쌍히 여기십니다. 이 모든 사람을 대할 때에 불쌍히 여길 수 있는 마음이 곧 예수님의 마음이고 하나님의 성품에 참여한 자가 됩니다.

불쌍히 여긴다는 것은 섬긴다는 것이고 자비를 베푸는 것입니다. 8절 말씀을 보면 "너희가 거저 받았으니 거저 주라" 하십니다. 하나님은 저와 여러분이 받은 것이 아무것도 없는데 "주라!" 하지 않으십니다. 그럼 어디서 받았는지 볼 때에 1절입니다. "예수께서 그의 열 두 제자를 부르사 더러운 귀신을 쫓아내며 모든 병과 모든 약한 것을 고치는 권능을 주시니라!" 예수를 믿고 제자가 되고 보냄 받은 자로 살아갈 때 이와 같은 권능이 주어졌음을 믿고 연약한 자들을 위해 기도하시기 바랍니다.

16절 이하에는 우리를 보내시고 계시는 예수님의 마음이 잘 드러나 있습니다. "너희를 보냄이 양을 이리 가운데 보냄 같다 그러므로 너희는 뱀같이 지혜롭고 비둘기같이 순결하라!" 하십니다. 지혜는 분별이고 비둘기는 정체입니다.

예수님이 너희들 앞에 있는 사람들을 불쌍히 여기고 사랑하라 하셨으니 있는 것 없는 것 다 내어주고 예수까지 내어주라는 것이 아닙니다. 예수를 내어주지 않았기 때문에 예수정체성을 끝까지 고수하고 있었기 때문에 17절 이하의 핍박이 있습니다. 나의 나됨이 예수로 인한 나됨이라는 것을 주님오실 때까지 지켜야 합니다.

그리고 나서 이제 "모든 것이 가하나 모든 것이 유익한 것이 아니다!" 라는 지혜와 분별입니다. 우리의 인생은 너무나도 많은 경우와 처지와 상황과 차원을 맞이합니다. 이 모든 사안을 대할 때에 도매금 처리하듯 넘길 수 없고 모든 사람을 오엑스 퀴즈에 달려가게 할 수 없습니다. 나는 예배드렸으니까 의인이고 너는 안 드렸으니까 죄인 이렇게 가지 말라는 것입니다.

예배를 드렸다고 다 예배드린 게 아닐 수 있으며, 회개를 했다고 해서 그게 다 하나님이 받으시는 회개인지는 사람이 알 수 없는 것이며, 눈물을 흘렸다고 해서 그게 꼭 운 게 아닐수 있다 입니다. 사람이 너무 기쁠 때도 눈물이 나는 것이고 반대로 너무 슬프면 웃음이 나오는 것입니다. 사람이 웃었다고 기쁜 게 아닐 수 있으며, 운다고 해서 슬픈 게 아닐 수 있다 입니다. 책임회피용 면피성 울음도 있고 악어의 눈물도 있습니다. 북한에서는 김정은 앞에서 잡혀가지 않으려고 우는 것이더라 입니다.

"내가 지금 웃는다고 웃는 게 아니야…", "내가 지금 먹고 있지만 먹는 게 아니야…" 이런 삶의 차원을 먼저 이해하라는 것입니다. 우리 하나님이 신비하고 오묘하고 깊으신 것처럼 그 분이 만드신 인생도 그러하다는 것입니다. 지혜롭되 이기적 교활함이 아니어야하고, 담대하되 무쇠돌이 돌쇠의 무모함도 아니며, 겸손하되 비굴해서는 안 되며, 높은 자존감을 가져야 하겠지만 그것이 교만이 되어서는 곤란합니다. 뱀 같은 지혜와 비둘기 같은 순결이 있기를 축복합니다.

36. { 검을 주러 왔노라! }

(마태복음 10:28~39)

예수님은 제자들을 세상에 파송하시면서 "양을 이리가운데 보냄 같다!" 하시고 "그럼으로 너희들은 뱀같이 지혜롭고 비둘기 같이 순결해야 한다!"고 말씀하셨습니다. 세상은 결코 제자들을 호의적으로 대하지 않을 것이기 때문입니다. 25절 말씀처럼 "집주인을 바알세불이라 하였거든 하물며 그 집사람들이랴!" 여기서 집주인은 예수님이고 집사람들은 제자들입니다.

세상이라는 말을 할 때 항상 그 앞에 관용구처럼 붙는 말이 죄악세상이라는 말입니다. 성경이 말하는 죄악은 윤리도덕을 넘어서서 하나님을 외면하고 떠난 것입니다. 반대로 의로움과 거룩은 죄로부터 분리되어 하나님께 속한 것입니다. 하나님의 택함에 속하고, 그의 나라에 속하며, 그의 성품과 작정과 계획에 속합니다.

성도들이 꼭 알아야하는 것이 있습니다. 하나님은 죄악으로 가득한 이 세상을 뜯어고칠 마음이 없으십니다. 이단 중에는 하나님이 지금 우리가 살아가는 땅을 개조해서 지상낙원을 만들 것이라고 합니다. 그러나 정통교회의 신앙은 이 세상은 심판과 멸망의 대상이지 교정과 교화의 대상이 아닙니다. 우리는 그 가운데 구원을 받은 자들입니다.

사람들이 심판 곧 세상의 멸망을 생각할 때 3차 대전이 일어나거나 유성이 떨어지거나 갑자기 빙하기가 와서 멸망하지 않을까 두려워합니다. 그러나 예수님의 말씀에 "그날은 노아의 때와 같다!"고 하셨습니다. 사람들이 장가가고 시집가고 밭에 가고 장사하러갑니다. 지극히 평범함 가운데 임하는 세상의 마지막이라는 말씀입니다.

사람들의 마음상태가 자신의 멸망에 대해서 전혀 예상치 못하고 대비하지 못하고 있을 때 맞이하는 종말입니다. 그 가운데 하나님이 택한 백성은 지혜로운 다섯 처녀처럼 믿음가운데 신랑을 맞이할 준비를 합니다. 에베소서 4장 17절 이하를 보면 '이방인'으로 표현된 사람들 즉 '세상사람'이 어떻게 살아가는지 잘 묘사하고 있습니다.

"이제부터 너희는 이방인이 그 마음이 허망한 것으로 행함같이 행하지 말라 그들의 총명이 어두워지고 무지함과 그들의 마음에 굳어짐으로 말미암아 하나님의 생명에서 떠나있도다 그들이 감각 없는 자가 되어 자신을 방탕에 방임하여 모든 더러운 것을 욕심으로 행하되 너희는 그리스도를 그같이 배우지 아니하였느니라!" 여기서 세상을 대표하는 단어들을 취하면 허망함, 무지함, 굳어짐, 생명없음, 방탕함, 욕심입니다. 거룩한 하나님나라 백성으로가 아니라 죄악된 세상 사람으로 살아갈 때 이런 모습으로 살아갑니다.

먼저는 무지함입니다. 세상은 자기가 어디로 와서 어디로 가는지 모릅니다. 모르는 것을 자랑처럼 답으로 가지고 있습니다. 사람들은 허망한 진화론에 이끌리고 무익한 운명론에 치우쳐 염세주의 허무주의자가 됩니다. 자기가 어떤 처지에 놓여 있는지 모르며 어디에 속해있는지 모르기에 아무리 방향을 설정하고 목표를 향해 나아간다 해도 그것이 실상은 다 어두움가운데 행하는 일들이라는 것입니다.

다음으로 무감각입니다. 감각 없는 자가 되었다는 것은 아픔과 고통을 느끼지 못함입니다. 살이 썩어나가도 아픈 줄 모르며 더러운 구정물에서 구르고 있으면서도 냄새도 못 맡고 불쾌함도 모르는 비참한 지경을 이르는 말씀입니다.

그리고 생명없음입니다. 생명은 생명을 불어넣으시는 하나님께로부터 말미암습니다. 잘려나간 나뭇가지는 지금 잎이 아무리 무성하고 윤기와 푸르름이 가득하다 해도 이제 곧 마르고 썩습니다. 침몰하고 있는 배 안에서 선장이 되겠다고 서로 욕심껏 싸우는 곳이 바로 세상입니다. 하나님을 모르는 자들은 자신의 존재의 가련함을 모릅니다. 지난시간 말씀과도 같이 알고 보면 불쌍한 사람들입니다.

인생은 정말 빠릅니다. 인생을 사는 모든 분들이 합창하는 말입니다. 그와 함께 후렴구처럼 따라 나오는 말이 인생은 공허하다 입니다. 어느날 거울 앞에 나타난 낯선 사람의 모습에 사뭇 놀랍니다. 그때 내가 알던 그 사람은 어디가고 저렇듯 초로의 사람이 저 자리에 있냐는 것입니다. 강물은 항상 흐르지만 그때 그 강물은 아니며 사람들은 항상 살아가지만 그때 그 사람들은 아닙니다. 아침 안개 같고 밤의 한 경점 같은 인생임을 알았을 때 그 인생을 지으신 하나님을 만나고 알고 함께할 때야 비로소 기쁨과 위로와 만족할 수 있는 자리를 우리 안에 두셨다는 것입니다.

요즘은 주말저녁 피크시간대 홈쇼핑을 보면 한결 같이 크루즈 여행 판매가 대세인 듯합니다. 노년의 부부가 호텔급 위락시설을 누리며 각 나라 항구를 여행합니다. 신체의 일부같이 된 한손엔 브랜드커피를 들고 흐뭇하고 만족스런 표정으로 바다를 조망하고 있습니다. 물론 이것도 행복이지만 크루즈 안에서 누리는 만족이 하나님 안에서 누려야하는 영적 만족을 대치시킬 수 없다는 것입니다.

또한 하나님 안에 있다는 것을 이해할 때 예배와 기도와 전도 같은 신앙행위로 그 의미를 축소시키면 안 됩니다. 삶의 모든 부분을 하나님으로 채우는 것입니다. "하나님으로 나의 모든 삶의 내용과 소원이 되게 하겠습니다!"가 먼저입니다.

그렇게 하나님만 바라보고 하나님만 목적하고 살아갈 때 무슨 일이 벌어지냐면 세상과는 충돌하게 됩니다. 하나님과 세상은 서로 지향하는 바가 다르기 때문입니다. 찾고 추구하는 가치가 다르며 내용이 다르며 선택하고 결정하는 바가 다릅니다. 세상은 오직 자기의 높음을 지향하지만 예수 믿는 사람은 자기부인을 통한 십자가를 지향합니다. 오늘 38절 말씀과 같이 "누구든지 자기십자가를 지고 나를 좇지 않는 자는 내게 합당치 않다!" 하셨습니다. 세상은 죄가 왕인고로 죄가 시키는 대로 종노릇을 하고 살지만 예수 믿는 자는 죄 아래 있지 않고 은혜 아래 있어서 항상 말씀에 순종하고 거룩과 의와 진리를 따라 살아갑니다.

예수 믿는 자의 나의 나됨은 오직 '십자가에서 발견된 나'라는 것입니다. 세상에서 얻은 성공 지위로 인한 나의 나됨이 아닙니다. 이 정체성의 확인과 보존과 지킴이 있기까지 세상은 우리를 유혹하고 회유하고 공격하며 두렵게 합니다. 34절 이하의 "내가 세상에 화평을 주러 온 줄로 생각지 말라 화평이 아니요 검을 주러 왔노라!"의 말씀은 결코 좋은 게 좋은 것이 아닌 생명과 정체와 진리를 사수하는 평화입니다.

세상과의 평화가 아닌 하나님과의 평화입니다. 우리가 생각하는 강압과 압제와 힘으로 부터의 평화가 아닌 무지로부터의 해방이고, 어둠으로부터 빛을 보는 것이며, 무감각에서 감각을 회복하는 것입니다. 비로소 보고 느끼고 감각하고 인지합니다. 영적인 주림과 허기와 갈증을 알게 됩니다.

주님이 오늘 "내가 검을 주러 왔다! 평화가 아니다!"의 준엄한 말씀이 지니는 역설과 무게와 그 깊이를 이해할 때 우리의 신앙생활은 결코 널널한 문화생활이나 취미생활이 아닙니다. 일주일에 한 번 머리 식히러 교회에 오는 경우라면 이건 아니라는 것입니다. 가장 가까운 가족이라 할지라도 믿는 자와 믿지 않는 자 사이에서는 같이 할 수 없는 가치와 목표와 내용으로 가득합니다. 그래서 성경은 믿지 않는 자와의 결혼을 극구 만류하는 것입니다.

28절의 "몸은 죽여도 영혼은 어쩌지 못하는 자를 두려워말고 오직 몸과 영혼을 지옥 불에 멸하시는 이를 두려워하라!" 하심은 "최종주권자와 심판자가 계시니 오직 그 분 앞에서 행하라!"입니다. 29절의 참새 두 마리가 시장에 팔려 나옴도 하나님의 주권임을 언급하심은 "하나님 앞에 가려지고 숨겨지고 덮여진 시간과 자리와 경우는 없다!"입니다. 그리고 30절은 부연설명입니다. 이 모든 것을 그냥 껍데기만 아시는 것이 아니라 내막을 자세히 깊이 있게 다 드려다 보시는 것으로 알고 계신다의 "머리카락 세어 아신다!"입니다.

진리와 정체성과 예수생명을 지키는 자리에서 세상이 아무리 으르렁거려도 오직 하나님 한분을 두려워하는 것으로 그 무엇도 두렵지 않은 성도들이 되시길 축원합니다. 우리의 믿음이 세상과 구별되고 정화되며 보다 선명해지는 부활의 아침이었기를 소망합니다.

37. { 소자의 모습으로 }

(마태복음 11:1~6)

예수님을 나름대로 기대했는데 뭔가 이게 아닌가보다 하고 믿음에 실족하는 인물이 오늘 등장합니다. 뭔가 이 분 역시 아닌 것 같은데 그 이름은 세례요한입니다. 예수님의 오시는 길을 미리 준비하기위해 보냄 받은 마지막 선지자입니다.

동족유대인 지배층을 향해서 "너희가 아브라함의 후손이라고 자동 구원이 아니라 회개해야 한다!"를 외쳤습니다. 많은 사람들이 요단강에 나아가 세례를 받았고 예수님이 오시자 "나는 저 분 신발끈 묶는 것도 합당찮다!", "나는 쇠하여야 하고 저 분은 흥해야 한다!"고 하며 사람들을 예수님께로 보내드렸습니다.

그렇게 조용히 자기 역할을 마치고 구속사의 무대 뒤로 사라지는 듯했는데 오늘 본문에 다시 등장합니다. 세례요한이 옥에 갇혀서는 자기 제자들을 예수님께 보내어 "다른 사람을 기다려야합니까?"를 전했습니다. 여기서 다른 사람은 다른 메시아(그리스도)를 말합니다. '메시아'는 '기름 부은 자'라는 뜻으로 구원자를 통칭합니다. 세례요한이 이런 말을 제자들을 시켜 전한 것은 뭔가 자신의 생각대로 일이 진행되지 않았기 때문입니다.

세례요한은 메시아를 다분히 정치적 군사적 민족적으로 이해했습니다. 뭔가 로마의 압제에서 우리를 벗어나게 해줄 정치세력을 구축하고 사회개혁운동 내지는 민족부흥운동을 일으키며 군사적으로도 힘을 키워 대내외적으로 다윗시대의 영화를 회복하게 할 분으로 알았습니다. 그러나 예수님은 정치적 구원자도 아니시며 캐치프레이즈를 걸어놓고 정치개혁이나 민족부흥운동을 일으키는 분도 아니셨습니다.

예수님은 마태복음 1장 9절의 "아들을 낳으리니 그 이름을 임마누엘이라 하라 이는 그가 자기백성을 죄에서 구원한 자임이라!" 여기를 놓치면 안 됩니다. 지금도 예수님을 자기 정치에 이용하는 사람들이 있습니다. 예수님은 정치적 해방자도 아니고 사회개혁운동가도 아니며 민족투사도 아니십니다. 예수님은 우리를 죄에서 구원하시는 '메시아'입니다.

세력을 규합하고 규모와 사이즈와 수치를 늘리는 것으로 사람들 앞에 "와! 저 사람들 굉장하다! 사람도 많이 모이지만 저 중에는 높은 사람도 많은데 교회도 엄청 큰 교회더라구!" 이런 식의 접근을 예수님은 싫어하십니다. 이건 세상적 접근이고 세상적 지향점이며 세상적 영광입니다.

예수님의 제자들이 "예수님! 저 성전 삐가번쩍 으리으리합니다!" 했다가 "저 성전이 벽돌하나가 그 위에 포개어져있지 않을 거다!" 하시며 완전한 파괴를 예언하십니다. 바리새인과 서기관들에게 예수님의 이 말씀은 자신들의 민족주의 거점에 재를 뿌리는 말이었습니다. 그래서 성전모독죄로 예수님을 죽이려 든 것입니다.

예수님의 지향점과 목표와 기쁨은 성도 한 사람 한 사람이 회개하고 천국의 가치관을 품고 오늘을 감사하고 인내하며 순종하며 변화된 삶을 살아갈 때 예수님은 그것으로 당신의 영광을 삼으십니다. 한 사람 한 사람이 예수님의 목표와 소원이며 자랑이라는 말씀입니다. 예수님의 영광은 규모와 사이즈와 외형의 건물이 아니라 한 사람을 만드는 데에 있습니다.

예수님이 열 두 제자를 보면 모두 하나같이 볼품없는 갈릴리 어부들입니다. 예수님은 제자들에게 "너희들 가는 곳 마다 사람 많이 모아놓고 큰 규모와 시스템을 만들어서 사람들로 너희를 깔보지 못하게 하라!" 하신 적 없습니다. "제자를 삼으라!" 하셨지 "조직을 만들라!" 하지 않으셨다는 데에 주목합니다. 실제로 제자들은 항상 힘이 없어서 권력자들에게 불려 다니다가 마지막에 다 순교합니다.

오늘 본문 바로 윗 구절인 10장 40절 이하를 보면 제자들이 어떤 형편인지 알 수 있습니다. 42절에 "누구든지 제자의 이름으로 이 작은 소자에게 물 한 그릇 떠주는 자는 천국에서 그 상을 잃지 않을거다!" 하셨을 때 여기서 '소자'는 '초라한 자'입니다. 예수님의 제자를 제자인줄 알아봤더니 볼 품 없는 사람이더라는 것입니다. 복음 전도자들이 보잘 것 없는 모습으로 사람들에게 간다는 말씀입니다.

마태복음 25장에는 '소자'가 '지극히 작은 자'로 나옵니다. "여기 있는 내 형제 중에 지극히 작은 자에게 한 것이 곧 내게 한 것이다!" 하셨을 때 여기서 말씀하시는 '내 형제 중 지극히 작은 자'는 '복음전도자'들을 말씀합니다. 세상적인 배경과 인간적인 후광을 등에 업고 전해진 복음이 아니라는 것입니다. 로마의 노예들에 의해 전해진 로마의 기독교입니다. 기독교의 복음은 지극히 작은 자를 통해 전해진 복음이라는 것을 잊지말아야합니다.

여기서 '고지론'과 부딪치게 됩니다. '고지론'은 뭐냐면 예수 믿고 성공하고 출세한 자리에 있어야 복음전도가 씨알이 먹힌다는 말입니다. 비리비한 사람이 전도하면 복음이 효과적으로 전도되지 않을뿐더러 도리어 하나님 영광을 가리는 것이 됨으로 사회적으로 성공한 사람이 복음을 전해야 "와 예수 믿으면 저렇게 출세하는구나!" 하고 복음이 잘 전해지고 하나님이 영광받으신다는 것입니다.

고지론이 왜 성경적이지 않은지 고린도전서 4장 9절 이하를 보면 이렇게 되어있습니다. "내가 생각하건대 하나님이 사도인 우리를 죽이기로 작정된 자 같이 끄트머리에 두셨으매 우리는 세계 곧 천사와 사람들에게 구경거리가 되었노라… 바로 이 시간까지 우리가 주리고 목마르고 헐벗고 매 맞으며 정처가 없고 또 수고하여 친히 손으로 일을 하며 모욕을 당한즉 축복하고 박해를 받은 즉 참고 비방을 받으나 권면하니 우리가 지금까지 세상의 더러운 것과 만물의 찌꺼기 같이 되었도다!"

하나님은 복음전도자들을 "소자요! 지극히 작은 자요! 끄트머리에 있는 자요! 만물의 찌꺼기!" 같은 모습으로 복음이 전해지게 하셨다는 겁니다. 왜 이렇게 하셨냐 하면 높은 사람 잘난 사람 출세한 사람이 전하면 하나님의 영광이 아니라 도리어 그 사람의 영광이더라입니다. 사도바울은 우리가 이 보배(예수)를 질그릇(우리)에 가졌다고 했는데 질그릇이 금그릇 행세하면 보배이신 예수님이 가리워지더라입니다.

사도바울은 복음전도의 효율성을 위해 자신에게 있는 사단의 가시(간질)를 제거해달라고 기도합니다. "그러지 않아도 말이 어눌한데 설교하다 갑자기 거품 물고 쓰러져서 버둥거리면 이게 어찌 은혜가 되고 덕이 되고 전도가 되겠습니까!" 기도했지만 주님은 "내 은혜가 네게 족하다!" 하십니다. 사도바울은 이로써 자신의 모든 약한 것을 자랑한다했고 이는 자신의 능력이 약한데서 온전하게 된다고 고백합니다.

성경에 따르면 복음전도자들은 높은 권력자가 아니며 보잘것없는 지극히 작은 소자의 행색을 하고 있습니다. 예수님이 말씀하시는 소자는 단순히 연약하고 가난한 사람을 말씀하는 것이 아니라 복음전도자들을 가리킵니다. 그 소자에게 물 떠 주는 것이 하늘의 상이 크다 하셨을 때 그 소자는 무시해도 업신여겨도 무방한 모습으로 사람들에게 다가간다 입니다.

사도바울을 고린도교회 사람들이 얕잡아보고 무시했지만 사도바울은 하나님의 대사도가 맞습니다. 예수님도 사람들이 깔보고 업신여기며 십자가에 달아 죽이라고 외쳤습니다. 그런데 예수님은 하나님의 아들이셨습니다. 행색과 외모와 조건을 보고 판단했는데 이제 어쩌면 좋습니까!

예수님이 지금 일을 어떻게 하고 계신지 볼 때에 사람생각대로 일하지 않으십니다. 사람들은 뭔가 굉장한 것을 가지고 바람을 일으키며 뭔가 으샤으샤가 있고 사람들이 결집하고 힘 있는 조직을 만드는 것을 원합니다. 그러나 예수님은 그런 건 전혀 안하시고 죄인들하고만 먹고 마십니다. 예수님은 자기백성을 죄에서 구원할 분으로 이 세상에 오셨기 때문입니다.

　이것은 오늘날 우리성도들에게도 그대로 적용됩니다. 예수 믿으면 만사형통 무병장수 자식 잘되고 남편출세하고 세상자랑 가득해지는 것이 아니라 예수님은 죄인인 내가 오늘 회개하길 원하십니다. 저와 여러분이 마음 고쳐 먹고 변화되어 천국가치관을 가지고 살아갈 때 그것으로 예수님은 당신의 영광 삼으신다는 사실을 잊지 마시길 축복합니다.

38. { 장단을 맞추는 믿음 }

(마태복음 11:15~19)

세례요한은 생각하길 메시아가 오시면 힘과 권력을 차지하고서 세상을 확 바꾸어 놓고 내가 원하는 세상으로 만들어 주실 줄 알았는데 그게 아니었던 고로 시험에 들었습니다. 예수님이 말씀하시길 "여자가 낳은 자 중에 세례요한이 가장 크다!" 하심은 모든 구약의 선지자가 메시아의 오심을 예언했는데 메시아를 직접 본 고로 가장 크다 하신 것이며 "천국에 있는 가장 작은 자보다 더 작다!" 하심은 천국이 어떻게 이 땅에 임하는지 세례요한이 몰랐기 때문입니다.

예수님이 장터에 노는 아이들 비유를 드십니다. "나는 너희를 하나님의 진노와 심판에서 건져내어 내 백성 삼기 위해 이렇게 너희들 곁에 왔는데도 불구하고 너희들은 본체만체 딴전이구나!", "나는 너희들에게 진심인데 너희들의 진심은 다른 곳에 있구나!"의 말씀입니다.

장터에서 아이들이 놀면서 피리불면 그 앞에 아이가 춤추는 시늉을 하고 슬피 울면 역시 앞에 아이가 가슴을 치는 시늉을 해야 하는데 멀거니 보고만 있습니다. 고수가 북을 치면 얼쑤 하고 장단을 맞춰야 하는데 딴전을 피우는 것입니다. 예수님과 장단을 맞추는 것이 믿음입니다. 예수님과 생각을 뜻을 마음을 소원을 같이 하듯이 장단을 함께해야 합니다. 예수님의 장단에 무덤덤하고 뜨듯 미지근한 사람들이 지금 예수님 앞에 있는 사람들입니다.

목회자가 할렐루야 하면 성도들도 할렐루야로 화답하듯이 예수님이 십자가를 높이 들면 우리들도 십자가를 높이 듭니다. 예수님은 십자가

(자기 부인)를 드셨는데 우리는 (행위의 자랑)을 든다면 이건 딴전입니다. 베드로도 십자가 장단을 예수님과 함께하지 않았습니다. 예수님이 "인자가 이방인들의 손에 넘겨져서 희롱당하고 능욕당하고 채찍질 당하고 죽을 것이나 삼일 만에 다시 살아나리라!" 하시자 베드로는 "그런 일이 절대 일어나지 않도록 자기가 목숨을 걸고 예수님을 지키겠다!"고 했다가 예수님의 큰 꾸중을 듣습니다.

베드로는 십자가 없는 세상적 영광만을 기대했습니다. 그러나 죽음 없이 부활은 없듯이 십자가 없는 영광은 없습니다. 한 알의 밀알이 땅에 떨어져 죽지 않으면 한 알 그대로지만 죽으면 많은 열매를 맺는 것과 같습니다. 땅이 씨를 삼키는 것으로 씨가 없어지고 묻히고 사라졌지만 놀라운 생명이 움터 올라오게 하시는 하나님의 일하심을 볼 수 있어야 합니다.

다음으로 바라봄의 장단입니다. 요한계시록 3장 17절을 보면 예수님께서 라오디게아교회를 향해 "너희는 이르기를 나는 부자라 부요하여 부족한 것이 없다 하나 너의 곤고한 것과 가련한 것과 가난한 것과 눈먼 것과 벗은 것을 알지 못한다. 불로 연단한 금을 사서 부요케 하고 흰 옷을 사서 수치를 가리라 안약을 사서 보게 하라!" 말씀합니다.

지금 뭔가 잘못 보고 있습니다. 이 모든 것을 왜곡해서 거꾸로 바라보는 것입니다. 상이 뒤집혀 보이지 않도록 렌즈의 포커스를 예수님의 시선으로 맞추어야 합니다. 세상적으로 부요하여 부족한 것이 없다 하나 예수님 앞에 실상은 벗은 자요 눈먼 자요 가난한 자입니다.

예수 믿는다고 하면서 여전히 세상적 가치관만을 가지고 살아가는 모습입니다. 세상적 가치관이 물질적 부요함이라면 성경적 가치관은 그것을 넘어서서 믿음이 참된 부요함입니다. 그래서 계시록 3장 18절에 "불로 연단할 금을 사서 너를 부요케 하라!" 하십니다. "우리가 금보다 귀한 믿음은 참 보배 되도다! 이 진리 믿는 사람들 참복을 받겠네!" 찬송하는 것과 같습니다.

그리고 나서 20절에 "볼찌어다 내가 문밖에서 문을 두드리노니 누구든지 내 음성을 듣고 문을 열면 나는 그에게로 들어가 그와 더불어 먹고 그는 나로 더불어 먹으리라!"입니다. 믿지 않는 불신자에게 하시는 말씀이 아니라 믿고 있다 하는 라오디게아 교회에 하신 말씀인 것을 주목합니다. 믿는다고는 하지만 그 마음에 예수님이 없습니다. 그 마음에 예수님을 모시고 장단을 맞추는 것이 곧 예수님과 함께 먹고 마시는 것입니다.

오늘의 세례요한도 예수님과 장단을 같이 하지 않았습니다. 세례요한은 자신의 소원을 들어줄 메시아를 기대했지만 그게 아니자 실족합니다. 예수님은 죄인을 구원하러 오셨기에 죄인에게만 집중하십니다. "저가 세리와 죄인의 친구로다!"의 비아냥과 조롱을 들을지언정 죄인의 곁을 떠나지 않으십니다. 예수님과 걸음을 같이 걷다가 실족하는 일이 없기를 기도합니다.

39. { 씨 뿌리는 비유 }

(마태복음 13:1~19)

세례요한이 예수님을 몰라보고 다른 메시아를 찾았습니다. 사람들도 예수님께 "먹기를 탐하고 포도주를 즐기는 자라! 저가 세리와 죄인의 친구로다!" 조롱하다가 급기야는 "귀신의 왕이 씌워서 능력을 행한다!" 합니다. 더 나아가 오늘 본문 바로 윗 구절에서는 예수님의 가족들이 예수님을 제지하러 와있습니다. 예수님은 복음서 내내 사람들로부터 외면, 배척, 조롱, 질시, 공격의 대상입니다.

그리고 오늘 13장 1절로 들어옵니다. 예수님은 바닷가 배 위에 앉아 말씀을 전하시고 사람들은 해안가에 서서 말씀을 듣습니다. 순수하게 말씀이 갈급해서 나온 사람도 있지만 말꼬리 하나 실수하는 것 잡으려고 나온 사람도 있습니다. 그래서 예수님은 해안가에 나온 사람들을 두 부류로 나눕니다. '너희들'과 '그들'입니다. '너희'에게는 열림이고 허락이며 보임이고 누림이지만 '그들'은 닫침이며 막힘 거절 어둠입니다.

10절에 제자들이 묻습니다. "예수님 왜 비유로 말씀하십니까?", 11절 "천국비밀을 아는 것이 '너희'에겐 허락되었으나 '그들'에게는 아니다!" 12절 "있는 자는 받아 넉넉하게 되고 없는 자는 그 있는 것도 빼앗긴다!"입니다. 분명히 11절에 '천국비밀'이라고 하셨는데도 불구하고 이 부분을 세상의 물질적 가치로 받아서 물질적 빈익빈 부익부를 말하는 설교자가 있는데 안타깝기 그지없습니다.

먼저 축복하기는 예수님이 말씀하시는 너희(제자)가 되고 그들(무리)이 아니기를 바랍니다. 그러나 소망이 있음은 그들(무리들) 가운데에도 부름 받는 제자가 있다는 것입니다. 여기는 다음시간에 하도록 합니다.

오늘은 너희들(제자들)에게 천국을 열어주시고 천국비밀을 알게 하시며 천국의 풍성함을 누리게 하시는 것을 함께합니다.

16절에 "너희 눈은 봄으로 너희 귀는 들음으로 복이 있다!" 하심은 열어주신 것입니다. 그래서 비로소 보게 하시고 알게 하십니다. 내가 안다고 아는 게 아니라 열어주신 만큼만 압니다. 천국의 가치, 천국의 질서, 천국의 원리들입니다. 천국은 믿음이 금보다 귀한 곳이고, 천국은 섬기는 자가 높은 자이며, 천국은 자기자랑의 원리를 따르지 않고 자기부인의 원리를 따릅니다.

18절 "그럼으로 씨 뿌리는 비유를 들으라!" 는 열어주심입니다. 그러니까 앞선 3~9절은 비유를 그냥 던지신 것입니다. "씨 뿌리는 자가 밭에 나가 씨를 뿌렸다 길가에 떨어진 씨는 새들이 주워 먹었다. 돌밭에 떨어진 씨는 뿌리를 내리지 못해 말라버렸다. 가시떨기에 떨어진 씨는 뿌리는 내렸으나 가시떨기에 기운이 막혀 결실치 못했다. 옥토에 떨어진 씨는 100배 60배 30배 결실했다!" 모를 소리 같기도 하고 알 소리 같기도 하고 그냥 던진 것입니다. 그리고 나서 18절 이하가 제자들만 따로 불러 해설해주시는 본문입니다.

24절 이하의 알곡과 가라지 비유도 마찬가집니다. "밭에 좋은 씨만 뿌렸는데 가라지가 같이 자랐다. 종들이 묻기를 이 어찌된 일입니까! 추수 때까지 같이 두어라! 가라지 뽑으려다가 알곡 다친다!" 듣는 자가 알든 모르든 던지시고는 다음 36절 이하에서 집에 들어가서서 제자들이 묻자 자세히 설명하십니다.

19절 길가에 뿌려진 씨부터 봅니다. "천국말씀을 듣고 깨닫지 못한 자는 악한 자가 그 뿌려진 것을 빼앗나니 이는 길가에 떨어진 자요!" 여기서 "씨가 뿌려진다!" 했을 때의 유대적 의미는 "가르침을 베푼다!" 입니다. 길가에 떨어진 씨를 새가 물어갔다는 것은 "말씀이 한 귀로 들어가서 그대로 다른 귀로 흘러 나갔다!" 와도 같습니다. 말씀이 그 심령으로 흘러들지 못하도록 악한영이 귀와 심령 그 가운데를 막아버린 것입니다. 귀만 때렸을 뿐이지 머리속 정보로도 마음의 감동으로도 아닙니다.

두 번째 돌밭입니다. 20절의 "말씀을 듣고 즉시 기쁨으로 받되" 즉 한 귀로 듣고 다른 귀로 다 흘러나간 것이 아니라 심령으로 들어왔습니다. 그런데 안타까운 것은 그 심령에 말씀의 뿌리를 깊이 내리지 못한 연유로 말라죽었습니다. 말씀은 우리 심령가운데 깊이 뿌리를 뻗고 잔뿌리를 내어야 합니다. 산에 나무들도 잔뿌리가 흙을 꽉 붙잡고 있어야 비바람이 불어도 뽑히질 않고 흙도 쓸려 내려가지 않습니다. 말씀의 잔뿌리들이 마치 실핏줄처럼 퍼져서 우리 심령을 꽉 붙잡고 있어야 우리 마음이 외부의 동요에도 흔들리지 않습니다.

바람은 핍박과 환란입니다. 인생을 살다가 어려움을 만나고 곤고한 일을 겪을 때 그것이 하나님께 더 가까이 나아가게 하고 말씀에 더욱 붙들리게 하는 계기가 되는 것이지 반대로 믿음을 잃어버리는 것이라면 이것은 아닙니다.

세 번째 가심덤불에 떨어진 씨입니다. 뿌리도 깊이 내렸습니다. 그러나 우리가 아는 것처럼 외부의 적보다 무서운 것은 내부의 적입니다. 전장에서 적군보다 무서운 것이 무능한 지휘관이라는 말이 있음과 같습니다. 적진에서 기관사격이 계속되는데도 아는 것이라곤 돌격 앞으로만 외치는 지휘관이라면 그 부대는 전멸입니다.

환란핍박이 외부의 적이라면 내부에서 우리의 영혼을 지휘하려하는 세력이 있습니다. 외부의 적보다 더 심각한 적입니다. 그것은 바로 세상의 염려와 재물의 유혹입니다. 성도가 매일 한 숨 쉬면서 걱정근심에 빠져 있으면 이것 하나는 분명합니다. 내 믿음과 영성이 다 갉아 먹히고 있다는 것입니다. 재물의 유혹도 그렇습니다. 돈만 좋아하고 돈 이야기에만 눈이 초롱초롱해지는데 반해서 갈수록 말씀의 맛은 잃어가고 예배도 시큰둥한 예배가 된다면 내부적으로 뿌리가 썩어가는 것과도 같습니다.

그리고 나서 오늘 마지막 23절의 옥토입니다. 오늘 주님은 씨가 뿌려지는 4가지 국면을 말씀하고 계시지만 이 말씀을 받는 우리들은 시간과 과정을 적용해서 이해해야 합니다. "넌 처음부터 돌밭! 난 처음부토 옥토!" 이러지 말라는 것입니다.

씨를 뿌리는 자는 오직 결실을 위해 씨를 뿌리는 것인데 결실하기 까지 시간이 무시된 결실은 없습니다. 있다면 그것은 모조품을 걸어놓은 것에 지나지 않습니다. 길가가 아닌 곳으로 가야 하고, 돌무더기들을 다 파내야하며, 가시덤불을 걷어내고 그리고 나서 옥토라는 것입니다.

먼저는 말씀이 우리 심령에 들어와 깊이 뿌리를 내려야 하며 그리고 나서 내가 지금 세상 염려와 물질의 유혹에 노출돼있지 않나 항상 자기를 돌아봅니다. 바로 이것을 깨닫는 것이 23절입니다. "좋은 땅에 뿌렸다는 것은 말씀을 듣고 깨닫는 자니 결실하여 어떤 것은 백 배 어떤 것은 육십 배 어떤 것은 삼십 배가 되느니라!"

40. { 알곡과 가라지 비유 }

(마태복음 13:24~30)

오늘의 '알곡가라지 비유'도 모든 사람을 대상으로 합니다. '제자들'과 '그들'입니다. 예수님이 비유로 말씀하심은 '제자들'에게는 알아듣게 하시기 위함이고 '그들'에게는 못 알아듣게 하기위합니다. 이 부분을 읽는 독자라면 제자들만 챙기시는 예수님이 좀 야박해 보이십니다. 예수님은 자신을 십자가에 죽이라고 외치는 자들을 도리어 감싸셨던 사랑 많고 자비하신 분이십니다.

예수님이 이렇게 한 것은 이사야의 예언 성취 때문입니다. 14절 이하입니다. "이사야의 예언이 그들에게 이루어졌으니 일렀으되 너희가 듣기는 들어도 깨닫지 못할 것이요 보기는 보아도 알지 못하리라!… 이는 눈으로 보고 귀로 듣고 마음으로 깨달아 돌이켜 내게 고침을 받을까 두려워함이라!" 이사야 6장은 이사야 선지자가 하나님께 부름을 받는 장입니다. 유다는 강대국에 둘러 싸여 언제 나라가 망하게 될지 모르는 풍전등화 같은 상황에서 왕과 방백과 백성은 하나님을 의지하지 않고 우상숭배에 빠져있었습니다.

이사야 6장 1절에서 8절까집니다. "웃시야 왕이 죽던 해에 내가 본즉 하늘에 높은 보좌가 들렸는데 그 옷자락은 성전에 가득하더라!" 날개 여섯 달린 천사들이 "거룩하다 만군의 여호와여 그 영광이 온 땅에 가득하도다!" 찬송하며 보좌주위를 날고 있습니다. 이사야는 외치기를 "망하게 되었도다! 나는 입술이 부정한 자로서 만군의 여호와를 뵈었도다!" 그때 하늘에서 천사하나가 내려와 제단 숯불을 취하여 이사야의 입에 대는 것으로 "네 죄가 사함 받고 정결케 되었다!" 합니다.

그리고 하늘에서 소리가 나기를 "내가 누구를 보내며 누가 우릴 위해 갈꼬?", "내가 여기있나이다! 나를 보내소서!", "좋다! 가라! 가서 그들로 보기는 보아도 보지 못하고 듣기는 들어도 깨닫지 못하여 구원을 받지 못하게 하라!", "언제까지 해야 합니까?", "성읍이 황폐해지고 거민이 하나도 남지 않을 때 까지다!", "그러나 상수리나무가 베임을 당하여도 그루터기가 남음같이 거룩한 씨가 남을 것이다!"

이사야 선지자는 참 독특한 사명을 받은 선지자입니다. 사람들에 눈을 가리고 귀를 막게 하는 것입니다. 생각해보세요. 여러분이 누구를 보내며 일을 시키는데 "너 저 사람들에게 못 알아들을 말을 하고 와라!", "절대 알아듣게 해서는 안 된다!" 했다면 여기에 도대체 무슨 깊은 의미가 숨어있냐는 것입니다. 먼저 이것을 알아야 합니다. "지금 이 사명을 주시는 분이 몹시 마음이 상한 가운데 있다!"입니다. 단순히 상한 마음이 아니라 격노하시는 중입니다. 하나님은 인격이십니다. 감정을 표출하십니다. 성경을 읽으면서 지금 이 말씀을 하시는 분의 얼굴 표정을 읽어야 합니다.

얼마 전 말씀드렸듯이 사람이 너무 기쁘면 우는 것이고 기가 막힌 슬픔 앞에서는 웃습니다. 드라마나 영화를 보아도 격분된 감정을 고조시키기 위해 반대로 말합니다. '응답하라 1988'에서 기대했던 자식이 데모하고 들어오자 그 아버지가 "동네 사람들 들으시오! 경사났네! 경사났어!... 나가 죽어라 이놈아!" 라는 극단적인 말을 합니다. 이런 험한 말이 나오는 것은 역설이고 반어법입니다. "아버지의 뜻을 거스리지 말라고 하는 간절하고 애절한 마음이 그렇게 표출되더라!" 입니다. 경사났다고 동네사람 부르고 죽으랬다고 나가 죽으면 부모를 두 번 죽이는 일입니다. 속의 말을 들을 줄 아는 것이 지혜이고 분별입니다.

생각이 짧은 경우는 "성경엔 화 내지 말라는 가르침으로 가득한데 하나님은 왜 그렇게 화를 내시지?", "시기질투하지 말라하시면서 왜 하나님은 유치하게 질투하시지?" 이것은 다 사랑에 필수적으로 동반되는 속성들입니다. 사랑하면 화가 나고 유치해집니다. 하나님은 당신의 백성을 사랑하시지만 그의 백성은 하나님께 마음이 없습니다. 그래서 하나님의 진노가 불같이 일어납니다. 이사야는 다른 선지자와는 다르게 6장에 가서야 소명기사가 실립니다.

1장의 시작부터 하나님의 탄식으로 시작합니다. "하늘이여 들으라! 땅이여 귀를 기울이라! 내가 자녀를 양육하였거늘 그들이 나를 거역하였도다! 소는 그 임자를 알고 나귀는 그 주인의 구유를 알건만은 내 백성은 알지 못하는도다! 슬프다 범죄한 나라여! 허물진 백성이요! 행악의 종자요… 머리부터 발끝까지 매 맞고 상한 자국뿐이거늘 싸매지도 못하고 치료받지도 못하는 도다!" 왜 이렇게 화가 나신 겁니까! 아버지의 마음과 사랑을 그의 자녀가 몰라주기 때문입니다.

오늘 본문 13장 15절 하반부에 기록된 "이는 눈으로 보고 귀로 듣고 마음으로 깨달아 돌이켜 고침을 받을까 두려워함이라!" 이 부분이 완벽한 수사학적 역설이고 반어법입니다. 그럼에도 알아듣길 바라는 간절한 아버지의 마음이 녹아있습니다. 정말로 못 알아듣게 하려면 처음부터 안 보내는 것이 맞습니다. 예수님이 그들에게 오늘 본문 24절 이하의 알곡가라지 비유를 하심도 정말로 진리를 모르고 구원을 모르고 아버지의 마음을 모르게 하시려면 아무말씀도 안 하서야 합니다.

실제로 아무도 가지 않고 아무 말도 없던 시대가 있습니다. 노아시대입니다. 노아는 그 시대 사람들에게 보냄 받아 임박한 하나님의 물 심판을 알린 선지자가 아닙니다. 모든 패역한 무리들 가운데 다만 홀로 구원 받은 사람입니다. 보냄 받는 자도 없고 전하는 아무 말도 없다면 그대로가 심판입니다.

구약의 이스라엘백성 앞에 이사야가 갔듯이 예수님이 하늘에서 이 땅으로 뛰어내려오셨습니다. 이사야가 외쳤듯이 말씀을 성경이라는 형태로 우리에게 주셨습니다. 예수님이 오시고 말씀이 주어졌다는 것은 그 말씀을 받는 하나님의 사람들에게 구원이 주어졌음을 알리는 시그넘입니다.

　신기한 것은 이사야가 말씀을 전했지만 하나님말씀대로 백성은 못 알아듣고 나라가 망했습니다. 그러나 나무가 잘려도 그루터기가 남음 같이 거룩한 씨가 남아 구원자이신 예수님이 오셨습니다. 예수님도 오늘 이렇게 비유의 말씀을 하시지만 사람들이 정말 못 알아듣고 예수님을 십자가에 달아 죽였습니다. 자기들의 구원자를 자기들이 죽였으니 구원은 없는 것이 되어야 하는데 하나님은 그것으로 우리구원의 근거를 삼으셨습니다.

　이스라엘이 망하면 제사장 나라가 망했으니 열방의 구원도 물 건너간 것이 되는데 그게 아니었고 마찬가지로 예수님이 죽으면 우리의 구원도 말짱 꽝이 되어야 하는데 그게 아니더라입니다. 우릴 구원하신 하나님의 지혜와 능력과 신비입니다. "못 알아듣는 것으로도 구원을 하셨는데 알아듣는 것으로면 얼마나 큰 은혜가 거기에 있겠냐!"입니다.

　예수님은 오늘도 못 알아듣는 비유를 사람들 앞에 하고 계십니다. 그러나 알아듣기를 바라는 간절함이 또한 녹아있습니다. "좋은 씨를 자기 밭에 뿌렸다. 사람들이 잘 때 악한 자가 가라지를 뿌렸다. 시간이 흐르고 결실할 때에 종들이 나가보니 가라지가 보였다. 가라지 뽑을까요? 아니다! 추수 때 까지 내버려 두어라! 가라지 뽑다가 알곡 다친다!"

　이 땅에는 하나님이 있는 사람과 하나님이 없는 사람이 서로 별다를 것 없는 모습으로 살아갑니다. 하나님이 있다는 것은 "내겐 하나님이 있어야만 한다!"는 사람이고 하나님이 없다는 것은 "내겐 하나님이 없어도 된다!"는 사람입니다.

　26절에 싹이 나고 결실할 때에 가라지가 보입니다. 즉 알곡은 하나님이 있는 것을 열매처럼 가지고 있습니다. 그의 삶의 모든 부분에서 하나님을 원인과 결과와 내용으로 삼습니다. 그러나 가라지는 그렇지 않다는 것입니다. 하나님을 열매로 가지지 않습니다.

　알곡은 아기가 젖을 사모하듯 신령한 말씀에 뿌리내리고 영적 양분을 삼습니다. 가라지는 그 영이 죽은 고로 영적 갈함도 주림도 느끼지 못합니다. 말씀과 천국에 뿌리내린 알곡이시기를 축복합니다.

41. { 보화 진주 그물비유 }

(마태복음 13:44~52)

연속된 비유인 보화, 진주, 그물, 집주인 비유를 함께합니다. 먼저 보화비유입니다. 어떤 사람이 길을 가다가 한 밭을 지나게 되었는데 좀 미심적은 부분이 있어서 가서 파보니 그 안에 궤짝이 있는 겁니다. 뚜껑을 열어보니 금은보화가 가득했습니다. 이 사람이 얼른 흙으로 다시 덮고 좌삼삼 우삼삼 좌표확인하고 어디로 갔습니까! 경찰서로 간 게 아니라 집으로 가서 가진 모든 재산을 팔아 시가보다 더 주고 그 밭을 샀습니다.

"왜 신고하지 않았냐!" 투철한 신고정신 이야기 하자는 게 아니라 "이 사람이 왜 전 재산을 털어 이 밭을 샀냐!"는 것입니다. 이 밭만 사면 그 안에 보화가 내 것이기에 그렇게 한 것입니다. 내가 가진 모든 소유보다 이 밭이 더 큰 가치며 자랑이며 기쁨이며 권세입니다. 이 사람은 항상 히죽히죽 웃고 다닙니다. 사람들이 저 사람 별 쓸모도 없는 밭을 전 재산 털어 사더니 미쳤다는 소리를 들을지언정 그 마음만은 항상 든든합니다.

보화비유에서 밭은 예수 그리스도이며 보화는 천국입니다. 오직 예수로 인해 얻게 된 천국일 뿐만 아니라 부를 수 있게 된 하나님 아버지의 이름입니다. 그리고 이 땅에서 하늘 아버지의 돌봄을 받고 살아간다는 것은 그 자체로 말할 수 없이 놀라운 복이며 특권입니다.

비유에서 이 사람이 자기가 힘들 때 보화 속에 금덩이 꺼내서 현금화했다는 내용은 없습니다. 지난 시간 알곡은 하나님을 결실한다고 했습니다. 모든 일 속에서 하나님의 간섭과 손길을 깨닫는다는 것으로의 하나님결실입니다. 하나님을 자꾸 실용적 효용성의 가치로만 가지고 가지 말라는 것입니다.

　하나님은 우리의 아버지라는 것을 항상 기억합니다. 아버지는 그 자녀를 향해 계획과 의지와 뜻을 가집니다. 그리고 그 목적을 이루기까지 가르치십니다. 학교 안 간다는 아이 내버려두는 부모는 없습니다. 공부는 희한하게도 그것을 할 때는 그 의미를 모릅니다. 성도가 당하는 고난도 당할 때는 모르지만 결국은 시편기자처럼 "고난이 내게 유익이라 이로서 내가 주의 율례를 배우게 되었나이다!"의 고백이 나올 때가 옵니다. 한 인생의 생애를 통해서 그를 가르치고 성장케 한 건 '고난'과 '역경'이지 '성공'과 '높음'이 아니더라입니다.

　현실적인 떡고물이 하늘에서 떡 하고 떨어지는 것으로의 신앙보다 언제고 내가 하나님을 아버지로 부를 수 있고, 죄를 거부할 수 있으며, 하나님의 성품을 닮아가고 있다는 것 이런 것들이 다 하나님의 자녀만이 누리는 특권이며 보상이고 명예이며 지위입니다.

　보화비유 다음에 기록된 진주비유도 마찬가집니다. 한 진주 상인이 진주의 가치를 바로 알아보고 전 재산을 다 팔아 그 진주를 샀습니다. 이 사람이 모든 소유를 팔아 진주를 샀으니 이후로 김치 국물에 밥 말아먹고 진주 한번 쳐다보는 것으로 반찬 했다는 그런 이야기를 하자는 게 아닙니다. 내가 예수(진주)를 얻기 위해 얼마나 헌신하고 희생했는지 알아달라는 몸부림은 참된 신앙이 아닙니다. 안타깝게도 많은 성도가 여기서 살아갑니다.

　신앙은 신앙 하는 '그 사람'이 주체가 되고 무게 중심이 그에게 실릴수록 샤머니즘 무속신앙 범신론이 되는 것이고 반대로 신앙의 대상인 '신'에게 무게 중심이 실릴수록 기독교와 성경이 됩니다. 물론 기독교에도 내 기도, 내 눈물, 내 금식, 내 헌신으로 인한 신의 감동이 있습니다. 그러나 무게중심이 어디에 실렸는지를 아는 것은 그의 신앙을 알아보는 매우 중요한 판별식이 됩니다. 기독교는 나를 지으시고 택하시고 부르시며 보내시는 하나님을 인격적으로 만나는 것입니다. 내게 변치 않는 약속을 주시고 크신 능력으로 붙들고 계시며 천국의 상속자로 삼으시는 하나님을 경험하는 것입니다.

예수가 너무나 크고 귀한 가치라서 내게 있는 모든 것을 외면할 수 있고 포기할 수 있으며 기회비용산출하지 않습니다. 사도바울의 고백처럼 예수를 아는 지식이 가장 고상하고 고귀해서 세상에서 얻은 것을 다 배설물로 여길 수 있습니다. 하나님의 아들 딸 된 지위와 영광을 누릴 줄 모르기에 그 신앙에 감사와 기쁨이 없습니다. 예수를 얻으려고 고생은 했는데 진정 자기가 무엇을 얻었는지는 모릅니다. 세상적 영광만 영광으로 알았지 하늘의 영광은 가려졌습니다. 가치를 알아보는 눈과 분별하고 깨닫는 지식이 먼저입니다.

보화비유 진주비유 의미는 같은데 살짝 다른 점이 있습니다. 보화비유는 자기가 적극적으로 찾아다니다가 발견한 게 아닙니다. 어느 날 길 가다가 미심적은 밭이 있어서 파본 것뿐입니다. 우연한 기회가 주어졌고 그것을 놓치지 않았습니다. 기회가 주어졌다고 그것을 다 자기 것으로 만드는 것은 아닙니다. 기회를 잃고 놓치고 버리는 일이 허다합니다. 하나님이 저와 여러분 앞에 두신 예수를 결코 놓치는 일이 없기를 축복합니다.

진주비유는 보화비유와는 다르게 이 사람이 진주를 적극적으로 찾아다닌 결과입니다. 45절에 "좋은 진주를 구하는 상인과 같으니…" 어느날 우연히 나타난 게 아니라 본인이 찾고 찾다가 진또배기를 발견합니다. 진주는 진리입니다. 진리를 찾고 헤매다 이 책 저 책 보고 계룡산에도 들어가고 절에도 들어갔다가 결국 예수가 진리구나 하고 돌아온 사람이 있습니다.

그리고 이제 그물비유를 봅니다. "그물로 물고기를 모아 물가로 가서 좋은 고기 그릇에 담고 나쁜 고기 버린다!" 49절 "의인 중에 악인을 갈라내어…" 여기서 '갈라내어'가 '분별하다! 구분하다!' 입니다. 좋은 것과 나쁜 것, 잡아야 할 것과 놓아야 할 것, 담아야 할 것과 버려야 할 것 결국 참된 것을 참된 것으로 알아보는 눈입니다.

보화를 보화로, 진주를 진주로, 담을 것과 버릴 것을 알아보는 눈이 없다면 마태복음 7장 6절의 말씀처럼 거룩한 것이 개 앞에 진주가 돼지 앞에 놓여 발로 밟고 찢겨 상하게 되는 일이 벌어집니다.

김진홍 목사님 같은 경우는 "그리스도 안에서…" 라는 일곱 글자가 자기를 살렸다고 합니다. 그 분은 철학과를 나와서 진리를 찾아 헤매며 절에도 들어갔다가 에베소서 1:7절을 읽고 뒤집어집니다. "우리가 그리스도 안에서 그 은혜의 풍성함을 따라.. 구속 곧 죄 사함을 얻었으니…" 많은 경우 진리를 찾는다고 하면서 성경을 읽지만 '그리스도 안에서'는 그냥 지나가는 글자일 뿐입니다. 그런데 그 부분이 그냥 지나가지 않게 하시는 눈을 열어주신 것입니다.

진리를 찾겠다고 얼마나 많은 사람이 성경을 봤겠습니까! 그러나 눈이 닫히면 그리스도는 그들에게 종이 위의 글자일 뿐이고 자기 학문의 대상이고 문학의 소재일뿐이지 자신의 구원자는 아닙니다. 진리를 찾아서 절에서 교회로 온 사람만 있고 교회에서 절로 간 사람은 없나요 내가 모태신앙이고 아버지가 목사고 장로고 이런 걸 내세우면 안 됩니다. 하나님이 우리의 영적인 눈을 열어주서야만 보입니다.

보화비유 진주비유에서 거듭해서 44절 46절에 하시는 말씀이 있습니다. 44절 "발견한 후…" 46절 "발견하매" 예수를 구원주로 알아보게 하시고 가장 귀한 가치로 깨닫게 하시고 세상에서 얻은 것이 다 보잘것 없는 것으로 확인되게 하셨습니다. 보화는 보화로 거기 항상 있었고, 진주는 진주로 역시 항상 거기 있었으며, 하나님도 하나님으로 항상 계셨습니다. 모세가 "하나님 어디 계셨다가 이제야 나타나셨습니까!" 하나님은 "나는 스스로 있는 자다"(나는 항상 나로 있다!) 하신 것이 곧 하나님의 이름입니다.

마지막 51절 52절 집주인 비유도 같은 맥락입니다. '천국의 제자 된 서기관'은 옛것과 새것을 그 곳간에서 가져오는 집주인과 같다. 옛것 중에도 버려야할 것과 취해야할 것이 있으며 새것이라고 다 좋은 것이 아닙니다. 해야 될 것과 말아야 할 것, 보아야 할 것과 보지 말아야 할 것, 가까이 할 것과 멀리 할 것 이 모든 것이 분별되지 않으면 그 인생 은 깜깜이 인생이고 헤매이고 방황하는 고달픈 인생이 됩니다. 51절의 예수님의 물으심과 그에 대한 답이 우리 모두의 것이 되길 소망합니다. "이 모든 것을 깨달았느냐 하시니 대답하되 그러하오이다!"

42. { 영의 양식 }

(마태복음 14:15~21)

오병이어 사건입니다. 한 소년이 자기 먹을 도시락으로 싸온 보리떡 5개와 물고기 2마리로 장정만 오천 명이 먹고도 열두 광주리가 남았습니다. 요한복음 6장을 보면 예수님이 제자 빌립을 시험하시려고 "어디서 떡을 사서 이 사람들을 먹이겠냐?", "예수님! 이 백 데나리온이 있어야할뿐더러 여기는 살 데도 없습니다!" 다른 제자 안드레가 "한 소년이 싸 온 도시락이 여기 있지만 이걸로 뭘 하겠습니까!"하고 오병이어를 예수님께 내밀었습니다.

예수님은 하늘을 우러러 축사하시고 19절에 "떡을 떼어 제자들에게 주시매 제자들이 무리에게 주니…" 기적이 나타나는 현장을 들여다보면 예수님의 축사가 끝나자 그 시간 바로 오천명분의 떡과 물고기가 하늘에서 내려온 것이 아니라 나누는 과정에서 신비한 배가현상이 일어납니다. 먼저 바구니를 들고 있는 열두제자에게 나눠줄 때 일차기적이 일어났고 제자들이 사람들에게 나눌 때 다시 2차 기적이 일어납니다.

요한복음 2장에 기록된 예수님의 첫 번째 이적 사건에서도 예수님이 종들에게 결례의 돌 항아리에 물을 채우게 하시고는 "갖다 주라하시매 갖다 주었더니…" 물이 포도주로 바뀌게 됩니다. 여기서는 사람들의 믿음이 조건으로 요구되지 않습니다. 종들이 "물이 포도주가 될 것을 믿습니다!" 하고는 떠다 준 게 아닙니다. 예수님이 하라는 대로 그대로 하면 거기 기적이 있습니다.

오늘 마태복음은 오병이어 사건의 뒷이야기가 없지만 요한복음 6장에서는 상세히 기록됩니다. 오병이어의 기적을 먹은 당시의 유대인들은 예수님을 모세로 생각했습니다. "모세가 우리 조상에게 하늘에서 만나를 주어 먹게 한 것처럼 당신도 우리에게 하늘에서 만나를 내리셨습니다!", "만나는 모세가 준 게 아니라 내 아버지께서 세상을 살리려고 주신 것이다!", "그렇다면 그 떡을 우리게도 계속 주십시오!", "내가 곧 생명의 떡이다! 내게 오는 자는 주리지 않고 나를 믿는 자는 목마르지 않을거다!"

사람들은 육신의 떡을 요구했는데 예수님은 영의 떡을 말씀하시니 대화가 꼬이기 시작합니다. 물론 예수님을 먹는 것은 예수님을 믿고 따르고 의지하며 순종하는 것을 말합니다. 또한 실제로 성찬식을 통해 예수님의 살과 피를 받아먹고 주님과 신비한 연합을 이룹니다.

그런데 이 말씀을 육신적으로만 이해하면 당연히 받기 어렵습니다. 6장 52절 "어찌 자기 살을 먹게 한다는 거냐!", 60절 "어렵도다 누가 들을 수 있으랴!", 61절 "너희에게 걸림이 되는구나!" 66절 "이러므로 많은 제자가 떠나고 함께 다니지 아니하니라!" 예수님이 12제자에게 "너희도 가려느냐?", 베드로가 답하길 "영생의 말씀이 주께 있사오매 우리가 주를 떠나 어디로 가오리까!"

71절까지 이어지는 요한복음 6장의 긴 내용은 전체가 오병이어로 촉발된 떡 이야기입니다. 앞에는 육신의 떡인 오병이어를 뒤에는 영의 떡인 예수 그리스도입니다. 육신은 떡을 먹어야 살지만 영은 하나님의 말씀인 예수를 먹어야 산다고 하는 내용입니다. "사람이 떡으로만 살 것이 아니요 하나님의 입에서 나오는 모든 말씀으로 살 것이니라!" 했을 때 모든 말씀이 곧 말씀이 육신이 되어 우리가운데 오신 예수 그리스도입니다.

영과 육이 먹는 게 서로 다르다는 것을 말씀드리면서 오늘은 성경에서 영과 육을 구분하고 이해하는 도움을 위해서 그 가운데 자리한 것을 좀 말씀드리려합니다. 사람은 영과 육만 있는 게 아니라 혼이라는 게 있습니다. 근데 이 혼이라고 하는 게 좀 애매한 부분이 있어서 성경에서 혼을 이야기할 때 영에 가서 붙기도 하고 육에 가서 붙기도 합니다.

영에 가서 붙을 때는 우리가 일반적으로 아는 영혼입니다. 그런데 이 혼이 육에 가서 붙으면 육혼 뭐 이렇게 되는 게 아니라 주로 육신에 속한 마음이라는 말로 언급됩니다. 그러니까 혼을 다른 말로 하면 정신, 마음, 생각입니다. "동물에게 정신, 마음, 생각이 있나요? 없나요?" 아주 초보적이고 기초적인 부분이지만 개들도 희로애락을 가지고 있습니다. 생각하고 판단하며 결정합니다. 그러나 얘들은 혼과 육만 있지 영이 없습니다. 하나님의 형상대로 지음받은 사람에게만 영이 있다는 것입니다.

먼저 혼이 육신에 가서 붙은 성경의 예를 봅니다. 에스겔 36장 26절을 보면 " 또 새 영을 너희 속에 두고 새 마음을 너희에게 주되 너희 육신에서 굳은 마음을 제하고 부드러운 마음을 줄 것이며…" 여기서 '육신에서 굳은 마음'이 곧 '혼'입니다. 로마서 2장 "저희가 마음에 하나님 두기를 싫어하매 … 그 상실한 마음에 내어버려두사…" 여기서의 마음도 혼이 육에 가서 붙어있는 모습니다. 주로 부정적 기능입니다. 악하고 죄된 생각과 하나 된 육을 말합니다.

반대로 혼이 영에 가서 붙어 있을 때는 긍정적 기능입니다. 시편42편 1절 "사슴이 시냇물 찾기에 갈급함같이 내 영혼이 주를 찾기에 갈급하나이다." 11절 "내 영혼아 네가 어찌 속에서 낙망하느냐 너는 하나님을 바라라 그 얼굴의 도우심을 인하여 네가 찬송하게 되리라!" 그러니까 혼은 마음, 정신, 생각에 자리한 부분입니다.

사람만 '영'과 '혼'과 '육'으로 지음 받았습니다. 위로 갈수록 고급하고 고등하며 존귀합니다. 영은 오직 하나님과만 관계하는 부분입니다. 우리가 하나님의 형상으로 지음받았다 했을 때 그 형상은 곧 영을 지칭합니다. 동물도 혼과 육은 있지만 결정적으로 영이 없습니다. 즉 하나님을 인식하지 못합니다.

그런데 이 영이 타락해서 하나님의 형상을 잃어버립니다. 본래는 하나님을 바라고 의지하고 관계하도록 되어있었는데 타락하고 나니 큰 바위가 하나님 같이 보이고 오래된 나무가 하나님같이 보이며 손으로 우상을 만들어놓고 그것을 하나님이라 하는 겁니다.

그러나 우리가 예수 그리스도를 믿을 때 우리의 죽었던 영이 살아납니다. 타락한 영이 회복되고 회생합니다. 요한복음 6장 47절에서 "내가 진실로 네게 이르노니 믿는 자는 영생을 가졌나니 내가 곧 생명의 떡이로다!" 63절 "내가 네게 이르는 말이 영이요 생명이라!" 예수 그리스도를 믿는 믿음이 영이고 생명이고 회복입니다.

회복되고 깨어나고 다시 살아난 영은 하나님을 감각합니다. 육신은 오감을 감각하고 혼은 마음과 생각에 자리하지만 영은 하나님을 만나고 알고 느끼며 감각합니다. 그 영이 살았는지 죽었는지 알아보는 방법은 살아있는 영은 하나님을 감각하지만 죽은 영은 하나님을 감각하지 못합니다. 모든 것이 그렇습니다. 죽은 것은 감각하지 못하고 살아있는 것만 감각합니다. "오늘 주일예배 못 드렸는데 어쩌나... 이러면 안 되는데..." 부정적 감각입니다. "오늘 주일은 무슨 말씀을 주시려나... 맛집 대기표 끊고 기다리듯 사모하며 예배시간을 기다립니다..." 긍정적 감각입니다. 둘 다 영이 살아있다는 반응입니다. 영이 죽은 자는 하나님에 대해 아무 욕구와 감각이 없습니다. 거룩 진리 영생 이런 단어조차 모르며 들었다 한들 관심이 없고 무가치한 것으로 여기며 조롱하고 증오합니다.

육신적으로 우리가 냄새 맡는 후각만 해도 그렇습니다. 당장 코감기라도 걸려서 후각이 마비되면 이 사람에게 냄새의 세계는 없는 겁니다. 상쾌한 냄새, 불쾌한 냄새, 맛있는 냄새, 숲의 냄새, 바다의 냄새... 냄새의 세계 하나 만으로도 깊고 오묘한 세계가 펼쳐집니다. 사람보다 천 배나 후각이 발달한 개는 밀수꾼이 숨겨온 소량의 마약을 탐지합니다. 개보다 또 천 배나 후각이 발달한 쥐는 개가 못 맡는 더 깊숙한 마약을 캐취합니다. 코가 땅에 붙어있을수록 후각이 발달합니다.

떡 이야기하다가 여기까지 왔습니다. 오병이어 기적으로 떡 먹은 사
람들이 예수님을 향해서 저 분이 바로 이 시대에 하나님이 보내주신 모
세다 저 분만 따라가면 육신의 떡은 해결이다 했는데 예수님은 육신의
떡이 아니라 영의 떡을 말씀하신 고로 트러블이 일어납니다. 예수님의
말씀은 "하나님이 모세를 통해 만나를 내리셔서 광야의 조상들의 생명
을 살리신 것처럼 하나님이 나를 만나로 내리셨다! 그래서 너희가 나를
먹으면 생명을 얻는다!"입니다.

예수로 인해 살아난 영적생명은 이후로 하나님을 감각합니다. 영적
인 욕구와 갈망이 생깁니다. 이전엔 모르던 세상입니다. 조금 전 말씀
드린 것처럼 후각 하나만으로도 깊고 놀라운 세계입니다. 그런데 우리
가 하나님을 감각하게 되면 성경적 표현으로 하나님을 맛보아 알게 되
면 그와는 비교할 수 없는 경이로운 그 영광의 크기와 넓이와 높음 앞
에서 우리는 전율하게 됩니다. 하나님은 그렇게 당신의 백성들이 당신
을 감각하고 갈망하길 바라십니다.

하나님은 광야의 모세를 통해서 이스라엘의 육적 생명을 살리셨습니
다. 구약은 언제나 신약의 모형입니다. 그 실체는 예수님이 당신의 백
성의 영적생명을 살리시는 것입니다. 오늘의 오병이어의 기적을 통해
서 예수님이 주시는 말씀은 "나를 받아먹고 생명을 얻으라!"입니다. 예
수님으로 인해 영이 깨어나고 살아난 성도들이 하나님을 모든 자리에
서 감각하고 욕구하게 되시기를 축복합니다.

"나는 하늘로서 내려온 산 떡이니 사람이 이 떡을 먹으면 영생하리라
나의 줄 떡은 곧 세상의 생명을 위한 내 살이로다!" (요한복음6:51)

43. { 예수 바라보기 }

(마태복음 14:22~33)

제자들이 예수님의 말씀에 순종해서 배를 타고 건너편 마을로 가다가 풍랑을 만나는 본문입니다. 예수님이 무엇을 하라고 해서 사람들이 그것을 그대로 하면 그것은 그대로가 기적이고 해결이고 평안인 것이 우리가 지금까지 한 내용입니다. 그런데 오늘은 어찌된 것이 말씀대로 순종했는대도 불구하고 순풍을 만난 것이 아니라 풍랑을 만나게 됩니다.

예수님의 의도하심입니다. 사람은 문제를 격어봐야 그 문제를 해결할 방법과 실력과 힘을 기르게 됩니다. 바람에 맞서봐야 바람의 세기를 아는 것이고 전투를 치러봐야 전투력이 향상되는 것이며 학생은 시험을 치루면서 실력이 배가 됩니다.

오늘 먼저 보아야 할 것이 있습니다. 풍랑이 그친 시점을 보면 32절에 "배에 함께 오르매 바람이 그치는지라!" 그러니까 지금까지 일었던 바람과 풍랑은 제자들을 훈련시키기 위한 무대이며 소도구이며 시청각자료였다는 것입니다. 조연으로 베드로도 한 역할을 합니다.

제자들이 지금 당한 풍랑을 그치게 하는 것만이 목적이라면 예수님의 말씀한마디면 끝납니다. 예수님이 배안에서 주무실 때 풍랑이 일었던 사건도 있었습니다. 그때처럼 풍랑을 꾸짖으시면 됩니다. 그런데 예수님은 단지 풍랑이 이는 물위를 걸어서 오실뿐 풍랑을 멈추게 하지 않으셨습니다. 죽은 나사로를 살리실 때도 일부러 며칠을 늦게 가시는 것과도 같습니다. 무엇을 목적하고 계신다는 것입니다.

예수님은 제자들에게 믿음의 실력을 쌓게 하기 위해서 풍랑이라고 하는 실제 시험장을 허락하십니다. 축구선수는 축구장에서 경기력이 쌓이고 연기자는 카메라 앵글 앞에서 연기력이 붙고 학생은 시험지를 앞에 놓고 실력이 발휘되듯이 성도는 삶의 문제와 역경과 고난이라고 하는 인생의 시험장에서 믿음의 실력이 나타납니다.

　많은 경우 믿음의 실력이 예배당에서 예배 많이 드리고 기도오래하면 믿음의 실력이 좋은 줄 아는데 그렇지 않습니다. 예배당은 믿음의 실력이 나타나는 곳이 아니라 믿음의 실력이 배양되는 곳입니다. 말씀을 잘 들어서 깨닫고 기도로 단련하며 하나님과의 깊은 관계 속으로 들어가서 믿음을 쌓고 키우고 강하게 해서 그 믿음이 실력으로 발휘 되는 곳은 삶의 자리 곧 시련과 역경의 시간가운데입니다.

　본문 24절 이하를 보면 제자들이 바다 한 가운데서 풍랑을 만나 오도가도 못하고 새벽(밤사경)까지 고생합니다. 그렇게 밤새도록 풍랑과 싸우며 기진하고 있을 때 예수님이 풍랑이 이는 바다를 걸어서 오셨습니다. 제자들은 너무 놀라 "귀신(유령)이다!" 소리쳤습니다. 예수님은 즉시 "나니 두려워 말라!" 하셨습니다.

　그리고 이제 28절에서 베드로가 등장합니다. 복음서에 기록된 베드로는 성급하고 충동적이며 호기심도 많고 경솔하기도 한 모습입니다. 그러나 베드로가 왜 믿음이 좋은 수제자가 되었는지 알 때에 베드로는 물 위를 걸어봤습니다. 주님의 능력을 직접 몸으로 체험합니다. 아무것도 안하고 있던 다른 제자들은 베드로 덕에 믿음 공부를 하게 됩니다.

　우리 모두를 대표해서 28절에 베드로가 외침입니다. "만일 주님이시어든 나를 명하사 물위로 걸어오게 하소서!" 베드로는 정말 예수님을 향해서 진심이었습니다. 어떻게든 예수님 곁에 있어야하고 예수님 하는 것 따라하고 싶은 겁니다. 그래서 물위를 걸은 최초의 사람이 되고 또한 십자가에 거꾸로 매달려 순교하게 됩니다.

　제가 초점을 맞추게 되는 것은 베드로가 예수님의 "오라!" 하시는 말씀을 듣고 처음 배에서 내려 풍랑이 이는 바다에 첫발을 디딜 때 그의 시선이 예수님을 보았는지? 아니면 바다를 보았는지? 입니다. 거친 물결이 이는 바다를 보고는 차마 딛지 못 했을 것입니다. 29절에 4번이라고 적힌 난외주를 보면 "예수께 가려고 물위로 걸어가다가…"로 되어 있습니다. 즉 시선과 바라봄이 먼저이고 내디딤과 걸음이 나중입니다.

예수를 바라보는 것입니다. 문제를 바라보고 걱정근심 바라보고 현실만 바라보고 있으면 안 되고 나를 오라하시는 예수를 바라봅니다. 나를 오라하신 예수는 곧 내게 말씀을 주신 예수입니다. 말씀을 묵상하고 의지하고 붙드는 것이 또한 우리 믿음의 실력입니다. 우리는 믿음실력은 없는데 반해 걱정근심하는건 실력이 좋습니다.

말씀대로 받고 결단한다고 해도 그게 얼마 못갑니다. 오늘 베드로가 예수님을 바라보고가면서 그의 발은 기적을 걸어갑니다. 그런데 언제 바다에 빠지게 되었냐면 30절에 "바람을 보고 무서워 빠져가는지라!" 예수님을 안보고 바람을 보면서 빠졌습니다.

마찬가지로 우리도 말씀을 보지 않고 당면한 현실만 보면 걱정근심과 한숨과 낙심에 빠집니다. 순서를 잘 기억합니다. 바람을 보고 그 다음은 무서워지고 마지막이 빠지는 것입니다.

베드로가 풍랑을 보고 무서워한 것을 예수님은 31절에서 달리 뭐라 말씀하시냐면 "믿음이 적은자여 왜 의심하였느냐!" 성도가 '무서워하는 것'은 예수님 시각에서는 '의심하는 것'입니다. 그래서 무서움과 의심 그리고 믿음과 평안은 같은 라인입니다.

그래서 믿음에는 실력이 필요합니다. 훈련과 연단을 통해 주님을 바라보는 실력입니다. 실력은 의지와 결단과 진심만 가지고 쌓이는 것이 아니라 계속된 훈련과 연단을 통해서입니다. 학생이 공부를 잘하고자 하는 마음과 열정만 가지고 공부를 잘하는 것이 아니라 계속 공부를 하면서 이해하고 분석하고 종합하고 정리하고 암기해서 자기 것으로 삼을 때 실력이 되는 것과 같습니다.

　믿음의 실력은 누가 더 오래 주님을 바라볼 수 있느냐의 싸움입니다. C.S. Lewis의 말처럼 믿음은 "상황(기분)이 아무리 바뀌어도 한 번 받아들인 것을 끝까지 고수하는 기술"입니다. 그런데 정말 완벽하게 예수님만 바라보고 사는 사람은 없습니다. 발이 땅을 딛고 있는 한 아슬아슬한 현실이라는 얼음판을 딛고 사는 한 오직 예수만 바라보는 것은 불가능인 것이 솔직한 고백입니다.

　문제는 회복탄력성에 있다고 봅니다. 풍랑이 이는 현실을 보고 의심이 들었다가도 이내 다시 주님을 바라보는 것입니다. 저는 진짜 믿음의 실력이 이것이라고 봅니다. 얼마만큼 다시 빨리 주님을 바라보고 주님을 부를 수 있는지가 관건이라 하겠습니다.

　오늘 30절에 베드로가 무서워 빠져가면서 "소리 질러 이르되 주여 나를 구원하소서!" 하고 있습니다. 구원은 주님을 바라보고 부르는 것입니다. "누구든지 주의 이름을 부르는 자는 구원을 받을 것이라!" 말씀하셨습니다. 할렐루야!

44. { 아기와 포대기 }

(마태복음 15:1~20)

장로들의 전통에 관한 말씀입니다. 전통은 유전, 관습, 관례, 즉 과거로부터 물려져 내려온 것을 말합니다. 우리나라에 대표적인 전통이라면 삼강오륜과 인의예지신을 중시하는 공자의 유학사상입니다. 유학사상을 부지런히 익히고 닦아서 결국은 군자가 되는 것이 목표입니다. 그런데 이 군자사상은 다분히 자기 증명의 성격이 강해서 이른바 소인배와 구분되는 것으로의 군자입니다.

'반상의 법도'라는 것도 그렇습니다. 양반과 상민의 구별을 말하는 것인데 양반이 자기 정체성을 무엇으로 확인하나면 주로 이런 겁니다. "쯧쯧… 저 법도도 모르는 것들…", "초장에 선비되기는 그른 것들…" 상위계층에 있으면 하위계층을 돌봐주고 살피는 것으로의 자기 확인이 아니라 책잡고 정죄하고 손가락질 하는 것으로의 자기우월성 확인입니다.

저도 유교문화권교육을 받고 자랐지만 지금도 이해가 가지 않는 부분이 있습니다. 조선시대 양반은 어딜 가든지 먼 길을 떠나든지 과거시험을 보러 한양을 가든지 아무 집 대문을 열어 젖히면서 "여봐라! 이리오너라! 게 아무도 없느냐!"를 할 수 있었습니다.

그럼 그 집 하인이 나와서 정중히 먹을 것과 잠자리를 제공하는 것이 당시에는 당연한 사회통념이었습니다. 대접하는 입장에서는 성경적 가치관입니다. 거처가 없는 사람을 집에 들여 하루 묵어가도록 친절을 베푸는 것은 아름다운 미덕입니다.

제가 이상하게 생각하는 것은 "여봐라! 이리오너라!"하는 이 사람입니다. 아니 신세지는 입장에서 자기가 가야지 그것도 남의 집 문을 열어제끼면서 "이리 오너라!"하는 것은 어찌 보면 무례하고 뻔뻔해 보입니다. 식용유를 한 병 사 간 것도 아닙니다. 물론 "여봐라 이리오너라!"가 호연지기의 기상으로 뒷짐 지고 하는 거지 소심하게 노크하면서 나지막히 할 수 있는 것은 아닙니다.

제가 드리고 싶은 말씀은 아무것도 없으면서 대접만 받으려하며 자기를 높이고 섬기라고 하는 허장성세의 문화가 우리사회 뿌리 깊게 있다는 것입니다. 그렇게 너희들이 나를 섬겨야 하는데 너희들이 나를 섬겨야하는 당위성은 "나는 유학자다!", "나는 세상 이치와 법도를 안다!", "나는 공자의 제자다!"를 근거로 합니다. 양반이고 유학자면 다른 사람을 세워 주는 것으로 자기 확인을 하는 게 아니라 "쯧쯧... 저 법도도 모르는 것들..." 하면서 옆 사람을 밟고서 그 위에 자기 정체를 세우더라입니다.

어느 시대 어느 민족 어느 세상에나 동일하게 나타나는 현상입니다. 오늘 말씀2절에 바리새인이 예수님께 따지기를 "당신의 제자들은 어찌하여 밥 먹을 때 손도 안 씻고 먹는 것으로 장로들의 전통을 어기는 것입니까!" 여기서 손 안 씻고 밥 먹었다는 것은 엄마가 자녀에게 "손 씻고 밥 먹어라!"의 위생이 아니라 모세의 율법을 말하는 것입니다. "쯧쯧... 모세의 율법도 모르는 것들"의 의미입니다. 양반들이 "상것들... 공자의 법도도 모르는 것들..." 하는 것과 마찬가집니다.

예수님은 3절에서 "너희는 어찌하여 너희들의 전통으로 하나님의 계명을 범하느냐!" 애기는 어디다 갔다 버리고 포대기만 애지중지 싸안고 있다는 말씀입니다. 유대인들이 "율법을 받은 자로서 율법을 거역한 것과 같이 오늘날의 성도들도 예수를 받은 자로서 예수를 거역할 수 있다!"입니다. 오래전 장례가 나서 전세버스 기사님 바로 뒤에 앉아 가는데 제가 목사인걸 알고 자기는 무교인데 얼마 전 천주교인들을 태우고 장례를 다녀오는 길에 창문 밖 스님들을 보고는 "저 지옥갈 것들! 저 사탄 마귀들!" 이라고 해서 자기가 "저 사람들 입장에서 당신들이 사탄 마귀요!" 했다는 것입니다. 저는 목사이지만 아마 같은 예수 믿는 사람이니 그렇게 푸념식으로 쏟은 것 같았습니다.

하나님의 율법과 예수님의 말씀은 어떤 경우에도 다른 사람을 밟고 그 위에 자기 신앙을 세우지 않습니다. 맞습니다. 예수 안 믿으면 지옥 갑니다. 예수를 반대하면 사탄도 맞습니다. 그러나 그것은 하나님이 하는 일이지 내가 하는 일이 아닙니다. 내가 하는 일은 하나님을 모르는 그들을 불쌍히 여기는 것이지 내가 지옥 보내는 것처럼 행세할 수 없습니다.

예수님은 "너희들이 조상들의 전통으로 도리어 하나님의 율법을 거역하고 있다!" 하시면서 '고르반'을 말씀하십니다. 고르반은 부모봉양의 의무를 말하는 것으로서 사람에게 주신 첫 번째 계명과 관계합니다. 유대인들도 율법의 핵심이 하나님사랑과 이웃사랑이라는 것 그리고 이웃사랑의 첫 번째가 부모봉양이라는 것도 알고 있습니다.

문제는 하나님사랑과 부모봉양을 자기 좋을 대로 꼬아서 부모봉양의 의무를 교묘히 빠져나가더라 입니다. 이웃사랑보다 먼저가 하나님사랑인데 "나는 하나님을 사랑해서 내 전 재산을 하나님께 다 바쳤습니다!" 하면 다 바쳤으니까 내 것은 없는 거잖아요 그래서 "부모님에게 갈 용돈도 없습니다!"가 되는 것입니다. 5절에 "내가 (부모님께)드려 유익하게 할 것이 하나님께 드림이 되었다고 하기만 하면 부모를 공경할 것이 없다 하여 너희 전통으로 하나님 말씀을 폐하는도다!" 속이 뻔히 보이는 음흉함과 교활함이 아닐 수 없습니다. "하나님께 다 바쳤다!"는 그들의 훌륭한 신앙이 곧 율법을 폐하는 너희의 전통이라는 것입니다.

더 웃긴 건 뭐냐면 "나는 재산을 다 하나님께 바칩니다!"했으니까 "저 사람 훌륭하다! 믿음 좋다!" 사람들로부터 존경받고 높임 받습니다. 근데 정작 중요한 언제 바치는 지는 말이 없습니다. "저 사람 언제 바친데?", "그건 나도 모르지…"입니다. 손바닥으로 하늘을 가리는 기만의 세상이 놀라울 뿐입니다. 그러니까 온갖 잘난척과 행세와 자랑질을 하고서 뒤로는 꿍꿍이짓입니다. 사도행전의 아나니아와 삽비라 사건이 바로 이 부분을 말씀합니다.

교회를 지어본 목사님이 하시는 말씀이 교회를 빠삭하게 아는 건축자와 교회에 대해 전혀 모르는 건축자 사이에 누가 더 경건하게 교회를 짓는 줄 아느냐고 제게 물으셨습니다. 반반 이라 하셨습니다. 교회를 너무 잘 알기에 경건한 마음으로 자기헌신으로 짓는 경우도 있지만 교회 짓는다는 헌신의 명분만 걸었지 빨대 꽂을 생각만 하는 건축자도 그 이상이라고 합니다. 반대로 전혀 교회를 모르기에 교회를 지으며 담배피고 술판도 벌이는 사람도 있지만 평생 교회라는 곳은 가본일이 없는 사람인데 이곳은 성전이기에 여기서 담배피면 안된다고 하는 건축자도 있더라입니다.

예수님이 7절 이하에서 말씀하십니다. "외식하는 자들아 이사야가 잘 예언하였도다 이 백성이 입술로만 나를 공경하되 마음은 내게서 멀도다 사람의 계명을 교훈삼아 나를 헛되이 경배하는 도다!" 내가 사람들의 전통을 하나님의 말씀인 냥 붙들고 살지 않는지 우리도 잘 살펴야 합니다. 하나님의 율법을 받은 자들이 실상은 율법과 가장 멀리 있었기에 예수님의 말씀을 받은 성도가 역시 그리될 수 있습니다.

그것을 알아보는 기준으로서 오늘 예수님이 주시는 말씀이 "남을 비난하고 업신여기며 손가락질하는 것으로 세운 신앙은 하나님이 받으시는 신앙이 아니다!" 입니다. 바리새인들은 예수님의 제자들이 밥 먹을 때 손 안 씻는다고 하는 아주 작은 정죄거리를 찾아서 그 위에 자신들의 신앙을 구축하고 확인하며 자랑합니다. 그들은 위생이야기를 하자는 게 아니라 불법을 지적하는 것입니다. "저 율법도 모르는 것들..." 입니다.

10절 이하를 봅니다. "입으로 들어가는 것이 사람을 더럽게 하는 것이 아니라 입에서 나오는 것이 사람을 더럽게 한다... 입으로 들어가는 것은 뒤로 버려지면 그만이다 그러나 입에서 나오는 악한생각, 음란, 거짓증언, 비난 이런 게 정말 사람을 더럽게 한다!"

　20절의 예수님 말씀인 "씻지 않는 손으로 먹는 것은 사람을 더럽게 하지 못한다!"의 말씀은 그의 전인격과 영혼과 삶에 관한 말씀이지 위생의 말씀이 아닙니다. 바리새인들의 위선을 반박하는 말씀으로서 즉 장로들의 전통이 아니라 하나님 말씀이며 포대기보다 아기가 중요하다를 알리기 위해 인용된 위생이기에 "예수님이 손 안 씻고 밥 먹어도 된다더라!"로 받으면 곤란합니다. 논점을 벗어납니다. 손 안 씻고 밥 먹는 것이 사람의 그 영혼을 더럽게 하지는 못해도 육신을 병들게는 합니다.

45. { 부스러기 은혜 }

(마태복음 15:21~28)

예수님이 이스라엘 북방 국경을 넘어 두로와 시돈지방을 가십니다. 당시에는 베니게(페니키아)라고 불렸고 지금은 레바논입니다. 예수님이 오셨다는 소문을 듣고 그 지방에 살던 가나안여인이 자신의 귀신들린 딸을 고쳐달라고 나왔습니다. 22절을 보면 그냥 곱게 귀신들린 게 아니라 흉악하게 귀신들렸다 함으로 그 절박함과 간절함을 보여줍니다.

예수님을 부를 때 "다윗의 자손이여! 나를 불쌍히 여기소서!" 라고 불렀습니다. 마가복음 10장에서 맹인 바디메오가 예수님을 불렀을 때도 "다윗의 자손 예수여! 나를 불쌍히 여기소서!"였습니다. 다시 말하면 '왕으로 오신 예수'입니다. 바디메오는 자기 민족의 왕이니까 가능하지만 가나안 여인에게는 어닙니다. 그러나 이 여인에게 예수님은 이스라엘만의 왕이 아니라 온 민족의 왕이라는 믿음이 있었습니다.

문제는 뭐냐면 이와 같이 큰 믿음의 고백을 들으시고도 예수님은 냉담하고 차가운 반응을 보이십니다. 23~24절을 보면 예수님은 아예 들은 척을 안 하시고 아무 말씀도 안하십니다. 제자들이 말하길 저 여자가 자꾸 쫓아와서 시끄럽게 구니 돌려보내자고 합니다. 드디어 예수님이 말씀하시는데 "나는 이스라엘의 잃어버린 양을 구하러 왔지 다른 민족은 관심없다!" 하십니다. 정황상 처다보지도 않고 대답하신 겁니다.

체념이고 절망입니다. "나는 예수님 말씀대로 이방인이니까 아무 해당사항 없고 혜택도 없구나! 조건과 자격이 안 되니 나는 아닌가보다!"의 체념입니다. 길도 없고, 답도 없고, 막다른 벽 앞에서 주저앉는 절망입니다.

그런데 25절을 보면 이 여인이 주저앉지 않습니다. "여자가 와서 절하며 이르되 주여 저를 도우소서!" 아무것도 보이지 않는 벽을 마주한 상황에서 벽이라도 갈라진 틈이 있을거다 그리고 그 갈라진 틈에서 빛을 찾습니다. "빛은 갈라진 벽의 틈 사이로 들어온다!"는 말처럼 틈입하시는 하나님을 구합니다.

이 여인의 간곡한 외침에도 예수님은 더욱 가혹하고 냉정한 답을 하십니다. "자녀들의 떡을 취하여 개들에게 던짐이 마땅치 않다!" 이정도 수위의 말을 들었다면 여기는 자존심과 관련된 부분이기에 체념과 절망이 아니라 반항과 반발입니다. "듣던 것과는 완전 딴판이네! 자비롭고 은혜로운 분으로 알았는데 잘못짚었구나!" 여기는 애지간해서는 넘어서기 어렵습니다.

그런데 이 여인은 여기도 넘어서면서 무슨 말을 하냐면 "맞습니다! 저는 개가 맞습니다! 그러나 개도 그 주인의 상에서 떨어지는 부스러기를 먹습니다!", "당신이 나를 어떻게 대하고 무엇이라 부르신다 해도 당신은 나의 주인이고 나의 왕이십니다!"의 고백입니다.

자신을 개의 자리까지 낮추고 있습니다. 기독교는 자기를 한없이 낮추는 곳입니다. 그래서 먼지와 티끌에 불과한 자신을 발견하고 애통하는 마음으로 하나님 앞에 구하는 것이 우리의 기도이며 예배이고 찬양입니다. 그러니까 한 마디로 '안 되는 자'의 구함이며 나옴이며 외침입니다. "이방인이라 안 되고 개라서 안 되고 티끌과 먼지라서 안 되는데 그래서 아무 조건도 자격도 갖추지 못하고 아무런 해당사항 없는 바로 그 자리에서 구하라!"가 바로 오늘 이 가나안 여인이 후대에 교훈으로 남기는 믿음의 유산입니다.

메시아 수난이 예언된 시편 22편을 보면 여기 예수님이 당신을 얼마나 낮추셨는지 기록됩니다. 개와 벌레가 다 나옵니다. 6절 "나는 벌레요 사람이 아니라 사람의 비방거리요 백성의 조롱거리니이다!" 16절 "개들이 나를 에워쌌으며 악한 무리가 나를 둘러 내 수족을 찔렀나이다!" 18절 "내 겉옷을 나누며 속옷을 제비뽑나이다!"

가나안여인의 믿음은 앞에 있는 바리새인의 믿음과 대비됩니다. 그렇게 서로 대비시키면서 마태사도는 강력한 메시지를 던지는 것입니다. 바리새인의 신앙은 은혜를 구하는 신앙이 아니라 자기의 의를 확인받고 싶은 우월감에서 비롯된 신앙입니다. 사람들에게 정의롭고 잘난 척을 하고 싶은데 그 도구와 방편으로 택한 것이 신앙입니다.

반면에 가나안 여인은 오직 은혜와 긍휼 자비만을 바라고 예수님 앞에 나왔습니다. 자신은 이것도 안 되고 저것도 안 되고 그것도 해당사항 없습니다. 자신은 이스라엘사람도 아니고, 율법도 모르고, 그다지 착하게 산 것 같지도 않습니다. 오직 하나 "저분이 굉장히 마음이 좋은 분이다!"만 의지하고 나왔습니다.

바리새인이 예수를 배척한 것은 "우린 아브라함의 후손이고, 율법을 받은 백성이고, 택한 선민이기에 예수가 필요없다!"입니다. 그러나 성경은 그들을 향하여 "하나님은 돌들로도 아브라함의 후손을 삼을 수 있다!", "율법은 받은 게 중요한 게 아니라 행하는 게 중요하다!", "또한 너희 백성을 선민 삼으신 것은 너희가 잘나서가 아니라 이방의 제사장나라로 세우기위함이었다!"

사도바울은 로마서에서 동족유대인을 향해 조롱합니다. "너희가 할례 받은 민족이라 자만하지만 손할례당에 불과하다! 피부에 상처를 낸 것 그 이상도 이하도 아니다!" 유대인이 율법을 받은 것은 맞습니다. '율법을 받았다!'는 것은 곧 '율법을 안다!'와 일반입니다. 문제는 율법을 아는 자가 율법을 지킨 자의 행세를 했다는 것입니다.

죄를 범한 범법자가 재판장 앞에서 자기가 지은 죄와 형벌에 대해 자세히 설명하고 있다면 그것은 가중처벌이지 면책사유가 되지 않습니다. 몰라서 그랬다면 봐주기라도 하지만 알고서도 범한 것이라면 당연히 중한 형벌입니다. 하나님은 우리가 알면 아는 부분에 대한 책임을 물으신다는 것입니다.

선민이라고 하는 것도 그렇습니다. 온 민족의 제사장나라로 세우기 위해 세웠는데 교만하여져서 이방을 개처럼 여기고 정죄하며 사명을 감당 못한 것으로 나라가 망합니다. 간단합니다. 하나님의 은혜와 궁휼과 자비는 곧 아들이신 예수 그리스도입니다. 바리새인에게 예수는 없어도 되는 존재이지만 가나안 여인은 예수님과 함께 상 밑에 까지, 개의 자리까지, 부스러기를 받는 자리까지 낮아집니다. 아무런 가능성 없는 자의 영적처지와 실존을 인정하고 겸손과 감사로 하나님께 나아 갑니다.

28절에서 예수님은 가나안여인의 믿음을 크게 칭찬하십니다. 우리 모두 이 여인의 믿음에 감동하면서 또한 생각하게 되는 것은 물론 이 여인의 믿음이 자기부인과 겸손과 낮춤의 믿음인데 왜 이런 거 있습니 다. 내가 나를 스스로 낮추며 "나는 상 밑에 부스러기 먹는 개와도 같습 니다!" 하는 것과 누가 나를 향해서 "너는 개니까 상 밑에서 먹어!"하는 것과는 완전히 다른 이야기라는 것입니다.

이 여인은 먼저 예수님으로부터 "너는 개잖아!" 라는 인격 모독적 말 을 들었습니다. 그래서 저는 27절에 "주여 옳소이다!" 이 말이 큰 은혜 가 됩니다. 주님이 시험해보신 것입니다. 인격모독하려고 그런 말씀을 하신 게 아니라 얼마나 낮아졌는지 시험해보시려고 그러신 것입니다. 가장 어려운 단계를 넘어섭니다. 그래서 큰 믿음은 큰 낮아짐입니다.

46. { 바리새인과 사두개인의 누룩 }

(마태복음 16:1~12)

예수님이 말씀하신 '바리새인과 사두개인의 누룩'에 초점을 맞추려고 합니다. 먼저 본문 12절을 보시면 "그제서야 제자들이 떡의 누룩이 아니요 바리새인과 사두개인의 교훈을 삼가라라고 말씀하신 줄을 깨달으니라!" 그러니까 예수님이 말씀하신 '누룩'은 그들의 '교훈'입니다. 교훈은 인생의 지침을 받는 가르침입니다. 그런데 잘못된 것을 가르친다는 예수님의 경고입니다.

지난시간 보았던 5장 8절에서 예수님이 이사야의 예언을 인용하시며 "이 백성이 입술로는 나를 존경하되 마음은 내게서 멀도다 사람의 계명으로 교훈을 삼아 나를 헛되이 경배하는도다!" 즉 누룩은 바리새인과 사두개인의 교훈이며 곧 사람의 계명입니다.

하나님을 엉터리로 헛되이 섬기고 있으면서도 자신들이 율법을 받고 할례를 받고 택함받았다는 이유로 마치 하나님을 잘 섬기는 자의 행세와 자랑과 기만으로 살아간 사람들이 곧 바리새인과 사두개인들이었습니다. 겉으로만 하나님백성의 명분과 형태를 취했을 뿐이지 속으로 들어가면 너희들의 신앙은 너희의 잘난 척을 위한 신앙이고 하나님도 너희를 치장하기위해 불러들인 꼭두각시에 불과하다입니다.

사도바울도 로마서 4장에서 "율법받고 할례받고 선택받았으면 율법을 지켜야하지 않냐! 율법을 지킨 자의 표시로 할례를 주신 것이다! 율법을 지키지 않으면서 할례 받은 자의 행세만 하고 있으면 그것은 가짜다! 할례 받지 않았어도 율법을 지키고 있으면 그는 할례 받은 자와 진배없다! 율법을 왜곡하고 자기 좋을 대로 코걸이 귀걸이로 삼아 법꾸라 예수님이 오늘 "누룩을 주의하라!" 하심은 그것이 계속 확산되고 퍼지고 장악하려는 성질을 가지고 있기 때문입니다. 예수님은 천국비유에서 누룩의 긍정적 기능도 말씀하셨습니다. "천국은 마치 여자가 가루 서 말 속에 넣은 누룩같다!"입니다. 천국이 임했다는 것은 곧 천국의 주권자인 예수님이 오셨다는 것을 의미합니다. 천국은 확장하고 성장하며 생명력으로 영향을 끼칩니다.

예수 믿는 자는 즉 천국을 소유한 자는 그 심령 속에서 주님의 말씀이 생명력으로 꿈틀거리고 움직입니다. 말씀이 위로하며 격려하고 때론 채근하며 결단을 촉구합니다. 믿지않는 자는 이런 말씀의 영향력이 전혀 있지 않습니다.

누룩의 부정적 기능은 악한 영향력으로 우리를 장악합니다. 꼼수 부리려 하고 손바닥으로 하늘을 가리려 하며 형식과 외모만 취하고 내용과 중심은 신경 안 쓰는 것입니다. 예수님이 말씀하신 바리새인과 사두개인의 누룩은 조상들의 전통이고 교훈입니다. 아이러니한 것은 이 조상들의 전통과 교훈이 '미드라쉬' '미쉬나' 같은 율법의 해석집입니다. 즉 율법을 잘 지키겠다고 해설서로 만들어 놓은 것이 도리어 율법을 어기는 길을 열어놓았습니다.

이스라엘은 자신들이 율법받고 할례받고 택함받은 것은 "자신들이 타 민족보다 남다르며, 우수하며, 종자가 다르고, 그 어떤 탁월함이 있었기 때문이다!"에 사로잡힌 것입니다. 이 부분을 역시 사도바울은 아브라함의 예를 들어 하나님이 아브라함을 믿음의 조상으로 삼으신 것은 아브라함이 특출한 인물이었기 때문이 아니라 아브라함을 부르듯 모든 당신의 백성을 부르신다는 것을 알리는 일종의 샘플이라는 의미에서 믿음의 조상이지 행위의 근거로서 믿음의 조상이 아니다를 역설합니다.

신약의 성도들도 그대로 적용합니다. 구약의 이스라엘이 율법받고 할례받고 택함 받았다면 신약의 크리스챤은 예수받고(믿고) 세례받고 은혜받고 축복받았는 것과 같습니다. 구약의 이스라엘이 택함받은 선민이라면 신약의 성도들은 예정받은 백성입니다.

그러면 그렇게 예수를 받고 세례받고 축복받고 은혜받고 성령받고 응답받고 받고 받고 또 받은 하나님의 자녀로 살아갈 때 "내가 무언가 하나님 앞에 예쁜 구석이 있어서 이렇게 받고 받고 또 받는구나의 생각과 발상과 교만의 누룩을 조심하라!"입니다. 이것이 바로 바리새인과 사두개인의 누룩이라는 의미입니다.

신약의 성도들도 똑같이 이 누룩에 노출됩니다. 신앙이 겉모습 형태만 취하는 게 아니라 뭔가 삶의 내용과 인격과 목표하고 지향하는 바에서 달라야 한다는 것입니다. 구약의 이스라엘이 율법을 받았다고 자랑하면서 할례를 긍지로 여기듯이 오늘날 크리스천도 예수를 받았다고 자랑하면서 세례를 긍지로 여깁니다. 둘 다 투철한 선민의식이 있습니다.

구약의 이스라엘이 할례를 받았냐 안 받았냐만 있고 할례받은 자로 무엇이 다른가를 볼 때에 그 채우려고 하는 것이 자기 욕심이고 날 섬겨라 내가 왕이다 하면서 도리어 율법을 범하고 있듯이 신약의 크리스챤들도 세례받고 예수믿은 자와 그렇지 않은 자의 구별만 있고 정작 세상을 살아가는 성도들의 삶의 원리와 가치와 방법을 볼 때에 세상과 다른 것이 아무것도 없다면 그것이 어찌 예수의 은혜를 입은 자의 삶이냐는 것입니다.

그저 돈 많이 내면 축복받는다는 거짓 싸구려복음으로 진리를 왜곡하고 선동하며 예수를 거역합니다. 세상의 물질적 가치와 안목의 정욕 이생의 자랑만 좇아서 산다면 거기엔 하나님이 계시지 않습니다. "이 세상이나 이 세상에 있는 것들을 사랑치 말라 누구든지 세상을 사랑하면 아버지의 사랑이 곳에 있지 않다 이는 이 세상에 이는 것이 육신의 정욕 안목의 정욕 이생의 자랑이니 아버지를 좇아온 것이 아니요 세상을 좇아온 것이라!"

육신의 눈에 보이는 것을 좇지 마시고 영의 눈이 띄어져서 신령한 하늘의 것을 좇을 수 있는 은혜가 있기를 소망합니다. 오늘 예수님이 "바리새인과 사두개인의 누룩을 삼가라!" 하시기까지 16장 1절 이하를 보면 이 사람들이 예수님께 와서 하늘로부터 오는 표적을 구합니다.

그때 예수님은 "너희들이 날씨 분별은 하면서 어찌 시대의 표적을 분별치 못하냐! 이 시대에 나타난 하늘로서 온 표적이 바로 나다! 진짜 표적이 이미 너희들 앞에 있는데 무슨 다른 표적을 구하냐! 악하고 음란한 세대가 표적을 구하나 내가 보일 표적은 요나의 표적밖에는 없다!" 하십니다.

내가 지금 예수 믿고 있다는 그 자체가 표적입니다. 그러나 믿음이 없는 자들은 계속 표적을 구합니다. 이를테면 방언이나 환상이나 신비체험을 구합입니다. 신비체험을 구할 수는 있으나 여기에 치중하게 되면 말씀이 사라지는 것을 보게 됩니다. 말씀은 곧 분별입니다. 성도들이 크게 잘못 생각하는 것이 있는데 방언하고 환상 보는 것을 일정수준 이상의 믿음이 있을 때 가능한 것으로 아는데 전혀 그렇지 않습니다.

교회 첨 나오자마자 방언하고 환상 보는 사람도 있습니다. 그런데 이런 분들이 나중에는 좀 엉뚱한 쪽으로 나아가게 되는 것을 봅니다. 자꾸 신비적인 것을 좇으려하면 안 되고 들어서 깨닫고 분별하려고 해야 한다는 것입니다. 예수님은 지금 바리새인들과 사두개인들을 향해 3절에서 "분별치 못하냐!" 9절에 제자들에게 "깨닫지 못하냐!" 12절에 "그제서야… 깨달으니라!"에 초점을 맞추십니다.

믿음은 들음에서 나는 것이지 보는 것으로 말미암지 않습니다. 보는 것을 좇는 것을 오늘 예수님은 "음란하다!"그러십니다. 일종의 관음증이고 안목의 정욕이라서 그렇습니다. 마태복음 12장 38절 39절에서도 표적을 구하는 서기관과 바리새인자들에게 "음란하다!" 동일한 책망을 하셨습니다. 뒤이어 43절 이하에서 예수님은 일곱귀신 이야기를 하십니다. 더러운 귀신이 사람에게서 나와 돌아다니다가 갈 때가 없어 나온 곳으로 다시 가 보니 깨끗이 청소된 것을 보고 친구 일곱귀신 데리고 들어가서 이전보다 그 사람의 처지가 더욱 악화되었다는 말씀인데 자기들의 행위로 스스로 깨끗한 척하며 타인을 정죄하는 바리새인들은 어떻게 손 쓸 방법이 없다는 말씀을 이렇게 하신 것입니다.

본문 6절에 돌아와서 예수님이 "바리새인과 사두개인의 누룩을 조심하라!" 하니까 제자들이 떡 이야기 하는 줄 알고 "떡 안 가지고 왔는데 어떡하지…" 이러고 있습니다. 사람은 무슨 이야기를 하든지 결국은 떡 이야기로 들리게끔 귀가 특화되어있습니다. 예수님은 영적인 말씀을 하시는 것입니다.

두루 퍼지고 확산되어 너를 사로잡고 장악하려하는 누룩을 조심할 때에 먼저는 사람의 교훈을 받아서 겉모양만 그럴듯한 허당신앙으로 치우쳐서는 안 되고 다음으로는 자꾸만 뭘 보여달라고 하는 신앙이 아니라 "예수 그리스도가 하나님께 하늘로서 내게 주신 표적입니다!" 라고 고백하는 우리 모두이기를 축복합니다.

47. { 주는 그리스도시요 }

(마태복음 16:13~20)

예수님은 오늘 제자들을 이끌고 저 '헐몬산' 아래 '가이샤라 빌립보'라는 지역으로 가십니다. 제자들을 이곳으로 데려오심은 특별한 의도하심이 있으셨는데 그것은 사역보다는 교육을 위해서였습니다. 지금으로 하면 교회에서 수련회나 사경회 같은 것 할 때 경치 좋은 설악산 밑에 무슨 리조트 같은 곳으로 가듯이 예수님은 그런 곳으로 가신 것입니다.

가이샤라 빌립보는 바로위의 '헐몬산'이 녹아내려 요단강의 발원지가 됩니다. 그리고 바로 아래로는 이스라엘의 비옥한 토지인 '골란고원'이 펼쳐지고 계속해서 흘러내린 요단강은 갈릴리 호수를 이루고 더 밑으로 내려가 사해에 도달합니다.

푸른 숲이 우거지고 한적한 곳에서 제자들의 이해와 지식과 교육의 시간을 갖으십니다. 모든 것 가운데 가장 우선되는 것은 바른 지식입니다. 바른 지식에서 바른 삶이 나옵니다. 물론 바른 것을 아는 것과 그것을 실천하는 것은 별개이지만 바른 지식이 먼저입니다.

바른 지식을 갖는다는 것은 눈을 뜨는 것과 같습니다. 눈을 뜨고 다녀도 돌부리에 걸려 넘어지고 구덩이에 빠지는 경우가 허다합니다. 그런데 눈을 감고 다닌다면 내딛는 걸음마다 넘어지고 빠지는 것입니다.

예수님은 도입부에서 먼저 사람들이 나를 누구라 하는지 물으십니다. 세례요한, 엘리야, 예레미야라고 합니다. 그러면 너희는 나를 누구라 하느냐 "시몬 베드로가 대답하여 이르되 주는 그리스도시요 살아계신 하나님의 아들이시니이다!"라고 답했습니다. 예수님은 크게 기뻐하시며 "이를 네게 알게 한 이는 사람이 아니요 하늘에 계신 내 아버지라" 고 하셨습니다.

그러니까 깨닫게 하는 영이 따로 계십니다. 16장 2절 "그제서야 떡의 누룩이 아니고 … 깨달으니라!", 17장 13절 "그제서야 제자들이 예수께서 말씀하신 … 깨달으니라!" 성령은 몰랐던 것을 알게 하시고 잘못 알던 것을 바로 잡아 깨닫게 하시는 일을 하십니다. 오늘의 베드로는 예수님이 누군지 알고 칭찬받지만 그분이 뭐 하러 오신 분이신지는 몰라서 다음시간에는 "사탄아 내 뒤로 물러가라!"는 꾸중을 듣습니다.

한 챕터가 넘어갈수록 예수님을 아는 이해의 폭과 깊이가 더해져야 합니다. 그분이 누구시며 그 분이 무엇을 하러 오신 분이며 어떻게 오셨는지를 이해할 때에 오늘은 그분이 누구신지입니다. 베드로의 고백을 들으시고 18절에서 주님은 "너는 베드로다 내가 이 반석위에 내 교회를 세우리니 음부의 권세가 이기지 못하리라!"하십니다.

이때부터 베드로입니다. 다른 말로 '게바'이고 우리말로는 '반석'입니다. 본래 이름은 '시몬'입니다. 이 반석위에 주님은 교회를 세우신다 하시는데 그 의지가 얼마나 강력하신지 일인칭 대명사 '내가'라는 말이 무려 4번이나 언급됩니다. "내가 말한다!", "내가 반석위에!", "내가 세운다!", "내가 줄거다!"

교회는 철저히 주님의 교회이지 사람의 교회가 아닙니다. 교회가 갈수록 쇠퇴하는 것을 보고 나중에는 없어질거다 라고 걱정하는 분들이 계십니다. 그러나 교회는 오직 주님이 반석위에 세우셨고 주님이 전능한 손으로 붙들고 계시며 친히 당신의 경륜으로 보존하십니다.

여기서 말하는 교회는 지역교회로서 조직과 건물과 직제(직분과 제도)를 말하는 것이 아니라 그리스도가 친히 머리되시고 그의 몸으로 부르신 모든 성도들의 연합체를 의미합니다. 즉 다시 말하면 인적구성원입니다. 그리스도는 교회의 머리이며 교회는 그리스도의 몸이기에 머리 있는 곳에 몸이 있고 몸이 있는 곳에 머리가 있음과 같습니다.

주님은 당신의 성도들을 부르서서 친히 몸을 삼으십니다. 그리고 그 몸된 교회를 "주는 그리스도시오 살아계신 하나님의 아들이십니다!" 위에 세우십니다. 여기가 반석입니다. 굳건하고 견고하여 흔들리지 않는 반석이기에 음부(지옥)의 권세가 이기지 못한다 하십니다.

주님이 18절에서 "내가 네게 이르노니 너는 베드로다!" 하신 것은 베드로 개인에게 하신 말씀이라기보다 "지금 네가 한 말(고백)이 곧 베드로다!"입니다.

항상 기억해야 할 것은 기독교는 "너 뭐하고 있냐?"를 물어보기에 앞서서 "너 어디에 있냐!"를 물어보는 곳입니다. 바로 "주는 그리스도시요 살아계신 하나님의 아들이십니다!" 이 위에 있어야 한다는 것입니다. 마태복음 7장에서도 반석이야기가 기록됩니다. "나더러 주여 주여 하는 자마다 천국 가는 게 아니라 하나님의 뜻대로 행하는 자가 천국 가는데 그날에 많은 사람들이 내게 와서 주의 이름으로 선지자 노릇하고 귀신을 쫓아내고 많은 권능을 행하지 않았습니까! 내가 너를 도무지 알지 못하지 불법을 행하는 자야 내게서 물러가라! 그러므로 내 말을 듣고 행하는 자는 기초를 반석위에 놓은 연고로 바람불고 창수나도 흔들림이 없겠지만 행치 않는 자는 기초를 모래위에 세운 결과 바람불고 창수날 때 그 무너짐이 심하리라!" 하십니다.

여기서도 행함과 기초가 절묘하게 대비됩니다. 하나님의 뜻을 행하며 내말을 듣고 행하는 자가 천국 가는데 그 행함이 곧 뭐냐면 반석 찾아가는 행함입니다. 사람들이 행함을 이해할 때 종교적 행위로만 이해합니다. 그래서 예배 많이 드리고 전도하고 헌신하는 것이 반석위에 있는 것이고 천국도 가는 것으로 아는데 결정적으로 그게 아니라는 것이 22절입니다.

행함보다 기초가 더 중요하다는 것을 보이십니다. 소위 주여 삼창하고 선지자 노릇하고 귀신 쫓아내고 많은 권능을 행하는 것이 이게 다 하나님을 잘 섬기는 자중에서도 상위클래스에 있는 사람들이 하는 것입니다. 그런데 이게 다 자기영광의 발판위에서 한 거지 "주는 그리스도시요 살아계신 하나님의 아들입니다!" 위에서 한 것이 아니더라 입니다.

"얼마나 위대하고 굉장한 것을 하고 있느냐가 중요한 게 아니라 어디서 무엇을 기초로 그것을 하고 있느냐!" 입니다. 예수십자가의 자기 부인과 섬김이 아니라 자기 자랑과 높임의 수단으로 믿음을 팔고 하나님을 빙자하여 자기 비즈니스를 하고 있다면 그곳은 모래 위가 될 것입니다.

마지막으로 19절 20절의 천국열쇠입니다. 예수님이 베드로에게 주시겠다고 하신 천국열쇠는 힘과 권력이 아닙니다. 이것을 힘과 권력으로 이해하면서 천주교의 교황이 만들어집니다. 초대교황이 베드로이고 5세기 레오1세가 베드로의 열쇠를 이어받아 처음 교황(교회의 황제)이란 말을 사용합니다. 그리고 문을 열려면 경첩이 있어야 하는데 경첩이 곧 '카디널' 즉 추기경입니다. 벌써 권력화 계급화 하는 사람냄새 세속냄새 정치냄새가 펄펄 납니다.

물론 베드로가 예수님과 함께 지내던 3년 반 동안 수제자라는 것은 부인하지 않습니다. 그러나 예수님 부활이후에 사도행전 15장을 보면 베드로는 교회의 대표격으로 있지 않습니다. 모든 사도와 장로들을 대표하여 야고보가 그 자리에 있습니다. 베드로는 그의 서신에서 "나는 여러분과 함께 장로된 자요 여러분이 택한 백성이고 왕같은 제사장이고 거룩한 나라"라고 말하고 있습니다.

천국열쇠를 이해하고 소유할 때 권력과 힘과 칼자루 쥔 자의 세도가 아닙니다. 하나님과의 소통입니다. 천국이 열리는 것으로 하나님의 것이 우리에게 오고 우리의 것이 하나님께 갑니다. "주는 그리스도시요 살아계신 하나님의 아들이시니이다!"의 고백이 곧 땅위에 흔들리지 않는 반석이며 하나님과 소통하는 문이며 열쇠입니다.

48. { 십자가 }

(마태복음 16:21~28)

예수님은 우리의 구원자로 이 세상에 오셨습니다. 죄와 사망이 왕 노릇 하는 이 세상에서 죄의 종으로 살다가 결국 지옥의 형벌에 떨어져야 하는 사람들을 건져내기 위함입니다. 어떻게 건져내시냐하면 당신의 몸이 되게 함으로 건지십니다. 몸이 각지체로 이루어짐으로 서로 연락하여 머리의 다스림을 받듯이 머리되신 예수님은 몸 된 성도들을 보양하며 몸 된 성도들은 머리되신 예수님께 순종합니다.

여기서 몸이 곧 교회입니다. 주님은 우리 모두를 교회로 구원하십니다. 그러면 그렇게 성도들을 당신의 몸(교회)되게 하실 때 무엇을 근거로 어떤 과정과 방법을 거치는지 말씀드립니다. 그 방법은 십자가입니다. 십자가로 이루신 구원이며, 세우신 교회이며, 다스리는 나라입니다. 십자가를 빼면 기독교는 없습니다.

십자가는 창조자, 통치자, 섭리자, 심판자이신 분이 당신을 완전히 부인하는 사건입니다. 십자가는 스스로 장렬하게 죽으신 자리가 아니라 사람들에게 끌려가서 비참히 죽으신 자리입니다. 여기를 깊이 이해하고 소유해야 합니다. 빌라도가 잡혀온 예수님에게 묻기를 "네가 유대의 왕이냐?", 예수님이 "그렇다!" 하시고 더 이상 아무 말도 하지 않으시니 이상히 여깁니다. "무슨 이런 왕이 다 있냐!"는 조롱의 의미로 십자가에 '유대인의 왕'이라는 팻말을 걸게 합니다.

사람은 힘과 권력이 있으면 그것을 드러내고 행세하는 것으로의 자기증명입니다. 그러나 하나님은 당신의 존재와 능력과 신분을 감추고 비우고 부인하는 것으로의 자기증명입니다. 사람은 신앙마저 권력이

돼서 "너 내 말 안 들으면 지옥 가!", "다른데 가면 저주받아!"만 하려고 합니다. 자기말 잘 듣고 꼼짝 못하게 하기위해 모든 이단들이 취하는 형태입니다.

예수님은 많은 사람을 구원에 반열에 올려놓기 위해 자기 한 몸 기꺼이 십자가에 던지시는데 사람은 자기 한 몸 영광의 보좌에 오르기 위해 많은 사람들 자기 발밑에 놓으려합니다. 오직 홀로의 승리를 위해 모두를 패배자로 만드는 일을 서슴없이 행합니다.

감사기도나 감사헌금 제목에도 왜 이런거 있습니다. "교회 많은 집 아이들이 대학 떨어졌는데 우리아이 붙여주셔서 감사합니다!", "아무개는 다리 두 개 부러졌는데 저는 하나만 부러져서 감사합니다!", "태풍이 온 마을을 휩쓸고 갔는데 우리 집만 멀쩡하게 하시니 감사합니다!", "코로나로 많은 교회가 망했는데 우리교회 부흥케 하시니 감사합니다!"

이런 기도는 남을 밟고 자기를 세우는 기도입니다. 여기서 언급된 사람들은 내가 찾아가고 위로하고 소망을 줘야하는 대상이지 그 위에 감사라는 이름으로 내 자랑의 깃발을 꽂는 자리가 아닙니다. 우는 자들과 함께 울지는 못할망정 내 잘남의 지렛대로 사용할 수 없는 사람들입니다. 그들을 두 번 죽이는 행위입니다.

"힘든 상황과 어려운 지경 악한 세상에서 저와 함께 해주심에 감사합니다!" 정도면 모르지만 너도 알고 나도 알고 우리 모두가 아는 사람들이 분명히 앞에 있는데도 불구하고 기도와 감사라는 이름으로 그들에게 상처를 주는 일은 있어서도 있을 수도 없습니다.

본문으로 다시 돌아갑니다. 예수님이 십자가 죽음을 처음 이야기하십니다. 당연히 제자들도 처음 듣습니다. "내가 예루살렘에 올라가 대제사장과 서기관들에게 많은 고난을 받고 죽을거다! 그리고 삼일만에 살아날거다!" 베드로가 예수를 붙들고 항변하여 "절대로 그런 일은 일어나지 않을 겁니다!"

그래서 베드로는 "사탄아 물러가라!"의 책망을 듣습니다. 성경에서 예수님이 "사탄아 물러가라!" 딱 두 번 하셨습니다. 사탄이 천하만국영광을 보여주며 자신에게 절하라고 하자 "사탄아 물러가라! 하나님을 섬기고 경배하라 하였느니라!"입니다.

그만큼 사안이 중대하고 심각한 이야깁니다. 여기서 열쇠가 되는 예수님의 말씀은 "네가 하나님의 일을 생각지 않고 사람의 일을 생각하는도다!" 하나님의 일은 독생자가 힘없이 끌려가서 십자가에서 죽는 것입니다. 사람의 일은 독생자가 세상권력을 얻고 보좌에 앉아 영광을 얻는 것입니다. 베드로는 아직 후자에 속해 있습니다.

지금도 많은 사람들이 예수 믿을 때 세상에서 복 받겠다고 예수를 믿습니다. 처음엔 누구나 그럴 수 있습니다. 제자들도 그랬습니다. 그런데 나중에 이게 어찌 되냐면 "복을 위한 예수라면 복이 아니면 예수도 아닌 게 되어버리더라!"입니다. 기독교는 세상의 복을 위해 예수를 취하는 게 아니라 거꾸로 예수를 얻겠다고 세상과는 단절하는 것입니다. 세상의 복이 아니라 영적인 복 천국의 복 신령한 복을 지향합니다.

여기는 우리 신앙의 기초가 되는 부분입니다. 기초는 반석입니다. 예수가 내 신앙의 내용이고 목적이지 내 복을 목적으로 예수를 도구와 방법 삼지 않습니다. 예수님은 24절에서 말씀하십니다. "누구든지 나를 따라오려거든 자기를 부인하고 자기 십자가를 지고 나를 따를 것이니라!" 자기를 부인한다는 것은 이 모든 상황을 받아들이고 감수하겠다는 것입니다. "내가 왜 이 길을 가야 돼!", "내가 왜 이 고생을 해야 돼!" 억울해 하고 반항하면서 질 수 없습니다.

예수님은 어느날 갑자기 하늘에서 뚝 떨어지셔서 십자가를 지신 것이 아닙니다. 베들레헴 말구유라는 빈궁한 지경 속에 담겨서 오십니다. 헤롯왕의 살해위협을 피해 애굽으로 도망가야 하는 처지에 놓이십니다. 30년을 가난한 목수의 아들로 사시다가 3년 공생애 동안 "여우도 굴이 있고 새도 집이 있지만 인자는 머리 둘 곳 없다!" 하시는 피곤함과 시달림과 곤고함이라는 지난한 시간을 살으십니다. 유혹과 시험, 왜곡과 억울함, 조롱과 배신, 수치와 폭력에 그대로 노출된 채로 걸어가신 십자가의 길입니다.

그리고 그 같은 지경과 처지는 하나님이 허락하고 가라하신 길입니다. 우리도 똑같습니다. 내가 지금 당하는 고난이 뭔가 하나님이 하시는 일에 착오와 차질이 생겨서 벌어진 일이 아닙니다. 하나님이 나를 외면하시고 방치하셔서 내 기도가 거부당했기 때문에 겪는 현실이 아니라는 것입니다. 어제 기도한 응답으로 허락된 오늘입니다. 신앙이 깊어지면 "내가 지금 하나님의 손에 붙잡힌 길을 가고 있구나!", "이게 하나님의 일하심이구나!"를 알게됩니다. 하나님의 일하심을 자신의 존재와 처한 현실에서 이해합니다. 신앙은 이렇게 현실을 오롯이 살아내는 것이지 도망가는 피안이 아닙니다. 우리 모두는 다 똑같이 하루라는 시간 속으로 보내집니다. 누구에게나 공평하게 주어지는 시간입니다. 내가 여기서 저기서 두 번 살 수 없고 내가 다른 사람으로 살수도 없습니다. 각자의 삶속에 하나님이 놓으신 오늘입니다.

"거기서 억울해 하거나 한탄하거나 체념 절망하지 말라!" 입니다. 그것이 비록 나의 미련함으로 벌어진 현실이라 할지라도 하나님이 내게 주신 운명과 약속이 변개되지 않으니 "하나님 너무 너무 싫습니다!" 비명을 지를지언정 가던 길 가고, 그 시간을 살고, 그 자리를 지키라는 것입니다.

"하나님 너무 너무 싫습니다!" 이것을 예수님 버전으로 하면 겟세마네의 기도입니다. "하나님! 할 수만 있으면 이 잔을 내게서 지나가게 하옵소서!"가 "하나님 너무 너무 싫습니다!"입니다. 같은 기도를 세 번이나 하셨습니다. 그리고 그 다음거 해야 합니다. "내 뜻대로 마옵시고 아버지의 뜻대로 하옵소서!" 아무것도 보이지 않고 도망갈 수도 자폭할 수도 없는 그 현실이 십자가입니다. 그 누군가의 말처럼 자폭은 쉬운겁니다. 쉬운 길로 가면 하나님이 불같이 진노하십니다.

25절에서 주님은 "누구든지 목숨을 구원고자하면 잃을 것이요 잃고
자 하면 얻을 것이라!" 즉 "쉬운 길을 택해서 얻을 수 있는 것은 없다!"
입니다.

49. { 그의 말을 들으라! }

(마태복음 17:1~8)

예수님이 베드로와 요한과 야고보를 데리고 '변화산'에 오르십니다. 교회사적으로는 갈릴리 근방 '다볼산'이라하는데 현대에 와서는 예수님이 조금 전 '헐몬산' 바로 아래인 '가이샤라 빌립보'에서 베드로에게 신앙고백을 받으셨기에 '헐몬산'이라는데 더 설득력이 있습니다.

예수님의 모습이 갑자기 변화되십니다. 얼굴은 해처럼 빛나고 옷은 빛처럼 하얘지셨습니다. 그리고 두 사람이 나타났는데 모세와 엘리야입니다. 구약 이스라엘을 대표하는 인물 두 명입니다. 구약시대를 율법과 선지자의 시대라 하는데 율법의 대표가 모세라면 선지자의 대표는 엘리야입니다.

예수님과 모세 그리고 엘리야가 무슨 말씀을 주고받으십니다. 내용이 기록되지는 않았지만 십자가에 대해 논하셨다는 것이 중론입니다. "예수님! 십자가의 길을 어찌 가시겠습니까!", "아버지께서 내게 주신 잔을 내가 어찌 마시지 않겠냐!" 이런 말씀이 오고갔을 것입니다.

이런 와중에 4절에 베드로가 끼어듭니다. 베드로는 잘 드리대서 "네가 복이 있다!" 칭찬도 받고 잘못 드리댔다가 "사탄아 물러가라!" 꾸중도 듣습니다. 이게 지금 얼마나 놀라운 경험입니까! 저 같으면 놀라서 입만 벌리고 있었을 것 같습니다. 그리고 지금 어른들 대화중이십니다. 거기 끼어들어서 "주여 우리가 여기 있는 것이 좋사오니 주께서 원하시면 초막 셋을 짓되 주님과 모세와 엘리야를 위해 짓겠습니다!"하고 있습니다.

초월을 경험한 것으로 내려오고 싶지가 않은겁니다. 그러나 우리의 참된 초월은 고린도전서 15장 51절처럼 "보라 내가 너희에게 비밀을 말하노니... 마지막 나팔에 순식간에 홀연히 다 변화하리니... 데살로니가전서 4장 16절 "주의 호령과 천사장의 소리와..." 의 말씀처럼 예수님의 재림 시에 있을 것입니다. 그 때까지 우리는 예수님 말씀 들어야 합니다.

그래서 5절에서 "이는 내 사랑하는 아들이요 내 기뻐하는 자니 너희는 그의 말을 들으라!" 하십니다. 동일한 내용의 말씀이 예수님이 세례 받으실 때에도 들렸습니다. 예수님이 지금 제자들 앞에 변화되시고, 모세와 엘리야가 나타나며, 하나님의 음성을 직접 들려주시는 것은 예수님의 신적권위를 확인시켜주는 것으로의 경험입니다. 베드로가 조금 전에 고백한 "주는 그리스도시요 살아계신 하나님의 아들입니다!" 가 참이라는 증명입니다.

우리가 예수님 말씀을 들어야 함은 예수님에게서만 '의'와 '선'과 '진리'와 '생명'이 나오기 때문입니다. 사람들이 말하는 '의'와 '선'과 '진리'와 '생명'은 그것이 다 상대적이고 그 부분에서만 해당되지 절대적이지 않습니다. 절대적 가치와 생명은 오직 주님에게만 나오고 만들어집니다. 그러면 대번에 사람들은 "그런게 어딨냐!"라고 따집니다.

구약 사무엘상 15장을 보면 하나님이 사울왕에게 아말렉을 진멸하라고 명령했는데 사울왕은 하나님께 제사한다는 명분으로 포동포동 살찐 양을 남깁니다. 15장 21절을 보면 "마땅히 멸할 것 중에서 가장 좋은 것으로 당신의 하나님께 제사하려고 양과 소를 끌어왔나이다!" 여기서 '가장 좋은 것'이 문제가 됩니다. 사울왕의 시각에서는 '가장 좋은 것'이지만 하나님의 시각에서는 '가장 나쁜 것'입니다. 하나님은 그것을 "나쁘다 악하다 멸하라!" 하셨는데 사울은 "좋다! 선하다! 남깁니다!" 결국 "내가 악하다고 한 것을 왜 네가 선하다 하느냐!"로 사울왕은 폐위됩니다. 우리가 사울 왕이 믿음 없다고 폄하하지만 이게 쉬운 것 같아도 굉장히 어려운 부분입니다.

신약에도 이와는 반대되는 비슷한 내용이 있습니다. 사도행전 11장 8절을 보면 베드로가 환상 중에 보자기가 하늘에서 내려오는 것을 봅니다. 그 안에는 유대인이 부정하여 먹지 못하는 동물들이 들어있는데 하늘에서 소리가 들리기를 "이것들을 먹어라!" 그러시는 겁니다. 베드로가 "이것은 부정하여 못 먹습니다!" 하니까 9절에서 "하나님이 깨끗하다 한 것을 네가 속되다 하지 말라!" 하십니다.

사울왕은 하나님이 악하고 나쁜 거라 했는데 자기는 선하고 좋은 거라 했고 베드로는 하나님이 선하고 좋은 거라 했는데 자기는 악하고 속된 거라 한 것입니다. 우리는 말씀의 조명으로 선과 악을 보아야지 나의 식견과 경험으로 선악을 말해서는 안 됩니다. 내가 더럽게 보여도 하나님이 깨끗하다면 그것이 깨끗한 것이고 내가 선하게 보여도 하나님이 악하다하시면 그건 악한겁니다.

사람이 초자연적인 경험을 하게 되면 자신이 얼마나 하찮은 존재인지를 알게 됩니다. 하나님이 없다고 부인하는 무신론자들도 초월을 한 번이라도 경험하게 되면 엄청난 두려움과 위엄 앞에 죽은 자처럼 됩니다. 무한하신 하나님 앞에 지극히 유한한 나를 낮추고 작게 여겨야 합니다. 이 드넓은 우주 속에 먼지 같은 지구, 그리고 그 지구에 먼지 같은 나, 그 내가 가지고 있는 지식입니다.

"하나님은 과연 우주의 먼지 같은 내 인생을 알기나 하실까?", 더욱이 "그 인생이 지금 겪고 있는 문제와 고민과 갈등 소원을 알기나 하실까?" 하는 게 우리생각입니다. 그래서 욥은 "우주먼지 같은 한 인생 뭐 아침마다 찾아오시고 저녁마다 참견하십니까!", "우주 먼지가 뭘 좀 잘했다고 해서 그게 무슨 하나님께 도움이 되겠으며 반대로 뭘 좀 잘못했기로서니 그게 하나님께 무슨 해가 되겠습니까! 그래봐야 먼진데…"

이런 말 잘못하면 계룡산 가야 하는데 이해를 위해서 드립니다. '갈릴레오 갈릴레이'가 이런 말을 했습니다. "무한의 세계에서는 '작다, 크다, 같다'를 논할 수 없다!" 그러니까 "와! 우주가 크다!", "먼지는 너무 작다!" 이런 말을 어디서는 할 수 없냐면 무한의 세계에서는 할 수 없습니다. 무엇에 비해서 작다 크다 해야 하는데 그 기준이 상대적이기 때문입니다. 수와 공간의 무한에서는 그렇다는 것입니다.

'어디서'라고 할 수 있는 무한을 '누구'라고 바꾸면 하나님 앞에서는 "우주가 크다! 먼지가 작다!" 할 수 없습니다. "우주가 먼지 속에서 펼쳐진 우주일 수 있다!" 입니다. 형태를 보아도 거시우주와 미시원자가 비슷한 모양을 하고 있습니다. 항성을 중심으로 행성이 돌고 있듯이 원자핵을 중심으로 전자가 그리합니다. 죽은 자를 살리시고 없는 것을 있는 것처럼 부르시는 하나님의 또 다른 이름이 무한입니다. 하나님은 존재와 속성과 지식과 능력에서 무한하십니다.

"무한하신 하나님은 먼지 같은 우리 한 사람 안에 우주를 갖고 계실 수 있다!"를 말씀드리기 위함입니다. 사람은 최고로 사랑하는 사람이라면 단 한 사람이어야 하는데 하나님은 모든 성도 한 사람 한 사람을 우주를 품듯이 최고로 사랑하실 수 있습니다.

자녀를 향한 부모의 사랑이기도합니다. "열 손가락 깨물어 안 아픈 손가락 없다!"는 말은 사랑은 쪼개지거나 분배되는 것이 아니라서입니다. 부모가 지닌 사랑의 분량이 10개가 있고 자녀가 10명 있으면 십분의 일로 쪼개져서 10명의 자녀에게 고루 나누어가는 것이 아니라 "10개의 분량 전부가 한 자녀를 향해 그렇게 10명에게 간다!" 입니다.

어떤 할아버지가 애지중지 금이야 옥이야 데리고 키운 손녀에게 할머니가 묻기를 "세상에서 누가 최고로 좋아?" 하면 당연히 할아버지라고 하는 겁니다. 할머니가 섭섭해서 "할머니는 둘째라도 시켜줘!" 그러니까 이 아이가 울면서 하는 말이 "할머니 둘째는 없어!", "내 마음은 나눌 수가 없어!" 누가 가르쳐준 것도 아닌데 사랑의 신비를 알고 있습니다. 사랑은 그 속성에서 배타적이어서 '전부'아니면 '낫싱'입니다. 우리가 주님 말씀 들어야 함은 나는 너를 위해서라면 고난도 죽음도 십자가도 다 괜찮다 하시며 우리를 사랑하시기 때문입니다.

50. { 관계 }

(마태복음 17:14~20)

어떤 사람이 간질에 걸린 아들의 병을 고치고자 예수님의 제자들에게 데리고 왔으나 제자들이 고치지 못한 것이 오늘 본문의 발단입니다. 예수님이 변화산에서 내려오시자 예수님이심을 알아본 이 사람이 엎드려 절하며 여차저차 있었던 일을 이야기합니다.

"당신의 제자들이 고치지 못했습니다!" 하니까 예수님은 제자들을 향해 "믿음이 없는 세대여 너희와 얼마나 함께 있으리요!" 책망하시고는 그 아이를 데려오라 하시고 말끔히 고쳐주셨습니다. 이후에 제자들이 머리를 긁적이며 예수님께 나와서 "우리는 왜 못 고쳤습니까?" 여쭙자 예수님은 "너희 믿음이 적은 연고다! 기도와 금식 외에는 이런 유가 나가지 않는다!" 하셨습니다.

'믿음'과 '기도'입니다. 소위 신앙을 가지고 있는 모든 사람들의 마음 속에 자리한 신앙심의 기본구성요소이면서 전체내용이라고 할 수 있습니다. 기독교만 믿음과 기도가 있는 것이 아니라 범신론을 대표하는 불교도 기독교짝퉁(유일신)인 이슬람도 기도와 믿음이 있습니다.

그러나 믿음과 기도를 말할 때 기본조건으로 취해야하는 것이 신앙의 주체인 나와 객체인 신이 있어야한다는 점에서 불교는 고도로 발달한 동양철학이지 종교라 할 수 없습니다. 신앙의 대상인 부처님이 있는 게 아니라 돌도, 나무도, 꽃도, 나도, 너도 모든 만물이 부처이기 때문입니다. 또한 이슬람의 알라신은 사람과 교통하는 신이 아니라 폭정을 행하는 무자비한 전제군주와 같은 신이라서 '닌샬라' 면 모든 것이 끝나는 종교입니다.

기독교는 신앙하는 나와 대상인 하나님이 계시고 하나님은 끊임없이 당신을 당신의 백성들에게 계시하시고 알리시며 교통하시는 하나님입니다. 뜻을 알리시고 계획을 알리시고 목적을 알리시고 너의 지금상태를 알리시며 그래서 어찌해야 하는지도 알리시는 자비롭고 은혜롭고 사랑 많으신 하나님이십니다.

우리 신앙의 기초며 내용이며 핵심이라고 할 수 있는 '믿음'과 '기도'를 논할 때 이건 인격과 인격 사이에서 만들어지는 것이며 나와 하나님의 관계 속에 자리하는 내용물이라는 것입니다.

"믿음이 좋은 것이 무엇입니까?" 물었을 때 사람들은 자연인의 종교성을 가지고 다 똑같이 말합니다. 기도 많이 하고 예배 많이 드리고 헌신하는 것이라 합니다. 물론 참된 믿음이 이런 헌신의 요소들을 가지고 있지만 이것이 전부가 아닙니다. 너무도 분명한 것은 기독교에서 말하는 믿음은 손바닥에 지문이 없어질 정도로 비는 범신론이 아니고 이슬람처럼 알 수 없는 두려운 신 앞에 '닌샬라' 하면서 메카를 향해 하루 다섯 번씩 절하는 믿음도 아닙니다.

이슬람은 고통스런 현실 앞에서 '닌샬라'(신의 뜻)이라 하면 모든 것이 거기서 끝이지만 기독교는 사람들이 끝이라고 하는 거기가 시작입니다. 뜻하신 바가 있는 끝이라는 것입니다. 죽으면 끝이 아니라 부활로 가기위한 죽음이며 십자가의 길은 장차있을 영광을 바라보는 길이며 고난은 축복을 담보하는 문으로서의 고난입니다. 죽음, 고난, 십자가 그 자체를 목적으로 하는 건 기독교에서는 없습니다.

참된 믿음은 신앙의 대상인 그분을 잘 아는데서 시작합니다. 그분의 생각과 계획과 목적하심을 아는 것입니다. 하나님은 예수님을 구원자로 이 땅에 보내시는 일을 알리기 위해 구약성경을 주셨으며 아브라함도 이스라엘도 그래서 택하셨습니다. 그리고 구원을 이루는 방법이 십자가인 것을 알리신 것이 신약성경입니다.

예수님의 메시아 되심을 의심한 세례요한은 제자를 보내서 "우리가 다른 메시아를 기다려야 하겠습니까?" 하자 예수님은 "맹인이 보며, 못 걷던 자들이 걷고, 나병환자가 깨끗하게 되며, 죽은 자가 살아났다!"고 전하라고 하셨습니다. "불치병이 치유되고 귀신이 쫓겨 가는 것이 그리스도의 표적임을 나타내는 것이 아니냐!"입니다.

또한 예수님은 그 능력을 당신의 것으로만 하지 않으시고 제자들에게도 주십니다. 마태복음 10장 1절 8절을 보면 "예수께서 그 제자 열둘을 택하사 더러운 귀신을 쫓아내며 모든 병과 모든 약한 것을 고치는 권능을 주시니라!", "병든 자를 고치며 귀신을 쫓아내되..." 제자들은 실제로 주께 받은 능력을 행사했습니다.

그런데 오늘 본문에서는 아닙니다. 지금은 왜 안 되는 거죠? 소위 매너리즘에 빠지는 것입니다. 이 능력이 주님을 드러내고 밝히는데 쓰여져야 하는데 자꾸 하다보니까 자기능력을 드러내는 수단이 되더라 입니다. 마치 구약의 모세를 통해 하도 하나님의 능력이 많이 나타나니까 나중에 모세는 마치 자신이 하나님인 냥 반석을 두 번치는 것으로 죄를 짓게 됩니다.

우리의 믿음과 기도는 "주는 그리스도시요 살아계신 하나님의 아들이십니다!"를 증명하는 일이라는 것을 잊어서는 안 됩니다. 사도행전 3장을 보면 베드로가 못 걷던 자를 일으키고 나서 사람들에게 하는 말이 "왜 우리의 경건과 능력으로 이런 일이 일어난 것으로 생각하느냐! 십자가에서 죽으시고 부활하신 예수 그리스도가 이 자를 일으켰느니라!"를 주목해야 합니다.

또한 우리의 믿음과 기도는 위에서도 잠깐 언급했듯이 철저히 관계 속에서 이루어지는 것이지 기계적인 것이 아닙니다. 동전 넣고 커피 뽑듯이 믿음을 넣고 응답을 뽑고, 기도를 넣고, 순종을 넣고, 십일조를 넣고, 아래로 축복을 뽑는 식으로 이해해서는 곤란합니다. 그래서 기계적이라는 말은 주술적이라는 말과도 상통합니다.

오늘 제자들이 매너리즘에 빠져서 하나님과의 관계를 고려하지 않고 예수를 넣으면 기적이 나오는 것처럼 "예수이름으로 귀신아 나가라!" 하니까 안 나갑니다. 옆에 있던 다른 제자가 "야! 나사렛이 빠졌잖아!" 그래서 "나사렛예수이름으로 나가라!" 그래도 안 나갑니다. 이를테면 그렇다는 것입니다. "예수이름을 '열려라 참깨!'식으로 가져가지 말라!"입니다.

우리의 믿음과 기도는 철저히 아버지이신 하나님과 그의 자녀인 성도들 사이에 자리하는 관계라는 것입니다. 사람이 사회적 동물이라는 것은 사람이 세상을 살아갈 때 관계로 살아가는 것입니다. 부부관계, 부모자녀관계, 형제관계, 하나님과의 관계... 어리석은 사람일수록 눈앞에 이익을 위해 관계를 팔아버립니다. 관계를 업신여기고, 금이 가게하고, 소홀히 여깁니다.

강남에 정신과가 부쩍 늘었다고 하는데 요즘 상담 받는 내용 중에 부모자식간 사기사건으로 인한 정신적 쇼크가 다수를 차지한다고 합니다. 부모와 자식이 서로 사기를 치고는 쇼크를 받은 겁니다. 사기를 친 쪽도 나중에는 사람이 못 할 짓 한 것을 알고는 또 정신질환에 걸려 찾아옵니다. 부모자녀관계가 그 모양인데 그 사람의 어떤 관계가 온전한 관계가 있겠습니까! 강남이 자본주의 막장이 펼쳐지는 곳 같습니다. 갈수록 물질만능이 극단으로 치우칩니다.

"관계를 이익의 재료로 사용하지 말라!" 입니다. 신명기 8장을 보면 하나님이 이런 말씀을 하십니다. 하나님이 너희로 이 사십년 광야 길을 가게하신 것은 너희를 낮추고 시험하사 너희 마음이 어떠한지 내 명령을 잘 지키는지 안 지키는지 알아보려 하심이라 하시고는 다음 구절에서 "이는 사람이 떡으로만 살 것이 아니요 하나님의 입에서 나오는 모든 말씀으로 사는 것을 알게 하려하심이라!" 그러니까 하나님도 '우리를 알아보시는 것'이고 또한 하나님은 '우리로 알게 하시는 것'입니다. 무엇을 알아보고 알리시냐면 '관계'입니다.

저는 여기서 "사람이 떡으로만 사는 것이 아니요 말씀으로 사는 것
이다!"를 "사람이 돈으로만 사는 것이 아니요 관계로 사는 것이다!"의
말씀으로 이 시대에 받고 싶습니다. 미련한 사람일수록 돈을 얻기 위
해 관계를 깨지만 지혜로운 사람일수록 돈을 잃더라도 관계를 얻을 것
입니다. 사랑하는 성도여러분의 관계가 건강할 때에 특별히 하나님과
의 관계를 소중히 여기시기를 바랍니다. 오늘 말씀의 주제인 믿음과 기
도는 바로 그 관계 속의 그 어느 언저리에 자리한 것이기 때문입니다.

51. { 실족 }

(마태복음 17:22~27)

본문 24절입니다. 예수님이 가버나움에 이르니 성전세를 받는 자들이 베드로에게 "와서 너희 선생은 왜 성전세를 내지 않느냐!"고 따졌습니다. 당시 유대성인 남자들은 반세겔의 성전세를 내도록 되어있었습니다. 베드로는 "내신다!" 하고는 집에 들어가자 예수님이 벌써 다 아시고 베드로에게 물으십니다.

"베드로야! 세상 임금이 세금을 거둘 때 그 아들에게냐? 백성에게냐?", "백성에게입니다!" "맞다! 아들은 면제다! 그러나 저들이 실족하지 않게 하기 위해서 낚시를 던져 처음에 잡히는 물고기 입속에서 한 세겔을 취하여 너와 나의 성전세를 내도록 해라!"

베드로와 제자들은 예수님이 하나님의 아들이심을 믿었지만 그들은 아닙니다. 이 세상 모든 사람들이 "주는 그리스도시요 살아계신 하나님의 아들이심"을 믿는 것은 아닙니다. 마태복음 11장 6절에서는 세례 요한마저 예수님의 메시아 되심을 의심합니다. 사회적 군사적 정치적 힘을 가지고 불의한 세상을 확 뒤집어엎고 뭔가 하나님 말씀대로 살아간 자신들에게 보상을 해주는 메시아를 기대했는데 그게 아니었기 때문입니다.

이 세상에는 아는 자와 모르는 자, 믿는 자와 안 믿는 자, 성숙한 사람과 미숙한 사람이 있습니다. 네가 모든 부분에서 성숙한 지경에 있다면 무지와 불신앙과 미숙한 사람들 앞에 가서 그들을 나무라는 것으로 너의 그럴듯한 신앙을 확인하려 하지 말고 그들과 같은 눈높이를 품는 것으로 너의 믿음을 확인하라는 것이 오늘도 동일하게 주시는 말씀이며 요구하시는 성육신의 실천입니다.

　예수님은 바다건너 구름 속 깨끗한 물에서만 말씀하시는 것이 아니라 우리의 인생이라고 하는 구정물에 찾아오시고 거기서 우리와 같은 이해와 같은 처지와 같은 모양으로 말씀하십니다. 간단합니다. 어른이 아이하고 소통하려면 반드시 아이의 지능과 지식과 정서와 시각과 이해 안에서 말할 수 밖에는 없습니다.
　"너는 그것도 모르냐! 너는 왜 믿음이 없냐! 왜 그리 속이 좁냐!" 너무 이러지 말라는 것입니다. 물론 하도 답답할 땐 예수님도 "믿음이 없는 세대여 내가 언제까지 너희와 함께 있으리요!"하셨고 사도바울도 "내가 언제까지 너희를 젖으로만 대하겠냐!" 하셨지만 예수님도 사도바울도 당신들 앞에 있는 사람들과의 눈높이를 맞추는 일에 주력하셨습니다.

　예수님은 마태복음 18장 6~7절과 누가복음 17장 1~2절의 서로 다른 내용과 사안을 가지고 "실족하게 하는 일이 없을 수는 없다! 그러나 실족하게 하는 자는 화가 있을거다! 실족하게 할진대 차라리 그를 연자맷돌을 매고 바다에 빠지우는 것이 낫다!"의 동일한 말씀을 하셨습니다. 실족하게 한다는 것은 상처를 준다는 의미보다 더 나아가서 시험에 들게 하며 죄를 짓게 하는 것을 총칭합니다.
　"그 정도 가지고 무슨 상처를 받고 그래!", "그렇게 나약해 빠져가지고 어디다 써먹겠어!" 너무 이러지 말라는 것입니다. 사도바울도 고린도전서 8장과 4~13절에서 이 부분을 우상의 제물을 먹는 문제로 언급하고 있습니다. 우상은 사람들의 생각 속에서 만들어낸 실체가 없는 허상이다. 우상은 없는 것임으로 그 우상에게 바쳐진 제물을 먹고 안 먹고는 아무 의미 없는 것인데 그것을 먹은 것으로 "우상이 내게 들어왔으면 어쩌지!" 하고 시험에 빠지는 믿음이 약한 사람이 있다.

　그렇게 믿음이 약한 사람 앞에서 "이건 먹어도 아무렇지 않은 거니까 괜찮아!" 하면서 먹지 말라는 것입니다. 그러면 믿음이 약한 사람들이 "아! 그렇구나! 내 믿음이 짧았구나!" 하는 게 아니라 "아니 믿음이 있는 사람도 저런 우상의 제물을 먹네!" 하고는 시험에 빠지게 된다. 먹고 안 먹고가 중요한 게 아니라 실족하고 넘어지고 상처입고 시험에 빠지지 않는게 중요한 거다.

기독교는 그가 자라기를 기다려주는 거지 강압하고 조작하는 게 아닙니다. 사도바울은 연이은 고린도전서 9장 19절 이하에서 "내가 모든 사람에게서 자유로우나 모든 사람 앞에 종이 된 것은 더 많은 사람을 얻고자함이라 유대인들에게 내가 유대인같이 된 것은 유대인을 얻고자 함이요... 약한 자들에게 내가 약한 자와 같이 된 것은 약한 자들을 얻고자 함이요 내가 여러 사람에게 여러 모습이 된 것은 아무쪼록 몇 사람이라도 구원하려함이니..."

정체성을 잃어버리자는 게 아닙니다. 진리에 속하지 않은 부수적인 것에 목숨 걸지 않는다는 것입니다. 그리고 그렇게 하는 목적은 그들을 얻고자함입니다. 얻는 다는 것은 신뢰를 얻고 마음을 얻어 결국 그들에게 구원을 얻게 하는 것입니다. 예수님은 우리를 얻을 때 구정물 가득한 세상으로 들어오셔서 얻은 거지 이 세상이 아닌 깨끗하고 맑고 영롱한 곳에서 얻으신 것이 아닙니다.

우월감 특권의식 잘난 척하면서는 사람을 얻을 수 없습니다. 이해관계가 얽혀서 겉으로는 사람이 꼬일 수 있겠지만 그래서 대접도 받고 높임도 받겠지만 그게 다 마음으로 받은 존경심에서 받는 것은 아닐 수 있습니다. 사람이 꼭 똑똑하고 잘 나고서야 존경받는 것은 아닙니다. 똑똑한 사람보다 친절한 사람이 사람을 얻으며 잘난 사람보다는 따뜻한 사람이 마음을 얻습니다. 그가 가진 권세와 능력과 지식으로 굴복하는 게 아니라 그의 인격과 성품과 삶으로 굴복합니다.

예수님도 사도바울도 "혹 내 말에 저거 넘어지고 실족하고 시험에 들지 않을까!" 노심초사하십니다. 이해심, 배려심, 사려깊음이 묻어나는 따뜻하고 친절한 성도들이 되시기를 기도합니다.

52. { 업신여기지 말라! }

(마태복음 18:1~10)

뭔가 세상과 같지 않은 천국의 질서입니다. 어떤 부분에서는 정반대입니다. 오늘 제자들이 "천국에서는 누가 크냐?"고 예수님께 질문합니다. 힘과 지위와 권세에 있어서 그 우열이 어떤 기준으로 정해지는지를 물은 것입니다.

사실은 자기들 열 둘 중에 누가 높은지 실랑이를 벌이다가 예수님께 온 것입니다. 조금 전 변화산 올라갈 때 베드로 요한 야고보를 데리고 가셨으니 그들이 삼인방인 것은 틀림없어 보입니다. 나머지 9제자들도 대놓고 "서열 정해주십시오!"하면 너무 세속적이니까 "천국에서는 누가 큽니까?"로 우회적으로 여쭌 것입니다.

이 세상은 유한하고 불완전한 곳이며 천국은 영원하고 완전한 곳입니다. 이 세상은 죄로 인해 심판받아 없어지는 나라이고 천국은 하나님이 다스리시는 궁극의 나라입니다. 피상적이며 부분적인 세상에서 궁극적이며 본질적인 지식을 구할 수는 없지만 주님이 주시는 말씀으로 본질에 해당하는 천국의 원리와 질서를 생각해 보겠습니다.

예수님은 어린아이 하나를 부르시며 그들 가운데 세우십니다. 먼저 예수님은 천국에서 누가 높고 낮은지 서열을 논하기 전에 어린아이 같이 되지 않으면 천국입성 자체가 불가함을 말씀하십니다. 그러니까 천국에는 다 어린아이 같은 자들만 있는 겁니다. 여기가 기본입니다.

여기서 어린아이 같은 건 순진무구 천진난만 해맑음 뭐 이런거 아니라고 했습니다. 성경이 말하는 어린아이 같음은 지위와 신분의 낮음(보잘것없음)입니다. 당시에 어린아이들은 인격체로서 사람대접을 못 받았습니다. 우리나라도 "애들은 가라!"는 말이 있습니다. 자기가 자기를 방어할 수 없고, 변호할 수 없고, 자기가 자기 먹을 것을 스스로 먹을 수 없고, 입을 수 없고, 하루를 살아가는데 필요한 모든 것이 철저히 누군가를 의지해서만이 살아갈 수 있는 존재로서의 어린아이입니다. 부모입니다.

일단 천국에 있는 사람들은 다 하나님께 의존되어 있다는 것이고 이 세상을 살아갈 때도 자기 능력과 지위로 살아간 게 아니라 어린아이처럼 아버지인 하나님을 의탁하고 의지해서 살아간 사람들입니다. 아담과 하와가 살아간 에덴은 뭐 하나 부족한 것이 없었습니다. 죄를 짓고 나서야 입어야 한다는 부족함을 알았습니다. 이전에는 하나님의 채움이었는데 이제 후로는 내가 나를 채워야하는 존재가 된 것을 확인합니다. 하나님으로 모든게 완전하고 충분하고 괜찮았는데 이제 후로는 아닙니다.

4절에 "어린아이처럼 자기를 낮추는 자가 큰 자다!" 세상은 "누가 더 높고 크고 가졌냐?"의 싸움인데 천국은 "누가 더 낮고 작으며 없냐!"의 싸움이라는 것입니다. 이게 이제 신비입니다. 분명한 건 내가 없지 않습니다. 지식도 있고 가진 것도 있고 지위와 배경도 있지만 이 모든 것을 부인하는 것입니다. 수학에서 극한의 0의 값으로 가져가는 것과 같습니다.

어린아이가 자기를 낮춘다 했을 때 사실 어린아이는 사실 낮출 것이 없습니다. 이미 없는데 뭘 낮춥니까! 그러니까 하나님 앞에서 내가 가져봐야 알아봐야 높아봐야 그것은 없는 것과 방불하다! 입니다. 하나님 앞에 내가 먼지보다 작은 존재임을 깨닫고 하나님이 없으면 이 모든 것이 다 아무것도 아닌 것을 인정하는 것입니다.

여러분이 하나님 앞에 낮아지고 작아지고 부인될수록 여러분은 하나님 앞에 큰 사람 높은 사람 가진 사람이 됩니다. 무엇을 가진 자가 되냐면 하나님을 가진 자입니다. 하나님을 소유하고 누리고 만끽하는 에

덴의 회복입니다.

왜 사람들이 하나님을 안 믿냐면 하나님이 자기 같지 않아서입니다. 하나님도 사람도 다 자기 맘 같지 않습니다. 소위 똑똑한 사람들이 걸리는 병입니다. 세상은 크고 높고 유명하고 인기 있는 일에 집중합니다. 그것을 얻기 위해 힘과 능력을 키우고 결국은 다른 사람 앞에 자기 높음을 자랑하는 것이 세상의 관심입니다.

그런데 하나님은 작고 보잘 것 없고 무명한 것에 집중하십니다. 아무도 알아주지 않고 오지도 않고 보지도 않는 들에 핀 작은 들꽃에 관심을 두십니다. 들에 핀 백합의 하루 입을 옷을 재단하시며 영광을 받으십니다. 이름 모를 작은 새의 이동에 정성을 기울이십니다.

하나님을 만나려면 이리가야 합니다. 얼마 전에 했지만 무한하신 하나님 앞에는 크고 작고, 유명 무명, 화려하고 초라하고 이런 게 다 별다른 의미가 없습니다. 고린도 후서 6장 10절 이하에서 성도를 이렇게 말씀하고 있습니다. "무명한자 같으나 유명한 자요, 가난한 자 같으나 많은 사람을 부요케 하는 자요, 근심하는 자 같으나 기뻐하는 자요, 아무 것도 없는 자 같으나 모든 것을 가진 자로다!"

다시 정리합니다. 일단 어린아이 같아야 천국입성가능하며 거기서는 자기를 낮추는 자가 가장 큰 자라고 하셨습니다. 그리고 5절 이하에서 어린아이를 영접하는 것이 나를 영접하는 것이다. 어린아이를 실족하게 하면 그를 연자맷돌 달아 깊은 바다에 수장시키는 상처를 주는 일이다.

사람들이 하찮고 보잘 것 없고 아무것도 아닌 존재에 관심을 기울이지 않는 이유는 그것으로는 사람들 앞에 나의 높음과 자랑과 영광을 삼을 수 없기 때문입니다. 마태복음 7장 22절을 다시 기억해야 합니다. 선지자 노릇하고 귀신을 쫓아내고 큰 권능을 행한 사람들이 정죄받은 것은 큰 한방으로 사람 앞에(세상 앞에) 자기 높음의 수단으로 삼았기 때문입니다. 마태복음 초반에서 한 것처럼 우리의 기도와 행위와 예배가 하나님 앞에서 행한 것이 아니라 사람 앞에서 행한 것이 되면 그것은 다 가짜더라입니다.

　계속해서 7절 이하를 봅니다. "실족하게 하는 일이 곧 넘어지게 하고, 시험에 들게 하고, 죄를 짓게 하는 일이 이 세상에서는 없을 수가 없다. 그러나 그런 일을 계획하고 행하는 자들에겐 화가 있을 거다!" 그리고 8절 9절에서 "찍어 버려라!", "빼 버려라!"의 무서운 말씀이 기록됩니다. 네 눈이 죄를 짓고 네 손이 죄를 짓는다고 했을 때 단순히 '음란을 보는 눈', '도둑질 하는 손'을 말하는 게 아니라 6절 7절과 연결하면 "작은 자를 절망하게 만드는 너의 눈과 손"입니다.

　이런 겁니다. 내가 평소에 막 해도 되고 업신여기는 아무개가 있어서 그에게 혐오의 눈짓무시의 손가락질을 하며 막말을 쏟아 부었습니다. 그래서 그가 절망하며 인생을 정말 죄 짓고 막살아버렸습니다. 물론 그렇다고 인생을 막 산 그의 책임이지만 그렇게 저주한 너의 책임도 적지 않다 입니다. 오늘 말씀의 전체 흐름이 이 이야기입니다. '연자맷돌을 매고 바다에 빠지는 절망', '눈을 빼고 손을 찍어라!'의 강도 높은 말씀들은 없는 자, 약한 자, 보잘 것 없는 자라고 해서 그를 얕잡아 보거나 깔보지 말라 입니다. 왜냐하면 그가 하나님을 의지하는 한 그는 천국의 높은 자일수가 있다.

　우리 모두는 다 똑같이 존귀하고 존엄한 인격과 영혼으로 하나님보좌 앞에 서는 거지 거기서 더 중요하고 덜 중요한 영혼은 없다. "인격과 영혼의 우열은 없다!" 입니다. 그러니까 "빼버려라! 찍어버려라!"를 의역하면 "높아지려는 너의 눈을 빼버려라! 교만한 너의 손가락을 찍어버려라!"입니다.

　수위가 굉장히 높은 예수님의 수사법입니다. 눈과 손은 잘못이 없습니다. 노름하는 손을 찍어버렸더니 발가락으로 하는 겁니다. 손 봐야 하는 것은 마음입니다. 연약한 자를 바라볼 때 나와 별다를 것 없는 똑같이 연약한 영혼과 인격임을 잊지 않습니다. 10절을 읽고 마칩니다. "삼가 이 작은 자중의 하나라도 업신여기지 말라 내가 너희에게 말하

노니 그들의 천사들이 하늘에서 하늘에 계신 내 아버지의 얼굴을 항상
뵈옵느니라!"

53. { 어디서 잘못 됐는지? }

(마태복음 18:1~14)

마태복음 18장은 전체가 다 약자, 작은 자, 빈자를 돌아보시며 그들에게 관심과 애정과 정성을 기울이시는 내용입니다. 오늘 본문도 길 잃은 어린 양을 찾고 계십니다. 왜 길을 잃었겠습니까? 살펴주는 이가 없는 상대적 약자 일수 있기 때문입니다.

12절에 예수님이 말씀하십니다. "너희도 생각한번 해봐라! 너희 소유된 양이 일백 마리가 있는데 그 중에 하나가 길을 잃었다! 그러면 아흔아홉 마리의 양을 산에 두고 찾아 나설거 아니겠냐! 그리고 마침내 찾으면 아흔아홉 마리의 양으로 인해 기뻐하는 것 보다 큰 기쁨이 아니겠냐!"

성도 하나하나가 전체보다 귀한 생명으로의 한 생명이며 한 영혼이 하늘과 땅과도 바꿀 수 없는 천하보다 귀한 영혼으로의 한 영혼이다. 하나님은 연약한 작은 소자가 받는 마음의 상처 그리고 그가 시험에 들고 실족하는 일에 대하여 깊이 심려하십니다. "빼 버려라! 찍어버려라!"는 '약자를 실족하게 하는 너의 교만한 눈'이고, '약자를 멸시하는 너의 손가락'입니다. 그런데 사실 눈도 손가락도 그들의 죄는 아닙니다. 교만한 마음의 본체가 지니는 반응이고 증상이고 속성일 뿐입니다.

감기에 걸렸으니까 기침과 콧물이 나오듯이 교만에 걸렸으니까 혐오의 눈과 멸시의 손가락이 나옵니다. 기침을 잘라내고 콧물을 찍어내자는 게 아니라 그것들이 나오게 하는 본체인 교만을 찍어내라 입니다. 마찬가지로 눈을 빼고 손을 찍자는 게 아니라 교만한 마음이라고 하는 그 본체를 잘라버리라 입니다.

요한계시록 2장 5절 보면 에베소 교회에 보내는 편지에서 "어디서 떨어졌는지 생각하라!" 그러니까 주를 향한 첫사랑이 떨어졌는데 어디서 잘못돼서 첫사랑을 잃었는지 거슬러 올라가 보라는 것입니다. 증상만 보고 있지 말고 그 원인이 어디서 비롯된 것이지를 찾아내서 그것을 잘라버리고 돌이키라는 말씀입니다.

역시 계시록 3장 3절에서도 사데교회에 전하는 편지에서 "네가 어떻게 받았으며 어떻게 들었는지 생각하고 회개하라!" 하나님 말씀을 듣고 은혜를 받았다고 하는데 그 은혜가 단순히 귀에 듣기 좋은 말, 감정을 만지는 말, 예수믿고 만사형통만 듣고 은혜 받았다는 것인지 아니면 정말 주님이 주시는 말씀을 가감 없이 받고 은혜 받았다고 하는지 확인해 보라는 것입니다. 주님은 분명히 "자기를 부인하고 자기십자가를 지고 나를 따라라!"하셨는데 이런 말씀을 다 걸어내고 받은 건 아닌지 회개하라는 것입니다.

이거 하나는 분명합니다. "믿음도 하나님도 다 자기 높임을 위한 도구로 삼지 말라!"입니다. 위로 거슬러 올라갈수록 여기서 걸립니다. 자기 자랑과 영광을 위한 신앙은 마지막엔 주의 이름으로 선지자 노릇하고 귀신 쫓고 많은 권능을 행한 것도 그게 다 예수는 간판만 걸어놓은 자기 높음의 증명이지 실제로 예수는 거기 없다 입니다.

네 눈과 손과 발이 무엇을 하고 있는지 보라는 것입니다. 그게 다 마음에서 나온 것이고 나라고 하는 사람의 본질의 투영입니다. 신앙을 동원해서 사람들 앞에 너의 높임을 보이려고 "주일성수 십일조 각종 헌신을 했더니 하나님이 내게 복을 주셨다" 이렇게 가면 이건 다 자기 행위의 자랑입니다.

"십일조를 해서 하나님이 내게 복을 주셨다!" 라기 보다는 "십일조는 천국백성만이 누릴 수 있는 명예다!"로 가지고 가시기 바랍니다. 그 명예를 소중히 여기고 산 사람들에게 주시는 복이지 내 행위의 소산물이 아니라는 것입니다. 당장 세상 사람들은 십일조생활 하는 성도들을 정신나간 줄 아는겁니다. 그럴 수밖에 없는 것은 그들은 그 나라백성이 아니기 때문입니다. 두 가지입니다. "자기를 사랑해서 사는 사람이 있고 하나님을 사랑해서 사는 사람이 있다!" 자기를 사랑하는 사람은 뭘 하고 있냐면 그의 발이 다 이기적인 자기욕심을 채우기 위해서 많은 사람을 희생물로 삼지만 하나님을 사랑해서 사는 사람은 그의 발이 오직 하나님의 영광을 위해서 오늘 자기에게 부여받은 십자가의 길을 묵묵히 군말 없이 걸어가고 있다 입니다. 어디서 첫사랑을 잃었으며, 어떻게 하나님의 말씀을 잘못 받았으며, 어쩌다 불순물이 들어왔으며, 왜 본질에서 틀어지게 되었는지, 왜 하나님이 목적이 아니라 수단이 되었는지를 돌이키라는 것입니다.

다시 본문으로 갑니다. 예수님은 잃어버린 어린양을 사랑하십니다. 하나님은 그분이 행하시는 모든 것이 그 본체인 사랑에서 나옵니다. 하나님은 본체가 사랑이십니다. 하나님의 눈과 코와 입과 손과 발은 다 뭐하고 계시냐면 사랑을 하십니다. 하나님이 보시고, 찾아오시고, 만나시고, 만지시고 하는 것은 다 그분의 본체인 사랑의 발현입니다.

그런데 성경에서 말하는 사랑은 심장이 콩닥거리고 설레이고 눈물이 그렁그렁한게 아니라 오래 참고 또 참는 것입니다. 본문에 잃어버린 양이 어떤 형태의 잃어버린 양인지는 나와 있지 않습니다. 단순히 어쩌다 무리에서 이탈한 양인지 아니면 청소년기에 반항으로 탈선의 길로 들어선 것인지 아니면 탕자의 비유에 나오는 둘째아들의 탈선인지 모릅니다.

중요한 것은 없어졌으면 찾아야 한다는 것입니다. 제일 불쌍한 것은 잃어버렸는데 찾지 않는 것입니다. 저는 고아도 불쌍하지만 집나간 자녀를 찾지 않는 게 더 불쌍합니다. 주님은 요한복음 6장 39절에서 "나를 보내신 이의 뜻은 내게 주신자 중에서 하나라도 잃어버리지 않고 마지막 날에 다시 살리는 것이라!" 우리의 무능과 실패로 인해 우리의 구원이 묻히고 없던 일이 되지 않습니다.

사람들은 다 자기의 처지로 "하나님이 나를 사랑한다! 그렇지 않다!"

로 판단합니다. 내가 뭔가 세상과 사람 앞에 우위를 점하고 있는 것이 있어서 이를테면 돈이나 지위나 배경에서 남다른 자랑거리를 주셔서 그것으로 하나님의 영광과 찬송이 되리라고 생각하는데 이는 성경적이지 않습니다. 그래서 늘 "나 같은 게 무슨...", "내가 세상에 있는 것 알기나 하려나..." 이러지 말라는 겁니다. 이미 하나님 앞에 나의 인생과 존재와 신분은 존귀하고 위대하고 복되다 하십니다. 중요한 것은 내가 지금 무엇을 하고 있든지 그 일을 하나님께 맡아서 하고 있다는 확고한 인식과 감각입니다. 거기서 하나님의 사람으로 반응하며 성실하며 감사하며 충성합니다.

"세상에 없는 것을 가져다 드려야 하나님이 기뻐하실 거라는 생각을 하지 말라!"입니다. "하나님의 부족한 부분을 제가 채워드리겠습니다!"의 발상을 하지 말라 입니다. 하나님은 부족한 것이 없으시며, 홀로 완전하시고, 무한하시며, 누구의 도움도 방해도 받지 않으십니다. 하나님은 저와 여러분의 조건과 형편과 처지를 보고 사랑하신 게 아니라 이 세상이 있기 전에 미리 아시고 보시고 사랑하셨습니다. 우리가 알지 못하는 가운데 이미 우리 가운데 오셔서 "내가 너를 사랑해서 내 아들을 주었다!" 말씀하시는 주님의 음성을 모두 들을 수 있게 되기를 축복합니다.

54. { 용서하는 자와 받는 자 }

(마태복음 18:16~35)

마태복음 18장 처음부터 예수님이 지금 무슨 말씀을 하시는지 놓치지 않을 때에 “약자, 작은 자, 길 잃은 자를 상처주거나 실족케 하거나 죄짓게 해서는 안 된다!” 의 내용이 이어지면서 오늘은 ‘용서받는 자’가 그 바통을 이어받습니다.

용서받는 자는 용서하는 자의 아래에 놓인 상대적 약자입니다. 오늘 말씀은 용서받는 자가 약자라는 사실을 주지해야 합니다. 자기가 용서받아야 한다는 것을 아는 때에만 약자이지 그렇지 않은 경우는 강자입니다. 용서받아야 할 자가 자기가 용서 받아야 할 아무런 필요성을 느끼지 못하고 있다면 오늘말씀에 아무 해당사항이 없습니다.

용서에 있어서 제일 중요한 기본은 ‘용서를 구하는 자’와 ‘용서하는 자’의 관계설정입니다. 그런데 갈수록 이게 애매해지는 시대가 됩니다. 사기를 친 자는 용서받아야 할 자이고 사기를 당한 자는 용서해야하는 자리인데 제 삼자의 눈에 모두가 같이 작당한 것으로 설정을 합니다. 제 지인 중에 이렇게 재차 당한 이가 있습니다. 가해자는 용서를 받아야 하고 피해자는 용서를 해야 하는데 가해자가 피해자 행세를 합니다. 저거 누가 봐도 사기꾼이고 가해자인데 약자가 받는 혜택을 받기위해 코스프레를 하는 겁니다. 이런 부분이 예수님이 16절 17절에서 말씀하신 “만일 듣지 않거든…” 입니다. 곧 “네게 죄를 짓든 하나님께 죄를 짓든 자기 죄를 인정하지 않거든…” 입니다. 그런 경우는 “두세 사람 증인을 세우고 그것도 안 되면 교회에 말하고 그것도 아니면 이방인과 세리처럼 여기라 곧 제쳐 두라!”입니다.

악을 행하고도 아무 감각이 없는 것입니다. 에베소서 4장 20절 말씀
처럼 "그들의 총기가 어두워지고 무지함과 그 마음의 굳어짐으로 말미
암아... 그들이 감각 없는 자가 되어 자신을 방탕에 방임하며 모든 더러
운 것을 욕심으로 행하되..." 그러니까 그 마음이 굳은 마음이 아니라
부드러운 마음이 되고 영적인 감각 있는 자가 될 때 이 사람은 뭘 감각
하냐면 죄인인 것을 감각합니다. 용서는 누구의 것이냐면 자신이 죄 진
것을 감각하는 자의 것입니다. 왜 용서를 못 받냐면 죄가 없다고 하기
에 용서를 못 받습니다. 세상의 용서는 구하는 자가 아무리 간절히 구
한다고 해도 용서하는 자가 용서하지 않으면 그것으로 그만입니다. 그
런데 하나님의 용서는 용서를 구하지 않아서 용서를 못 받습니다. 용서
를 구하지 않은 자에게 주시는 용서는 없습니다. 세상용서와 하나님의
용서가 이렇게 다릅니다. 하나님은 항상 용서할 준비가 되어 계십니다.
그러나 끝까지 굳은 마음으로 용서를 구하지 않거든 제쳐두라 입니다.

그리고 용서해야하는 자에게 주시는 말씀이 18절과 20절입니다. 땅
에서 매면 하늘에서 매고 땅에서 풀면 하늘에서도 풀린다는 말씀은 땅
에서 용서하면 하늘에서도 용서하고 땅에서 용서하지 않으면 하늘에
서도 용서치 않는다 입니다. 주기도문에서 "우리에게 죄지은 자를 사
하여 준 것 같이 우리의 죄를 사하여주옵소서!"와 같습니다. 두세 사람
이 합심하여 구한다는 것은 용서를 구한다는 것입니다. 역시 두세 사람
이 있는 곳에 나도 있다는 말씀은 주님이 친히 그 일의 증인이 되시겠
다는 말씀입니다. 그리고 이제 21절에서 베드로가 나옵니다. "그럼 주
님 용서를 몇 번까지 해줘야 합니까? 7번입니까?" 예수님은 "7번씩 70
번이다!" 즉 "용서를 구하고 있는 한 무한 용서다!"입니다. "그럼 그걸
이용할 수 있잖습니까?", "아무리 잘못해도 무한 용서니까 무한 잘못으
로 갈 것 아닙니까!" 장로교의 핵심 교리 중 마지막인 '성도의 견인'과도
같습니다. "천국가기까지 주님이 붙들고 계시니 결국은 내 맘대로 죄
짓고 살아도 된다는 것 아니냐!"입니다.
그래서 로마서 6장 1절에서 말씀합니다. "은혜를 더하게 하려고 죄

가운데 거하리요! 그럴수 없느니라! 죄 가운데 죽은 우리가 어찌 그 가운데 더 살리요!" 죄가 더 할수록 은혜는 더욱 넘쳐나니 어둠이 더할수록 빛이 밝아지는 것 아니냐 식의 논리를 전개하는 사람들이 있습니다. 여기서 주의해야하는 것은 어둠은 자신이 주체가 될 수 없다는 자명한 사실입니다. 오직 어둠은 빛 앞에 쫓겨 가고 사라지고 물러갈 뿐이지 빛 앞에 자신의 존재를 행세해서 빛이 빛 되는 게 아닙니다.

그러니까 너희 중 두세 사람이 합심하여 구하면 내 아버지께서 그들을 위하여 이루실거다 했을 때 두세 사람이 뭘 구하고 있냐면 '용서'입니다. 물론 광의적 의미로 우리의 소원일 수도 있지만 본문맥락상의 의미는 '용서'와 '회개'입니다. 20절에 "두세 사람이 내 이름으로 모였다!"고 했을 때 뭐하려고 모였냐면 회개하려고 모인 것입니다.

그리고 23절 이하에서 유명한 달란트비유가 주어집니다. 용서받으러 나오기만 하면 무조건 그를 용서해야한다 하시고 그에 해당되는 비유로서 달란트 비유입니다. 어떤 사람이 임금에게 만달란트(노동자의 10만년의 임금)의 빚을 졌는데 갚을 길이 없자 임금은 그의 처자식들까지 팔아 갚게 하라 했다. 이에 빚진 사람이 "길이 참아주시면 꼭 갚겠습니다. 처자식이 노비로 팔려가는 일만큼은 없게 해 달라!" 하자 임금은 그를 불쌍히 여겨 빚을 탕감해주었다.

이 사람이 돌아가는 길에 자기에게 백데나리온(노동자의 6개월임금) 빚진 동료를 만나자 그의 멱살을 잡고 당장 자기돈 내놓으라고 했다. 지금은 없다고 하자 그를 고소해서 감옥에 가게 했다. 이 모든 과정을 곁에서 지켜본 사람들이 임금에게 아뢰었다. 33절입니다. "나는 너를 불쌍히 여겼는데 너도 네 동료를 불쌍히 여김이 마땅치 않냐!" 그리고는 탕감을 거두어드리고 그를 옥에 가뒀다.

이 비유는 우리가 익히 아는 바로 도덕성과 당위성에 대한 말씀이었습니다. 31절의 이 일을 다 지켜본 사람들이 의분에 쌓여 임금에게 고하듯이 "사람이 금수가 아닌 이상 이럴 수는 없다!" 도덕성입니다. "불쌍히 여김 받았으니 불쌍히 여기는 것이 마땅치 않냐! 온당치 않냐!" 즉 당위성입니다.

저는 오늘 이 비유를 '인과성'으로 보려합니다. 35절의 결론에서 "너희가 마음으로 형제를 용서치 않으면 하늘에 계신 내 아버지도 너희에게 이와 같이 하시리라!"의 말씀을 뒤집으면 결국 원인결과의 내용입니다. 즉 내가 용서를 받지 못했기에 용서하지 않는다는 것입니다. 용서를 못 받았다는 증거가 용서하지 않는 것으로 나타난다. 그러니까 남을 용서한다는 것은 내가 용서받았다는 증거요 표시입니다.

"그것만은 용서가 안 돼!", "그 일만은 용서할 수 없어!" 이런 말은 예수 믿는 사람에게는 없습니다. 용서하는 자 입장에서의 용서는 내가 용서받았기 때문입니다. 사람이 하나님께 받는 용서와 사람이 사람을 용서하는 것은 개별적인 두 개의 사건이 아니라 하나로 이어진 긍휼의 사건임을 기억하는 오늘이기를 소망합니다.

55. { 하나님이 하나 되게 하신 것 }

(마태복음 19:1~12)

“어린이라고 무시하면 안 된다! 천국이 이런 자들의 것이다! 길 잃은 어린양도 마찬가지다! 이 작은 자중에 하나라도 잃어버리지 않는 것이 하나님의 뜻이다! 용서하는 자는 자신이 곧 용서받은 자라는 증명이며 확인이다!”의 내용이 이어지는 중에 오늘은 약자의 비통을 아내가 이어받습니다.

벌써 바리새인의 질문 자체가 오늘날의 아내들에겐 불쾌합니다. 아내가 무슨 물건도 아니고 버리고 말고가 있습니까. 그러나 당시 사회에서는 아내와 자식은 남편과 아버지의 소유물이었습니다. 예수님이 9절에서 “음행한 연고 외에 아내를 버리면 곧 7계명을 어기는 죄악이다!” 라고 말씀하시니 10절에 대번에 제자들이 나서서 “그럴 거면 차라리 장가 안 가는 게 낫겠습니다!”로 반문하고 있습니다.

여기서 당시에 아내를 생각하는 남자들의 의식수준을 알 수 있습니다. 아내가 복으로서 내게 존재한다기보다는 내가 짊어지고 책임져야 하는 짐입니다. 그나마 좋을 때는 같이 살아도 싫으면 내칠 수 있는 존재였습니다. 3절에 “어떤 이유가 있으면...” 이라는 말이 아주 애매한 구절입니다. 타당한 이유가 있다기보다는 그냥 싫은 겁니다. 살림도 못하고, 요리도 못하고는 다 귀고리 코걸이로 거는 것입니다.

성경은 남편에게 “네가 젊어서 얻은 네 아내를 사랑하라!” 말씀하시고 신약 에베소서에서는 그리스도와 교회의 관계로 남편과 아내를 설명하고 있습니다. 그리스도 되신 예수님이 자기 아내인 성도를 구원하기 위해 십자가에서 죽으신 것처럼 남편은 자기 아내 사랑을 위해 목숨을 바치는 것이고 아내는 성도가 그리스도께 복종하듯 남편에게 복종할 것을 가르칩니다. 그리고 그것을 더 공고히 설명하기 위해 머리와 몸의 관계로 이해시키고 있습니다. 그리스도는 교회의 머리고 교회는 그리스도의 몸이라는 신비한 연합입니다. 남편은 머리로서 그 몸인 아내가 존경과 복종을 보내는 것이고 아내는 몸으로서 머리인 남편에 사랑과 돌봄을 받습니다. 이건 계급과 지위에 관한 내용이 아니라 포지션과 기능에 관한 말씀입니다.

머리가 높은지? 몸이 높은지? 싸우고 있는 것은 마치 야구에서 타자가 높은지? 포수가 높은지? 교회에서 목사가 높은지? 성도가 높은지? 이런 걸 묻는 자체가 벌써 권위의식에 쩌들어 있음을 반증하는 질문입니다. "각자가 있는 자리에서 자기 맡은 일을 하고 있으면 됩니다!" 머리와 몸이 누가 높은지 싸우고, 심장과 간이 누가 더 중요한지 분쟁하고, 투수와 포수가 서로 실력행사하고, 목사와 성도가 서로 누구 말들어야하는지 싸우고 있으면 그 조직과 공동체는 더 이상 물을 것도 없이 이미 다 끝난 곳입니다. 질서를 자꾸 우열과 계급으로 받으면 곤란합니다.

아내가 남편의 사랑을 받고 남편이 아내의 존경을 받는 것은 하나님 지으신 창조의 섭리며 질서며 뜻입니다. 아내가 남편사랑을 받지 못하거나 거부하면 그 아내는 더 이상 여자가 아니며 남편 또한 아내의 존경을 받지 못하면 그 남편은 빨리 죽습니다. 예수님은 6절에서 "그런즉 이제 둘이 아니요 한 몸이니 하나님이 짝지어 주신 것을 사람이 나누지 못할지니라!" 위에서 말씀드린 대로 머리와 몸으로서 연합입니다. 그러니까 이혼은 하나님 보시기에 머리와 몸이 분리되어 다니는 흉측한 일입니다. 7절에 바리새인이 "모세는 이혼증서를 써주라 하지 않았습니까!" 8절에 "너희 마음이 완악해서 그런 거지 본래는 그렇지 않다!" 그렇게 매일 구박하고 학대하고 괄시할거면 차라리 이혼증서라도 써줘서 내보내는 것이 낫다. 그래야 밖에서 벌어먹을 것 아니냐! 8절에 "

본래는..." 이라는 예수님의 말씀이 연거푸 두 번 나옵니다.

4절에도 "사람을 지으신 이가 본래 그들을 남자와 여자로 지으시고..." 처음으로 돌아가면 사람이전에 부부가 있었다는 말씀인 것처럼 모세가 이혼증서 써주라 한 것은 너희의 못됨(완악함)으로 한 여인이 고통과 괴로움 속에 사느니 차라리 나가게 하는 게 여인을 위한 길이다. "이혼을 허락한 게 아니라 여인 살리려고 차선책으로 택한 것이지 처음부터 그런게 아니다!" 입니다. "남편이 아내를 사랑할 때는 예쁘고 살림 잘하고 아이들 잘 키우는 조건을 보고 사랑하는 게 아니라 내 몸이기 때문이다!", "머리가 몸을 보양하듯이 남편은 자기 몸인 아내를 보양하는 것이고 아내 역시 남편이 돈 많이 벌어 와서 존경하는 게 아니라 내 머리이기 때문이다!", "아내는 남편으로 자기 머리 삼는 것이다!" 입니다. 성도인 우리가 예수님 앞에 잘 난 게 있어서 사랑을 받은 것이 아니듯이 남편들은 예수님의 사랑을 품고 자기 아내를 사랑하는 것이 성경적인 남편관이지 좋으면 취하고 싫으면 버리는 차원이 아닙니다.

그러나 오늘 제자들이 10절에서 "아내에게 이렇게 하느니 차라리 장가 안가는 게 낫겠습니다!" 라고 푸념합니다. 권리만 누리고 싶지 책임지기를 꺼리는 이기적 마음입니다. 지난번에 용서에 대해 말씀하실 때도 베드로가 "도대체 몇 번이나 용서해야합니까!"라는 체념식의 반문에서도 자비와 긍휼 베풀기를 싫어하는 이해타산적인 모습이 드러납니다.

성경은 항상 무슨 말씀을 하냐면 "네가 지금은 자유인이고 지위와 능력을 가지고 있다고 하지만 네가 바로 애굽에서 종 되었었고 네가 작은 소자였으며 잃어버린 양이었고 용서받은 자였음을 잊어서는 안 된다!", "올챙이 시절을 기억하라!"입니다. 그래서 구약의 신명기를 보면 "네가 애굽에서 종 되었던 것을 기억하라!"는 말씀이 계속해서 나옵니다. "너희가 들어가는 땅에서 나그네를 잘 대접해라! 힘없는 자를 압제해서는 안 된다! 네가 바로 그와 같은 처지에 있었기로 그들에게 자비와 긍휼과 관대함으로 대해야 한다!"

　오늘 긍휼의 대상은 당시에 약자인 아내입니다. 네가 그리스도의 신부 곧 아내라는 것입니다. "예수님이 당신의 아내인 성도를 예쁘면 취하고 싫으면 버리는 게 아니라 당신의 몸이 되게 하셔서 친히 보양하시는 것처럼 그렇게 네 아내를 사랑하라!"입니다. 이 모든 것은 하나님이 맺어주신 관계입니다. 관계는 곧 짝입니다. 하나님이 짝지어주셨다는 것은 신비한 연합으로 하나되게 하셨다는 것입니다. 관계를 유지시키는 것이 믿음이고 관계를 깨는 것이 죄악입니다. 예수님과 우리와의 관계를 이해하고 그 관계를 소중히 지키는 것이 신앙생활입니다. 역시 남편과 아내를 하나님이 짝지어 주셨음을 이해하고 그 관계를 견고히 할 때 거기 곧 하늘의 평안이 자리할 것을 믿습니다.

56. { 버린다는 것 }

(마태복음 19:16~30)

16절에 "어떤 사람이 주님께 나와서 어떤 선한 일을 해야 영생을 얻겠습니까?" 물었을 때 17절에 예수님은 "어찌하여 선한 것을 내게 묻느냐 선한 분은 오직 한 분이시다 네가 생명에 들어가려면 계명을 지켜라!"의 질문과 답을 면밀히 보려고 합니다.

일반인들에게 있어서 영생과 천국은 선한 일을 조건으로 만족시켜야만 얻을 수 있는 결과로서의 영생과 천국입니다. 착하게 살아야 천국 간다는 생각입니다. 그래서 모든 종교는 착하게 사는 법을 알리고 가르치고 배양하는 곳이기에 내가 착하게 살기만 하면 굳이 교회는 안 가도 되는 곳이 됩니다.

여기서 사람들이 놓치는 것이 하나있습니다. 착하다고 하는 것이 무엇을 기준으로 하는 말인지를 설정하는 일입니다. 그저 모든 일에 순둥순둥이를 착하다고 하는 것인지? 이래도 좋고 저래도 좋고 아무래도 좋은 아무 생각 없는 게 착한 것인지? 이런 말이 있습니다. "힘 있는 놈이 착한 놈이더라!" 역사는 승자의 기록임으로 자기는 미화합니다. 여기서의 힘은 돈 배경 권력 지위입니다. 이 세상에서 자신의 선함을 내세울 수는 있겠지만 하나님을 만족시키는 선함은 없습니다. 오늘의 청년이 "무슨 선한 일을 해야 영생을 얻겠습니까?"의 질문은 자기안의 가능성을 깔고 한 질문입니다. 자기는 온전한 선을 이룰 수 있으니까 말씀만 해 달라는 것입니다.

예수님의 답은 "하나님 한 분만이 선하시다! 이 세상에 선한 자는 없다!"입니다. "전적 타락으로 인하여 선을 찾을 수도 구할 수도 없는 즉 자기 회생의 길을 자기가 이룰 수 없는 전적 무능의 존재가 바로 너다!"
여기서부터 기독교는 시작합니다. 자기 구원의 길을 자기 행위 안에서
찾겠다고 하는 이 청년에게 주님은 너는 "계명을 행하라!" 말씀하십니
다. "너 안에서 스스로 구원과 영생을 찾지 말고 하나님이 네게 가지고
오신것 안에서 찾으라!" 입니다. 하나님이 우리에게 가지고 오신 것이
곧 말씀(계명)입니다.

오늘 본문 바로 위에서 어린아이들에게 예수님이 안수해주십니다.
성경에서 어린아이는 의존성입니다. 어린아이 같지 않으면 천국 못간
다의 말씀은 어린아이의 모든 삶이 부모에게 의존되어 있음인데 단순
히 먹고 입는 것 뿐만 아니라 더 나아가서 정신세계도 의존되어있다는
것입니다. 어린 아이는 가치를 분별할 수 없고 의미와 목적을 알지 못
합니다. 무엇을 바라보아야 하는지 스스로 목표설정을 할 수 없기에 부
모가 곁에서 교육을 통해 알려주어야 합니다.

"그렇다면 어느 계명입니까? 십계명이다! 다 지켰습니다! 온전하고
자 할진대 다 버리고 나를 좇으라! 네가 의존하는 돈을 버리고 하나님
이 네게 주신 그리스도를 의존하는 것으로의 구원이다!" 입니다. 하나
님이 네게 가져오신 계명(말씀) 안에서의 구원이라 했을 때 말씀의 결
정체가 바로 말씀이 육신이 되어 우리 가운데 오신 예수 그리스도라는
것입니다.

그러니까 하나님이 우리에게 주시는 구원은 말씀 안에서의 구원인
데 반해 청년이 찾은 구원은 자기 행위 안에서의 구원이었습니다. "자
기 가능성계발을 위한 계명순종이며 자기자랑의 구원이더라!"입니다.

자세가 벌써 아닙니다. "다 지켰는데 뭐 더 지킬 것 없습니까!"로 나
옵니다. 하나님의 말씀이 정말 지키려 해도 그에 미치지 못하는 나의
죄성을 발견하는 것인데도 불구하고 말 속에 자기높음이 묻어납니다.
이 청년은 "너 정도면 이미 훌륭하다!"를 듣고 싶어 나온 것입니다. "'돈'
을 버리고 '나'를 얻으라!"는 말에 청년은 근심하며 돌아갑니다. 예수님

은 부자가 천국 들어가는 것이 낙타가 바늘구멍 통과하는 것처럼 어렵지만 하나님이 그 일을 하신다고 말씀하십니다.

예수님은 앞서서 어린아이 같지 않으면 천국 못 들어간다 하셨습니다. 즉 자기 것이 없어야 합니다. 돈을 의지하고 사람을 의지하는 마음 버리고 아이가 부모만 의지하듯 하나님만 의지하는 존재로 만드십니다. 우리 삶에 고난이 있음은 우리를 작게 만드시고자 깎고, 자르며, 떨궈내는 하나님의 일하심입니다.

예수님이 청년에게 "재물을 버리고 나를 좇으라!" 하셨고 "베드로가 우린 다 버리고 주를 좇았다!"고 하자 예수님은 "누구든지 나를 위해 집이나 전토나 부모나 형제를 버린 자는 여러 배를 받고 영생을 얻는다!" 하셨습니다. 누가복음14장엔 "무릇 내게 오는 자는 부모와 처자와 형제와 자매와 자기 목숨마저 미워하지 않으면 능히 내 제자가 되지 못한다!" 여기서 '버린다!', '미워한다!'는 말씀을 마지막으로 보려고 합니다.

이 말씀을 문자 그대로 받으면 부모도 버리고, 결혼생활 청산하고, 직장도 버리고, 돈도 다 자선단체 기부하고 기도원에 들어가 자기목숨마저 미워하면서 그저 빨리 죽기를 바라는 인생이 됩니다. 말씀은 문자로 받으면 안 되고 의미로 받아야 합니다. 앞서 예수님은 부모 봉양을 꺼리는 고르반의 폐단을 지적하셨습니다. 지난 시간은 음행한 연고 외에 아내를 버리면 안 된다 하셨습니다.

"버린다!", "미워한다!"는 것은 그 반대편의 것을 강조하기 위해 택한 부정적 소극적 말씀입니다. "세상의 것을 버리라!"의 말씀은 "하나님의 것을 얻으라!"는 긍정적 적극적 말씀과 동률입니다. 또한 "네 목숨마저 미워하라!"는 "하나님만을 사랑하라!"의 강조용법입니다. 마찬가지로 "선악과를 먹지 말라!"는 "온 에덴을 누려라!"와 같습니다.

하나님의 말씀이 부정적 소극적으로 전해지는 것은 경기장에 그어진 '금'과 같기 때문입니다. 어떤 경기든지 금(룰)이 없으면 경기를 치를 수 없습니다. 근데 그 '금'(룰)은 다소 부정적 소극적으로 비춰집니다. '

금'이 있다는 것은 그것을 밟거나 넘으면 안 된다 입니다. 즉 무엇을 "하라!" 보다는 "하지 말라!"의 성격이 강합니다. 당장에 십계명을 보아도 8가지가 "하지 말라!"입니다. 사람이 인생을 산다는 것은 선수가 경기를 한다와 같습니다. '금' 없이 아무렇게나 하는 경기를 경기라고 할 수 없듯이 '금' 없이 아무렇게나 사는 인생을 잘 사는 인생이라 할 수 없습니다. '금' 안에서 선수들은 경기를 누리고 즐기며 자신의 기량을 발휘하는 것처럼 성도들은 하나님이 그어놓으신 '금' 안에서 허락된 인생을 누리고 즐기며 하나님을 만끽하는 것입니다.

이번 올림픽에 나선 탁구 '신유빈' 선수의 다부진 입을 보십시오. 금 그어진 넷 안에서 자신을 찾고 발견하고 성취합니다. 오랜 기간 세계랭킹 1위임에도 누구를 상대하든지 한 포인트에 진심을 다하는 '노박 조코비치' 역시 금 그어진 사각의 코트 안에서 자신의 실력과 더불어 인품과 성실을 보여줍니다. 그런 의미에서 아담과 하와는 금 안을 누릴 줄 모르고 분별없이 단 하나의 '금'을 밟아버립니다. 그래서 더 이상 하나님을 누릴 수 없게 '아웃'됩니다. 선수가 금을 밟으면 경기를 누릴 수 없는 것과 같습니다.

"재산을 버려라!", "네 목숨마저 미워하라!", "우상숭배하지 말라!", "선악과를 먹지 말라!" 이런 부정적 소극적 '금'(말씀)들은 "하나님을 얻어라!", "하나님을 사랑하라!", "하나님만 섬겨라!", "온 에덴을 누려라!"의 적극과 긍정을 지향하라고 주신 말씀인 것을 믿습니다.

57. { 금(禁) }

(마태복음 19:16~30)

'금(禁)' 이야기를 한 번 더 말씀드립니다. 금은 성경적 표현을 쓰면 "하지 말라!"입니다. "하지 말라!"가 분명히 그어질 때 "하라!"하는 부분이 분명하고 확연히 드러납니다. 종이의 표면과 이면처럼 동전의 앞뒷면처럼 "하라!"와 "하지 말라!"는 항상 붙어있습니다. 그래서 "하지 말라!"가 없으면 사실상 "하라!"도 없는 것이 됩니다.

"우상숭배하지 말라!"는 뭐하고 짝을 이루고 있냐면 "하나님만을 섬기라!"입니다. "세상을 버려라!"는 "천국을 얻어라!"의 다른 버전이고 "네 목숨마저 미워하라!"는 "하나님만 사랑하라!"를 바라보게 함이며 "선악과를 먹지 말라!(누리지 말라!)"는 "에덴을 먹어라!(누려라!)"의 뒷면입니다.

성도들이 신앙생활을 이해할 때 부정적 소극적 "하지 말라!"에 너무 매이는 것을 보게 됩니다. 주일을 범하면 안 되고 십일조 안하면 재앙을 당하고 하는 식의 강압과 속박 억압의 부정적 소극적 신앙은 너무도 가난하고 빈약한 신앙입니다. 경기장의 선수는 경기장에 그어진 금 안에서 자기의 실력과 기량을 발휘하며 그것으로 자신의 명예와 영광을 삼습니다. 성도들 역시 하나님이 그어 놓으신 금 안에서 허락하신 인생을 누리며 기뻐하며 진리와 생명과 평안이 되신 하나님의 부요하심을 마음껏 만끽하는 것이 참다운 신앙입니다.

변치 않는 하나님의 약속이 성도들의 것이며, 창세로부터 예비된 영원한 나라의 상속자들이며, 거룩한 나라요 왕 같은 제사장들이 곧 성도들입니다. 이런 부분들을 누릴 수 있어야 진정한 성도입니다. 에덴을 누릴 생각은 없이 선악과 앞에 가서 "저것 먹으면 정말 죽나!" 걱정하고 있는 신앙은 아니라는 것입니다.

신명기 27장을 보면 '그리심산'의 축복선포와 '에발산'의 저주선포가 기록됩니다. 하나님은 모세에게 너희가 이제 가나안 땅에 들어가면 '그리심산'에 이스라엘 6지파를 그리고 '에발산'에 6지파를 세우고 레위지파로 저주를 선포하면 그것을 '에발산'의 6지파가 복명복창하고 축복을 선포하면 '그리심산'의 6지파가 복명복창할 것을 명령하십니다.

레위지파가 "부모를 거역하면 저주받는다!" 하면 '에발산'의 6지파가 따라서 복명복창합니다. 이어서 "부모를 공경하면 축복받는다!" 하면 '그리심산'의 6지파가 역시 복명복창하는 겁니다. "우상섬기면 저주받는다!", "하나님 섬기면 축복받는다!" 도 마찬가집니다. 결국 같은 내용의 부정적 소극적 명령과 적극적 긍정적 명령입니다. 재물을 버리고, 목숨마저 미워하고, 세상을 등지는 것 자체로의 의미가 아니라 하나님을 얻고 그 분을 사랑하며 짝하기 위함입니다.

'그리심산'과 '에발산'이 서로 마주보고 있듯이 성경의 명령들이 서로 마주보고 있고 짝을 이루고 있으며 대칭과 댓구을 이루고 있습니다. 그렇게 함으로 더욱 의미를 밝히고 드러내며 분명히 하는 것입니다. '에발산'의 6지파는 "왜 우리가 저주를 말해야 하는지?" 불평할게 없음은 '하지 말아서 받아야 할 복'과 '해서 받아야 할 복'이 결국 같은 내용입니다.

"나는 우상숭배 안 해서 저주 안 받는다!"에만 머물러 있으면 부정적 소극적 가난한 신앙입니다. 적극적 긍정적으로 "하나님을 잘 섬기라!"로 나가게 하기 위해 디딤돌처럼 주신 명령입니다.

우리가 익히 잘 아는 신명기 28장의 내용도 복명복창입니다. 하나님을 잘 섬기면 모든 민족위에 뛰어난 민족이 되고, 들어가도 복을 받고 나가도 복을 받고, 대적이 한 길로 쳐들어오면 일곱 길로 도망가고, 꾸어줄지언정 꾸지 않는 복은 사실 15절부터는 반대입니다.

성경에서 "네 목숨마저 미워하지 않으면 능히 내 제자가 되지 못한다!"와 같은 말씀에 시험들거나 문자적으로 왜곡선동하지 말라는 것입니다. 자기학대나 금욕주의나 현실도피로 가면 안 되는 것은 "네 목숨을 미워하라!"에 초점이 있는 것이 아니라 "하나님을 사랑하라!"에 포인트가 있다는 것입니다.

우리가 알아야하는 주지의 사실이 있습니다. 성경에서 너희가 이렇게 하면 복을 받고 하지 않으면 저주를 받고 하는 다소 조건처럼 들리는 말씀들은 이미 말씀을 받고 있는 대상이 구원받은 자들이라는 것을 놓치면 안 됩니다. 지금 '그리심산'과 '에발산'에 있는 이 사람들은 애굽을 나와 홍해를 건너 약속의 땅에 들어온 사람들입니다. 신약적 의미에서 애굽은 죄악세상이며 홍해는 세례를 뜻하며 가나안은 천국을 의미합니다. 그러니까 하나님 백성 된 자의 명예로서 주어진 말씀들이지 지키면 구원이고 안 지키면 버림이 아니라는 것입니다.

신구약의 하나님 백성들은 하나님의 신실한 약속과 선택과 은혜로 된 것이지 자기들의 행위로 된 것이 아닙니다. 구약의 이스라엘이 애굽을 나올 때 자기들이 한 것은 아무것도 없습니다. 하나님이 애굽에 열 가지 재앙을 쏟아 부으시는 것으로 애굽을 나온 것이고 홍해 앞에 섰을 때는 "너희는 가만히 있어 오늘날 너희를 위해 행하시는 하나님의 구원을 보라!"입니다. 가만히 있으라는 것은 하나님이 다 하시겠다는 것입니다. 신약성도들의 구원역시 예수님이 십자가에서 다 이루셨습니다. 그것을 믿고 이미 구원을 얻은 자로 "오늘을 책임있게 살아라!"가 곧 성경의 가르침입니다.

신명기의 말씀들이 다소 조건처럼 들릴 수 있지만 이것은 사실 사랑하는 부모가 사랑하는 자녀에게 내 건 조건입니다. "아버지 말 잘 들으면 상이지만 안 들으면 벌이라!"의 말씀입니다. 성경의 많은 말씀들이 이와 같습니다. 다소 벌 받는 형국이 무섭게 들리더라도 이미 자녀 된 자가 받는 벌이지 자녀가 안 되고 호적에서 지우고 생명책에서 걸어내는 일은 없다는 것입니다. 사무엘하 7장 14절의 다윗언약에서 "나는 그에게 아버지가 되고 그는 내게 아들이 되리니 그가 만일 죄를 범하면 내가 인생막대기와 사람채찍으로 징계하려니와…"

"내 이름이 생명책에 없으면 어쩌나! 나의 죄로 지우시지는 않으실까! 날 모른다 하시면 어떡하지! 휴거되지 못하면… 지옥가면…" 하는 식의 두려움과 공포를 조장하고 그 심리를 이용하는 자들은 다 이단들입니다. 너무 속이 상해서 "호적에서 파낸다!"는 말을 하고 있는 부모의 심정을 이해하는 것이 우선입니다.

구원은 은혜로 이미 받은 것이지 내 행위로 결과시키는 것이 아닙니다. 중요한 것을 잊으면 안 됩니다. 내가 지금 예수를 알고 믿고 의지한다는 것입니다. 내 안에 예수가 없으면 이건 안 되는 겁니다. 오늘 말씀이 지난주 말씀의 부연설명과도 같은데 구원을 자기 행위의 공로로 삼는 폐단이 없길 기도합니다.

58. { 포도원 일꾼을 부르는 주인의 비유 }

(마태복음 20:1~16)

포도원 일꾼을 부르는 주인의 비유입니다. 먼저 이 비유가 어떤 배경 아래 예수님이 말씀하게 되었는지 보고나서 의미를 살피는 것이 비유의 참된 메시지를 얻는데 도움이 될 수 있을 것 같습니다. 이 비유는 바로 위의 부자청년이 나와서 "무슨 선한 일을 해야 영생을 얻겠습니까?"에 대한 예수님의 답변과 그로인한 베드로의 항변에서 비롯됩니다.

청년이 계명은 어려서부터 다 지켰다고 하자 예수님은 "네가 온전하고자 할진대(완전한 선을 이룰진대...) 재산을 가난한 자에게 나눠주고 나를 따르라!" 청년은 근심하여 돌아갑니다. 베드로가 "우리는 다 버리고 주를 따랐는데 무슨 보상이 있습니까?" 예수님은 "인자가 영광의 보좌에 앉을 때에 복을 얻고 영생을 상속할거다. 그런데 먼저 된 자가 나중 되고 나중된 자가 먼저 될 자가 많을 거다!" 하십니다. "일등이 꼴찌 되고 꼴찌가 일등 된다!"는 이 말씀을 예수님은 결론처럼 말미에 19장 30절에서 하십니다. 오늘 포도원 일꾼을 부르는 비유 마지막에도 동일한 말씀을 20장 16절에서 하십니다.

20장 1절 이하에서 포도원 주인은 일꾼을 구하리 이른 아침에 나가서 한 데나리온을 약속하고 포도원에 일꾼을 들여보냅니다. 삼시(오전 9시), 육시(정오12시), 구시(오후3시)에도 나가보았는데 여전히 놀고 있는 사람들이 있어서 들여보냅니다. 심지어는 종료 한 시간 남은 십일(오후 5시)시에도 나가서 일없이 다니는 사람에게 "너도 들어가라!" 하십니다.

퀴즈입니다. 예수님은 몇 차례 일꾼을 들이셨습니까? 삼시, 육시, 구시, 십일시 총 4번인 것 같으나 실은 이른 아침에 벌써 들여보냈으니 총

5번입니다. 그러니까 삼시 육시 구시 십일시는 안 나가도 되는 것을 나가신겁니다. 3절에 "장터에서 놀고 있는 사람이 있는지라!" 6절에 "서 있는 사람이 있는 지라!", "어찌하여 종일토록 여기서 놀고 있느냐!", "품꾼으로 써 주는 이가 없습니다!" 이 사람들은 다 집에 처자식이 있는 가장들입니다. 일하기 싫어서 그냥 놀고 서 있는 게 아닙니다.

이 사람들의 타는 속을 포도원 주인이 알아줍니다. 포도원 주인은 딱히 일을 시키고자 하는 마음보다 이들을 불쌍히 여기는 마음이 더 큽니다. 일 끝나기 1시간 남겨놓고 나갔다는 것은 마치 5분 남겨놓고 놀고 있는 사람에게 "얼른 들어가서 포도 한 송이 하나 따서 푸대자루에 넣어!"와 같습니다. 그럼 이 사람이 얼마나 큰 감사와 감격에 눈물을 흘리겠습니까! 주님이 말씀하신 "많이 사함받은 자가 많이 사랑한다!" 하신 것처럼 "많이 은혜 받은 자가 더 많이 사랑한다!"입니다. 기독교에서 말하는 은혜는 바로 조건을 갖추지 못하고 자격이 안 되는 자에게도 주는 구원과 영생과 천국입니다.

여기서 문제가 되는 것은 이른 아침에 온 사람 순서로 노출되는 불만입니다. 흥미로운 부분은 일당을 지급할 때 나중 온 순서대로 약속한 한 데나리온을 지급합니다. 먼저 온 사람은 "1시간 일한 사람이 한 데나리온을 받았으니 우리는 따블로받겠구나!" 했는데 똑 같이 한 데나리온을 받자 시험에 들고 실족합니다. 분명히 일한 시간이 다르고 일의 질이 다릅니다. 그에 따른 노동의 댓가가 지불되는 것이 상식입니다. 그러나 이 비유에서 우리가 놓쳐서는 안 되는 것은 이른 아침에 온 일꾼이나 한 시간 남겨놓고 들어온 일꾼이나 모두 은혜를 입은 자라는 사실입니다.

이른 아침에 들어온 자는 처음부터 안심입니다. "오늘도 일 할 수 있구나!", "처자식 안 굶겠구나!" 몸은 힘들어도 마음은 편합니다. 그런데 일은 없는데 집에도 못가고 오후 5시까지 장터에 서 있는 이 사람의 마음은 오죽하겠습니까. 속이 시커멓게 탔습니다. 6절에 "놀고 있는지라!"가 재밌게 놀고 있다는 표현이 아닙니다. 7절에 품꾼으로 "써주는 이가 없습니다!"가 이를 증명합니다. 일이 있다는 것은 그 자체로의 감사입니다. 일할 수 있는 건강이 곧 상이고 성실이 곧 복이며 수입과 급여는 그 다음 이야기입니다. 실업자들의 고통은 그것을 경험해보지 못한 사람은 모릅니다. 아침에 일어났는데 갈 곳이 없다는 것은 그 자체로 절망입니다.

이 비유에서 예수님이 말씀 하시는 것은 "지금 모두가 함께 은혜를 받고 있다!"입니다. 바다를 먹물삼고 하늘을 두루마리 삼아도 다 기록할 수 없는 하나님의 은혜와 사랑을 경험했을 때 "내가 하나님 앞에 이렇게 했잖습니까!"의 행위를 내세울 수 있는 것은 아무것도 없습니다. 내가 이른 아침부터 부름받아 포도원 일을 한다는 것은 그 자체로의 감사이며 내가 한 일은 아주 작은 부분입니다.

자기가 한 일을 크게 여기는 먼저 온 사람들의 심리와 비슷한 마음을 지닌 캐릭터가 성경에 또 등장합니다. 탕자의 비유에 기록된 첫째아들입니다. 어떤 사람에게 두 아들이 있었는데 둘째가 유산 먼저 달라하고는 먼 나라에 가서 허랑방탕하여 재산 다 날리고는 돼지우리 속에 들어가 쥐엄나무 열매를 먹으며 생각하길 우리 아버지는 부자라 품꾼도 좋은 것을 먹거늘 나는 아들임에도 주려 죽는 구나 내가 아들로는 못 들어가겠고 품꾼중 하나로 여겨달라 하자는 마음으로 돌아가자 아버지가 신을 신겨라 새 옷을 입혀라 반지를 끼워라 하면서 송아지를 잡고 큰 잔치를 열어줍니다.

탕자동생이 돌아오자 아버지가 송아지를 잡았다는 말을 들에서 일하고 있던 첫째가 듣고는 아버지에게 따지기를 평생을 아버지께 순종한 나는 친구들과 염소새끼 한 마리 잡아주신 일이 없으면서 아버지 재산을 창기와 말아먹은 저 놈에겐 어찌 송아지를 잡아주실 수 있냐고 합니다. 그 때 아버지는 31절에서 이렇게 말합니다.

"얘야 너는 항상 나와 함께 있어 내 것이 다 네 것이거늘 네 동생은 죽었다가 살았고 잃었다가 얻었기로 우리가 함께 기뻐하는 것이 마땅하지 않냐!" 기독교의 문제는 항상 이렇게 먼저 믿은 사람, 많이 일한 사람, 행위가 되는 사람들의 문제입니다.

한 시간 남겨놓고 부름 받은 사람이나 둘째아들 탕자가 용서받은 것은 너무나도 분명한 은혜며 긍휼이며 자비를 입은 사건인데 반해 먼저 부름 받아 포도원 일을 한 일꾼과 오랜 시간 아버지의 아들로 순종한 첫째는 이 모든 것이 다 자기 행위의 산물임으로 은혜와 감사는 멀리 있는 이야기가 됩니다. 먼저 부름 받은 자는 오늘도 선택받아 일 할 수 있게 됐다는 감사가 없고 첫째아들은 아들이면서도 아들의 지위와 신분을 누릴 줄 모르고 품꾼의 불평을 품었습니다.

예수님의 마지막 말씀 "먼저 된 자가 나중되고 나중 된 자가 먼저된다!"의 깊은 의미는 일등과 꼴찌의 구별 즉 네가 잘나봐야 거기고 못나봐야 또 거기라는 것입니다. 크고 무한하신 하나님 앞에 인간 우열의 차이와 첫째와 꼴찌의 차이는 사실상 없는 것과 무방함으로 모두가 한 입으로 하늘을 두루마리 삼고 바다를 먹물 삼아 하나님을 찬양하라 입니다.

59. { 과연 내 잔을 마시려니와... }

(마태복음 20:17~28)

"먼저 된 자가 나중 되고 나중된 자가 먼저 된다!"는 말씀의 영적흐름이 계속 이어지고 있습니다. 예수님은 선행으로 영생 얻겠다는 부자청년에게 "그렇게 하는 것은 결국 나중 되지만 나를 믿는(따르는) 자가 마지막에 먼저 된다!"를 말씀하셨고 포도원 품꾼의 비유에서도 이른 아침 부름 받은 자와 한 시간 남기고 들어온 자의 우열의 차이가 없다는 의미에서 "먼저 온 자가 나중 되고 나중 온 자가 먼저 온 자가 나중된다!" 다시 말해 "은혜를 베풀고자 하는 거지 일을 시키자는 게 아니다!"입니다. 기독교의 문제는 항상 일 많이 한 사람의 문제입니다. 이게 자기 공로와 업적과 자랑이 되면서 은혜 하고는 멀어집니다. 열심을 품고 주의 일을 하자는 데는 바람직하지만 자칫 은혜 없는 신앙으로 전락할 수 있습니다.

내가 아니면 하나님의 교회가 망하기라도 하는 것처럼, 사람이 열심을 내지 않아서 주님이 재림을 못하시는 것처럼, 선동하는 것은 마치 우리 신앙을 독려하는 것처럼 들리지만 자칫 잘못하면 하나님의 주권마저 침해하는 오류를 범하게 됩니다.

하나님의 주권보다 사람의 의지를 더 위에 놓는 이와 같은 결과는 일과 사역중심의 신앙에서 빚어집니다. 물론 하나님은 사람을 통해 일하시지만 사람이 아니어도 홀로 일을 다 하실 수 있는 분이십니다. 그분이 우리를 동역자로 삼으심은 그분의 능력이 모자라서가 아니라 우리를 사랑하시기 때문입니다. 사랑하면 일을 같이 하고 싶은 겁니다. 하나님은 그 누구의 도움과 방해도 받지 않으신다는 것을 기억하고 포도원 품꾼의 비유를 보아야 합니다.

그럼 오늘의 나는 도대체 누구냐 했을 때 한없는 은혜를 입고 받고 있는 '나'라는 것입니다. "내가 한 보상으로의 응답과 축복이다!" 즉 "십일조를 했으니까 축복이다!"가 맞는 말이지만 자꾸 일루 가게 되면 은혜는 없고 율법만 남게 됩니다. 하나님은 우리에게 보상을 주시는 분이라기보다 은혜를 주시는 분이십니다. 보상은 내가 한 것에 대한 댓가이기에 일종의 거래이지만 은혜는 그렇지 않습니다.

탕자의 비유에서 첫째아들은 "아버지와 항상 함께 있어 내 것이 다 네 것이 아니냐!"를 누릴 줄 모르고 보상으로 염소새끼 한 마리 안 잡아 줬다고 투덜댑니다. 창세기 15장에서 아브라함에게 나타나신 하나님은 "나는 너의 방패요 지극히 큰 상급이라!" 하셨는데 내가 곧 네가 바라는 보상이라는 말씀입니다. 여기를 이해해야 합니다.

베드로는 예수님께 "우리는 다 버리고 주를 따랐는데 무슨 보상이 있겠습니까?", "세상이 새롭게 되어 인자가 영광의 보좌에 앉을 때에 너희도 12보좌에 앉아 12지파를 심판할거다!" 하셨습니다. 문제는 제자들이 12보좌를 세상영광의 보좌로 이해했다는 것입니다.

20장 17절에서 예수님이 예루살렘에 올라간다고 하시니까 드디어 왕궁에 입성하시고 보좌에 앉으시는 때가 온 것으로 알았습니다. "죽은 자를 살리시고 바다를 잠잠케 하시고 오천 명을 먹이신 주님이 영광의 보좌에 앉으시면 우리도 12보좌에 앉는구나!" 입니다.

그러나 17절 이하에서 예수님은 예루살렘에 올라가 죽을 것을 말씀하십니다. "내 보좌는 너희들이 생각하는 영광의 보좌가 아니라 자기 백성의 죄를 위해 대신 죽는 십자가가 내 보좌다!", "너희들이 생각하는 영광의 보좌는 내가 십자가에서 죽고 사흘만에 부활한 후에 세상에 다시 재림할 때에 있을 것이다!" 아무리 예수님이 말씀하셔도 제자들의 귀에는 들리지 않습니다. 사람은 듣고 싶은 것만 듣고 들리기 때문입니다.

이때다 싶었는지 요한과 야고보가 자기 어머니를 모시고 와서 엄마 찬스를 씁니다. 20장 21절에 "주의 나라에서 우리 아들 둘을 좌편과 우편에 앉게 하소서!" 19장 28절에서 "열두 보좌에 앉아 열두 지파를 심판하리라!"를 듣고는 집에 가서 어머니께 말씀드린 것입니다.

22절에 예수님이 황당하셔서 "너희가 구하는 것을 알지 못하는도다!" 예수님이 지금 보좌를 말씀하시면서 두 가지 차원의 보좌를 엇갈려 말씀하시는 것을 이해해야 합니다. 19장 28절에 인자가 자기 영광의 보좌에 앉기까지 먼저 가서 앉아야 할 보좌가 있는데 거기가 십자가의 보좌다. 예수님은 영광의 보좌에 앉기까지 그곳으로 가는 길과 방법과 확인으로서 십자가 보좌를 통과하십니다.

그것을 오늘 잔을 마시는 것으로 우회해서 말씀합니다. 22절에서 주님은 "내가 마시는 잔을 마실 수 있느냐!" 곧 "내가 앉아야하는 십자가의 보좌에 너희도 앉을 수 있겠느냐!", "하나님의 방법과 뜻을 너희의 것으로 삼을 수 있겠느냐!"입니다. 본문에서 제자들은 다 마실 수 있다 했습니다. 그러나 당장 영광의 보좌만 바라보고 대답한 것입니다. 기가 막힌 말씀이 23절에 "너희가 과연 내 잔을 마시려니와 …"에 있습니다. 너희가 결국은 다 나와 같은 길을 가게 된다는 예언의 말씀으로서 제자들이 이때는 알지 못했지만 예수님이 부활하신 이후 모두 십자가를 이해합니다. 그리고 모두 순교의 길을 가는 것으로 "너희가 과연 마시려나와…"가 성취됩니다.

예수님의 보좌 좌우편에 관한 이해도 십자가의 좌우편을 의미합니다. 예수님은 좌우편 앉혀달라는 세배대의 어머니 요구에 "좌우편은 하나님이 누구를 위해 예비하셨든지 그들이 얻을 것이다!" 말씀하시자 제자들은 생각하길 "벌써 다 정해졌구나!"하고 실망하고는 24절에서 열 제자가 그 두 형제에게 분한 마음을 품습니다. "너희가 12보좌에 앉아 12지파를 다스린다!" 하시고 "내가 이제 예루살렘에 올라간다!" 하시니 자연스레 제자들 간에 권력투쟁이 일어납니다. 베드로가 제자들 가운에 리더인 것만은 주지의 사실입니다. 요한과 야고보는 예수님이 말씀하신 "먼저 된 자가 나중 되고 나중 된 자가 먼저 된다!"를 자기식대로 받아서 엄마찬스를 사용합니다. 먼저 된 베드로를 내리고 나중 된 두 형제가 제자들 간의 헤게모니를 잡을 수 있다 로 간 것입니다.

예수님은 25절 이하에서 말씀하십니다. 사람들이 권력을 원함은 자기 마음대로 하고 싶어서이다. 그래서 세상나라의 임금과 고관대작들은 권세를 부린다. 그런데 너희가 그것을 따라 해서는 안 된다. 힘과 지식과 돈과 권력을 가지고 사람들 앞에 너를 자랑하고 너를 높이고 너를 행세하고 있으면 천국으로 말하자면 그 사람은 꼴찌에 있는 거다. 세상은 가진 자가 위에 서고, 대접받고, 큰 소리 치는데 하나님 나라는 거꾸로 가진 자가 밑에 서고, 대접하며, 큰 소리 안 친다 "먼저 된 자가 나중 되고 나중 된 자가 먼저 된다!"의 참된 의미를 오늘도 깊이 이해하는 은혜가 있기를 소망합니다.

60. { 불쌍히 여기사… }

(마태복음 20:29~34)

예수님 곁에 가까이 있는 현장감을 가지고 주님의 행적을 같이 따라가면서 주시는 말씀을 함께 받습니다. 오늘 본문은 29절에 "예수님이 여리고를 떠날 때에 큰 무리가 따랐다!"로 시작합니다. 예수님은 지금 왕궁과 성전이 있는 예루살렘으로 올라가고 계십니다. 고지대에 위치한 예루살렘에 가기 위해 그전에 거처야 하는 도시가 여리고입니다. 그 가운데 나귀타신 벳바게와 잠시 머무르신 베다니가 있지만 이곳은 면 단위의 작은 마을입니다.

이제 예수님이 예루살렘에 올라가시면 다시 내려올 일이 없습니다. 예수님은 영광의 보좌에 앉기까지 먼저 앉아야 하는 십자가보좌로 가시는 중이십니다. 이제 이후로는 육신으로 계시는 예수님을 뵐 수 없습니다. 그와 같은 극적인 시간에 두 맹인이 예수님께 나와 치유 받고 눈을 뜨게 됩니다.

두 맹인이 길가에 앉았다가 예수가 지나간다는 소문을 듣고는 "우리를 불쌍히 여기소서!", "다윗의 자손이여!" 라고 외칩니다. 옆에 섰던 사람들이 "조용히 하라!"고 야단을 치자 더 큰 소리로 "우리를 불쌍히 여기소서! 다윗의 자손이여!"

32절에 예수님이 머물러 서서 "무엇을 원하느냐", "눈 뜨기를 원합니다!", 34절에 "예수께서 불쌍히 여기사 그들의 눈을 만지시니…"

참으로 심플한 내용입니다. 그러면서 성경전체의 내용을 요약합니다. 두 맹인은 30, 31절 두 차례에 걸쳐 불쌍히 여겨달라고 했고 예수님은 34절에서 그들을 불쌍히 여기셨습니다. 우리의 기도는 사실 이 말 한마디면 끝납니다. 말하자면 축약하면 그렇다는 것입니다.

마태복음 9장을 보면 세관에 앉아있던 마태를 제자삼아 주심에 감사해서 예수님을 자기집에 초청합니다. 식사하는 중에 많은 세리가 동석합니다. 바리새인과 서기관이 예수님의 제자들에게 "너희 선생은 어찌 죄인 세리들과 함께 먹고 마시냐!" 고 따집니다. "유유상종 아니냐!"입니다. 그때 예수님이 "건강한 자에게는 의원이 쓸데없고 병든 자라야 쓸데 있나니 너희는 가서 내가 긍휼을 원하며 제사를 원치 않고 번제보다 하나님을 아는 것을 원하노라가 무슨 뜻인지 배워오라 나는 의인을 부르러 온 것이 아니라 죄인을 부르러 왔노라!" 하십니다.

긍휼이 곧 하나님을 아는 것입니다. 하나님을 아는 지식이 깊어지면 그 안에는 긍휼이 있습니다. 하나님의 자기 계시인 "여호와로라! 여호와로라! 자비롭고 은혜롭고 노하기를 더디하며 인애와 긍휼이 풍성한 여호와로라!" 했을 때 한 마디로 불쌍히 여기시는 하나님이라는 의미입니다. 물론 그 불쌍히 여김은 하나님의 본체인 사랑에서 비롯된 마음입니다.

우리는 매 주 불쌍히 여기시는 주님의 행적을 같이 보고 있습니다. 죄와 사망의 권세 아래 갇혀서 고통당하고 결국에는 영벌에 처해져야 하는 인생들을 불쌍히 여기시는 내용들입니다. 돈만 좋아하고 예수를 거부하는 부자청년을 불쌍히 여기셔서 돈 앞에 낙타같이 커다란 그를 바늘구멍 안으로 통과하게 만드십니다. 먼저 포도원에 부름 받았거나 나중 부름 받았거나 하나님은 그들 모두에게 긍휼을 베풀고 계십니다. 예수님의 모든 치유사역과 말씀사역의 행적 속에 그 머리말처럼 기록된 것이 "불쌍히 여기사…"입니다.

"하나님! 제 영혼을 불쌍히 여겨 주세요!", "이 땅에서 의지할 곳 없는 제 생명과 제 인생을 불쌍히 여겨 주세요!" 기도할 수 있는 우리 모두이기를 소망합니다. 주님의 불쌍히 여김을 받기까지 오늘 본문에는 넘어서야 하는 장애물과 거치는 돌이 있는 것을 봅니다.

31절입니다. "무리가 꾸짖어 잠잠하라!" 결국은 사람입니다. 우리가 인생을 살면서 얻어야 할 것이 사람이면서 또한 넘어서고 극복해야 하는 것이 사람입니다. 마태복음 6장에서 "사람 앞에 너의 의를 행하지 않도록 주의해라!" 하시면서 동시에 마태복음 10장에서는 "사람 앞에 나를 시인하면 나도 하늘에 계신 내 아버지 앞에서 그를 시인할 것이고 사람들 앞에 나를 부인하면 나도 하늘에 계신 아버지 앞에서 그를 부인하리라!"

즉 사람들 앞에서 우리가 어떻게 하는지 보고 우리믿음의 진위를 판가름 하십니다. 사람들 앞에서 나를 높이고 자랑하는 보여주기식 신앙 행위를 한다면 그건 가짜고 또한 사람들 앞에 나의 믿음을 전혀 나타내지 않고 부인하는 것도 가짜입니다. 여기서 우리의 믿음이 어디에 자리 해야 하는지 말씀해주십니다.

신앙이 사람들 앞에 위선이 되었다면 그렇게 사람들이 거치는 돌이 된 것이고 또한 신앙이 자기만족에만 머물렀다면 그렇게 사람들을 극복하지 못한 것입니다. 그렇다고 물어보지도 않았는데 어디가든 예수 믿는다고 드리대라는 게 아닙니다.

믿지 않는 사람들이 바라보는 기독교인에 대한 부정적 인식이 극성 맞음입니다. 전도의 대 전제는 아무리 강조해도 부족함이 없지만 막무가내 식으로 무례하고, 경우 없고, 유별나게는 지양해야 하는 부분입니다. 성도는 사람들을 외식과 위선의 대상으로 의식해도 안 되지만 저들 앞에 내가 선한 영향력을 끼쳐야 한다는 것도 항상 잊지 말아야 합니다.

오늘 본문의 이 두 맹인을 설교하면서 시끄러움, 민폐, 무례함을 조장하는 식이 되어서는 곤란합니다. 예전에는 북치고 장구치면서 전도하고 부흥회를 했던 시절이 있었습니다. 동네사람들이 시끄럽다고 하니까 부흥회강사가 하는 말이 "시끄러우면 지들이 이사 가라 그래!" 라고 했답니다. 이 얼마나 몰상식 몰지각 몰염치의 극치입니까! 사람 많이 모이니까 보이는 게 없던 때였습니다. 주님 앞에 가기 까지 사람들의 시선을 넘어서자는 거지 "시끄러우면 귀 막으라 그래!" 는 아니라는 것입니다. 31절에 "잠잠하라!" 하니까 32절에 "더욱 소리질러 이르되!" 가 "귀 막으면 되잖아!"가 아닙니다. "거치는 돌을 넘어서자는 것!"입니다. 주님 앞에 우리가 가기까지… 주님의 불쌍히 여김을 받기까지… 그 은혜를 힘입기까지… 사람을 넘어서야 합니다.

제가 하도 강조해서 우리교회는 사람 앞에 외식과 위선으로 넘어지는 경우는 없는 줄 믿습니다. 그러나 또 넘어서고 극복해야 하는 것이 사람들의 시선입니다. 사람들 앞에 유불리를 계산하고 믿는 자도 됐다가 안 믿는 자도 됐다가 이건 아닙니다.

내가 믿는 사람이라는 것이 알려지면 불이익을 당하고 해를 입고 고난을 격더라도 나는 사나 죽으나 예수사람입니다. 예수님이 십자가에서 운명하시고 죽음이 무서워서 제자들도 다 도망가고 없던 때에 빌라도에게 나가 예수의 시신을 달라했던 아리마대 요셉처럼 당당히 예수사람인 것을 보이시는 믿음이 있기를 소망합니다.

특별히 교회직분을 밝히라는 게 아닙니다. "내가 장로입니다!", "내가 권사입니다!", "목사입니다!" 이렇게 나오는 것은 직분을 계급으로 이용하자는 것입니다. 나는 예수님의 말씀에 절대적인 지배와 통제와 인도하심을 받는 사람이라는 것을 드러내라는 것입니다.

61. { 섬김과 희생 }

(마태복음 21:1~)

왕이 자기도성에 입성할 때 초라하게 걸어 들어가는 경우는 없습니다. 카펫이 깔린 길을 금으로 장식한 수레나 백마를 타고 입성합니다. 백성들은 길가에 나와 꽃을 흔들며 환호와 갈채로 자기 왕을 맞이합니다. 예수님이 백마 대신 나귀새끼를 타시고, 카펫 대신 제자들이 겉옷을 깔고, 꽃을 대신해서 종려나무가지를 흔드는 행위는 왕의 입성을 알리는 최소한의 의식입니다.

예수님은 태어나실 때부터 평강의 왕이요 유대인의 왕이요 만백성의 왕으로 오신 분이십니다. 스가랴 9장 9절입니다. "시온의 딸아 기뻐하라 보라 네 왕이 네게 임하나니 그는 겸손하여 나귀새끼를 탔으니 나귀의 작은 것 곧 나귀새끼니라!" 예수님은 왕이지만 겸손하십니다. 그는 왕이지만 군림하지 않고 권세를 부리지 않고 압제하거나 착취하지 않습니다.

제자들이 누가 높은지 서로 싸울 때 왜 높아지려고 하는 겁니까? 위에서 군림하고 권세부리고 자기 맘대로 하고 싶어서 그런겁니다. 그래서 지난시간 19장 25절 "집권자들이 그들을 임의로 주관하고 고관들이 권세를 부리는 줄 너희가 알거니와 너희 중에는 그렇지 않아야 하리니..."

이스라엘에 왕이 세워질 때를 보면 사무엘 선지자가 이런 말을 합니다. "너희가 원하는 왕을 세우게 되면 그 왕이 너희에게 무거운 세금을 매길 것이고, 너희의 농작물과 가축을 빼앗을 것이며, 너희의 자녀를 데려다가 노동력을 착취할거다 그래도 좋으냐! 그래도 좋사오니 이방처럼 우리에게 왕을 달라!" 합니다.

한 마디로 전제 국가의 왕은 자기가 곧 국가고 나라고 법입니다. 모든 백성은 다 자기 밑에 예속물이고 자기 소유이며 자기 맘대로입니다. 백성이 있어서 자신이 있다는 것은 모르고 백성들의 고혈을 짜내기만 급급했다는 게 역사가 증명하는 대부분 왕들의 행적입니다.

그러나 예수님이 다스리는 나라는 군림하지 않고 즉 위에 앉지 않고, 권세를 부리지 않으며 즉 자기 맘대로 하지 않고, 압제하거나 착취하지 않고 도리어 자기백성을 위해 자기목숨을 내어놓는 왕이십니다. 이것이 세상나라와 하나님나라의 근본적 차이점입니다.

빌립보서 2장의 말씀처럼 "그는 근본 하나님의 본체시나 하나님과 동등 됨을 취할 것으로 여기지 않으시고 도리어 자기 몸을 비워 종의 형체를 지녀 사람의 모양으로 나타나셨으며 죽기까지 복종하셨으니 곧 십자가에 죽으심이라 이로써 하나님이 그를 지극히 높여 모든 이름위에 뛰어난 이름을 주사 하늘에 있는 자들과 땅위에 있는 자들과 땅 아래 있는 자들로 모든 무릎을 예수의 이름에 꿇게 하시고 모든 입으로 예수 그리스도를 주라 시인하여 하나님께 영광을 돌리게 하셨느니라!"

예수님은 당신의 나라를 세우시는 기초와 근간과 원리를 무엇으로 삼으셨냐하면 섬김, 희생, 십자가, 자기부인입니다. 세상나라는 그 나라의 기초가 어디에 집중되어있냐면 통치자의 권력유지입니다. 모든 게 통치자의 권력을 떠받드는 구조로 되어있습니다. 말은 백성을 위하고, 인민을 위하고, 국민을 위한다고 하지만 그건 다 입바른 소리고, 사칭하는 것이고, 간판일 뿐입니다. "하나님 저를 성공하게 해 주셔서 돈과 힘과 지위를 주시면 그것으로 하나님 영광돌리겠습니다!" 하는데 여기도 자세히 들여다보면 하나님은 사칭하는 것이고 간판일 뿐 자기 영광을 위해 하나님이 도용됩니다. 신앙도 하나님도 자기 잘난 척의 도구가 되는 경우입니다.

신앙도 잘난 척, 기도도 잘난 척, 찬양도 잘난 척, 겸손도 잘난 척으로 사용한 사람들이 바리새인들입니다. "다~ 하나님이 하신 거죠!" 라고 말하는 그 말투 속에 찐~하게 묻어나는 잘난 척이 있습니다. "잘난 척 하지 말라!"가 곧 "군림하지 말라!", "권세부리지 말라!", "너를 높이지 말라!"의 시대적 버전만 다를 뿐 같은 의미입니다. 이런 행위를 하나님은 아주 혐오하신다고 누가복음에는 기록하고 있습니다. 한 마디로 세상은 힘과 권력과 지위를 놓고 머리 터지게 싸우는 나라라면 하나님나라는 섬김과 희생과 자기부인을 하겠다고 경쟁하는 곳입니다. 그런데 사실 후자는 이해도 안 될 뿐더러 적용하기는 더욱 어렵습니다.

하나님을 섬기는 성도들 또한 모두 힘과 권력과 지위를 달라고 기도하지만 사실 하나님이 요구하시는 섬김과 희생과 자기부인의 삶을 살아갈 때 이런 것들은 필요 없습니다. 힘과 권력과 지위는 사람들 위에 군림하고 꼼짝 못하게 하고 내 마음대로 하기위해 필요한 거지 섬김과 희생의 삶 살 때는 없어도 됩니다. 사람들은 섬김과 희생을 생각할 때 힘도 권력도 돈도 빽도 없는 사람들의 전유물이라는 고정관념이 있습니다. 나라가 전쟁에서 패하고 노예로 잡혀오거나 부모가 빚을 지고 자녀가 종으로 팔려가서 마지못해 고된 종의 삶을 사는 것입니다. 힘과 권력이 있으면 결코 하지 않습니다.

그런데 천국의 원리는 힘과 권력과 지위와 모든 것이 있는 자가 거꾸로 섬기고 희생하는 종의 삶을 사는 것으로 힘과 권력과 지위를 갖은자임을 증명합니다. 예수님의 예수님 되심은 십자가의 길을 가심으로 드러납니다. 십자가는 세상적으로는 힘과 권력과 지위가 있으면 갈 수 없는 길이면서 동시에 천국의 힘과 지위와 권력이 있는 자의 자기증명입니다.

힘과 권력과 지위가 있는 것으로 자기를 높이고 산 사람은 이 땅에서는 먼저 된 자처럼 보이나 천국에서는 꼴찌에 있는 자이고 섬기는 자가 되어 자기를 낮추고 산 사람은 이 땅에서는 나중되어 보이나 천국에서는 맨 앞으로 가게 된다는 이야기입니다.

사람들이 높아지고 권세를 부리려하는 것은 모든 것을 자기 맘대로 하고 싶은 권력욕과 이기심에서 비롯됩니다. 사람들이 놓치는 게 있습니다. 지금 내 앞에 내 마음대로 할 수 있는 돈이나 권력이나 지위가 주어졌을 때 그것을 누리는 권리 권세만 생각하지 이후에 의무와 책임에 대해서는 간과합니다. 예수님은 자기 백성을 얻기 위한 책임으로서 자기 목숨을 주십니다. 여기에 누구도 이의를 제기 할 수 없습니다.

그런데 한 나라의 왕이 되어서 모든 권력을 쥐고서는 백성을 향한 책임은 하나도 없고 자기 맘대로 백성을 수탈하는 폭군왕은 죽어서 지옥의 안방을 차지한다 입니다.

달란트 비유에서 2달란트 5달란트 받은 자의 칭찬이 같은 내용입니다. 받은 만큼의 책임이 주어질 때 반대로 받지 않은 것은 묻지 않으십니다. "많은 것을 가진 옆집의 아무개로 살지 않았냐!" 하지 않으시고 "왜 너를 너로 살지 않았냐!" 하십니다.

만왕의 왕이신 예수님이 초라한 나귀새끼를 타고서 예루살렘성에 입성하시는 모습을 보면서 자기 백성을 얻기 위한 책임을 다하기 위해 십자가의 길을 가시며 자신의 힘과 권세를 하나도 사용하지 않았다는 것을 기억하는 은혜가 있기를 소망합니다.

62. { 성전청결 }

(마태복음 21:12~17)

예수님은 예루살렘에 입성하시고 바로 성전으로 가서서 거기서 상거래 하는 장삿꾼들을 내어 쫓으셨습니다. 예수님의 가장 과격한 모습입니다. 좌판을 엎고 의자를 던지십니다. 예수님의 거룩한 분노는 단순한 진노하심이 아니라 깊은 안타까움과 슬픔이 배어있는 분노입니다. 하나님께서 이스라엘백성에게 성전을 주실 때 이렇게 하라고 주신 것이 아니건만 이렇게 될 수 밖에 없는 사람들의 연약함과 성전제도 자체가 지니는 불완전함을 같이 탄식하신 사건입니다. 구약의 성전은 본래 성막으로서 이스라엘이 애굽을 나와 광야 시내산에 이르렀을 때 하나님께 율법을 받음과 동시에 성막을 지으라는 명령을 받습니다.

성전을 지으라 하심은 그 안에서 제사드리기 위함입니다. 제사는 곧 하나님과의 만남이고 관계회복 즉 화목이며 소통입니다. 대속제물의 피흘림으로 인한 속죄의식이 곧 제사의 핵심입니다. 그러니까 율법, 제사, 성전 이것은 다 '피흘림'이라는 '속죄의식'을 의미합니다. 이스라엘백성은 자신들이 율법과 제사와 성전을 받았다는 긍지가 굉장한 사람들입니다. 문제는 뭐냐면 율법을 받은 자들이면서 율법을 지킨 자의 행세를 한 것입니다. 법이 없으면 범법도 합법도 없으니까 "율법에 비취어 너희들은 죄인이다!(율법으로는 죄를 깨달음이라!)"를 알리기 위해서 주신 것이 율법인데 자신들은 율법을 다 지킨 의인인 줄 안겁니다. 신약의 성도들이 말씀을 들었다고 지킨 것은 아닌 것과 같습니다.

당연히 자기들은 구원자가 필요 없는 자동구원으로 알았습니다. 그런 의미에서 이들에게 메시아(구원자)는 율법을 받은 자신들을 상 주고

복 주고 칭찬하러 오는 메시아이지 구원자가 아닙니다. 성전을 이해함
에 있어서도 마찬가집니다. 성전을 받았다고 하는 프라이드가 하늘을
찌르는 민족입니다.

성전이 이스라엘을 하나로 묶는 구심점 역할을 한 것은 분명합니다.
이스라엘이 바벨론 포로로 잡혀갔다 돌아왔을 때 하나님은 학개 선지
자를 통해 흩어졌던 민족성을 하나로 규합하기 위해 성전건축을 명령
합니다. 그런데 이스라엘 역사를 보면 이 성전이 어떤 곳으로 전락하냐
면 국가적 위기나 어려움을 만났을 때 대피하는 일종의 벙커 같은 역할
그 이상과 이하도 아닌 게 되어버립니다. 예레미야 7장 4절을 보면 이
렇게 되어있습니다. "이것이 여호와의 성전이라 이곳이 여호와의 성전
이라 하는 거짓말을 믿지 말라!" 이게 무슨 말이냐면 이스라엘백성이
우상숭배하고 온갖 불순종을 다 하고 살다가 대적이 쳐들어오면 성전
으로 가서 숨는 겁니다. 그리고 "하나님이 계시는 성전에만 있으면 안
전하다!" 하는 겁니다.
구약시대 성전이 제사드리는 곳인 것처럼 신약시대교회는 예배드리
는 곳입니다. 교회가 무슨 대피처나 도피처는 아닙니다. 하나님을 향
한 믿음은 없으면서 교회건물 안에만 있으면 병도 낫고 문제도 해결된
다는 신앙은 이건 아니라는 겁니다.

구약이 대속제물의 피흘림으로 속죄함 받아 하나님과 화목 되는 기
쁨과 감격을 경험한다면 신약은 우리 모두의 희생제물이신 예수님의
십자가 대속과 그 아들을 주신 하나님을 예배하는 하늘 영광의 참여
입니다. 이런 본질적인 요소들은 다 사라지고 성전도 교회도 다 사적
유익을 위한 자기만족 자기계발 자기보신을 위한 곳이 되어버립니다.
"내 집은 만인이 기도하는 집인데 너희가 강도의 소굴로 만들었다!"
하심은 예레미야 7장 11절 "이집이 너희에게는 도둑의 소굴로 보이느
냐!"의 인용입니다. 스가랴 14장 21절에도 "그 날에는 만군의 여호와
의 전에 가나인 사람이 다시 있지 않을 것이라!" 여기서 가나안 사람이

곤 상인을 의미합니다. 말라기 1장 8절에서 돈 받고 부정을 일삼는 제사장들을 향해 "너희가 눈먼 희생제물을 바치는 것이 어찌 악하지 아니하냐!"

결국 말라기 1장 10절에서 "헛되이 불사르지 못하게 하기위해 성전 문을 닫을 자가 있었으면 좋겠다!" 하십니다. 오늘 예수님이 성전의 장사치들을 쫓아내신 사건이 온건하게는 성전청결이지만 급진적으로는 성전폐쇄의 의미도 담겨있습니다. 하나님을 만나자고 성전을 주셨건만 그곳을 관리하는 자들이 돈벌이할 구상만 하고 있는 겁니다. 현실적으로도 백성들이 먼 거리에서 옴으로 제물을 성전에서 구입해야 했습니다.

제일 중요한 것은 제사장들과 백성들의 마음이 억지춘향입니다. 매너리즘과 타성에 젖어 하나님을 만나는 감사와 감격은 없습니다. 성전은 더 이상 하나님을 만나고 경배하는 곳이 아닌 제사장들에게는 사적 돈벌이 수단이고 백성들에게는 미신적인 도피처로 전락합니다. 실제로 이 성전은 주후 70년에 무너져 내립니다. 하나님이 지금까지 성전을 다시 짓지 못하게 하심은 하나님과 사람의 만남을 성전이라는 장소에서 예수 그리스도라는 인격으로 대치시켰기 때문입니다. 그래서 성전제도가 지니고 있던 미흡함을 완전히 보완하게 하십니다.

구약의 성전은 예수 그리스도의 모형이므로 실체가 오면 모형은 사라져야하는 이유도 있습니다. 구약의 성도들이 성전에 나왔다는 것은 신약의 성도들이 예수께 나왔다는 것과 같습니다. 예수께 나왔다는 것은 속죄함 받고 하나님을 만나는 경험을 의미합니다. 율법도 제사도 성전도 그 핵심으로 가면 오직 '희생제물의 피흘림'이라는 것을 다시 말씀드립니다.

예수님은 너희가 성전을 강도의 소굴로 만들었다 하시고 바로 14절에서 맹인과 저는 자들을 고쳐주십니다. 당시 장애가 있는 자들은 부정하다 하여 성전출입이 제한되었습니다. 그러나 주님은 그들을 먼저 만나시고 고통과 매임에서 자유와 해방을 주십니다. 예수님 앞에 치유받고 은혜받고 죄사함 받은 사람들은 전부 이렇게 당시 사회의 아웃사이더들입니다. 이 사람들은 구원자가 필요하다고 한 것이고 지도층인 제사장과 서기관들은 구원자가 필요없다 했기에 구원도 없는 것이 됩니다. 15절 16절에서 호산나 소리 높여 찬송하는 어린이들을 꾸짖는 대제사장과 서기관들을 향해 예수님은 시편 8편을 인용하시며 "어린아이와 젖먹이의 입에서 나오는 찬미를 온전케 하셨다!" 하십니다.

순수로 본질로 처음으로 돌아가라는 책망의 말씀입니다. 성전이 왜 있고 그곳을 관리하는 너희 대제사장과 서기관은 또 왜 있으며 지금까지 성전이 어떻게 하나님의 집이 아니라 사람의 집으로 전락하고 훼손되었는지 보라는 것입니다.

성전과 예배는 하나님을 만나는 감격입니다. 예수 믿는 것을 좀 리얼하게 말씀하시는 분들 중에 "내가 하나님을 만났습니다!", "예수를 만났습니다!" 하는 경우를 봅니다. 꿈속에서 환상 중에 보았다는 말이 아니라 은혜를 체험하고 성령을 경험하며 예배의 감격을 맛보았다는 것입니다. 내 종교가 단순히 기독교라고 하기보다 예수를 인격으로 만난 우리 모두가 되기를 축복합니다.

63. { 솔로몬 성전 }

(마태복음 21:12~13)

솔로몬이 성전 짓기를 마치고 기공식까지 다 마쳤을 때 하나님이 찾아오셔서 주시는 말씀입니다. 요약하면 이렇습니다. "네 아버지 다윗처럼 정도를 행하고 법도와 율례를 지키면 네 왕위를 영원토록 견고하게 해줄 것이지만 네가 말씀을 버리고 우상숭배의 길로 가면 성전이라도 내 앞에서 던져 버릴 것이고 너희는 세상에 웃음거리가 될 것이다!"

우리는 역사속의 결론을 압니다. 솔로몬 성전은 하나님께서 갈대아인을 회초리로 사용하셔서 이스라엘을 멸망시키실 때 같이 훼파시키십니다. 이스라엘 멸망 직전에 활동했던 선지자인 예레미야 7장 3절을 보면 이런 내용이 있습니다. "이것이 여호와의 성전이라! 이것이 여호와의 성전이라! 하는 거짓말을 믿지 말라!"입니다.

이게 무슨 말이냐면 "우리가 이 성전을 지어드린 것 아니냐! 이거 짓느라고 우리가 돈을 얼마나 많이 냈으며 또 정성은 얼마나 많이 기울였는데 우리의 기여와 신앙열심으로 지어드린 성전을 하나님이 결코 몰라주실 일이 없다! 하나님이 이 성전을 기뻐 받으셨고 저 안에 계시는데 어찌 우리가 저 이방민족에게 멸망하겠냐!" 라고 하는 거짓말을 믿지 말라 입니다. 이와 같은 예레미야의 메시지에 거짓 선지자 하나냐는 "하나님의 영이 나를 떠나 어찌 너 같은 놈에게 가셨겠냐!" 조롱하면서 그의 뺨을 칩니다.

역사속의 성전은 열왕기상 9장 7절의 말씀처럼 하나님이 집어던지셨습니다. 단순히 이스라엘의 우상숭배 때문이라기보다는 숨은 내막이 있습니다. 솔로몬도 그렇고 이스라엘백성도 그렇고 여호와하나님

신앙을 이 성전 하나로 퉁친겁니다. 솔로몬이 왜 이방여인들을 데려오고 그들의 우상을 허락했냐면 자기는 성전 지어드렸기 때문입니다. "큰 거 하나 해드렸다!"입니다. 이스라엘 백성 또한 불의를 행하면서도 당당한 것은 "우리가 성전 지어드렸잖냐!" 성전 지어드린 것 하나로 모든 신앙책임을 다 한 자의 행세를 했던 것입니다.

성전이 그 다음에 어찌 되는지 우리는 알고 있습니다. 바벨론 70년 포로 생활하고 돌아온 2세대 3세대들의 마음을 다잡기 위한 구심점이 필요했습니다. 그래서 하나님은 학개 선지자를 통해 성전을 다시 짓게 하십니다. 이 성전이 말라기 시대에 와서는 "누가 성전 문 닫을 자가 있었으면 좋겠다!"까지 유명무실화됩니다. 그리고 헬라제국시절에는 이방민족에 의해 유린당하다가 로마제국 들어와서 피지배국인 유대인의 환심을 사기위해 헤롯성전이 지어 집니다. 이 헤롯성전도 예수님의 예언처럼 주후 70년 파괴되어 오늘 까지 성전은 없습니다.

성경 전체 속에서 사람이 지은 성전을 하나님은 별로 안 좋아하십니다. 바벨론 포로기 이후 잠깐 백성들의 흩어진 마음을 모으고 민족성을 고취시키기 위해 성전 지으라 한 것 외에 하나님은 성전을 그다지 탐탁하게 여기지 않으시고 못 짓게 하십니다. 사람들이 자기 손으로 지은 성전 안에 하나님을 가두고 자기 신앙을 퉁치기 때문입니다.

지금도 마찬가집니다. "내가 건축헌금 얼마를 냈는데!", "내가 40일 새벽기도를 몇 번을 했는데!" 이런 자타에게 보여주기식 종교행위 몇 가지로 자기책임을 다 하는 것으로 알고 그 다음은 네 마음대로 사는 것이라면 날 위해 했다고 하는 그것은 내가 집어 던지겠다 하실 수 있습니다. 성전은 만인이 기도하는 집인데 인간들이 자기자랑과 자기만족과 자기필요와 자기장사하고 있더라. 그래서 예수님은 그런 성전이라면 헐어야 한다. "이 성전을 헐라! 내가 삼일만에 다시 세운다!"하십니다. 여기서의 성전은 중의적 의미로 건물이면서 또한 당신의 몸입니다.

"너희들 맘대로 하기 위해 지은 성전이라면 그건 허물어야 한다!", "

사람의 손으로 지은 성전 말고 하나님의 손으로 지은 성전이 있다!", "사람의 진심과 기여와 열심으로 지은 성전에서 하나님을 만나는 게 아니라 하나님의 진심과 열심으로 지은 성전에서 하나님을 만나야한다!", "그 하나님이 지은 성전이 바로 나(예수 그리스도)다!"

그래서 사람이 지은 성전은 그 자체로 우상숭배의 성격을 지닙니다. 사람이 우상을 만드는 것은 자기 맘대로 하기 위함입니다. 우상은 늘 말씀드리지만 만드는 자의 자기 욕심의 투영입니다. 우리의 기도 예배 헌금 신앙열심이 내가 지은 성전이 되어서는 곤란합니다. 내가 이만큼 했으니 그에 상응하는 보상이 반드시 있어야한다는 논리입니다.

반면에 하나님이 지어주신 예수 안에서 하나님을 만난 사람은 자기의 행위와 자격을 근거로 해서 축복과 형통을 달라는 게 아니라 나를 위해 대신 죽으신 예수님을 향해서 나라고하는 존재의 전인격과 전생애를 그 분께 다 바치는 것으로 가게 됩니다.

요한복음 4장에서 하나님이 만들어주신 성전인 예수를 만나고 크게 기뻐하며 물동이를 버려두고 동네로 뛰어 들어가 예수를 전한 우물가 여인이 기록됩니다. 이 여인이 처음에 뭘 물어봤냐면 "보아하니 선지자 같아서 여쭙습니다. 우리는 사마리아에서 예배하는데 당신네 유대인은 예루살렘에서 예배한다 합니다!", "어디서 예배해야합니까?" 예수님의 답입니다.

"이 산에서도 말고 예루살렘에서도 말고(사람 손으로 지은 곳이 아니다!) 하나님께 참으로 예배하는 자들은 성령과 진리로 예배할 때가 오나니 곧 이때라 하나님은 이렇게 자기를 예배하는 자들을 찾으시느니라!" 여기서 '이렇게'가 바로 성령과 진리이신 예수 그리스도 안에서 예배하는 자들을 찾으신다는 말씀입니다. 하나님이 지은 성전에 집중하는 겁니다.

우리의 신앙가운데는 '보여주기 신앙', '보란듯한 신앙'은 지양해야 하는 부분임에 틀림없습니다. 외식과 위선에 치우칠 수 있기 때문입니다. 우리의 신앙은 오직 예수공로로 인해 하나님 발아래 엎드린 자의 신앙임을 잊으면 안 됩니다. 하나님 발아래 엎드려서 자비하심과 궁휼과 용서를 구하는 것이지 거기서 감히 "여기 있습니다!" 하고 자기 것을 내놓을 수 있는 자리가 아니라는 것입니다.

거기서 자기가 한 것을 자랑삼아 내어놓았다가 하나님께 정죄된 사람들이 마태복음 7장에 기록됩니다. "주여 주여 한다고 천국 가는게 아니라 내 아버지의 뜻대로 행하는 자가 천국 들어가는데 그 날에 많은 사람이 내게 와서 내가 주의 이름으로 선지자 노릇하고 귀신 쫓아내고 많은 권능을 행하지 않았습니까! 내가 너를 도무지 알지 못하니 불법을 행하는 자야 내게서 떠나가라!" 여기서 사람들이 선지자 노릇하고 귀신 쫓아내고 한 것이 하나님 앞에 한 게 아니라 사람들 앞에 보란듯이 보여주기 식의 자기 자랑이었다는 것입니다. 주의 이름으로 행했다고 명분은 걸었지만 그건 다 빙자했을 뿐 자기 높음입니다.

하나님 앞에 불법을 행한 자들인데 이 사람들은 보여주기식 행위의 법칙에 민감하고 익숙합니다. 자기는 하나님 앞에 보란듯이 행위가 되기 때문에 선지자도 귀신도 권능도 행하게 하셨다고 뇌구조가 그렇게 세팅되어있습니다. 이런 사람들이 잘 하는 말이 있습니다. "넌 안 했으니까 그 모양이 된 거잖아!"입니다. "기도도 헌금도 전도도 안했으면서...", "하나님 앞에 한 것도 아무것도 없으면서 뻔뻔하게 어찌 구원을 구하고 축복을 구하나!"

사랑하는 성도여러분! 제가 지금 위에서 드린 말씀이 합법입니다. 하나님 앞에 아무것도 한 것이 없는 자가 무엇을 구해야겠으니 그 구하는 자의 마음이 어떻겠습니까! 무안하고, 민망하고, 스스로도 뻔뻔하고, 양심도 없는 것 같고 … 그러나 바로 이 마음이 성경에서 "가난한 자가 복 있다!"라고 하는 말씀입니다. 의롭다함을 받고 내려간 세리의 기도이기도합니다.

반대로 불법을 행하는 자는 그렇게 행위가 안 되는 자들을 향하여 공격하고 정죄하며 손가락질하는 모든 행위가 불법입니다. 마태복음 18장에 "어린아이 같지 않으면 천국 못 들어간다!", "천국이 이런 자들의 것이다!"하셨는데 여기서 어린아이는 순진무구 천진난만 아니라고 했습니다. 자기 것이 아무것도 없이 철저하게 먹고 입고 싸고가 의존되어 있는 자입니다.

이런 소자 하나를 실족케 하면 연자맷돌 매고 바다에 빠뜨리는 것 같은 깊은 절망으로 그를 던지는 거다 그런 일이 없을 수는 없지만 그 자에게는 화가 있을거다 그리고서 바로 눈이 죄를 지으면 뽑아버리라 손이 죄를 지으면 찍어버리라는 무서운 말씀을 하십니다.

어린 아이처럼 자기 안에 아무런 근거와 자격을 갖추지 못한 자가 하나님 발아래 엎드려 은혜를 구할 때 "아무것도 한 것도 없이 은혜를 구해!"라고 바라보는 그 눈을 뽑아버리라는 것이고 "뻔뻔한 것도 유분수지…"하는 그 손가락을 찍어버리라 입니다.

'소자를 실망케 하는 것'은 곧 '한 것 아무것도 없이 하나님을 의지하는 자를 실망케 하는 것'입니다. 우리의 신앙은 사람들 앞에 자기행위를 보이기 위한 것이 아니라 하나님 발아래 엎드린 자의 그 가난한 마음입니다.

64. { 무화과나무의 저주 }

(마태복음 21:18~22)

예수님의 저주로 무화과나무가 마르는 사건입니다. 마태복음은 단순히 '예루살렘 입성', '청전청결', '무화과나무저주' 이렇게 〈내용별〉로 단락을 이루고 있지만 마가복음을 보면 〈시간대별〉로 자세히 기록되어 있어 사건들 간의 상호연관성을 찾을 수 있습니다. 그래서 오늘은 마가복음 11장 11절 이하의 본문을 택하도록 하겠습니다.

예수님이 나귀타고 예루살렘성에 입성하시고 제일 먼저 성전에 들어가서서 쓱~ 한번 보십니다. 성을 나와 베다니에 유숙하시고 다시 다음날 아침 예루살렘을 들어가시면서 시장하셔서 무화과나무의 열매가 있나 보았는데 열매는 없고 잎사귀만 무성하자 "사람이 영원토록 네게서 열매를 따지 못하리라!" 저주하십니다. 그리고 바로 15~18절 까지가 성전청결입니다. 예수님이 다시 베다니에서 하루 묵으시고 다음날 예루살렘 성으로 들어가시는 게 19절입니다. 베드로가 "예수님! 어제 저주한 나무가 말랐습니다!" 보고합니다.

지금 예수님이 예루살렘을 나갔다 들어오시는 것을 반복하시면서 무슨 일이 벌어지고 있는지를 볼 때에 목적은 성전청결입니다. 그런데 그 성전청결 앞뒤로 무화과나무 저주사건이 감싸고 있습니다. 그러니까 성전청결과 무화과나무저주는 서로 같이 들고나며 의미를 주고받고 메시지를 드러냅니다. 햄버거의 패티가 성전청결이라면 위아래 놓인 빵은 무화과나무저주입니다.

"열매가 있나 보러 가셨는데 잎사귀만 무성했다!"는 것은 "성전이 성전으로의 기능을 전혀 하지 못하고 껍데기만 그럴듯한 모습을 가지고 있었다!"입니다. "사람이 영원토록 네게서 열매를 따지 못하리라!"는 허울 좋은 거짓신앙에 동원된 제사장들과 그들이 맡고 있던 성전제도에 종지부를 찍는 말씀입니다.

무신론자들이 성경을 트집 잡을 때 주로 걸고 넘어지는 게 성전청결과 무화과나무 저주사건입니다. 지금 성경이 말하고자하는 요점과 핵심과 맥락을 찾지 못하면 이 두 사건은 예수님을 깎아내리기에 충분한 내용입니다. 성전청결은 예수님의 매우 과격한 모습입니다. 온유 겸손 관용 자비가 예수님의 모습이지 채찍질하고 집어던지는 모습은 쉽게 상상이 가는 모습이 아닙니다. 무화과나무저주사건도 예수님이 시장하신 것을 못 참고 아직 때도 아닌데 열매가 없다고 화를 내시고 그렇다고 또 나무에 저주까지 하신 것을 잘못 이해하면 예수님의 인성에 문제가 있는 것으로 꼬투리를 잡힐 수 있습니다.

무화과나무 저주사건은 그 뒤에 나오는 성전청결사건의 예시며 암시며 복선입니다. 즉 행위예언입니다. 무화과나무는 이스라엘을 상징하는 나무고 성전은 이스라엘을 대표하는 상징입니다. 열매 없는 무화과나무를 저주한 것은 열매 없는 성전 곧 타락한 제사장들의 돈벌이 수단으로 전락한 성전을 저주하신 것입니다.

예수님은 서기관들에게 "이 성전을 헐라 내가 3일 만에 다시 세우리라!" 뭘 다시 세우냐면 성전을 다시 세우십니다. 예수님이 십자가에 죽으시고 부활하셔서 진짜 성전이 되십니다. 그래서 부활하신 예수님께로 가는 것이 곧 성전으로 가는 것과 같습니다. 그래서 예수님은 인격으로 만나는 것입니다. 우리 각각이 하나님 보좌 앞에 서듯이 인격으로 대면하여 일대일로 만납니다.

장소와 건물로만 만나니까 변화가 없습니다. 인격으로 만나고 삶으로 만나야 참된 영혼과 성품과 존재의 변화가 나타납니다. 사람들은 장소와 건물에 관심이 많습니다. 뾰족탑이 있고 거룩한 분위기의 파이프 오르간 소리가 나는 곳입니다. 전형적 중세교회당입니다. 그러나 중세교회는 아시는 것처럼 예수님 당시와 다를 것 없이 타락했습니다.

요한복음에 보면 우물가의 여인이 예수님을 만나고 첫 질문이 "우리는 그리심산에서 예배하는데 당신네는 예루살렘에서 예배합니다. 어디서 예배해야 합니까?" 하고 사람들의 관심사를 묻습니다. 예수님은 "아버지께 참되게 예배하는 자들은 영과 진리로 예배할 때가 오나니 곧 이때라 하나님께서는 자기에게 이렇게 예배하는 자들을 찾으시느니라!" 곧 장소가 아니라 어떻게 즉 방법입니다. 성령의 인도하심을 받아 진리 되신 예수 그리스도로 드리는 예배입니다.

진리는 철학책 속에 있는 개념이 아니라 지금 성전청결하시는 예수님 저 분이 진리입니다. 인격으로 사람의 모양으로 계시는 저 분입니다. 구약의 성전이 예수를 가리키는 예표요 그림자였지만 결국은 성직자들의 타락과 미신적 신앙으로 갈수밖에 없는 미흡함을 지니고 있었기에 예수님에 의해서 성전의 모든 제사의식은 종결되고 종식됩니다.

예수님은 "사람이 영원토록 네(성전)게서 열매를 따지 못 할거라!" 하셨습니다. 실지로 성전은 주후70년 무너지고 지금까지 복구가 안 됩니다. 성전청결이 햄버거의 패치가 되고 무과나무저주가 위아래에 놓인 빵이라는 해석이 억지 해석이 아님은 예수님의 저주 후에 바로 말라 버린 게 아니라 하루가 지나고 베드로가 마른 것을 확인하는데서입니다.

예수님의 말씀은 다 그 즉시로 역사합니다. 백부장의 종도 '그 시로' 나음을 입으니라!" 가나안 여인도 '그 때로부터' 나음을 입으니라... 근데 이건 왜 그 즉시로가 아니냐면 열매 없는 무화과나무는 타락한 성전을 가리키고 있기에 성전청결 이후에 마르게 됩니다.

무화과나무의 저주와 성전 청결을 이해하고 나서 그리고 20절 이하를 봅니다. 좀 생뚱맞게 예수님은 22절에서 기도와 믿음에 관한 말씀입니다. "한 번 믿고 기도한 것은 의심하지 말고 그대로 이루어질 것을 믿어라 그리하면 그대로 되리라!"

성전은 예수님의 말씀처럼 기도하는 곳입니다. 기도는 그냥 하는 게 아니라 믿음을 가지고 합니다. 율법과 제사와 성전은 사람을 믿음으로 인도하는 게 아니라 자랑과 치장과 높음으로 인도합니다. 믿음은 인격과 인격이 하는 거지 인격과 건물이 하는 게 아닙니다.

"나를 인격적으로 만나라!"가 곧 22절의 "하나님을 믿어라!"와 일맥상통합니다. "믿고 사는 것으로 두려워하지 말아라!", "나를 만나는 것으로 참된 기도와 믿음과 소망과 인내와 사랑의 열매를 맺어라!", "타락한 성전 곧 건물로는 아무런 열매도 맺지 못하지만 나를 만나는 자는 성품과 인격과 존재의 변화를 경험한다!" 입니다.

어디에서 무엇을 하고 있든지 항상 하나님을 의식하는 겁니다. 열매는 다름 아닌 하나님을 감각하는 영적인 지각력입니다. 하나님의 사람은 오감도 육감도 아닌 영적 감각이 있음을 믿습니다.

65. { 그 후에... }

(마태복음 21 : 23~32)

예수님이 성전에서 말씀을 가르치십니다. 구약의 성전이 신약의 예수 그리스도라고 거듭 말씀드립니다. 보통 성도들은 구약의 성전을 신약의 교회로 매치시킵니다. 구약의 백성들이 성전에 모여 제사하는 것처럼 신약의 성도들이 교회에 모여 예배하는 것 아니냐!"가 모든 성도들의 쉬운 이해입니다.

그러나 성전과 교회와 예수 그리스도와의 상관관계에 있어서 본질적인 의미와 그 영적인 내용을 알고 나서 이렇게 받는 것과 그렇지 않는 것은 큰 차이가 있습니다. "성전에 제사하러 간다!", "교회에 예배드리러 간다!" 너무나 분명한 이해입니다. 그런데 "부활하신 예수께로 간다!", "예수를 인격적으로 만난다!" 는 쉽지 않습니다. 목적은 같습니다. 성전으로 가서 대속제물의 피흘림으로 하나님을 만나는 것이고 교회에 가서 예수 그리스도의 보혈로 하나님을 예배합니다.

교회를 생각할 때 장소와 건물에 대한 이해만 너무 익숙한 겁니다. 교회는 예수 그리스도를 나의 주요 나의 하나님이라고 고백한 사람들의 모임입니다. 인적 구성원입니다. 그런데 이 인적구성원들이 구름위에 모일 수는 없습니다. 그래서 장소와 건물이 필요합니다. 모인다는 것이 중요합니다. 왜 모이냐면 예배하기 위함인데 우리의 찬송과 기도가 하나님께 가고 하나님의 말씀과 뜻이 우리에게 전해집니다. 우리의 갈급함이 말씀의 사모함으로 채워지는 시간입니다. 예배의 기다림과 말씀에 대한 갈증이 있는 성도들이 되길 소망합니다.

지금 성전이 오버랩 되어 있어서 헷갈릴 수 있습니다. 실제성전이신 예수님이 모형성전에서 말씀을 전하고 계십니다. 관리인들이 따지러 왔습니다. 우리는 율법이 보장하고 전통이 인정하고 백성들의 허락으로 이 일을 하는데 당신은 도대체 어디서 와서 무슨 권세로 이런 일을 하냐고 다그칩니다. 예수님은 요한의 세례가 하늘로부터인지 땅으로부터인지 먼저 답하면 나도 답 하겠다 하자 이 사람들이 대답을 못하고 꼬리를 내립니다.

그리고 나서 27절 이하에 예수님의 두 아들 비유가 등장합니다. "아버지가 첫째 아들에게 포도원에 가서 일하라고 하자 첫째 아들은 간다고 해 놓고 안 갔고 둘째 아들은 안 간다고 해 놓고 그 후에 뉘우치고 갔다 누가 아버지의 뜻대로 한 거냐?" 둘째 아들입니다. 하고 잘도 대답합니다. 그리고 자기들이 곧 첫째 아들임을 가리켜서 하신 말씀이란 것도 알아듣습니다.

첫째 아들이 처음에 "네 가겠습니다!" 했다는 것은 "율법을 받았다!"는 것과 같은 의미입니다. 율법을 받았는데 율법을 행한 자의 착각 속에 살았습니다. 주일날 말씀을 들었다고 해서 말씀을 지킨 것은 아닌 것과 같습니다. 그런데 많은 사람들은 말씀을 들은 그 자체로 말씀을 행한 자 같은 느낌을 받는다는 것입니다.

잘 생각해야 합니다. 습관을 쫓아 타성에 젖어 믿는 자의 행세를 하고 있는 건지 정말 믿고 있는 건지를 확인해야 하고 정말 부활하신 예수님을 만난 자의 회개와 거듭남과 항복이 있는지 돌아보아야 합니다. 교회에서 예배를 드리면서도 실상 믿는 자가 아닐 수 있고 말씀을 듣고 행하지는 않으면서 말씀을 행한 자의 행세는 할 수 있습니다.

마태복음 7장의 "열매로 그들을 알리라 엉겅퀴에서 포도를 가시나 무에서 무화과를 얻겠느냐!"의 재구성입니다. 이 말씀은 "인생에서 나쁜 열매 맺지 말고 좋은 열매를 맺어라!"에 방점이 찍히는 게 아니라 "네가 열매 맺고 있는 것을 보고 거꾸로 너를 확인하라!"는 말씀입니다.

무엇이 너를 그것으로 귀결시키고 결과시키는지 보라는 것입니다. "

욕심이 결국에 가서는 그 열매를 맺게 했구나!"를 보고서 "나는 욕심나무였구나!"를 알라는 것입니다. 어리석음이 그 열매를... 시기와 미움이 그 열매를...

"사랑의 열매를 맺어라!" 했을 때 사람들은 사랑한다고 말하고 사랑의 편지를 쓰고 사랑의 노래를 부르며 스킨쉽을 하면 사랑을 하는 것인 줄 압니다. 물론 이것도 기초적인 부분에서는 사랑이 맞습니다. 문제는 뭐냐면 사람들이 사랑을 말하고 사랑을 쓰고 사랑을 들으면서 사랑이라는 단어에 많이 노출되어 있으면 자기가 사랑을 하는 줄 안다는 것입니다.

성경에서 말하는 사랑은 종이 위의 글씨도 아니고, 관념이나 추상도 아니고, 손가락 하트도 아니며, 설레이고 두근거리는 마음도 아닙니다. 기독교의 사랑은 고린도 전서 13장입니다. 오~래 참고, 온유하며, 성내지 않고, 시기하지 않고, 무례하지 않고, 자기의 유익을 구하지 않는 것입니다. 우리에게 요구된 사랑은 입으로 부르고 손으로 쓰는 것이라기보다는 철저히 삶의 차원에 관계합니다.

첫째 아들이 간다고 했으면서 안 간 것은 무엇이냐면 율법을 듣고 말씀을 듣고 사랑을 들은겁니다. 그렇게 율법과 말씀을 하루 종일 앉아서 말하고 쓰고는 자기가 율법과 말씀을 한 줄로 스스로 속은 겁니다. 실지로 당시의 서기관과 율법사들은 하루 종일 파피루스위에 율법을 필사하는 일이었습니다. 성경을 백번 필사하면 하나님이 한 번 성경을 행한 것과 같이 인정하시냐는 겁니다. 속으면 안 됩니다.

둘째 아들은 안 간다고 했다가 나중에 뉘우치고 갔습니다. 이 사람들은 처음엔 막살았습니다. 그런데 그 이후에 뉘우쳤습니다. 당황스런 질문일 수 있지만 하나님이 우리에게 왜 시간을 주셨을까요? 시간은 우리로 하여금 깨닫게 하고 돌이키게 하고 회개케 하기 위함이다 라는 것이 성경신학적 시간에 대한 이해입니다.

"그 이후에…" 도대체 무슨 일이 있었는지 사람마다 하나님의 개입은 모두 다르고 그 내용도 천차만별이지만 당사자 본인은 아는 겁니다. 하나님이 목적하신 것은 단 하나 "너의 부족함을 깨달아라!"입니다. 우리 모두는 인생이라는 시간을 각자의 삶의 정황 속에서 살아가면서 내 안의 가능성 없음을 발견하는 것입니다. 나는 나 스스로를 구원할 수 없고 스스로 존재할 수 없으며 스스로 진리의 길을 찾을 수 없는 무능한 존재라는 것을 고백하고 아집과 독선과 오만을 버리는 것입니다.

첫째 아들이 간다고 했다가 안 간 것을 이렇게도 해석할 수 있습니다. 그것은 바로 능력없음입니다. 아버지의 말씀을 듣고 분명히 가고자 하는 의지는 있었습니다. 단순히 아버지의 말씀을 무시하면서 간다고 했으면서 안 갔다 도 되지만 그게 아닐 수도 있다 입니다. 예수님의 말씀처럼 "마음은 원이로되 육신이 약하여…"가 여기에 해당됩니다.

'의지'의 문제가 아니라 '능력'의 문제더라 입니다. 내 안에는 하나님을 기쁘시게 할 만한 것이 없다고 하는 애통하는 마음과 상한 마음이 우리 모두에게 있기를 기도합니다. 간다고 했으면서 능력이 없어서 못 갔던지 첨부터 안 간다고 했든지 하나님의 뜻을 거스린 죄인들은 30절의 말씀 "그 후에 뉘우치고…"의 짧은 구절이 가지는 해체와 재구성 그리고 그 안에 깊고도 무거운 울림을 경험합니다. 흩어져있던 지식과 경험의 조각들이 일시에 정리됩니다. 우리 인생 속에서 일어나는 모든 일 속에서 하나님의 개입이 있을 때 하나님을 사랑하지 않고 세상을 의지하고 사랑한 것에 대한 돌이킴인 것을 믿습니다.

66. { 포도원 농부의 비유 }

(마태복음 21 : 33~46)

“당신은 도대체 누군데 어디서 와서 무슨 권세로 여기서 이런 일을 하느냐?”에 대한 예수님의 답변입니다. ‘이런 일’은 성전에서 장사치를 내어 쫓고 말씀을 가르치는 일입니다. 지난 시간 두 아들비유, 오늘 포도원 농부비유, 다음시간 혼인잔치 비유까지가 왜 ‘이런 일’을 하는지에 대한 답입니다.

두 아들 비유를 통해서 아버지의 말에 첫째 아들이 간다고(행한다고) 했으면서 가지 않은(행치 않은)것은 의지의 문제라기보다는 능력의 문제임을 알리기 위함입니다. “간다는 것은 지킨다는 것인데 율법을 지킬 수 있는 능력이 네게는 없다는 것을 알리고자 율법이 주어진 것이다!”, “그럼에도 너희는 율법을 받은 자가 율법을 지킨 자의 행세를 했다!”

예수님은 포도원 농부의 비유를 통해 그들을 책망하십니다. “어떤 포도원 주인이 포도원을 크게 일구어 놓고는 농부들에게 세를 주고 먼 타국으로 떠났다 포도 열매가 맺힐 때가 되어 세를 받으려고 종을 보냈는데 농부들이 작당하고 종들을 죽였다. 주인은 급기야 아들을 보냈는데 아들마저 죽였다. 이 농부들 어떻게 해야 되겠냐 당장 잡아 진멸하고 제때에 열매를 바칠 만한 다른 농부들에게 줄 것입니다!”

이 비유의 포인트는 대제사장들과 장로들이 대답한 41절의 “제 때에 열매를 받칠만한 ….”에 있습니다. 그러니까 농부들이 무조건 세 받으러 온 종들을 죽인 게 아니라 세를 낼 포도열매가 없는 겁니다. “이 모든 열매를 우리가 다 갖자!”가 아니라 바칠 열매가 없습니다. 율법과 성전과 제사로는 하나님이 원하시는 열매를 맺을 수가 없다. 예수님이 열매 없는 무화과를 저주하실 때 그 열매 없는 무화과는 성전과 성전을 맡은 종교지도자들을 가리켜 "영원토록 사람이 네게서 열매를 따지 못하리라!" 입니다.

여기서 열매는 하나님이 우리에게 주시고자 하시는 회개와 변화됨과 영생과 천국입니다. 첫째 아들이 가고자 했으나 능력이 없었던 것처럼 농부들 역시 열매를 맺기까지 무력하고 무능했습니다. 무엇을 하는데 능력이 부족하냐면 하나님의 뜻을 이루고 말씀에 순종하며 거룩한 그 나라의 백성다운 인격이나 성품이나 존재에서 아무 열매가 없습니다.

"너희들이 하고 있는 율법과 성전과 제사로는 회개도 변화됨도 영생도 천국도 하나님이 목적하신 열매를 하나도 결실하지 못한다!", "그래서 내가 왔다! 메사아가 곧 그리스도가 와서 도와줘야 된다! 네가 하는 게 아니고 그를 의지해야한다!" 이것이 곧 21장 23절 누가 시켜서 왜 '이런 일'을 하느냐의 답입니다.

그런데 오늘 비유처럼 주인이 아들을 보냈는데 아들마저 죽였다. 너희는 아들마저 죽였지만 하나님은 그 아들의 핏 값으로 모든 백성들의 대속의 핏 값이 되게 하셨다. 그렇게 당신의 백성들을 얻는 것을 기뻐하셨다. 42절 말씀처럼 "건축자의 버린 돌이 모퉁이의 머릿돌이 되게 하셨다!" 사람들이 보기에는 하찮고 쓸모없어 버렸는데 하나님은 그것으로 하나님나라의 기초석을 삼으셨다! 입니다.

41절의 "제 때에 열매를 바칠만한 농부들…"과 43절의 "그 나라의 열매 맺는 백성이 받는다!" 는 예수님과 사도들로 이어지는 신약의 백성들을 가리킵니다. 예수 그리스도만으로 그 나라의 참다운 열매를 맺을 수 있다는 말씀입니다.

당시의 종교지도자들은 기도를 해도 사거리에서 손들고 기도하면서 하나님께 기도한다는 간판만 달았지 실상은 사람들 앞에 자기 자랑하는 수단이 됩니다. 성전에서 제사를 드린다고 하지만 이미 돈으로 다 결탁되어있고 겉모습만 제물이지 저는 것, 병든 것, 눈먼 것만 가득합니다. 하나님은 더 이상 헛되이 제사 못하게 하기위해 성전 문 닫을 자를 찾으십니다.

세상 사람들이 세상적 방법을 동원하여 자기 욕심을 이루는 것처럼 예수 믿는 사람들이 성경적 방법을 동원하여 자기 욕심이루는 것은 하나님 보시기에는 같은 것이다. 방법만 다를 뿐이지 맺고자하는 것은 결국 자기욕심입니다. 너무도 많은 경우 욕심을 비전이라는 이름으로 포장합니다. 비전은 밝은 미래며 보다나은 내일을 향한 목표입니다.

한국교회는 비전을 이야기하면 요셉처럼 총리되는 것만 비전으로 압니다. 그러나 하나님이 목적하시는 비전은 오늘 내가 변화되는 것입니다, 잘난척 하지 않고 겸손한 사람, 화 안 내고 부드러운 사람, 속과 겉이 같은 진실한 사람, 남이 보든 안 보든 성실한 사람, 방만 방종하는 게 아니라 절제하는 사람, 불평불만 그치는 감사의 사람, 날 대접하라가 아니라 섬기는 사람… 이와 같은 사람이 되는 것이 하나님이 당신의 백성들에게 가지시는 비전입니다.

하나님이 목적하시는 것은 나라고 하는 한 사람이지 그 분의 일이 아닙니다. 그 분의 일도 결국은 오늘의 나를 변화시키는 일입니다. 하나님은 성도들을 부려먹으려고 하시는 분이 아니라 여러분이 세상사람과는 다른 천국의 가치와 질서와 윤리를 가지고 살기를 바라십니다. 이것이 하나님나라의 백성만이 지니는 열매입니다.

이런 열매들은 개인적인 하나님과의 일대일의 관계 속에서 맺어집니다. 오늘 내가 변화될 때 그 내가 확대되어 하나님나라의 확장이 이루어집니다. 구한말 민족 지도자이셨던 안창호 선생님도 "이 나라의 인격자 없음을 한탄하지 말고 네가 바로 그 인격자가 되라 그 인격이 모여 이 민족이 바로 세워진다!" 하셨습니다.

실지로 초대교회의 부흥이 그렇게 일어납니다. 마태복음 제일 마지막에서 예수님은 너희는 가서 모든 민족으로 제자를 삼아 아버지와 아들과 성령의 이름으로 세례를 주고… 선교의 대명령은 아무리 강조해도 지나치지 않습니다. 그런데 그 뒷부분을 하기위한 선교입니다. "내가 네게 분부한 모든 것을 가르쳐 지키도록 하라!", "볼찌어다 내가 세상 끝날 까지 너희와 항상 함께 있으리라!"입니다. 즉 그 나라의 열매를 맺기에 합당한 사람을 만들기 위한 선교입니다. 세례주고 가르치는 목적이 주님이 분부한 것을 지키게 하기 위함입니다. 지킨다는 것은 곧 열매 맺는 다는 것과 같습니다.

자꾸만 비전이라는 이름아래 허황된 것을 가지고 오늘 내가 해야 할 일을 덮으려하는 기만에서 빠져나와야 합니다. 중국대륙을 주옵소서! 14억을 주옵소서! 시진핑이 회개하게 하옵소서! 기도할 수는 있지만 그런데 정작 중요한 내가 지금 해야 하는 겸손, 온유, 절제, 섬김, 감사는 모르는 이야기가 됩니다. 14억... 시진핑... 푸틴... 이러고 있으면 거의 같은 급이 된 느낌입니다. 지명도가 떨어지는 정치인이 비중 있는 정치인을 비난하고 대립각을 세우게 되면 같은 체급이 되는 것과 같습니다.

"하나님 제게 돈을 주세요! 성공을 주세요! 지위를 주세요! 인기와 유명세를 주세요! 하나님이 주시면 그거 없는 사람들 앞에 가서 너희들도 예수 믿으면 하나님이 이렇게 주신다!"라고 하는 거는 샤머니즘이지 기독교가 아닙니다. 너무도 많은 경우 성도들의 기도는 결국 다른 사람과의 비교에서 우위를 점하는 잘남과 인기와 유명세입니다. 왜 교회에서 그 비싼 돈을 주고 연예인들을 부르는지 이해할 수 없습니다.
예수님의 열두 제자들은 43절의 "그 나라의 열매 맺는 백성들"입니다. 이 분들은 세상에서 보상을 받고 지위를 얻고 유명세를 얻은 게 아니라 그냥 잡혀서 죽었습니다. 기독교를 자기 욕심 이루고 자기 이기심의 정당성을 확보하기 위한 수단으로 삼았을 때 그 자체로 폭력이 됩니다. 이슬람이 폭력적이라 하지만 역사속의 기독교는 그 이상입니다.

선교마저도 보여주기식 경쟁과 자랑과 성과로 내몰립니다. 선교의 명목아래 인도가 영국의 지배를 인도네시아가 화란의 지배를 받았지만 기독교라면 머리를 흔듭니다. 일이차세계대전이 서구기독교 문화 배경 아래에 있던 사람들 간의 참혹한 전쟁이었음을 모르는 사람은 없습니다.

"성전과 율법과 제사는 그 나라의 열매를 맺지 못하고 자기자랑과 높음과 치장의 세상열매 즉 가시와 엉겅퀴만 내지만 나를 만나고 나의 가르침을 받고 나를 믿고 의지하며 동행하고 살면 그 나라의 열매맺는 백성이 된다!" 이 말씀이 곧 23절 즉 "당신 어디서 와서 이런 일을 하느냐!"의 답변이십니다.

67.{ 혼인잔치의 비유 }

(마태복음 22: 1~14)

마지막으로 "왜 성전에서 이런 일을 하는지?"에 대한 예수님의 답변입니다. 첫 번째 답변에서 "너희는 간다고 했으면서 가지 않은 첫째아들이다!", "의지의 문제가 아니라 능력의 문제다!" 두 번째 답변은 "너희는 열매를 맺지 못한 농부다! 주인이 보낸 종을 죽이고 아들마저 죽인 것은 바칠 열매가 없었기 때문 아니냐!", "열매로 그들을 알지니 가시나무에서 포도를 엉경퀴에서 무화과를 얻겠느냐!"

세 번째는 오늘 혼인잔치를 연 임금의 비유입니다. 임금이 아들의 혼인잔치를 위해 청첩장을 보냈는데 사람들이 하나같이 먹고살기 바쁘다고 안 왔다. 임금이 노하여 그들을 진멸하고 종들을 시켜서 동네에 다니는 아무나 혼인잔치에 들어오라 해서 악인이든 선인이든 다 들어왔다.

11절 이하에서 임금이 누가 손님으로 들었는지 보기 위해 연회장을 두루 다니다가 예복을 입지 않은 사람을 보고는 "너는 왜 예복을 입지 않았냐!" 저가 유구무언이거늘 임금이 종들에게 저 놈의 손발을 결박하고 바깥 어두운데 던져서 슬피 울며 이를 갈리라가 됩니다.

아무나 들어오라고 해서 아무나 들였는데 이제 와서 무슨 예복타령이냐 할 수 있지만 이 비유의 포인트는 예복을 말하기 위함입니다. 다른 내용은 예복을 뒷받침하는 도구들일 뿐입니다. 혼인잔치에 들어온 것이 청함 받은 자들이라면 예복을 입은 자들이 택함 받은 자들입니다.

첨으로 다시 갑니다. 두 아들 비유에서 첫째 아들은 간다하고 했으나 안 갔고 (정확하게는 능력이 없어 못 갔는데 스스로 간 줄로 알았고) 둘째 아들은 안 간다고 하고는 갔다 여기서 갔다는 자기가 뭘 했다는 게 아니라 회개하고 메시아(그리스도)를 믿었다 입니다.

포도원 비유에서도 무능입니다. 대제사장과 서기관들은 그 나라의 합당한 열매를 못 맺었다. 그러니까 예수 그리스도 즉 메시아를 의지해야 그 나라의 합당한 열매를 맺을 수가 있다입니다.

오늘 혼인잔치비유도 마찬가집니다. "니가 누군지 어디서 왔는지 뭐하다 왔는지 일체 묻지 않겠다!", "예수 그리스도의 예복을 입었냐? 안 입었냐? 그거 하나 보겠다!"입니다. 예수 그리스도의 예복을 입은 자라야만이 그 나라를 소유하고 누리며 상속한다입니다. 여기서의 예복은 내가 준비하는 게 아니라 주최측에서 준비한 것이라는 데에 집중합니다. 우리말에서 '택함을 입다!'와 '예수를 입다!'의 '입다'는 같은 말입니다. 구원은 이렇게 준비된 것을 입는 것으로의 구원입니다. 구원을 시키는 자와 구원을 받는 자 사이에서 전적인 주도권은 구원을 시키는 자가 가지고 있다는 것이 성경의 진리입니다.

그래서 "내가 예수 믿고 구원받았다!"와 "하나님이 예수 안에서 나를 구원하셨다!"는 엄청난 괴리가 있는 말입니다. 구원의 주체가 누구냐에 따라 자랑과 공로와 영광이 다릅니다. 내 안에서 나를 감동하셔서 나를 예수 믿게 하시는 분이 하나님의 성령입니다.

여기서 중요한 게 나를 예수 믿게 하실 때 "그래도 뭔가 내 안에 나를 구원하실만한 근거가 내게 있었다!"로 가면 성경과는 반대로 가는 것입니다. 구원의 주도권이 사람에게로 옮겨집니다. 고린도 교인들은 자기들이 뭔가 좀 하나님 앞에 예쁜 구석이 있어서 예수를 믿은 줄 알았습니다. 그리고 서로 잘났다고 싸웠습니다. 사도바울이 1장 26절 이하에서 "너희의 부르심을 보라!" 여기서의 부르심은 택함으로의 부르심입니다. "지혜로운 자와 문벌 좋은 자와 능한 자가 많지 않다 하나님이 이렇게 하심은 미련한 자를 택하사 지혜로운 자를 부끄럽게 하고 약한 자를 택하사 강한 자를 부끄럽게 하기 위함이다 세상의 천한 것과 없는 것과 멸시받는 것들을 택하사 있는 것들을 폐하려 하시나니 이는 아무 육체라도 하나님 앞에 자랑치 못하게 하심이라!"

우주에 비하면 지구는 티끌도 안 됩니다. 우주를 지으시고 운행하시는 하나님 앞에 티끌 중에 티끌인 네가 지식이 있다면 얼마나 알고, 네가 힘과 능력이 있다면 그것은 또 얼마나 되며, 네가 의롭고 깨끗하다 하나 의로운 하나님의 빛 앞에서 결코 널 자랑할 수 없다 입니다. 그러면 이렇게 아무 조건도 갖추지 못한 자들을 택하신 것이 소위 있다고 하는 자들의 교만을 꺽으려 하심이고 아무 육체라도 자기를 자랑치 못하게 하심이 곧 소극적 의미의 부르심이라면 또한 적극적 의미의 부르심이 있습니다. 로마서 8장입니다. "하나님이 미리 아신 자들로 그 아들의 형상을 본받게 하기 위해 정하셨으니 이는 그로 많은 형제들의 맏아들이 되게 하려하심이라. 또 미리 정하신 그들을 부르시고 부르신 그들을 의롭다하시고 의롭다하신 그들을 영화롭게 하셨느니라!"

예수를 닮게 하기 위해 그 아들 예수의 형상을 본받게 하기위해서입니다. 그 안에서만이 하나님이 바라시는 참다운 인간성의 발현이 이루어집니다. 그 분이 하신 말씀과 가신 길입니다. 이렇게 되고, 이렇게 살고, 이렇게 본받으라고 저와 여러분을 부르셨습니다. 빌립보서 2장에 이렇게 기록합니다. "그는 근본 하나님의 본체시나 동등됨을 취할 것으로 여기지 않으시고 자기를 비워 종의 형체를 지녀 사람의 모양으로 나타나셨으며 죽기까지 복정하셨으니 곧 십자가에 죽으심이라 이로서 하나님이 그를 지극히 높여 모든 이름위에 뛰어난 이름을 주사 하늘에 있는 자들과 땅위에 있는 자들로 모든 무릎을 예수의 이름에 꿇게 하시고 모든 입으로 예수를 주라 시인하여 하나님께 영광을 돌리게 하셨느니라!"입니다.

예수 믿는 자는 예수의 옷을 입고 있는 겁니다. 옷은 신비해서 "옷이 사람을 만든다!" 라는 영국 속담도 있습니다. 정장을 입고서는 점잖은 행동거지가 나오지만 흐트러진 옷을 입고서는 산만한 모습의 사람이 됩니다.

갈라디아 3장 27절에 "누구든지 그리스도와 합하여 세례를 받은 자는 그리스도로 옷 입었느니라!" 하셨습니다. 로마서 13장 14절에는 "예수 그리스도로 옷 입고 정욕을 위해 육신의 일을 도모하지 말라!" 하십니다.

여기서 정욕은 하나님을 배제한 죄된 본성, 타락한 인간성, 악한 지성과 도덕성을 의미합니다. 온갖 난잡한 성행위를 하고 다니면서 부끄러운 줄 모르고 축제라고 즐기며 그걸 옆에서 또 문화의 한 형태라고 박수쳐 줍니다. 영락없는 벌거벗은 임금님 놀이입니다. 악이 지니고 있는 거대한 힘 앞에 진실을 말할 수가 없습니다. 말했다가는 시대정신을 모르는 무식한 사람이 됩니다. 그도 그럴 수밖에 없는 것이 답을 모르기 때문입니다. "너 하고 싶은 것 다 하고 살아라!"입니다. 진리를 모르니까 각자도생만 남습니다. 하나님을 철저히 거부 외면 배격하고 각자도생의 길을 찾았던 사람들의 대표가 가인의 후손이며 바벨탑 사람들이며 작금의 시대 사람들입니다. 지금 이 시대 어느 분야를 보십시오. 하나님을 마음에 두기 싫어하고, 말하기 싫어하며, 믿기 싫어합니다.

그 가운데 하나님이 이 세상 있기 전부터 예정하신 사람들은 예수의 옷을 입도록 강력하게 역사하십니다. 역시 하나님이 미리 알았던 분들은 믿음의 기름등불을 준비하게 하십니다. 창조시점에 이미 하나님이 알던 사람들은 자기 시대를 살면서 예수를 믿고 있습니다. 또한 종말의 시점에 어린양의 혼인잔치에 참여하는 자들 또한 자기 시간을 살면서 예수를 믿고 의지하고 살아가고 있습니다.

68. { 가이사의 것은 가이사에게 하나님의 것은 하나님께... }

(마태복음 22: 15~22)

'두 아들 비유', '포도원 농부 비유', '혼인잔치 비유' 이게 다 뭐냐면 "율법과 성전과 제사로는 안 되고 예수 그리스도만으로 된다!"를 알리는 시그널입니다. 율법이 행위라면 예수 그리스도는 믿음입니다. 구원은 구원을 시키고자하시는 분의 의지와 계획과 능력과 지혜로 완성되는 전적 하나님의 작품입니다.

그럼 하나님이 태초부터 구원할 자를 다 정해 놓으셨다면 도대체 우리의 책임과 노력과 의지와 시간은 무슨 의미를 지니는지 말씀드립니다. 먼저 드릴 말씀은 하나님이 이 모든 것을 미리 정하셨다는 예정론은 우리를 방종과 방임, 나태와 게으름, 안일함과 널널함으로 이끌고 가는 것이 아니라 우리를 깨우치고, 각성케 하며, 긴장하게 하며, 더욱 분발하게 한다는 것입니다.

하나님은 세상을 지으시기 전부터 나를 아셨고 나 같은 인생을 구원하고자 모든 계획을 치밀하게 세우셨습니다. 그 계획을 실행하고자 때가 되어 하나뿐인 아들을 세상에 보내십니다. 그 예수가 나 같은 죄인을 위해 십자가의 모진 수모와 조롱과 고통으로 죽으십니다. 그리고 내 인생의 어느 시점에 개입하셔서 나로 예수 믿게 하십니다. 나 같은 게 뭔데 하나님의 아들이 죽으셨야 했나! 내 공로가 들어갈 자리가 없기에 십자가만 자랑하게 됩니다.

어떻게 이루어진 구원인지 전혀 몰랐다면 안일할 수 있습니다. 전지전능하신 하나님이 알아서 구원했겠거니 하면 그랬나보다 하겠지만 아버지가 날 위해서 이 모든 것을 완벽하고 철저하고 치밀하게 준비하시고 엄청난 희생을 치루셨다는 것을 알게 되었다면 결코 되는대로 막 살수가 없습니다. 더 분발하고 더 노력하고 더 열심히 살게 됩니다. 로마서 6장 1절처럼 "은혜를 더하게 하려고 죄 가운데 거할 수 없습니다!"

"오직 하나님이 보내신 예수 그리스도를 믿고 의지하고 섬기는 것으로의 구원이다!"를 예수님은 성전에서 가르치신 겁니다. 대제사장들과 서기관 장로들이 예수님의 비유를 다 알아듣습니다. 자신들이 가겠다고 했으면서 안 간 첫째 아들인 것을 ... 열매 없는 포도원 농부인 것을 ... 택함을 입지 못하고 청함만 받은 자들이라는 것을... 그래서 우리가 엉터리로 믿었으니 하나님이 보내신 예수를 믿고 의지하자 가 아니라 약이 바짝 올라 예수를 잡을 생각을 하게 됩니다.

어떡하면 올무에 걸리게 해서 예수를 잡아들일 수가 있을까를 연구하던 중 로마에 세금 바치는 문제를 가지고 나옵니다. 당시 유대는 로마의 속국이었는데 일인당 로마에 바쳐야하는 세금이 있었습니다. "우리민족이 로마의 속국으로 전락했는데 우리가 로마에 세금을 내야합니까? 내지 말아야 합니까?"를 물은 겁니다.

함정을 미리 파놓은 질문입니다. 당시 로마 돈에는 앞면에는 황제의 얼굴이 그리고 뒷면에는 신의 아들이라는 글씨가 쓰여 있어서 로마에 세금납부해위는 곧 우상숭배라는 인식이 강했습니다. 그러니 납부하라고 하면 우상숭배자로 모는 것이고 납부하지 말라 하면 세무행정당국에 고발하는 것입니다. 예수님은 20절 이하에서 "가이사의 것은 가이사에게 하나님의 것은 하나님에게!" 라는 답을 주셨습니다. 이 세상의 모든 것은 다 하나님에게서 왔습니다. 하나님께 말미암지 않은 것이 없습니다. 만물이 주에게서 나오고 주로 말미암고 주로 돌아갑니다. 그러면 "모든 것이 하나님께로 왔으면 악도 하나님께 온 거냐!"는 질문에 어거스틴은 악은 선의 부재와 결핍으로 설명합니다. 차가움은 따듯함의 부재와 결핍이고 어둠역시 빛의 부재와 결핍이듯 악은 어떤 실체가 아니라 선의 부재와 결핍이라는 것입니다.

　다시 말해 하나님과 관계하고 있는 존재로서의 나는 곧 '선'이고 하나님과 아무런 관계없는 존재로서의 나는 곧 '악'이라는 것입니다. 악은 뿔 달린 사악한 형태로 존재하는 것이 아니라 하나님과 관계하지 않으려 하는 모든 성향(경향)입니다. 하나님은 당신의 지음을 받았으면서 하나님을 거부하는 모든 악의 심판을 하나님이 정하신 날까지 유보하셨습니다.

　문제는 악이 세상에 존재하면서 그냥 있으면 모르겠는데 권세를 지니고 있습니다. 시편 73편 기자가 이것을 보고 믿음에 실족하고 미끄러질 뻔합니다. 악한 자는 망해야 하는데 도리어 대를 이어 잘 되는 것을 보는 겁니다. 성소에 들어가고서야 저들이 일시에 사라지는 것을 알게 됩니다. 그리고 마지막에 이런 고백을 합니다. "하나님을 가까이 하는 것이 네게 복이라!" 오늘 말씀으로 하면 "하나님과 관계하는 것이 네게 의(선)라!"가 됩니다.

　권세를 실제 우리 현실로 가지고 옵니다. 이 세상을 예수 믿는 자로 살아갈 때 악이 내 밑에 있는 게 아니라 내 위에 권세자로 있다면 그때 어찌해야 하는지를 성경은 로마서 13장에서 가르치고 있습니다. "위로부터 난 권위에 순종하라!" 입니다. 권세는 하나님께 나지 않은 권세가 없나니 권세를 거스림은 하나님을 거스림이라! 심지어 4절에서는 "그는 하나님의 사역자가 되어 네게 선을 베풀고 있다!"고 합니다. 여기서 말하는 권세자는 하나님을 모르지만 세상의 권세자가 되어 다스리는 자를 말합니다.

　역대 어느 대통령이든 잘못하는 것 분명히 있습니다. 안 보는 데서는 나랏님도 욕한다고 어른들끼리 몇 마디 주고받는 것은 그렇다 치더라도 자녀들이 보는 앞에서 대통령을 욕하는 것은 자기 얼굴에 침뱉기입니다. 아무리 못났어도 내 부모가 내 가정의 대표이듯 임기동안은 내 나라의 대표가 대통령이면 자녀 앞에서는 조심해야 할듯합니다.

　어떤 초딩아이가 대통령 쌍욕을 하는데 부모가 하는 말을 그대로 하는 것입니다. 불의에 항거하며 드리받는 것만 알았지 위로부터 난 권위에 순복하는 것은 모르는 자녀로 자라게 됩니다. 못나고 악한 권세도 하나님이 세우신다가 성경이 가르치는 바입니다. 엘리야가 승천하기 직전에 하나님께 세 가지 미션을 받습니다. 아람왕 하사엘을 왕이 되게 하는 일과 아합의 뒤를 이어 예후에게 기름 붓는 일과 제자 엘리사를 세우는 일 이었습니다. 아람왕 하사엘은 이스라엘의 적대국 나라 왕인데 그 왕도 하나님이 세우십니다. 예후 또한 악한 아합왕을 폐하고 왕좌에 오르지만 자기 정치를 위해 여호와신앙을 이용한 사람이지 참되게 하나님을 섬긴 사람은 아니었습니다.

중요한 것은 무엇이냐면 권세자를 세우시는 것은 하나님의 일이고 나는 그 다스림에 따라야한다는 것입니다. 우리가 인생을 산다는 것은 권세아래 있다는 것과 같습니다. 가정에서는 부모아래 직장에서는 상관아래 그리고 나라의 공권력 아래 있습니다. 의로운 권세면 모르는데 불의한 권세가 있습니다. 예수님은 불의한 권세를 뒤집지 않으시고 순순히 결박되고 체포되십니다. 재판도 없이 억울하게도 그 다음날 십자가에 죽으십니다. 사람을 얕잡아 봐도 이렇게 얕잡아 볼 수가 없습니다. 사도바울은 그나마 로마 시민권자였기에 이리저리 불려 다니며 매 맞고 갇히고 한 거지 죽이지는 않았습니다.

구약으로 가면 요셉은 부당한 권세에 의해 억울하게 손발에 차꼬가 차이게 됩니다. 신기한 것은 요셉의 부당한 옥살이에 대한 설명은 성경에 일체 없습니다. 요셉이 할 수 있는 일은 아무것도 없이 잡혀가는 것입니다. 잡혔습니다. 갇혔습니다. 죽었습니다. 묻혔습니다. 그러면 모든 것은 끝입니다. 근데 "그게 어마어마한 하나님의 일을 하더라!"가 곧 성경의 기록입니다.

자기들이 잘못해서이지만 야곱은 20년 종살이로 묶이고 모세는 40년 광야 처가살이로 매입니다. 유다는 나라가 망하고 바벨론 포로살이 70년을 삽니다. "꼼짝할 수 없는 권세에 의해 나는 매장당하고 내 사정은 아무에게도 알려지지 않은채로 사라지는 구나!" 했는데 "그게 하나님 일의 시작이더라!"가 곧 요셉의 고백입니다. "당신들은 나를 죽이려 하였지만 하나님은 그것을 선으로 바꾸사 이 모든 백성 살리려고 당신들 앞서 나를 보냈다!"고 합니다.

오늘 말씀의 결론입니다. "가이사의 것은 가이사에게…"의 의미는 가이사에게 매이고 묶인 부분이 있다는 것입니다. 그러나 바로왕의 마음을 하나님이 강퍅하게 하셨듯이 가이사 위에서 가이사의 마음마저 주장하시는 "하나님의 것은 하나님에게…"를 믿는 것입니다.
그 어느 권세 아래 있든지 그 앞에서 우리는 예수 믿고 하나님을 섬기는 자로서의 반응과 처신을 하는 겁니다. 이 모든 것을 협력하여 선을 이루시는 하나님 앞에 자책이나 억울함이나 회한이나 절망은 없습니다.

69. { 성경도 하나님의 능력도... }

(마태복음 22: 23~33)

성경에 기록된 사두개파 사람들은 항상 바리새파 사람들과 대립합니다. 두 파가 다 제사장 반열에 속한 사람들로서 당시 유대가 로마의 속국이었는데 로마정권에 붙어서 어용종교인에 속한 사람들이 사두개인들이었다면 민족의 순수성과 정통성을 유지하고 모세의 율법에 진심이었던 사람들이 바리새인이었습니다. 바리새파 사람들이 예수님께 징계를 많이 받은 것은 이들이 모든 신앙행위를 자기영광의 수단으로 삼았기 때문이지 하나님 말씀에 충실하고자 하는 취지는 바람직한 것이었습니다. 예수님도 저들의 말은 듣되 행동은 따라하지 말라 하셨습니다.

이제 말씀드리는 것은 사두개인입니다. 이 사람들은 지금으로 하면 신학을 공부한 사람들인데 정치목사가 되어있는 겁니다. 바리새인이 자기영광을 위해 신앙이 도입된다면 이 사람들에게 신앙은 자기 정치와 이념을 위해 존재합니다.

어느 시대나 마찬가집니다. 사두개인도 제사장계열에 속한 사람들로 율법을 공부했다면 정치목사가 된 사람들도 신학을 한 사람들입니다. 율법을 공부한 사두개인들이 오늘 부활을 믿지 않듯이 신학을 공부한 목사가 부활을 믿지 않습니다. 부활뿐만 아니라 창조, 동정녀 탄생, 재림 등등 기독교 신앙의 핵심들을 부인합니다. 신학을 했는데 어찌 그럴 수 있을까 하지만 학문은 새로운 것을 갈구하며 이전 것을 비판하고 그 위에 세워야 하기에 이전 것을 말하면 진부한 것입니다. “하나님이 세상을 창조하셨다!” 하면 식상하고 진부한 이야깁니다. 육신의 부활도 마찬가집니다. '정치부활', '사회부활' 이런 부활만 말하지 부활의 본질인 육신의 부활은 잃어버립니다.

유투브에 상당한 조회수를 기록하며 기독교와 성경을 말하는 상당수의 사람들이 좀 이상합니다. 자기들은 말씀과 성경을 말한다고 하면서 한 쪽으로 치우친 말을 합니다. 일부 교회의 일탈을 전체의 문제인 것처럼 호도하고 약자를 돌봐야 한다고 하면서 약자는 선인 강자는 악인이라는 식으로 전개합니다.

새로운 약자에 동성애자를 끌어드립니다. 동성애는 아무리 변명해도 성경에 기록된 악이며 극도의 쾌락을 탐닉하는 성도착증이며 일종의 정신질환입니다. 스위스 바젤대를 나오고 독일튀빙겐대 박사며 이런 거 다 속는겁니다. 결정적으로 이런 사람들의 폐단은 내세를 믿지 않는 것입니다. 말한다고 해도 두루뭉실 뭉개버립니다. 종교는 내세가 없으면 종교가 되지 않습니다. 사두개파 사람들이 율법을 공부하고 종교의식까지 주관하는 자들이었는데 부활을 안 믿듯이 자유주의 목사들도 내세, 천국, 지옥, 이런 말하기 싫어합니다. 하나님도 인간 이성이 만들어낸 상상의 존재이며 천국과 지옥도 모두 관념의 세계입니다. 말씀을 적용하려다가 말씀을 잃어버린 사람들입니다.

정작 하나님의 실제를 부인하면서 이런 사람들이 기도할 때 보면 천상유수입니다. 기도를 듣는 대상을 부인하면서 무슨 기도를 하는지 이해할 수 없습니다. 자기 독백이고 어휘자랑입니다. 유치하게 천국가야겠기에 교회 다니는 게 아니라 도덕적으로 사회적으로 고급한 종교니까 교회 나온다는 분도 계십니다. 진화론자인데 교회장로입니다. 주님 오실 때가 가까우니 참 이상한 일이 너무 많습니다. 사두개인이 예수님께 나와 내세도 없고 부활도 없다는 것이 당연하다고 하면서 그 증거로 드리댄 것이 뭐냐면 '계대결혼(형사취수)'입니다. 23절에서 28절입니다. 형이 자식 없이 죽는 경우 형의 계보를 이어가게 하기 위해 동생이 형수를 취해 아들을 낳으면 그 아들은 형의 아들이지 자기의 아들이 아닙니다.

사두개인의 논리는 이것입니다. "일곱형제가 있는데 다 죽고 동생들이 계속해서 형수를 취했다면 죽은 다음에 부활해서 이 여인의 남편은 누가 되겠습니까!", "이런 일은 있어서도 일어나도 안 되기에 부활은 없어야 마땅한 것 아니냐!"는 견해이며 주장입니다.

먼저 드릴말씀은 내 생각의 한계, 지식의 한계, 경험의 한계, 정서의 한계, 관습의 한계, 능력의 한계, 성의 한계를 벗어날 수 있는 은혜가 있기를 바랍니다. 이 사두개인들은 자신들의 관습과 성의 한계아래서 모든 것을 생각합니다. 그렇게 꼭 부활 후에 여인의 참된 남편을 찾아야 한다는 논리가 성립된다면 반대로 세상에 살 때 여럿 여성을 거느린 남자는 부활 후에 누가 진짜 부인인지도 찾아야 합니다.

예수님이 29절 30절에서 답을 주십니다. "너희가 성경도 하나님의 능력도 다 오해했다! 잘못 알고 있다! 부활 후에는 천사들과 같이 된다! 너희가 죽은 자의 부활을 말하면서 하나님이 너희들에게 말씀하신 나는 아브라함의 하나님 이삭의 하나님 야곱의 하나님이란 말을 읽지 못하였느냐! 하나님은 죽은 자의 하나님이 아니라 산 자의 하나님이라!" 말씀하십니다.

출애굽기 3장에서 하나님이 모세에게 처음 나타나실 때 하신 말씀입니다. 듣는 모세의 입장에서는 아브라함, 이삭, 야곱은 약 500년 전 조상입니다. 그런데 이 말씀을 하시는 그 시간에 아브라함 이삭 야곱이 하나님 앞에 천국에서 살아있다는 말씀입니다. 하나님 앞에 한 번 창조된 영혼은 불멸이다. 죽어서 소멸되고 사라진 영혼은 없다. 이 땅을 살 때도 하나님 앞에 있고 죽어서 천국에서도 하나님 앞에 있으며 지옥에서도 하나님 앞에 있다 입니다.

죽음은 하나의 단계며 과정이며 문이다. 너희가 성경을 잘못 알았듯이 하나님의 능력도 몰랐다. 사도바울이 로마서 4장에서 아브라함의 믿음을 가리켜서 "죽은 자를 살리시고 없는 것을 있는 것처럼 부르시는 하나님이신 것을 믿었다!"고 언급합니다. 아브라함에게 아들 이삭은 본래 없는 존재인데 있게 되었듯이 죽어도 다시 살리시는 하나님의 능력을 믿었다는 것입니다. 아브라함에게는 사람이 경험하는 삶과 죽음의 경계가 없었다는 말씀이기도합니다. 하나님을 자기의 관습과 성의 한계 안에 가두면 사두개인이 되고 지성과 능력의 한계 안에 가두면 자유주의자가 됩니다. 물론 가둔다고 갇히는 분도 아니시지만 내 안에 가둔 하나님을 하나님의 전부인 것처럼 여기는 착각과 오해와 무지를 극복해야 합니다.

아이들에게 있어서 천국은 부모 터치 없이 스마트폰 게임할 수 있는 곳입니다. 어떤 아주머니는 아무 걱정 없이 베란다에서 커피 마시는 게 천국이라고 합니다. 그러나 지극히 나 중심적이며 내 정서와 욕구라고 하는 한계아래의 발상입니다. 생각지도 못했던 놀라운 것이 준비되어 있다는 기대가 곧 우리의 믿음입니다. "그날에는 시집도 안가고 장가도 안가고 하늘의 천사들과 같이 된다!" 하셨는데 우리가 천사를 본 일도 없는데 어찌 천사같이 된다는 것을 이해할 수 있겠습니까! 그러나 우리는 주님의 말씀을 듣고 더 커지고, 넓어지고, 자라나야 합니다. 예수님이 요한복음 14장에서 말씀하신 "내가 처소를 예비하러 가노니 가서 처소를 예비하면 너희를 내게로 영접하여 나 있는 곳에 너희도 있게 하리라!" 하신 말씀의 소망을 더욱 깊게 마음에 품습니다.

70. { 너도 가서 이와 같이... }

(마태복음 22: 34~40)

성경에 기록된 사두개파와 바리새파 사람들은 어느 시대건 등장하는 사람들입니다. 신학을 했는데 데모하는 곳에만 있고 사회부조리 개혁한다 하면서 자기부조리는 입 다문 사람들이 사두개인이라면 오랜 동안 신앙생활을 하고 임직자가 되었는데 입만 열면 자기 자랑하는 사람이라면 바리새인에 속한 사람입니다. 이 둘은 평시에는 서로 앙숙관계였지만 예수님을 대적하는 일에는 똘똘 뭉칩니다. 지난 시간 사두개인이 예수님께 한 방 먹었습니다. 오늘 본문 34절입니다. "예수께서 사두개인들로 대답할 수 없게 하셨다 함을 바리새인이 듣고 모였는데" 예수님을 공격하는 바통을 바리새인이 이어받았습니다.

예수님을 시험하려고 어느 계명이 가장 큰 계명인지를 물은 겁니다. 당시 율법사들은 율법의 차등을 매겨서 더 중요한 것과 덜 중요한 것을 나누었습니다. 바리새인이 율법의 대가들이었기에 예수님이 율법의 차등을 잘못 답하면 공격할 참으로 물은 시험성 질문입니다. 예수님은 앞선 마태복음 5장 17절에서 "누구든지 이 계명 중의 하나라도 버리고 또 그같이 사람을 가르치는 자는 천국에서 지극히 작다 일컬음 받을 것이며..." 율법의 말씀은 덜 중요하고 무시되는 율법은 없다고 분명히 못 박으셨습니다.

그리고 우리가 익히 아는 율법의 핵심을 말씀하십니다. 첫째 마음을 다하고 목숨을 다하고 뜻을 다하여 하나님을 사랑하는 것이고 둘째 네 이웃을 네 몸과 같이 사랑하는 것입니다. 그러니까 율법을 지킨다고 하는 것은 결국 사랑을 하는 것입니다. 율법을 지키는 그 동기가 사랑에서 나온 것이고 그 마지막도 사랑으로 귀결됩니다.

율법과 사랑의 관계에 있어서 사랑이 먼저입니다. 하나님을 사랑해서 주일을 지키는 것이고 사랑해서 예배하러 나오는 것이며 사랑해서 십일조를 하는 것입니다. 더 나아가서 하나님을 사랑해서 오늘이라는 하루를 사는 것입니다. "율법을 행하는 모든 원인과 동기와 근거가 하나님 사랑에서 비롯된 것이 되게 하라!"입니다. 이것이 "곧 마음을 다하고 목숨을 다하고 뜻을 다해서 네 하나님을 사랑하라!"는 말씀입니다.

율법을 지키고 있어도 부모님 때부터 하던 거니까 안 할 수 없어서 율법준수 할 수 있습니다. 율법을 지킨다고 하면 복 받는다고 하니까 나의 필요에 의해 준수할 수도 있습니다. 훌륭한 인격자로 보이기 위해 율법 준수할 수도 있습니다. 참된 신앙생활의 진보와 성숙은 하나님을 사랑하는 나를 보는 것입니다. 하나님을 사랑해서 오래 참고 화를 안 내는 것이고, 하나님을 사랑해서 불평하지 않고 감사하는 것이며, 하나님을 사랑하기에 게으를 수 없고 성실합니다. 결정적으로 하나님을 사랑해서 절망 속에서도 포기하지 않습니다. 옛날 험한 시대를 사신 어머니들이 오직 자식을 사랑하는 힘으로 고되고 지난한 세월을 극복한 것처럼 하나님을 그렇게 사랑하라는 것입니다.

쉽지 않습니다. 사랑을 해서 그것을 하는 것입니다. "너의 사랑에서 나온 그것이 되게 하라!" 오늘 예수님이 율법은 한 마디로 '하나님사랑', '이웃사랑'이라 하실 때 사랑 없이도 율법준수 할 수 있다는 것입니다. 구제는 분명히 율법준수이지만 구제하는 사람 불러다놓고 사진 찍는 것은 그의 명예와 존엄성에 손상을 주는 것이기에 그것은 사랑해서 한 것이 아니라 자기 이름낼려고 홍보하는 것에 불과하다. 사랑은 항상 사랑하는 나 중심이 아니라 사랑하는 대상이 중심이기에 그의 처지와 지경과 차원으로 내려가서 그것을 나의 것을 삼습니다. 예수님의 성육신과 십자가가 바로 이것입니다. 사랑은 나의 유익을 구하기 위해서 사랑하는 대상과 나를 분리하지 않습니다. 상대의 잘못을 보고 한심한 놈이라고 지적하지 않고 그 모습을 내 모습으로 가져갑니다.

두 번째 계명인 "네 이웃을 몸과 같이 사랑하라!"도 마찬가집니다. 딱 네가 널 사랑하는 강도와 높이와 차원으로 이웃 사랑입니다. 누가복음은 이 부분에서 사마리아인 비유가 등장합니다. "누가 내 이웃인지 말씀해 주시면 그 이웃을 내가 사랑하겠습니다!"의 답으로 주신 비유입니다. 여리고로 내려가던 자가 강도를 만나서 거반 죽게 되었는데 돌봐야하는 책임이 있던 제사장도 레위인도 모두 못 본 척 지나갔다 그런데 평상시에 원수처럼 지내던 사마리아인이 와서 치료해주고 돌봐줬다 그 강도만난 자에게 있어서 누가 이웃이겠느냐 자비를 베푼자니이다 너도 가서 이와 같이 하라 입니다.

사랑의 기준이 나 중심이 아닌 것처럼 이웃의 기준도 내 기준이 아닙니다. 이웃 기준에서 내가 이웃이 되느냐의 문제입니다. 사랑을 베푼 자가 이웃입니다. 네 이웃이 네게 원하는 그것은 곧 네가 그 처지 있을 때 똑같이 원하는 것이기에 그것을 주라입니다. 남녀가 만나 결혼할 때 새로운 사람을 집에 들여서 집안이 잘 됐네 안 됐네 하는 경우가 있습니다. 이것도 상대적입니다. 상대가 우리집안에 왔듯이 내가 상대의 집안으로 들어간 것입니다. 나로 인해서 상대가 복을 받았는지를 보아야지 상대가 내게 복이 되었는지만 보겠다는 것은 순 억지 논리입니다. 이것이 바로 예수님이 말씀하신 "너도 가서 이와 같이 하라!"입니다. 참된 신앙, 참된 이웃, 참된 사랑, 참된 복은 내 중심이 아니라 항상 상대방 중심으로 살아가라 입니다.

다시 율법으로 돌아갑니다. 법은 항상 지키기에 앞서서 그 법이 왜 있는지를 아는 것을 가리켜 '법정신'이라고 합니다. 하나님의 말씀인 율법과 계명은 조문으로 지키면 안 되고 정신으로 지켜야 합니다. 조문으로 지킨다는 것은 글자자체에 매이는 것입니다. 글자 자체에 매이게 되면 어떤 일이 벌어지냐면 법이 사람을 위해 있지 않고 사람이 법을 위해 있게 됩니다. 안식일에 일하면 안 된다는 법을 지키기 위해 안식일에는 불이 나도 끄면 안 되고, 아파도 병원에 가면 안 되는 그야말로 말이 안 되는 법이 됩니다. 실지로 유대인들은 전등불 키는 것조차 죄라고 안식일에는 불을 키지 않고 어떤 랍비는 위급하게 아파도 안식일에는 병원에 가지 않습니다.

예수님은 안식일이 너희를 위해 있는 거지 너희가 안식일을 위해 있는 것이 아니라고 말씀하셨습니다. 법과 계명이 주어짐은 너희를 위해서이며 너희를 살리고 너희 공동체의 유익을 위함이다. 로마서의 말씀처럼 "율법 앞에 나는 죄인이구나!"를 깨닫게 하기위해 그래서 "하나님이 준비하신 예수 그리스도에게로 나아가게 하기 위함이구나!"를 아는 것입니다.

계명을 정신으로 지키면 "나를 사랑해서 주신 거구나!", "우리 모두를 살리고 구원하기 위함이구나!" 하고 하나님께 영광 돌리며 생명과 진리와 거룩으로 나아가게 되지만 계명을 조문으로 지키면 안식일에 전등스위치 조차 키지 않는 자기신앙도취로 빠지게 됩니다. 자기처럼 지키지 않는 자를 향한 비난과 정죄로 결국은 하나님 영광이 아니라 자기영광으로 가져 간다입니다.

71. { 자손 }

(마태복음 22: 41~46)

예수님은 연이은 사두개인과 비리새인의 시험을 사탄의 시험 물리치듯이 물리치셨습니다. 그리고 오늘 42절에서 거꾸로 그들에게 질문하십니다. "너희는 그리스도에 대해서 어떻게 생각하느냐? 누구의 자손이냐? 다윗의 자손입니다! 그럼 다윗이 성령의 감동으로 그리스도를 주라 말하며 '주께서 내 주에게 말씀하시기를 네 원수로 네 발등상 되기까지 네 우편에 앉았으라!' 했는데 다윗이 자기 후손으로 오는 그리스도를 주라고 불렀다면 어찌 그리스도가 다윗의 후손이 되겠느냐?"입니다. 이 말씀에 저번에 사두개인들이 그랬던 것처럼 바리새인들도 멘탈이 털립니다.

오늘 '자손'을 하려고 합니다. 마태복음 1장 1절에는 분명히 "아브라함과 다윗의 자손 예수 그리스도의 계보라!" 하고 시작하고 있습니다. 성경에서 자손을 이야기 할 때 빼놓을 수 없는 인물들입니다. 바로 이분들에게 하신 약속 가운데 들어있는 말이 '자손'입니다. 아브라함과 다윗에게 무슨 약속을 하셨는지 봅니다.

하나님은 아브라함에게 창세기 12장 13장 15장 등등에 나타나서 "네 자손을 하늘의 별처럼 바다의 모래처럼 많아지게 할거다의 약속을 하십니다." 이 부분을 사도바울은 갈라디아 3장 16절에서 "하나님은 아브라함에게 자손을 약속하셨는데 여럿을 가리켜 자손이라 하지 않고 한 사람을 가리켜 자손이라 하셨으니 그가 곧 그리스도라!" 다시 말하면 하나님은 아브라함에게 약속을 주실 때 "네 자손(씨)을 이 땅에 가득하게 할거다!" 도 되지만 "네 자손(씨)으로 말미암아 많은 백성이 이 땅에 가득하게 될거다!"도 된다 입니다. 그러니까 가득하게 되는 백성은 그리스도로 말미암은 하나님의 백성을 지칭합니다.

다윗도 마찬가집니다. 사무엘하 7장 보면 자신은 멋진 궁정에 거하는데 하나님의 법궤는 장막에 있는 것 보고 성전을 지어드린다고 했다가 나단 선지자를 통해 말씀을 듣습니다. 이때 하시는 말씀 속에 '자손'이 있습니다. "내가 언제 내 집 지어달라고 했냐! 집은 내가 너에게 지어주는 거다! 너는 기한이 차서 네 조상에게로 돌아가겠지만 네 몸에서 날 자손(씨)을 네 후대에 세워서 그 나라의 위를 영원토록 견고하게 할거다!"라는 약속입니다.

다윗은 이 약속의 말씀을 들으면서 '네 몸에서 날 자손'이 자신의 보위를 잇는 '솔로몬'을 지칭하는 것이기도 하지만 뭔가 범상치 않은 '자손'으로 들린 겁니다. "하나님이 직접 오시는 구나! 하나님이 직접 다스리시고 통치하는 나라를 세우시는구나! 그 분이 곧 그리스도구나!" 하고 캐치한 것입니다. 그래서 육신적 시간으로는 그리스도가 내 자손으로 오시지만 영적으로 본질적으로는 그리스도는 나보다 먼저 계신 분이고 천상에서 직접 오시는 분이기에 다윗은 그분을 향해서 '내 주'라는 호칭을 사용한 것입니다. 특별히 아브라함언약 창세기 12장 3절과 다윗언약 사무엘하 7장 12절은 꼭 기억해야 합니다.

중요한 것은 이 분들이 무엇인가 선한 행위를 하나님 앞에 보이고서 받은 축복의 말씀이 아니라는 것입니다. 모든 성도들이 하나님과 주고받는 기브앤테이크만 익숙합니다. 그래서 제가 이런 이야기하면 적응이 안 되십니다. 그리고 바로 제게 따지십니다.

"아브라함이 독자라도 아끼지 않고 바치라는 명령에 순종해서 바쳤으니까 하나님께 축복을 받은 것 아닙니까!" 물론 여기도 맞습니다. 우리가 순종하고 예배하고 행위를 보이고 해서 받은 축복입니다. 그런데 아브라함의 축복된 약속은 독자이삭을 바친 22장에서 주신 것이 아니라 처음 아브라함을 부르신 12장에서 이미 주어진 것이더라입니다.

"내가 네게 복을 주어 너로 큰 민족을 이루고 네 이름을 창대하게 하리니 너는 복이 될지라 너를 축복하는 자에게 내가 축복하고 너를 저주하는 자에게 내가 저주하리니 세상 모든 민족이 너로 인하여 복을 얻으리라!"입니다. 아브라함으로서는 우상장사하는 아버지 밑에서 살다가 어느날 갑자기 밑도 끝도 없는 이런 축복의 말씀을 들은 겁니다. 사람의 공로를 하나라도 건저내서 자기 은혜를 받아야겠기에 "아브라함이 하나님의 명령에 순종해서 갈대아우르를 떠났다!" 여기에 초점을 두면 결국 사람의 의만 남게 됩니다. 어느날 밤 하나님이 제게 "어디로 가라 내가 네게 무한 복을 줄거다!" 그래서 제가 간 게 제 의와 공로가 될 수 있냐는 것입니다.

"행위가 있고 그에 따르는 축복인 것도 일부는 맞지만 그 보다 먼저 행위가 있기 전에 축복이 맨 앞에 있었더라!" 입니다. 다윗이 하나님 앞에 골리앗도 물리치고, 집도 지어드리고, 하나님마음에 합한 자도 되고 해서 받은 축복이기도 하지만 다윗언약을 통해서 하나님은 "너는 나에게 뭘 줄 수가 없는 거야! 은혜는 내가 네게 베푸는 거지 네가 나에게 베푸는 은혜는 없는 거야!"를 들은 겁니다. 사실상 다윗은 밧세바를 범한 이후에 자신의 전말을 보게 됩니다. 자신은 하나님의 의와 선과 거룩이 되는 줄 알았는데 밧세바 사건 후에 나단선지자가 와서 "당신이 바로 그 놈입니다!" 했을 때 깨어집니다. 그러니까 자신이 죄를 지은 사실조차 몰랐던 겁니다. 하나님은 아무런 의와 선도 없는 죄인인 자신을 사랑하셨다는 것을 알고는 눈물로 침상을 띄우는 회개를 합니다.

그 이후로 제사와 번제를 원치 않으시고 상한 심령을 찾으시고 애통하는 자를 가까이 하시는 하나님을 찬양하게 됩니다. 왕이신 하나님 앞에 내가 드릴 수 있는 것은 아무것도 없다고 하는 상한 마음이 바로 하나님이 받으시는 참된 제사인 것을 안 것입니다. 그러니까 다스리는 자는 긍휼이고 다스림 받는 자는 상한 마음의 구도로 통치되는 나라입니다. 이 같은 하나님의 왕국을 미리 보여주고 구현해야하는 왕으로서의 자신입니다. 그러나 역사를 보면 그리스도가 왔음에도 그리스도에게 나아가 상한 마음을 토하고 긍휼을 구하기보다는 안식일에 스위치 키고 끄는 작은 것 까지 순종한 자신에게 상과 복을 주는 그리스도지 내가 그 앞에 나아가 긍휼을 구하는 대상이 아니었습니다. 예수님이 마태복음 9장에서 "너희는 내가 긍휼을 원하고 제사를 원하지 않는다 라는 말씀이 무엇인지 배워오라!" 하셨습니다. 하나님은 우리의 의로움으로 만나시는 것이 아니라 당신의 긍휼로 우리를 만나십니다.

성경에서 예수님과 유대인들이 왜 이렇게 대립하고 으르렁거리는 것입니까! 예수님은 하늘의 왕권을 가지고 긍휼과 자비를 베풀러 오셨는데 사람들은 자기 행위의 공로와 자랑으로 가득하기에 물과 기름처럼 섞일 수가 없습니다. 리얼하게 표현하면 사람들은 자기가 한 것 내놓으라는 것이고 그리스도는 너희가 뭘 하기 전 이야기를 하시는 것입니다.

다윗이 자기 잘난 맛에 살 때는 모든 게 자기 행위의 보상이었는데 자신의 죄를 깨닫고 나서야 비로소 먼저 찾아와주시고 먼저 선택해주시고 먼저 축복해주신 하나님을 경험합니다. 내가 행위를 보여서 하나님이 나를 축복한 게 아니라 하나님이 나를 축복하셔서 지금 이렇게 믿음생활 하고 있더라 입니다.

사도행전 2장 25절 이하를 보면 베드로가 예수님의 부활에 대해 증언하면서 오늘의 신비한 말씀을 그대로 전합니다. 다윗이 "주께서 나로 요동치 않게 하려고 항상 내 앞에 계신다 나를 음부에 버리지 않으신다!"라고 했는데 여기서 주는 그리스도다 다윗은 죽어 그 무덤이 있지만 다윗은 그리스도의 부활을 미리 본 고로 예언한거다. 다윗은 하늘에 올라간 것도 아닌데 "주께서 내 주께 이르시기를 너는 …"이란 말을 했다. 31절에서 다윗이 '미리 본 고로'가 중요합니다. 천년 뒤에 있을 일을 '미리 본 고로'입니다. 시간적으로 아브라함에서 다윗이 천년 다윗에서 그리스도가 천년입니다.

성경은 마치 영화 속 주인공이 마지막 라스트신에서 자신의 지나온 인생을 회상하는 형식으로 그려집니다. '라이언 일병구하기'나 '흐르는 강물처럼'이 그렇습니다. 모든 것이 운명되어지고 결정된 지금입니다. 영화 속 모든 긴장이나 부침의 시간은 이미 다 지나온 시간으로의 내용입니다. 예수님이 오신지 이 천년이 지났습니다. 성경이 약속한 그 날이, 마지막 날이, 여호와의 날이, 어린양의 혼인잔칫날이 속히 오기를 기도합니다.

72. { 높임은 오직 하나님께만 }

(마태복음 23: 1~12)

기독교가 여타의 다른 종교와 다른 근본적 차이는 자기안의 가능성을 찾지 않는 것입니다. 전도의 미련한 것으로 믿는 자를 구원하시길 기뻐하셨다는 말씀은 누가 와서 전해줘야 한다는 것입니다. 그리스도가 오셔서 건져주는 것으로의 구원이지 내 안에서 나를 구원할 만한 능력은 내게 없다 입니다. 반면에 다른 종교(범신론)는 자기가 선행하고 공로를 쌓고 득도하는 것으로 이루는 구원입니다. 겉으로는 우상의 이름을 부르지만 자신의 치성(108배, 오체투지 등등)의 행위에 대한 신의 감흡으로 인한 구원입니다. 기독교는 구원받는 자의 청원(치성)이 있기 전 하나님의 긍휼로 이루어진 구원입니다.

오늘 본문 2절에 "서기관과 바리새인이 모세의 자리에 앉았다!"는 말씀은 사실상 유대교를 말합니다. 하나님은 명목상의 이름일 뿐 모세의 율법준수로 구원받는 종교입니다. 유대인들은 십계명을 지키기 위해 그 밑에 613개의 개별율법을 두고 다시 그 아래 248개의 '하라!'와 365개의 '하지 말라!'를 각주로 달아놓고는 그것을 지키는 것으로의 구원입니다. 모든 사람들의 삶에 족쇄를 채우는 것입니다.

4절에 예수님은 "또 무거운 짐을 묶어 사람의 어깨에 지우되 자기는 이것을 한 손가락으로도 움직이려하지 않으며..." 자신은 그대로 하지 않으면서 그런 율법의 세부사항을 알고 가르치는 자신을 사람들 앞에 높입니다. 율법을 아는 것과 지키는 것은 별개임에도 지킨 자의 행세를 했습니다. 5절이 중요합니다. "모든 행위를 사람 앞에 보이고자 하나니..."입니다. 하나님이 율법을 주신 목적은 모든 사람을 하나님의 보좌 앞으로 이끌고 가기 위함입니다. 율법을 지키면서 얼마나 네가 율법과는 반대쪽에 놓여있는지를 보라는 것입니다. 얼마나 하나님이 요구하신 문제에 대한 답을 못 찾고 있는 인생인지를 깨달으라고 주셨습니다.

이 부분을 예수님이 적나라하게 드러내십니다. 살인만 하지 않았지 살인의 씨앗인 미움이 네 마음속에 얼마나 가득한지를 보라고 하십니다. 간음만 안했지 간음의 씨앗인 음욕이 또 얼마나 충만한지 인정하라고 하십니다. 씨앗은 조건만 갖춰지면 자랍니다. 내가 죄를 안(못) 지은 것은 내 앞에 조건이 안 갖춰졌을 뿐입니다.

다윗은 자긴 율법을 잘 지키고 하나님 마음에 합한 자가 되어 복도 받고 왕도 된 줄 알았는데 밧세바 사건을 통해 하나님은 죄인인 자신을 사랑하신 것을 알게 됩니다. "네가 바로 그놈이다!"를 듣고는 깨어집니다. "네가 바로 그놈이다!"를 알려주는 것이 율법이 기능이면서 예수님이 말씀하신 미워한 자는 살인한자고 음욕 품은 자는 간음한자다의 말씀입니다.

하나님의 말씀인 율법 앞에 서니 세상 형편없는 내 모습이 보입니다. 형편없으니 어찌 해야 됩니까? 은혜와 긍휼을 구해야지요! 그래서 은혜와 긍휼을 입으면 또 어찌 됩니까! 감사한거죠! 기독교의 감사는 바로 이 감사입니다. 율법은 이렇듯 하나님 앞에 우리의 부족함과 죄됨을 드러내는 일을 하도록 주어진 것임에도 불구하고 유대인이 받은 율법은 하나님 앞에 상한 마음을 갖게 하는 기능을 하는 게 아니라 사람 앞에 잘난척하는 도구로 변질 왜곡됩니다. 오늘날도 똑 같습니다. 하나님은 내 선한 행위의 결과로 나를 사랑하신 게 아니라 죄인 되었을 때에 그리스도께서 날 위해 죽으셨다는 진리 안에 사는 사람은 항상 감사가 넘치게 됩니다. 그러나 하나님은 내가 선한 행위를 했기에 나를 사랑한다로 살고 있으면 자기행위의 결과임으로 사람들 앞에 자기를 자랑하게 되고 반대로 자기가 한 만큼 뭐가 아니다 싶으면 인생 뭐있나 하면서 나라 욕하고 정치 욕하고 원망과 불평으로 삽니다.

감사와 원망이 나뉘어지는 뿌리로 가면 항상 뭐가 있냐면 "이게 은혜냐? 내 행위의 산물이냐?"로 갈립니다. 믿음이 없는 일반인의 생각은 아무리 봐도 내가 다 한 것 같습니다. 그런데 은혜를 받고 믿음이 자라고 성경을 알게 되면 내가 한 것은 아주 작아지고 하나님이 한 것이 커지는 경험을 합니다.

죄의 씨가 환경조성에서 자라나듯 우리의 생각도 환경조성에서 그 열매를 맺습니다. 은혜를 받으면 환경조성을 알게 됩니다. 벼가 농부의 발자국소리를 듣고 자란다고 새벽부터 사람이 수고하지만 가을에 소출을 얻기까지 농부는 뭘 아는 겁니까? 내가 한 것은 아주 작은 거구나! 를 아는 것입니다. 이렇게 내가 한 것이 작게 경험될수록 이 사람은 잘난 척을 못하고 떠버리는 것 못하며 이렇게 해서 되더라는 방법론 강의하지 않습니다. 이게 다 자기를 높이는 행위이기 때문입니다. 오늘 본문 8절 이하에서 왜 예수님이 랍비 되지 말라! 아버지 되지 말라! 지도자 되지 말라! 하시는 것입니까! 이 사람들이 다 높임 받고 섬김 받고 대접 받는 사람들이 때문입니다.

예수님이 랍비와 아버지와 지도자를 결코 격하시키는 말씀이 아닙니다. 랍비는 선생입니다. 예수님이 오늘 이렇게 진리의 말씀을 가르치시듯 우리에게는 가르치는 선생이 있어야 합니다. 아버지도 마찬가집니다. 여기서 아버지는 육신의 아버지가 아니라 음악의 아버지 미술의 아버지 하듯 각계각층 여러 분야의 시조를 말합니다. 지도자는 리더입니다. 모든 조직에는 리더가 있어야 무질서와 혼란이 없습니다.

예수님이 지금 말씀하시는 골자는 뭐냐면 이 사람들이 받는 높임입니다. 오직 높임을 받으시는 분은 하나님뿐이지 사람이 아닙니다. 8절 "선생은 하나요 너희는 다 형제다!", 9절 "아버지는 한 분이시니 하늘에 계신다!", 10절 "지도자도 한 분이시니 곧 그리스도다!"

　사람 앞에 높임 받고 싶은 열망이 얼마나 간절한지 오늘 본문 5절에 코메디가 기록됩니다. 신명기 6장 8절에 의하면 율법의 말씀이 생명의 말씀인 고로 "너희 손목에 매어 기호를 삼고 이마에 붙여 표를 삼고 바깥문에 붙여라!"는 말씀이 있습니다. 이에 경건한 유대인들은 양피지에 율법을 기록해서 끈을 만들어 손목과 팔에 칭칭 감습니다. 고급가죽으로 상자를 조그맣게 만들고 그 안에 역시 말씀을 담아 이마에 끈으로 묶습니다.

　"이 분들 율법의 말씀을 순종한 겁니까? 안 한 겁니까?" 분명히 신명기 6장 8절을 지킨 겁니다. 그런데 이걸로 끝입니다. "이마에 붙이라는 것은 네 모든 생각 속에 하나님의 말씀이 살아 역사하게 하라는 것이고 손목에 매어 기호로 삼으라는 것은 네 손이 행하는 모든 자리가 말씀의 통제와 다스림 속에 있으라는 것입니다!"

　그런데 말씀을 팔에 감고 이마에 붙이고 입으로 외우고만 다닐 뿐 실제로 그 말씀대로 살지는 않았다는 것입니다. 그들이 그렇게 하고 다닌 것은 사람들 앞에 종교적 신앙심이 가득한 사람으로 높임 받고자 하는 동기 때문이지 하나님을 사랑해서가 아닙니다. 유대인들은 우리가 아는 것처럼 똑똑한 사람들입니다. 그런데 왜 이런 눈 가리고 아옹하는 일을 하는 겁니까! 사람은 다 거기서 거기인 것을 깨닫게 됩니다.

73. { 본질 }

(마태복음 23: 13~24)

"랍비라 아버지라 지도자라 칭함받지 말라!"하셨습니다. 당시 고위층들은 하나님 앞에 상하고 통회하는 마음을 가지는 신앙이 아니라 자기를 따르는 사람들로부터 받는 높임을 자기자랑으로 삼는 것으로의 신앙이었기 때문입니다. 그런데 예수님의 이 말씀은 당시의 종교지도자들인 서기관과 바리새인에게 직접 하신 말씀이 아니라 무리와 제자들에게 너희는 저래서는 안 된다 가르치시면서 주신 말씀입니다. 그래서 오늘은 "저렇게 하면 안 된다!"의 말씀입니다.

무지보다 오해가 더 나쁩니다. 모르면 배우면 됩니다. 그런데 잘못 알고서 다 알고 있는 행세를 하면 여기는 참된 지식이 들어갈 틈이 없습니다. 서기관과 바리새인은 율법의 말씀을 오해하고 곡해했습니다. 본질을 희석시키고 호도했습니다. 오늘 예수님이 왜 이렇게 진노하고 계시냐면 "천국 문에 앉아서 자기도 안 들어가고 들어가고자 하는 자도 못 들어가게 한다!", "교인 하나를 얻으면 자기보다 배나 더 지옥 자식이 되게 한다!"

지도자 얘기가 나왔으니 우리나라 지도자 이야기를 안 할 수가 없습니다. 마치 누가누가 더 못하지 않나? 더 나쁘지 않나? 더 밑바닥이 아닌가? 수준이하가 아닌가? 의 싸움인 것 같아 마음이 아픕니다. 진실을 호도하고 선동질만 하려하며 사람들의 분별을 흐리게 합니다. 잘못된 선택의 책임은 고스란히 국민들에게 돌아옵니다. 책임을 정치인이 진 경우는 본 일이 없습니다. 겉과 속이 다른 감언이설과 권모술수에 속으면 안 된다는 말씀을 드립니다.

오늘 진리의 말씀이 온전히 정확히 전해질 때 결국 11절과 12절의 말씀입니다. 큰 자, 힘 있는 자, 권력을 가진 자라면 대접받고 섬김 받는 자리에 있지 말고 도리어 섬기고 대접하라입니다. 그러나 세상에서 힘 있는 자의 자기증명은 대접 받는 것입니다. 힘 있는 자가 되고자 함도 대접받기 위함이지 대접하고자 함이 아닙니다.

우리의 죄성은 신앙마저도 자기 높음의 수단으로 삼습니다. 성도는 감사해야 한다고 하니까 딱히 감사 할 일도 마음도 없지만 "절대감사! 무조건감사!"를 외치고 겸손해야 한다고 하니까 "모든 것이 주님이 하신 것입니다!" 합니다. 왠지 신앙이 훌륭해 보입니다. 감사가 정말 성경의 감사가 될 때에 내 안에서 내가 이룬 것을 인정해주시고 알아주신 것으로의 감사가 아닙니다. 주께서 받으실만한 것이 아무것도 없는데도 불구하고 내려주신 은혜와 사랑에 대한 감사입니다. 뭔가 자신 안에 남다른 잘남이 있기에 하나님이 내게 응답하셨다는 감사가 아닙니다. 겸손 또한 "살아가면서 나보다 못한 사람 없더라!"를 몸으로 발견한 철저한 자기 무능의 고백입니다. 이것은 자기학대가 아니라 기독교의 본질을 이루는 토양입니다. 이 사람이야말로 참으로 다른 사람을 높일 수 있습니다.

하나님 앞에 상한 마음이어야 한다니까 흉한 얼굴을 하는 것인지 보라는 것입니다. 얼굴의 흉함이 정말 상한 마음에서 나온 것인지 즉 본질에서 나온 그것인지를 확인하라 입니다.

본질을 잃어버린 경우가 너무 많이 있습니다. 기독교라고 하는데 예수가 없습니다. 성도라고 하는데 천국과 지옥을 믿지 않습니다. 아무개 목사라고 하면서 글을 썼는데 목사 란에 아무개 스님이라고 해도 전혀 이상하지 않은 글이 우리 주위에는 너무 많이 있습니다. 겸손하고 감사하고 있지만 성경의 겸손과 감사가 아닌 경우가 있습니다. 기독교의 겸손과 감사는 그것을 하고 있는 자의 괜찮음과 높임으로 삼을 수 없음은 그것이 일말의 것이라도 그가 맺은 것이 아니라 주님이 찾아오시고 깨단게 하시고 훈련시킨 결과물인 까닭입니다.

오늘 본문에도 본질을 잃어버린 사람들이 나옵니다. "성전으로는 맹세할 수 있지만 성전의 금으로는 안 된다!", "제단으로는 맹세 가능하나 제단위의 제물로는 안 된다!" 딱 보기에도 이것은 언어의 유희며 조삼모사 하는 것입니다. 당시의 유대인들이 율법을 더 잘 지키자는 취지아래 이를테면 4계명인 "안식일을 거룩히 지키라!"는 율법아래 각주를 달고 그 밑에 다시 세부각주를 달아서 내리다 보니까 나중에 어떻게 되냐면 제일 위에 있는 안식일 거룩히 지키라는 없어지고 제일 밑에 계별율법이 그것을 대치하고 있더라입니다.

오늘 맹세에 대한 말씀도 추적해 보건데 3계명의 "네 하나님이름 망령되이 하지 말라!"는 계명에서 달아 내린 개별율법이라 여겨집니다. 맹세를 할 때는 사람이 흥분상태에 있음으로 부지중에 하나님이름을 욕되게 할 수 있으므로 세부사항을 구분해 놓은 것입니다.

그런데 이 또한 "하나님이름 망령되이 일컫지 말라!"는 율법의 본질은 없어지고 언어의 유희가 되어버립니다. "나는 제단으로 맹세했으니까 3계명 어기지 않았다!", "난 성전의 금이 아니라 성전으로 맹세했으니까 죄 안 졌다!" 이러고 있던 겁니다. 뿌리가 어디서 나와서 줄기를 이루며 가지가 어디로 뻗어 달리게 된 잎사귀인지 알 때에 뿌리인 본질을 놓치는 일이 없기를 소망합니다. 잎사귀를 뿌리라 하고 뿌리를 잎사귀라고 하는 이단들의 말놀이에 넘어가면 안 됩니다. 버려도 되는 것을 생명처럼 여기고 반대로 꼭 품어야하는 것은 소홀히 여기는 어리석음이 없어야 하겠습니다. 본질을 말단이라고 하고 말단을 본질이라 하는 것입니다.

역사를 보면 어느 시대건 망할 때가 되면 이러고 있습니다. 동로마교회가 오스만투르크에 의해 멸망할 때 당시의 성직자들은 바늘위에 천사가 몇 명 설수 있는 지를 놓고 싸움질을 했습니다. 조선후기 당파싸움도 왕실에서 상이 났는데 상을 며칠 치루며 소매를 몇 번 걷어야 하는 문제로 피터지게 싸웠습니다.

주객이 전도 됐습니다. 오늘 서기관과 바리새인이 "성전이냐 성전의 금이냐!", "제단이냐 제단의 제물이냐!" 하고 있는 것을 보고 예수님은 24절에서 "하루살이는 걸러내고 약대를 삼킨다!" 하셨습니다. 먹을 수 있는 것은 버리고 먹지 말아야 할 것을 먹는다는 말씀입니다. 중요한 말씀이 23절입니다. "너희가 박하와 회향과 근채의 십일조는 드리되 율법의 더 중한 바 정의와 긍휼과 믿음은 버렸도다! 그러나 이것도 행하고 저것도 버리지 말아야 할지니라!"

율법을 정신으로 지켜야 합니까? 조문으로 지키는 것입니까? 를 여쭈었을 때 물론 정신입니다. 라고 답하실 것입니다. 그러면 조문은 버려도 되는 것입니까? 율법의 정신은 본질이며 내용입니다. 율법의 조문은 예배드리고 십일조하며 전도하는 것입니다.

이런 분이 있을 수 있습니다. "예수 믿고 말씀대로 살고 거룩하고 착하게 사랑하며 살면 되지 꼭 교회에 가고 예배를 드리고 십일조를 해야하나!" 여기서 말씀대로 거룩하게 사는 것이 율법의 정신입니다. 교회 가고 예배드리고 십일조 하는 것은 율법의 조문입니다. 우리의 신앙은 정신에 국한된 것으로 끝나게 되면 그 정신은 오래도록 그 가치를 유지시킬 수 없습니다. 우리의 신앙이 정신만 중요히 여기고 예배와 기도와 말씀을 소홀이 여기면 우리의 신앙은 관념과 개념과 추상에 불과한 것이 됩니다. 신앙의 본질인 예수 그리스도와의 만남, 교제, 친밀은 멀어지게 됩니다.

여러분의 마음이 주님께 가 있음은 여러분의 예배와 십일조와 기도가 주님께 있기 때문입니다. 아름다운 내용일수록 그 내용을 담아내고 감싸는 그릇(형식)이 마땅히 뒤따르는 것과 같습니다. "그러나 이것도 행하고 저것도 버리지 말아야 할지니라!" 아멘입니다.

74. { 정의 긍휼 믿음 }

(마태복음 23: 23~36)

말씀을 전하는 입장에서 썩 편치 않은 본문이 계속 이어집니다. 그러나 예수님이 말씀하시는 "화 있을찐저…"안에 들어가지 않고 여기에 해당사항 없는 것으로의 우리 믿음을 점검하는 시간을 갖도록 합니다. 오늘도 예수님이 꾸짖는 사안은 서기관과 바리새인들의 율법주의입니다. 율법주의란 잘못된 율법관(율법적 견해)을 말합니다. 세상을 살면서 가치관, 인생관, 세계관이 중요하듯이 신앙생활을 하면서 율법(말씀)관을 어떻게 이해하고 소유했냐 하는 부분은 그의 신앙의 진위를 알아보는 판별식이 됩니다.

23절에서 박하와 회향과 근채의 십일조를 드렸다고 하는데 아주 소량 재배 되던 약재들의 십일조까지 세부조항에 있었던 것입니다. 고지식하게 율법의 규칙에 매어 자기 할 일 다 했다 하고 있었습니다. 우리 식으로 하면 쌀 한 톨의 십일조까지 하나님께 드렸다고 하면서 그보다 중요한 정의와 긍휼과 믿음은 버렸습니다.

정의와 긍휼과 믿음을 버렸다는 것은 하나님이 자신들에게 어떻게 오셨는지를 몰랐다는 것입니다. 어떻게 만나시고 대우하시며 다루시는지에 대한 무지입니다. 하나님은 우리에게 오실 때 당신의 것으로 오시며 당신의 것으로 주시며 당신의 것으로 약속하십니다. 우리 것으로 하지 않으십니다. 당신의 지혜를 알리시고 당신의 능력으로 붙드시며 당신의 긍휼과 자비와 사랑으로 우리를 대하십니다. 반면에 사람들은 자기의 공로와 치성 자기의 헌신과 섬김 내가 드린 십일조와 내가 지어 드린 성전으로 가길 좋아합니다. 신앙은 우리가 하나님께 무엇을 드리는 행위가 아니라 하나님의 것을 받는 것이 신앙입니다. 전자가 범신론이라면 후자는 기독교신앙입니다.

다윗 왕이 성전 지어드린다고 하다가 "내가 너를 위해 집을 지어주는 거지 네가 나를 위해 지어주는 게 아니야! 은혜는 내가 네게 베푸는 것이지 네가 내게 베풀 수 있는 은혜는 없는거야! 까불지마!"의 말씀을 듣습니다. 사울 왕이 폐위될 때 하나님께 제물 드린다고 하다가 "순종이 제사보다 낫고 듣는 것이 수양의 기름보다 나은거야! 완고한 것이 사술의 죄와 같고 거역하는 것이 우상숭배와 같은 거야!"의 말씀을 듣습니다. 하나님이 원하시는 신앙은 우리가 하나님께 무엇을 바치는 것이라기보다는 하나님이 주시는 것을 그대로 받는 것입니다. 사울왕도 하나님의 것을 그대로 받았다면 자기 앞에 남겨놓은 양떼는 다 없애야 했습니다.

그러면 사람들은 항상 우리에게 도대체 무엇을 주셨습니까? 를 묻습니다. 여기서 무엇은 주로 내가 바라는 소원입니다. 하나님은 우리에게 "내 아들을 네게 주었다!" 하십니다. 우리에게도 아들이 있습니다. 그 아들의 목숨을 내어줄 수 있는 부모는 없습니다. 우리가 상상할 수 없는 큰 사랑이 이미 우리에게 와 있다는 사실을 믿는 것이 신앙입니다. 로마서 8장에서 "아들을 아끼지 않고 우리에게 내어주신 이가 어찌 아들과 함께 모든 것을 은사로 주지 않으시겠느냐!" 하셨습니다.

하나님이 주신 예수 그리스도를 받는 것으로의 구원입니다. 인격적으로 예수를 만나고 영접하며 교제하며 친밀함으로 동행하는 것이 기독교의 본질입니다. 그리고 또한 23절의 말씀처럼 "이것도 행하고 저것도 버리지 말지니라!" 하신고로 이 본질이 유지존속 되는 것으로의 섬김과 예배와 예물입니다. 본질인 예수를 받으려하지 않고 자기행위의 자랑으로만 가득해서 "우리가 성전을 지어드리지 않았습니까! 쌀 한톨의 십일조까지 드렸잖습니까! 찬양하고 금식하지 않았습니까!", "그러니 우리 소원 좀 들어주셔야하는 것 아닙니까!" 에 머물러 있던 사람들이 당시의 사람들이라는 것입니다.

예수님은 29절 이하에서 이 사람들을 향해서 무슨 말씀을 하냐면 "선지자들의 무덤을 만들고 의인들의 비석을 만들며 우리가 우리 조상 때에 있었다면 선지자를 핍박하지 않았을텐데 하면서 스스로 선지자 죽인자임을 증명한다!"고 하셨습니다. 이스라엘 역사속의 선지자들은 말도 못하게 핍박을 받았습니다. 하나님은 선지자들을 통해 "회개하라 돌이키지 않으면 망한다!"의 메시지를 보내셨지만 백성들은 "우리가 이웃나라와 화친하고자 우상숭배 좀 했기로서니 하나님께 해 드린게 많은데 그럴 리가 없다!"

사울 왕이 하나님의 것을 받았다면 양떼를 없애야 했던 것처럼 유대인들이 하나님의 것을 받았다면 회개했어야합니다. 똑같은 패턴이 유대역사 내내 이어집니다. 예레미야 7장에서 "이것이 여호와의 성전이라는 거짓말을 믿지 말라!"하십니다. 이 말씀은 "저 성전을 누가 지었냐! 내가 낸 금으로 내가 낸 해달의 가죽으로 내가 낸 청실홍실로 지은 거 아니냐!" 우리는 하나님께 잘 해드렸으니 망할 리가 없다는 것입니다.

박하와 회향과 근채의 십일조까지 챙겨서 드린 것만 주장하고 그보다 더 중요한 정의와 긍휼과 믿음은 버렸습니다. 율법의 본질이며 정신이고 핵심입니다. 한 단어로 줄이면 예수 그리스도입니다. 유대인들은 그들의 조상들이 하나님이 보내신 종들의 메시지를 거부했듯이 후손인 이 사람들도 똑같이 하고 있습니다. 오히려 한 술 더 떠서 하나님이 보내신 아들마저 핍박하고 죽이려고 합니다.

오늘 우리에게도 똑같이 적용됩니다. 조상들의 무덤을 돌보고 비석을 꾸민다는 것은 온고지신 즉 옛 것을 받아 오늘을 새롭게 하자입니다. 그러나 당시의 유대인들이 말하길 우리 조상은 왜 선지자를 핍박했을까? 하듯이 오늘날 우리도 바리새인들은 왜 저리 위선을 떨었을까?

우리라면 저러지 않았을 텐데... 하면서 우리 역시 "내가 이렇게 주를 섬기고 헌신하는데 왜 내 인생은 이 모양입니까!" 한다면 "우리가 성전 지어드리고 쌀 한 톨의 십일조까지 챙겼는데 왜 우리가 로마의 속국이 되어야 합니까!"와 같은 일반이 됩니다. 우리의 신앙은 내가 한 것을 드러내고 자랑하고 높이는 게 아니라 하나님이 주신 것을 발견하고 높이며 감사하는 행위입니다.

하나님은 우리에게 예수 그리스도를 주셨습니다. 참된 신앙은 우리가 예수님을 받듯이 우리의 모든 시간과 자리를 받는 것입니다. 받기 힘든 시간과 사람이 있습니다. 그러나 입술을 깨물고 비명을 지르는 한이 있어도 감사로 받아야 합니다. 도망가면 안 됩니다. 팔자 고칠려고 도망갔더니 진짜 팔자가 기다리고 있더라는 말이 있습니다. 왜 도망가려 하냐면 뭔가 내 인생에 착오와 차질이 일어나서 누군가의 실수로 인해 격고 있는 현실이고 시간인 것 같아서입니다. 그러나 하나님의 사람이라면 하나님의 외면과 무관심속에 벌어지는 일은 없습니다. 하나님은 눈동자처럼 성도들의 삶을 보고 계십니다. 거기서 하나님의 사람으로 반응하고 진심을 다할 때 그는 예수님처럼 하나님이 주신 이 모든 현실과 시간을 감사로 받고 있더라입니다.

저의 집 아이들이 어릴 때 뭐든 제가 요리해서 입에 다 넣어주면 고개를 좌우로 흔들면서 맛있게 받아먹었습니다. 크면서 편식이 생겼지 정말 쓰다 달다 불평 없이 자기 앞에 놓아준 그릇을 다 비웠습니다. 저는 아이들이 커서 아무리 잘 해준다고 해도 그때의 기쁨을 이기지 못할 것 같습니다. 하나님 아버지께서도 그 마음이 아니실지 생각해 봅니다.

75. { 종말 }

(마태복음 24: 1~14)

구약의 역사 속에 등장하는 유대인들은 하나님의 선택을 받은 민족이었음에도 불구하고 회개를 촉구하는 선지자들의 메시지를 받지 않고 도리어 핍박하고 죽였습니다. 이들은 스스로의 충만한 의에 취해서 회개해야 하는 이유를 알지 못했습니다. 이들의 죄는 예수님이 23:28절에서 말씀하신 죄입니다. "겉으로는 사람에게 옳게 보이되 안으로는 외식과 불법이 가득하도다!"

예수를 받지 않고 믿지 않고 거부하면 그 나라와 민족 그 사회와 개인은 심판입니다. 23장 37, 38절에서 예수님의 마음이 드러납니다. "선지자들을 죽이고 네게 파송된 자를 돌로 치는 자여 암탉이 그 새끼를 날개 아래 모음같이 내가 내 자녀를 모으려고 한 일이 몇 번 이더냐! 그러나 너희가 원하지 아니하였도다. 보라 너희 집이 황폐하여 버린바 되리라!"

그러나 우리에겐 요한복음 3장 17절의 소망이 있습니다. "하나님이 그 아들을 세상에 보내신 것은 세상을 심판하려 하심이 아니요 그로 말미암아 세상이 구원을 받게 하려 함이라 믿는 자는 구원받지만 믿지 않는 자는 하나님의 독생자의 이름을 믿지 아니함으로 이미 심판을 받은 것이라!" 하셨습니다.

우리의 구원과 심판은 이미 곁에 와 있는 구원이고 심판이라는 말씀을 드립니다. 모든 사람들은 죄와 사망의 굴레 아래 있는 고로 그 앞에 심판이 선언되어있습니다. 하나님은 아들로 대신 죗값을 치루게 하셔서 아들을 믿는 자는 그 앞에 심판이 아니라 구원이 와 있게 하십니다. 우리의 구원이 나중에 죽어서 천국문 검표소에서 예수표를 천사에게 보여주고 입장하는 식이라면 너무나 단편적 이해입니다. 우리의 구원은 이미 알던 자의 구원이며 미리 선택한 자의 구원이며 이 땅에서 이미 친밀한 관계 속에 있던 자의 구원입니다. 예수를 믿으면 그 순간 구원, 천국, 부활, 영생이 그 앞에 이미 와 있습니다. 마찬가지로 믿지 않는 자에게 임하는 심판도 역시 이미 와 있는 심판이고 지옥이고 형벌이며 저주라는 것입니다.

이렇게 이해하시면 됩니다. 경기장에 나선 마라톤 선수가 결승선을 끊고 들어온 것이 우리가 예수 믿은 시간이라면 그 선수가 시상대에 오르는 것이 곧 천국 문 앞이라는 것입니다. 이 선수가 부정출발 도핑테스트 실격사유 없이 일등으로 들어온 것 세상이 다 아는 것이듯이 예수가 죄인들의 죗값을 대속했다는 것은 그 누구도 딴지걸 수 없는 팩트입니다. 이 선수가 시상대에 올라가는 일은 너무나 자명한 일이듯이 예수 믿은 성도가 천국 가는 게 그렇다는 것입니다. 구원은 이미 끝난 이야기입니다. 무엇을 첨가하거나 수정하는 것 없이 지금 우리의 구원은 이미 이 천년 전 십자가에서 끝난 이야기라는 것입니다.

이제 시상대에 서는 날, 명예로운 날, 예수 믿은 우리를 의롭다하시는 그 날이 우리 앞에 있을 뿐입니다. 물론 그 자리에서 우리를 구원하신 예수십자가의 보혈의 은혜를 찬양하며 영광과 존귀와 감사와 면류관을 드리는 것입니다. 오늘 마태복음 24장이 바로 그날에 관한 내용입니다. 세상 마지막 때에 무슨 일이 있는지에 대해서 자세히 설명하시며 경각심을 가지고 대비토록 하십니다. 여기서 논리전개의 어패가 있을 수 있습니다. "구원은 이미 끝난 이야기라면서 무슨 경각심을 가지고 대비를 합니까?" 되물을 수 있습니다.

"하나님이 미리 아시고 선택된 하나님의 성도는 이 세상을 살면서 이렇게 시달리고 저렇게 고달픈 시간을 살아가면서도 항상 죄를 멀리하고 나태하며 게으르지 않고 깨어 기도하며 그날을 기다리고 있더라!"입니다. "지혜로운 5처녀가 여분의 기름을 준비했기 때문에 받는 구원이 아니라 구원받은 자이기 때문에 여분의 기름을 준비하며 살아가더라!"와 같습니다. "저와 여러분 역시 이미 구원받은 자이기에 믿음의 선한 싸움을 싸우며 고전할지언정 분투하고 있더라!"입니다.

특별히 마태복음 24장에서 예수님이 반복해서 강조하시는 부분은 "속지 말라!" 입니다. 거짓선지자가 많아지고 미혹하는 적그리스도가 여기저기서 일어날 텐데 그들에게 휩쓸리지말 것을 경고하십니다. 여기도 마찬가집니다. 미리 아신 자는 분별하며 거짓에 선동되지 않습니다.

24장을 들어가기에 앞서서 24장은 23장이 원인이 된 결과로서의 24장인 것을 잊지 않습니다. 하나님의 종들을 죽이고 아들마저 거부하고 죽이려고 드는 자들에게 내려지는 7번의 '화 있을찐저…'입니다. 7번은 완전수로서 반드시 이루어질 것을 상징합니다. 예수를 받지 않고 거부하면 "화 있을찐저…" 곧 심판이 그 앞에 있습니다. 심판이 저 뒤에 세상 종말의 날에 있는 것이 아니라 지금 그 앞에 있다는 것입니다. 시간의 역순이면서 성경이 말하는 종말의 특이한 양상이고 독특한 국면입니다. 현재와 미래가 하나로 합쳐집니다.

24장은 예수님이 제자들과 함께 성전을 나서며 시작되는 본문입니다. 제자들이 성전의 으리으리한 모습을 가리키며 "예수님 굉장하지 않습니까!"하자 예수님은 "돌 위에 돌 하나도 남지 않고 무너질거다!"하십니다. 매우 심각한 사안이면서 무거운 주제이기에 3절에 제자들이 조용히 나와 언제 이런 일이 있을지에 대해 여쭙습니다. 예수님은 "속지 말라!"로 말씀을 시작하시면서 '그 날에'(19,22,29)와 '그 때에'(9,16,23,30)라는 역사적 한 시점이 있을 것을 예언하십니다.

아주 흥미로운 부분은 예수님은 지금 예수 그리스도를 받지 않고 거부한 유대의 멸망만을 말씀하시는 것이 아니라 예수 그리스도를 받지 않고 거부하는 세상을 향한 멸망을 같이 말씀하고 계신다는 것입니다. '그 때에'와 '그 날에'가 교차 반복되면서 유대의 멸망과 세상 멸망을 같이 예언하십니다.

주로 15절 이하가 유대의 멸망이라면 29절 이하는 세상(우주적)종말입니다. 예수님은 하나님의 아들이시기에 '그때 거기'와 '지금 여기'가 같이 보이시는 겁니다. 시공을 초월하여 안 계신 곳이 없으신 무소부재하신 분이십니다. 우리는 여기 저기 같이 있을 수 없지만 예수님은 가능하십니다. 이렇게 말씀하고 계심은 지금 되어지는 일을 통해 그때가 너무도 확실하다는 것을 깨달으라는 것입니다. 천년이 하루 같으신 분이시기에 '그때 거기'와 '지금 여기'가 예수님께는 한 날의 시간입니다. 이제 곧 무슨 일이 일어나냐면 예루살렘이 멸망합니다.

성전은 주전 19년에 지어져서 주후 64년에 완공되는데 완공이후 로마에 대항하는 유대봉기가 일어나자 주후 70년 티투스장군이 군대를 몰고 와서 이 지역을 쑥대밭을 만들어 놓습니다. 성전은 83년 동안 지어지다가 완공 후 불과 5년 만에 예수님 말씀처럼 돌 위에 돌 하나도 남김없이 무너집니다. 유대 나라는 이 때 처참히 멸망하고 이 천년이 지나서 회복됩니다. '지금 여기'의 유대나라 멸망이 역사 속에 실제하였듯이 '그때 거기'의 세상나라 멸망이 실제 한다는 것을 이런 식으로 예언 하신 것입니다. 심판이 지금의 심판과 그때의 심판이 같은 것처럼 우리의 구원도 그때 거기서의 구원만이 아니라 오늘 여기에서의 구원이며 영생이며 천국인 것을 믿습니다.

76. { 적그리스도 }

(마태복음 24: 15~28)

메시아를 믿지 않고 거부한 7번의 "화 있을 찐저…"가 성취되는 본문입니다. 유대의 멸망뿐만 아니라 세상의 멸망이 함께 기록됩니다. 15절 이하는 주로 유대의 멸망입니다. "다니엘의 말한바 멸망의 가증한 것이 거룩한 곳에 선 것을 보거든…" 실제로 당시에 유대인이 부정하다 여기는 돼지 피를 성전에 뿌리며 유린하는 일이 벌어집니다.

"산으로 도망가라! 지붕에 있는 자는 물건 가지러 내려가지 말라! 밭에 있는 자는 겉옷 가지러 가지 말라!" 이게 다 무슨 말씀이냐면 "너희 대적의 총칼이 코앞에 이르렀는데 그런 것 챙길 여유가 어딨냐!"고 하는 다급하고 급박한 상황의 묘사입니다. "아이 밴 자와 젖먹이는 자에게 화가 있다!"는 것은 아무래도 도망가기에 취약한 사람들이기 때문입니다. "겨울이나 안식일이 되지 않게 해 달라!"는 것 역시 겨울엔 우기라 땅이 진탕이 되기에 도망가기 힘들며 안식일에는 2키로 이상 가면 안 되기 때문입니다.

한 마디로 "필사적으로 도망가라!"입니다. 주후 70년 황제 베스파시아누스의 아들인 티투스가 유대를 침공합니다. 당시 약 100만명 가량의 유대인이 예루살렘인근에 모여 항전했는데 약 10만명 가량이 학살당합니다. 끝까지 투항하지 않고 '맛사다 요새'에서 항전한 1000명의 결사대가 마지막에 자결하는 것으로 막을 내립니다. 백제의 계백장군이 처자식 죽이고 전장에서 장렬히 산화하듯 지금도 민족저항정신의 대표적 사건으로 유대인들이 추앙하는 그들의 역사입니다. 2000년 전 역사의 한 시점에 15절 이하의 유대멸망이 있었던 것처럼 29절 이하의 세상멸망도 반드시 있다는 것을 말씀하기 위함입니다. 그 가운데를 살아가는 성도는 진리가운데 거하며 속거나 미혹당하지 않습니다.

4~5절, 10~11절, 23~24절 이하에서 '거짓 선지자'와 '거짓 그리스도'가 나타나 자칭 재림예수라고하며 자기를 따르지 않으면 지옥간다고 협박하는데 27절의 말씀처럼 "번개가 동편에서 나서 서편까지 번쩍임 같이 인자의 임함도 그러하리라!" 하셨기에 예수님이 오시면 이미 세상은 끝나 있어야 합니다. 그러니까 자칭 재림예수라고 하는 것 자체가 스스로가 거짓임을 드러내는 행위가 됩니다. 또한 거짓은 진리 되신 예수님을 가리운다는 것만이 아니라 그날이 가까울수록 이 세상이 거짓으로 가득하게 된다는 것을 의미합니다. 각종 '찌라시'와 '카더라 통신'이 난무하고 아니면 말고 식의 쓰레기 정보가 홍수를 이루게 된다 입니다. 서로가 서로를 믿지 못하는 불신이 갈수록 그 골이 깊어지고 미움과 시기와 분쟁으로 끊이지 않는다입니다.

하나님이 세상을 지으시고 사람은 타락했으며 예수님이 구원자로 세상에 오셨음에 딴지 거는 것은 분명히 틀린 것입니다. 그 외에 것은 다 나와 다른 것일 뿐입니다. 나와 내편의 악에는 눈감고 자기 의만 주장하며 다른 편은 없어져야할 악이라고 하며 미워하는 것이 말세의 징조라는 것입니다. 10~12절입니다. "그때에 많은 사람이 실족하게 되어 서로 잡아주고 서로 미워하겠으며 거짓선지지가 일어나 많은 사람을 미혹하겠으며 불법이 성함으로 많은 사람의 사랑이 식어지리라!"

'거짓'과 함께 세상 마지막 때의 징조로 말씀하시는 것이 '재난'과 '재앙' 입니다. 그런데 이것도 알고 보면 상당부분 인간의 이기적 욕심에서 비롯됩니다. 전 세계에서 버려지는 음식물의 10퍼센트만 절대빈곤국에 보내지면 기근으로 사람이 죽는 일은 없을거라 합니다. 욕심껏 자기 이기심만 채우려합니다. 전쟁도 그래서 일어나고 환경오염이나 지구온난화로 인한 천재지변도 따지고 보면 자업자득입니다. 죄인들의 탐욕으로 인해서 세상종말의 때가 더 분명히 드러납니다.

그리고 성경이 정말 말하고자하는 재앙과 재난이 있습니다. 그것은 인생을 지으신 분을 모르고 그 분을 떠난 것 그 자체가 곧 재앙입니다. 어린아이에게 있어서 전쟁과 기근도 재앙이지만 부모의 보호와 돌봄으로부터 분리되는 것 이상의 재난과 재앙은 없습니다. 아담이 죄를 짓고 타락해서 하나님으로부터 떨어져 나갔습니다. 이젠 혼자 살아가야 하는데 불안한 겁니다. 하나님을 찾던 껍데기는 남아서 우상을 만들어 놓고는 그게 하나님이라고 의지합니다. 우리 조상은 원숭이라고 하면서 스스로 허망한 길을 가고 있습니다.

"윤회론 자들이 말하는 것처럼 인생이 죽으면 소나 개가 되고 진화론 자들의 말처럼 정말 인생이 아메바에서 온 것입니까?" 카더라 통신의 대표적인 사상이 윤회와 진화입니다. 확인도 안 되고 증명은 더욱이 불가능한 추측입니다.

만일 정말 그렇다면 우리인생처럼 무상하고 덧없고 무가치한 것은 없습니다. 그들도 자기들의 결말이 얼마나 허무한지 알고 있습니다. 각자도생의 길을 찾고 있으면서 마지막에는 "헛되고 헛되니 모든 것이 헛되다!"입니다. 정말 우리 인생이 아무 목적도 방향도 의미도 없이 내 던져진 인생이냐는 것입니다. 무엇이 있는데 그것이 그냥 있다는 것이 진화론입니다. 우리는 무엇이 있는데 그게 목적과 의미를 지니고 있다는 것입니다. 시간 역시 그냥 흘러가는 것이 아니라 목적하는 바를 이루기 위해서 오늘 말씀으로 하면 종말이라는 시간을 향해서 흘러간다 입니다.

히브리서 3장 4절 "집마다 지으신 이가 있나니 만물을 지으신 이는 하나님이시라!" 집이 하늘에서 그냥 뚝 떨어졌다고 하는 것이 진화론입니다. 대단한 믿음을 가진 자들입니다. 요한복음 1장 3절 "만물이 그로 말미암아 지은바 되었으니 지은 것이 하나도 그가 없이 된 것이 없느니라!" 로마서 11장 36절 "만물이 주에게서 나오고 주로 말미암고 주께로 돌아감이라!" 얼마나 명쾌하고 확실한 선언입니까! 이 모든 것이

분명한 목적을 가지고 그분의 뜻과 계획과 의지에 따라 지은바 되었다
는 것입니다.

주님이 크신 능력과 지혜로 우리를 지으셨습니다. 그러면 그분을 떠
나면 안 됩니다. 사탄마귀는 아담을 꾀인 것처럼 오늘 우리에게도 "네
인생 네가 마음대로 살아라!" 그럽니다. 그러나 하나님을 떠난다는 것
그 자체로 재앙과 재난인 것은 거기에는 그 어떤 기준도 생명도 의미도
존재하지 않기 때문입니다.

이 모든 선과 악의 기준은 오직 절대자이신 하나님만이 정하십니다.
사람이 정하는 기준은 자기기준이지 모두의 기준이 아닙니다. 생명 또
한 하나님만이 창조하시고 그 생명을 복되게 하시고 존귀하게하십니
다. 의미도 그렇습니다. 하나님만이 의미를 부여하십니다. 오늘 본문
에 등장하는 거짓선지자와 거짓그리스도를 우리가 생각할 때에 말세
에 등장하는 한 인물로만 국한시킨다면 온전한 이해가 되지 않습니다.
물론 자칭 재림주 행세를 하는 이단의 수괴들이 적그리스도인 것은 맞
지만 성경이 말하는 본질적 의미의 적그리스도가 있습니다.

그것은 하나님을 외면하게 하며, 두려워하지 않으며, 조롱하고 대적
하는 모든 세상의 시류와 사상과 세태와 그에 편승하는 모든 풍조가 바
로 진짜 적그리스도입니다. 그러니까 예배와 말씀을 소홀히 하고 순종
과 섬김을 멀어지게 하는 모든 세력을 말합니다. 세상속의 기독교는 지
금 어디까지 그 위상이 추락해 있냐면 정치, 경제, 사회, 문화, 종교에
서 종교의 한 작은 파트를 차지하는 것으로까지 상대화 되었습니다.

그러나 우리주님은 이렇게 저렇게 비교해서 조금 더 나은 분이 아니
라 홀로 절대자이신 심판의 주님이십니다. 재림의 주는 곧 심판의 주
님이심을 잊지 않을 때 하나님을 떠나는 것 자체가 곧 재난과 재앙이고
그렇게 하나님을 떠나게 하는 모든 세력이 적그리스도인 것을 깨닫는
은혜가 우리 모두에게 있기를 기도합니다.

"일의 결국을 들었은즉 하나님을 경외하고 그 명령을 지킬찌어다! 이것이 모든 사람의 본분이니라 하나님은 모든 행위와 은밀한 일을 선악 간에 심판하시리라!"(전도서12:13)

77. { 자연과 초월 }

(마태복음 24: 15~28)

예수님이 오실 때 세상이 어떤 얼굴을 하고 있는지에 대해 계속 말씀 드립니다. 온 세상이 거짓선동으로 가득하게 되고 거짓의 끝판왕인 거짓(적)그리스도가 나타나서 하나님을 외면하고 각자도생의 길을 가게 한다고 했습니다. 특별히 적그리스도는 인물이라기보다 하나님을 대적하는 힘과 세력이라는 것을 주목할 때에 성도들은 세상을 살면서 "저게 바로 적그리스도구나!"하고 분별할 수 있어야 합니다.

이제 사람들의 큰 관심은 예수님이 오시는 시간입니다. 예수님이 오셔야 하는 이유와 장소보다 시간을 중요시 여기는 것은 사람들의 심리에 '몰빵심리'가 있어서 그렇습니다. 예수님은 오늘 36절에서 "그 날과 시는 아무도 모르고 하나님만 아신다!"고 하셨고 사도행전 1장 7절에서도 "때와 기한은 아버지께서 자기 권한에 두셨으니 너희 알바가 아니요"

사람들은 왜 예수님 오시는 시간을 집요하게 알려하고 주님은 왜 몰라도 된다 하시는 것은 그 시간만 알면 죄짓고 맘대로 살다가 타이밍 맞춰서 예수 믿고 천국가려는 심리 때문입니다. 모태신앙 가지신 분들 중에 가끔 나는 왜 처음부터 모태신앙으로 태어나서 주일날 놀러도 못 가고... 세상에서 한번 놀아보지도 못하고... 하면서 푸념하는 경우가 있습니다.

하나님을 믿는 것이 족쇄처럼 느껴지는 것입니다. 실제로 율법이 이스라엘에게 주어질 때 신명기 30장 11절 이하를 보면 모세가 이런 말을 합니다. "너희에게 주어지는 율법이 지키기 어렵거나 너희 생활과 멀리 있는 게 아니다! 바다 건너가서 혹은 하늘위에 올라가서 지켜가지고 와라 하는 게 아니다! 율법은 네게 아주 가까워서 네 입에 있고 마음에 있다!" 하십니다. 제가 가끔 유대인의 위선을 지적하기 위해서 유대인들은 안식일에 불 피우는 행위가 금지됨으로 지금도 전등스위치 키는 행위를 하지 않는다고 했습니다. 이것을 지켜보는 사람들 입장에서는 "저 사람들은 율법이라는 족쇄에 꼼짝 못하고 있구나!" 생각할 수도 있지만 정작 본인들은 그와 같은 행위를 자신의 명예와 프라이드로 삼습니다.

그 나라 백성이 그 나라 법을 지키는 것은 그 나라 사람만이 누릴 수 있는 명예임에도 법이 족쇄처럼 느껴지는 이유가 있습니다. 법을 지키는 자들의 삶의 모습이 전혀 은혜가 되지 않았기 때문입니다. 억지로 족쇄 찬 사람들 아니면 사람들에게만 옳게 보이려 하는 위선자들로만 보여집니다.

율법은 부정적 기능과 긍정적 기능이 있습니다. "네가 죄인이다! 형벌과 심판 아래 있다!"를 지적하는 부정적 기능과 함께 "그러니 예수 안으로 달려가라! 그 안에서 참된 기쁨과 소망을 얻어라!"의 긍정적 기능을 수행합니다. 계단은 그것을 딛고 다음 계단으로 올라서라고 있는 거지 그 위에 서 있으라고 있는 게 아닙니다. 부정적 신앙에만 머물러 있는 신앙은 절름발이 신앙입니다. 예수님은 치우친 신앙, 절름발이 신앙, 몰빵 신앙을 원치 않으십니다. 마찬가지로 주일날 예배시간에만 믿는 자로 사는 것 역시 그러합니다. 예수님은 우리의 전인생과 전인격을 받기 원하시지 어떤 고정되고 획일화된 시간을 받으시는 것이 아닙니다.

오늘 37절 이하의 말씀에서 이와 같은 메시지가 드러납니다. 예수님의 재림은 "마치 노아의 때와 같다!" 고 하십니다. 심판을 당하는 자나 그 가운데 구원을 받는 자나 모두 지극히 평범한 일상을 사는 시간 속으로 오십니다. 예배를 드리고 금식기도를 하고 있을 때와 같은 신앙적 열심이나 특심을 보이고 있을 때 오시는 게 아니라 길을 가고 있을 때... 밭을 갈고 있을 때... 맷돌을 돌리고 있을 때... 입니다. 38절의 "노아가 방주에 들어가던 날까지 먹고 마시고 시집가고 장가가고 했다!"는 것은 부어라 마셔라하고 윤리적으로 방탕했다는 게 아니라 어제와 다를 것 없는 너무도 평범한 생활을 하고 있었다는 말씀입니다.

종말에 관한 잘못된 가르침을 행하는 이단들일수록 신앙적 행위를 일상생활보다 더 중요하게 여깁니다. 극단으로 치우치면 일상과 생활은 다 집어 던지고 흰옷 입고 산에 올라가서 예수님을 맞으라고 합니다. 제가 드리는 말씀은 우리가 신앙생활이라고 하듯이 신앙(교회)과 생활(집)은 하나입니다. 한국교회는 지금까지 너무 신앙의 '초월성'만을 강조했습니다. 잠자다가 꿈속에서 만나고, 산기도하다 하나님의 음성을 직접 듣고, 금식기도 하다가 불치병이 낫고 하는 초월로만 신앙을 이해했습니다.

그러다 보니 성도들이 다 초월 속에서만 하나님을 만나려하며 또 그와 같은 신앙이 굉장한 수준에 도달한 신앙인줄 아는 것입니다. 참고로 초월 속에서 하나님을 만나고 음성을 듣는다고 하는 사람 중에 이상한 것 정말 많다는 말씀을 드립니다.

왜 이렇게 되었냐면 기독교신앙이 기존의 무속신앙과 믹스되면서 하나님은 우리가 속한 자연계 속에는 안 계시고 초월계 속에만 계시는 줄 아는 신앙적 무지에서 비롯됩니다. 우리야 자연계와 초월계가 구분되지만 하나님께는 이 모든 것이 하나의 세상이라는 것입니다.

자연과 초월 즉 다른 말로하면 육과 영을 자꾸 나누려하는 것은 그리스의 영지주의에서 나온 이원론사상이지 성경의 가르침이 아닙니다. 성경전체에서 말하는 것은 육신과 영혼은 하나이며 자연과 초월도 하나입니다. 육신과 자연과 땅에 속한 것은 속되고 더러우며 영과 신비와 초월에 속한 것만이 거룩하다는 것은 성경의 가르침이 아니고 모든 이단의 뿌리와 토양을 이루는 그릇된 사상입니다.

이 둘을 나눠서도 우열을 가려서도 안 됩니다. 이를테면 내 손이 도둑질을 했다면 손이라는 육신이 한 것입니까? 그 손을 지배하는 영혼이 한 것입니까? 이런 질문자체가 이미 속는 것입니다. 정답은 아무개라 이름하는 '그 놈'이 한 것입니다. 구원파 이단은 영이 구원받은 것임으로 육신은 아무리 죄를 져도 영의 구원에는 아무 영향이 없다고 합니다.

하나님은 기적과 신비와 초월에서도 만나지만 그와 마찬가지로 아침에 일어나 눈뜨고, 세수하고, 밥 먹고, 직장으로 출근하고 하는 모든 일상과 생활과 현실 속에서 주님을 만납니다. 초월에만 몰빵하는 신앙은 반쪽자리 신앙입니다. 예배시간에 신령한 은혜를 받는 다면 일상생활 속에서도 주님이 언제 오셔도 괜찮은 책임 있는 오늘을 살아갑니다.

오늘 예수님이 말씀하시는 "근신하라! 깨어있어라! 경성하라!"는 "분별하라!"입니다. 예수 믿는 성도로서 너의 삶의 자세와 내용이 정말 성경이 요구하는 삶에 부합한 것인지를 돌아보라는 것입니다. 예수님이 오셨을 때 "이게 무슨 일이지!", "왜 선지자 노릇한 나를 모른다 하시는 거지…"가 우리 중에는 없음을 믿습니다. 길을 가다가, 밭을 갈다가, 맷돌을 돌리다가 지극히 평범한 자연의 시간 속에서 초월의 주님을 맞이하는 우리 모두가 되기를 소망합니다. "너희 몸을 하나님이 기뻐하시는 거룩한 산 제사로 드리라 이것이 너희의 드릴 영적 예배니라!" (로마서 12:1)

78. { 충성되고 지혜 있는 종 }

(마태복음 24: 15~28)

기독교는 무의미하게 흘러가는 시간이 아니라 목표와 방향을 가지고 적극적으로 나아가는 시간개념을 갖는다고 말씀드렸습니다. 목표를 향해서 나아간다 했을 때 그것은 어떤 물리적 위치를 향한 것이 아니라 내용과 채움과 자람에 관한 이야기입니다. 그냥 시간 때우기 식으로 정해진 시간에 종말이 오는 것이 아니라 14절 말씀처럼 복음이 모든 민족에게 전해진다고 하는 내용의 완성과 31절의 모든 택한 백성이 부름 받아야 하는 채움의 시간이 있고나서야 오는 종말입니다.

성도들의 개인 개인 한 사람 한 사람 앞에 주어진 시간도 그냥 가는 시간이 아니라 그를 향해서 목표하신 바를 이루기 위해 허락된 시간입니다. 이것이 우리 인생에게 주어진 시간의 성경적 의미입니다. 한국 교회의 문제는 시간에 대한 언급이 없습니다. 예수 믿고 천국 간다는 말만 하지 그 가운데 시간을 살아내야 한다는 접근이 부실합니다. 예수 믿자마자 죽어서 천국 가는 것이 아니라 우리는 시간을 살아야합니다.

주로 시간을 사역과 결부시킵니다. "예수님이 나 같은 죄인을 위해서 십자가를 지셨는데 이 한 몸 바쳐서 주의 나라를 위해 헌신하겠습니다!" 이 같은 순수한 마음과 의욕자체는 귀하기 그지없습니다. 그러나 마치 어린 아이가 쌀가마니 지겠다는 형국은 아닌지 돌아보아야합니다. 아이는 일단 자라는 게 먼저입니다. 몸이 자라고 생각이 자라고 수준이 자라는 것입니다. 하나님은 우리를 부려먹으시려 하는 분이 아니라 키우려고 하시는 분입니다.

주님은 45절에서 "충성되고 지혜 있는 종이 되어 주인에게 그 집사람들을 맡아 때를 따라 양식을 나눠줄 자가 누구냐!", "한 집에 청지기가 되어 그 집 전반을 두루 파악하고 역량에 따라 그 집 사람들을 적재적소에 배치하며 알아서 자신의 소임을 다 하는 자가 누구냐!", "생각이 짧고 지식과 경륜이 없는 자가 어찌 이와 같은 일을 할 수 있겠냐!" 입니다. 무엇을 하려고 하기 전에 먼저 능력을 배양하는 것입니다.

요셉은 30에 애굽의 총리가 되어 백관을 제어하고 장로를 교훈했다고 하는데 이것이 다 어디서 나온 것입니까? 당시 소위 애굽의 날고 긴다고 하는 엘리트들을 어떻게 통제할 수 있었냐는 것입니다. 시간에서 나온 것입니다. 억울한 시간, 누명의 시간, 배신의 시간, 고달프고 시달리는 도대체 왜 이런 일들이 있는지 모르는 시간들입니다. 시편 105편 18절입니다. "그의 발은 차꼬에 차이며 그의 혼은 쇠사슬에 매였으니 곧 여호와의 말씀이 응할 때 까지라 말씀이 그를 단련하였도다!"입니다.

말씀이 응할 때까지입니다. 요셉은 나중에 형들이 와서 절할 때 "당신들은 나를 차마 죽이지 못해 팔았지만 하나님이 이 모든 백성 살리려고 보낸 것입니다!" 라고 하나님이 자신에게 하신 일을 말해줍니다. 사람이 하는 일은 '죽이고 파는 일'이었는데 그게 '살리려고 보낸 일'이 되게 하십니다. 하나님이 나를 통해 무엇을 목표하고 계획하고 계신지 무슨 일을 하려고 하시는지에 대한 하나님 지식을 말해줄 수 있는 은혜가 있기를 바랍니다.

청지기가 주인의 마음에 들기까지 청지기는 주인의 지식을 갖는 것이 무엇보다 중요합니다. 주인의 성향과 취향, 일하는 스타일, 그분의 성품과 기질, 하다못해 그 분의 입맛까지 아는 것입니다. 그것을 모르면 사울 왕처럼 그저 돈만 많이 가져다 드리고 제사만 잘 드리면 되는 줄 아는 것입니다. 사울은 하나님을 아는 지식이 너무나 단편적이고 아이의 발상에 지나지 않았습니다. 성경이 계속해서 말씀하고 있는 "나는 제사를 원치 않고 하나님을 아는 것을 원한다!" 하는 말씀의 의미를 간과합니다.

48절 이하 역시 주인을 몰랐습니다. 이렇게 빨리 오실 줄은 몰랐기에 가진 권력을 남용하고 친구들 불러놓고 방탕하고 허비하고 있는데 주인이 오신 겁니다. 주인의 생각을 간파하지 못한 이 사람의 죄목이 51절에 기록되어 있는데 다소 생소한 죄목입니다. '외식하는 자가 받는 율' 곧 '위선자의 벌'입니다.

이 세상에 이런 죄목은 없습니다. 위선이라는 것이 겉과 속이 다른 표리부동, 이율배반인데 사람은 겉만 보이고 속은 알 길이 없기 때문입니다. 그러나 하나님은 사람의 중심을 다 꿰뚫어 보시는 분이시기에 이런 죄목이 있습니다. 이 사람이 처음에는 주님 앞에 충성을 다짐하고 청지기가 됩니다. 그래서 믿고 맡겼는데 직권남용하고 친구 불러다가 니나노판을 벌린 것입니다. 그러니까 충성은 입으로만 한 것이고 속은 놀고먹을 생각입니다. 그렇게 하게 된 이유가 48절에 기록됩니다. "주인이 더디오리라하여…" 이 말은 "주인이 맡기기는 했지만 사실상 관심 없고 신경 안 쓰고 방치했다!"로 간 것입니다. 주인에 대한 무지에서 나온 판단미스였습니다.

사랑하는 성도 여러분! 믿음은 겉(표면)과 속(이면)이 같은 것입니다. 지난 시간 드린 말씀으로 하면 자연(육)과 초월(영)을 같이 사는 것입니다. 사람들이 자연 즉 일상, 현실, 상식은 무시하고 초월에 속한 영과 신비와 기적으로만 살려고 하는 것은 겉과 속을 다르게 사는 것입니다. 말과 행동, 주일과 평일, 예배당과 집을 다르게 살면 이것 역시 겉과 속이 다른 것이고 주님을 따른다고 하면서 나를 높여라 나를 대접하라 하고 있으면 이것도 '외식하는 자의 받는 율'입니다.

'기적이 상식이 되는 교회'라는 책자가 있던데 이걸 뒤집어야 맞습니다. '상식을 기적으로 아는 교회(성도)'가 되어야 합니다. 코가 호흡하고, 심장이 펌프질을 하며 아침마다 눈 앞에 펼쳐지는 모든 자연법칙의 세상이 곧 기적입니다. 저 동녘에서 떠오르는 태양이 또한 신비입니다.

오늘 나를 살아가게 하시고자 하나님이 베푸시는 기적과 신비입니다. 여기를 누릴줄 알아야 하나님의 부요하심을 비로소 만끽하게 됩니다.

그리고 또 우리가 보아야 하는 것은 천국과 이 세상이 같은 연속성아래 있지 않다는 것입니다. 이 땅에서 부자로 높임 받고 떵떵거리면 산 사람이 천국에서도 그렇게 사는 게 아닙니다. 그것을 가장 심플하게 보여주고 있는 비유가 누가복음 16장의 부자와 나사로 비유입니다. 아브라함이 지옥에 있는 부자에게 뭐라 합니까! "너는 땅에서 잘 먹고 잘 살고 떵떵거렸으니까 거기 있는 거고 나사로 얘는 땅에서 못 먹고 힘들고 고된 삶을 살았으니까 여기 있는 거다! 너는 천국, 하나님, 심판 이런 건 관심도 없고 믿지도 않았지만 나사로는 비록 땅에서는 거지로 살았지만 천국소망품고 믿음 가지고 살다가 여기 온 것 아니냐!"

"너는 돈만 귀하게 여기고 천년만년 살 것처럼 살았지만 얘는 믿음을 금과 같이 여기고 살다가 여기 왔다. 세상은 황금만능이지만 천국은 믿음만능이다. 여기는 돈의 가치가 이기는 동네가 아니라 믿음의 가치가 이기는 곳이다!" 부자가 그러면 나사로를 시켜서 물 한 방울만 내 혀에 적셔 나를 좀 서늘하게 해 달라고 하니까 그렇게는 안 되게 되어 있다. 그러면 나사로를 땅으로 보내어 내 형제들에게 이곳에 오지 말도록 해달라고 합니다.

부자의 말이 안쓰럽기도 하면서 한편으로 불쾌한 것은 죽어서도 나사로가 자기 맘대로 부리는 종인가요? 누구보고 오라 가라 하는 겁니까! 지옥에서도 땅에서와 똑같은 발상입니다. 군림하는 자며, 부리는 자며, 오라가라 하는 자입니다. 이 비유에서 정작 나사로는 천국을 누리고 있을 뿐 등장하지도 않습니다. 천국의 질서는 군림하는 자가 오라가라 하지 않습니다. 자신이 친히 오머가며 일하는 곳입니다. 인생의 구원을 위해 인생더러 오라가라 하지 않고 구원자가 직접 오셔서 일다 끝내시고 가셨습니다.

더 귀한 메시지가 있습니다. 천국과 지옥은 땅에 있는 모세와 선지자를 통해 듣는 것이라는 말씀입니다. 이 말에 부자는 "죽었던 자가 살아나서 전해야 회개하지 동네 조그만 교회 목사가 전하는 거 가지고는 택도 없습니다!" 천국과 지옥은 죽은 자가 살아나서 전하는 게 아니라 땅에서 말씀을 맡은 자가 전하는 것이라 하십니다. 여기서 망자가 간곡하게 전하고자 하는 말이 들립니다. 그것은 바로 "천국과 지옥이 있다!"는 것입니다. "한 번 죽는 것은 사람에게 정한 것이요 그 후에는 심판이 있다!" 입니다. 착하게 살고 나라에 충성하고 부모에게 효도하면 천국 가는 줄 알았는데 하나님이 요구하시는 윤리는 그보다 높은 윤리더라는 것입니다.

하나님이 지으신 땅과 그 분이 베풀어 놓으신 모든 환경 속에서 살아가면서 그 분이 없다하고 조롱하면 그건 폐륜입니다. 나는 부모 없이 태어나고 스스로 자랐다는 말과도 같습니다. 천국은 윤리와 질서와 가치에 있어서 세상보다 훨씬 높은 수준의 것들이 요구됩니다. 하나님의 기쁨은 이와 같이 하나님과 성경과 천국을 아는 지식에서 비롯되며 그 지식이 하나씩 쌓이고 훈련되어 비로소 하나님의 일을 맡아 46절처럼 "주인이 올 때 그 종이 이렇게 하는 것을 보면 그 종에게 복이 있으리로다!"의 칭찬을 듣게 됨을 믿습니다.

79. { 열 처녀 비유 }

(마태복음 25: 1~13)

다른 설교할 때 예화로 많이 들었던 비유인데 오늘은 본문이 되어 직접 '열 처녀 비유'를 깊이 있게 살핍니다. 신랑을 기다리는 열 처녀 가운데 지혜로운 5처녀는 여분의 기름을 준비하고 있다가 늦게 온 신랑을 맞이했지만 미련한 5처녀는 여분의 기름을 미처 준비하지 못한 고로 신랑을 맞이하지 못했다는 익히 잘 아는 내용입니다. 3~4절입니다. "미련한 5처녀는 등을 가지되 기름을 가지지 않고 지혜로운 5처녀는 그릇에 기름을 담아 등과 함께 가져갔더니" 그러니까 등에 기본적으로 세팅되어 있는 기름이 있었지만 지혜로운 5처녀는 추가의 스페어통을 따로 준비했다입니다.

등은 밤에 신부가 신랑을 알아보고 맞이하는데 꼭 필요한 기구입니다. 그래서 등하고 반드시 같이 나와야 하는 게 기름입니다. 자동차가 기름과 같이 나오는 것과 같습니다. 등이 등 되고 자동차가 자동차 되기 위해선 기름이 필수불가결입니다. 기름 없는 등과 자동차는 장식용일뿐 그 본연의 기능을 하지 못합니다.

마찬가지로 육신이 육신 되기 위해서는 그 속을 채우는 것은 영혼입니다. 육신은 영혼을 담는 그릇이니까요. 영혼은 생명이기도합니다. 그래서 영혼 없는 몸이 죽은 것처럼 행위 없는 믿음도 죽은 믿음이라는 말씀이 나옵니다. 영혼과 몸, 행위와 믿음, 겉과 속, 내용과 형식 이런 것들은 다 같이 가는 것입니다.

겉만 그럴듯하고 속은 텅텅 비어있던 사람들이 바리새인입니다. 예수님은 그들을 향해 저들은 말만 하고 행하지 않는다 하셨습니다. 위선자의 받는 율입니다. 그러니까 오늘 비유에서 나오는 기름은 내용과 속을 말하는 것이고, 영혼을 의미합니다. 내용이 충실하고 속이 꽉 차 있으며 그 영혼이 살아있어야 그 때 비로소 등불을 밝히고 주님을 맞이할 수 있습니다.

조금 더 내용을 구체화하면 내 삶이 믿는 자로서 뭐가 다르냐는 것입니다. 믿지 않는 자로서의 다름이 신앙적 행위 몇 가지만 가지고는 부족합니다. 천국의 가치와 질서와 윤리를 품고 사는 자로서의 다름입니다. 예수님이 오실 때 언제 오셔도 괜찮은 너희 삶의 내용을 보이고 있어라가 포인트입니다

예수님이 종말에 관한 말씀을 주시면서 언제나 핵심적으로 하시는 말씀이 "깨어있어라!", "분별하고 있어라!", "준비하고 있어라!"입니다. 여기서 "깨어 있어라!"가 생체생리적으로 깨어 있어라는 아닙니다. 5절에 보면 지혜로운 다섯 처녀나 미련한 다섯 처녀나 모두 졸리워서 잤습니다. 지혜로운 다섯 처녀가 눈에다 성냥 끼우고 안티푸라민 바르고 졸면 죽는다로 버틴게 아니라는 것입니다.

잘 때 자고, 밥 먹을 때 먹고, 일 할 때 일하고 있습니다. 지난 시간말씀으로 하면 길을 가다가 밭을 갈다가 맷돌을 돌리는 지극히 평범한 시간입니다. 우리는 나름 이 시간일거다 라는 기대가 있는데 반대로 전혀 예측하지 못한 시간입니다. 예수님은 당신을 도적에 비유하십니다. 도적이 "나 오늘 밤에 도적질 한다!"가 없듯이 그 전에 아무런 전조 증상이 없다 입니다. 7절 이하입니다. "신랑이 왔다!" 하니까 잠자던 신부들이 등을 들고 일어납니다. 그 시각 미리 세팅되어 있던 기름이 다 타버린 고로 여분의 기름을 준비한 지혜로운 5처녀만이 신랑을 맞이하게 됩니다. 기름은 조금 전에 말씀드린 것처럼 그것을 그것이게 하는 내용이라고 했습니다.

주일예배와 신앙적 행위 몇 가지만 가지고는 세팅되어 있는 기름에

불과합니다. 주님은 우리에게 삶의 내용으로서의 스페어기름을 요구하십니다. 그런데 이 내용은 항상 거기 그렇게 있는 게 아니라 흐르는 세월과 함께 닳아 없어집니다. 재리의 유혹과 생활의 염려로 빛바래고 금이 가고 흔들립니다. 내용이 부실해지고 영혼은 매가리가 없어지며 꽉 찬 속이 텅텅 비는 것입니다. 등이 등 될 때 기름이듯 육신을 육신되게 하는 것이 영혼이고 성도를 성도되게 하는 것은 믿음입니다. 사탄마귀는 우리로 하여금 기름 없는 등이 되게 하며, 영혼 없는 몸이 되게 하며, 믿음 없는 성도가 되게 할 때 우리는 항상 확인하고 관리하며 보충해야 합니다.

그리고 오늘 열 처녀 비유가운데 담긴 중요한 메시지가 있는데 그것은 우리 신앙의 내용물인 믿음은 나눌 수가 없다는 것입니다. 왜 이런 상상할 수 있습니다. 천국가려면 인생 70점 넘어야 합격인데 내가 90점 맞았으면 60점 밖에 안 되는 내 친구에게 10점 떼어줄 수는 없는지에 대한 발상입니다. 이게 가능하다는 곳이 천주교입니다. 그러나 이것은 성경이 말하는 바가 아니거니와 이런 교리가 만들어지게 된 배경이 지극히 인간적인 그릇된 발상에서 근거한 것임을 알 수 있습니다. 겉으로는 마치 헌혈하는 것 같은 봉사고 사랑이며 헌신인 것처럼 보이지만 실상은 성경이 말하는 인생 70점 넘는 사람은 하나도 없다고 하는 말씀을 무시한 결과입니다.

천주교에서 점수가 높다고 하는 사람들이 성자들인데 익히 아는 마리아, 베드로 등등입니다. 점수는 공적입니다. 기도, 헌금, 선행 많이 하는 것입니다. 내가 점수가 안 되는 사람을 위해 교회에 돈을 많이 내주면 지옥 갈 사람도 천국 간다는 면죄부 판매의 논리가 성립됩니다.

화장터 같은 곳에 가보면 천주교인들은 묵주를 몇 번 이상 돌리고 기도문을 주문처럼 반복하는 것으로 그것이 점수가 되어 죽은 자에게 보탬이 되는 것입니다. 불교에서 나무아미타불 많이 외우는 것과 다를 바 없습니다. 이러한 행위가 다 미신과 일맥상통입니다. 하나님을 모르고 말씀이 없을수록 미신적 요소가 계속 가미됩니다.

성경은 중보자라고하는 사람들에게 하는 말씀이 오늘 본문 9절에 등장합니다. "나누면 서로 부족하다!"입니다. 이 세상엔 하나님을 만족시킬 "의인은 없나니 하나도 없다!"와 같습니다. 나눌 것이 있다고 생각하는 그 자체가 벌써 자신의 점수를 높게 평가한 오만입니다.

여기서 오해하면 안 되는 것은 우리 모두가 각각 개인의 믿음으로 하나님 앞에 서겠지만 서로가 서로의 구원을 위해 기도할 수는 있습니다. 단 기도는 오직 주님께만 가능합니다.

그러니까 이것만 알면 됩니다. 공적을 나눈다는 게 뭐냐면 공적을 주는 사람 입장에서는 기도를 받는 사람입니다. 다른 사람의 기도를 접수해서 자기 것을 나누는 사람들이 바로 천주교의 중보자이며 그 대표가 마리아입니다. 그래서 이 동네는 마리아에게 기도를 합니다.

디모데전서 2장 5절입니다. "하나님은 한 분이시오 하나님과 사람사이의 중보자도 한 분이시니 곧 그리스도 예수니라!" 중보자는 자기 공적을 나눠주어 그 혜택을 입은 자를 구원하는 자인데 성경에 의하면 자기 공적(점수)를 나눠 줄 수 있는 유일한 분은 오직 예수밖에 없다는 것입니다. 유일중보 예수 그리스도입니다. 마리아도, 베드로도, 성자들도, 부자와 나사로도, 대통령도 거지도, 너와 나 모두는 오직 예수 그리스도의 십자가 은혜로 받는 구원이지 사람의 공적은 나눌 것도 없고 나눌 수도 없다 입니다. "나눌게 있다!"로 가면 벌써 이건 바리세적 위선입니다.

사람이 보기에 훌륭하고 반듯하고 본이 되는 신앙의 위인들이 분명히 있습니다. 그러나 그분들이 믿음의 깊이를 더할수록 그분들은 다른 사람들이 발견하지 못한 형편없는 자신의 점수(죄)를 발견한 분들이라는 것입니다. 그래서 더 큰 감사로 은혜를 구하는 분들로서 신앙의 위인이 되지 자기 것을 나눠 준다로 가면 그 자체로 신앙적 오류입니다. 감사의 발현으로의 신앙이지 자기 행위의 증명이 아닙니다.

“기독교는 내 안에 것, 내가 이룬 것, 내가 쌓은 것으로는 어림도 없다! 오직 밖에서 오셔야한다! 예수님이 오셔서 십자가의 은혜를 주셔야만 가능하다! 자기도 안 되면서 공로를 주고받는 것은 다 가짜다!”가 곧 성경의 바른 가르침입니다. 11절 12절에 “문 열어주세요! 기름(공로) 채워 왔어요!” 예수님은 “나는 너를 모른다!” 하십니다. 예수님이 알던 사람들은 나 같은 죄인위해 십자가를 지신 오직 그 분만 나의 중보자로 삼고 사는 것을 믿습니다.

80. { 달란트 비유 }

(마태복음 25: 14~29)

달란트 비유입니다. 주인이 3명의 종들에게 각기 재능에 따라 달란트를 나눠주고 멀리 떠났습니다. 예수님의 비유는 주인이 종에게 일을 맡기고 떠나면서 "얘가 어떻게 하나?" 지켜보는 것이 많습니다. "길을 떠났더니", "타국으로 떠났더니", 오늘 본문 15절도 "주고 떠났더니…" 입니다. 여기서 떠났다는 말씀이 종으로 하여금 긴장을 놓게 하고 방심하게 합니다. 그러나 "나 이제 멀리 길을 떠난다!" 하시지만 실상은 다 지켜보고 계십니다. 우리가 인생을 살아가면서 하나님은 우리에게 이 모든 것을 잠시 맡기셨을 뿐만 아니라 항상 지켜보신다고 하는 청지기 신앙은 우리 신앙에 매우 유익이 되는 신앙인의 자기 인식입니다.

하나님은 우리에게 일을 맡기고 시간을 맡기며 기회를 맡기며 사람을 맡기십니다. 조금 더 깊게 들어가면 내 인생도 내 것이 아니라 날 구원하신 주님의 소유입니다. 그래서 내 인생도 잘 운용해야 합니다. 가정도 자녀도 직장도 재산도 시간도 이 모든 것을 잠시 맡은 관리자요 청지기임을 항상 기억합니다.

내 것이라면 내 맘대로 해도 되지만 내 것이 아니기에 결과에 대한 책임을 물어 오십니다. 고린도 전서 4장 1절에 "사람이 마땅히 우리를 그리스도의 일꾼이요 하나님의 비밀을 맡은 자로 여길지어다! 그리고 맡은 자들에게 구할 것은 충성이니라!" 하신고로 주인의 뜻에 따라 지혜롭고 성실하게 잘 완수해야합니다.

충성하기 전에 먼저 주인의 생각을 간파하는 것이 중요합니다. 어린 아이는 할 수 없습니다. 그래서 먼저 하나님의 생각을 아는 자로 자라는 것이 먼저입니다. 왜냐하면 하나님 나라는 일하는 나라이며 하나님은 일하시는 하나님이기 때문입니다. 하나님의 속성 중에 성실이 있습니다.

하나님은 뜻하신 계획과 목표하신 일에 대해서 정성으로 일하십니다. 출애굽기에서 하나님이 모세에게 처음 나타나실 때 모세가 묻기를 "당신은 누구십니까?"라고 여쭙자 "나는 스스로 있는 자다!"라고 답하십니다. 의역하면 "당신은 40년 동안 도대체 어디계셨다가(아무 일도 안 하고 계셨다가) 이제야 나타나셨습니까?"입니다. 하나님은 "나는 나로 항상 (일하고) 있다!"입니다. 사람들이 보기에 하나님이 안 계신 것 같고 아무 일도 안 하고 계신 것 같은 시간에도 하나님은 일하고 계십니다. 하나님의 주된 일은 인생들을 구원하는 일입니다. 타락한 영혼들 죽으면 영벌에 처해져야 하는데 하나님의 자비와 사랑과 긍휼이 너무 커서 독생자의 십자가로 그들을 건지시는 일입니다.

그것을 알리기 위해서 하나님은 1600년 동안 시대도 다르고 직업과 성품과 기질이 다른 약 46명의 사람들을 통해 성경을 기록하게 하시고 마치 한 사람이 쓴 것 같은 통일성과 일관성과 진정성으로 말씀하십니다. 구약의 율법으로 너희가 죄인인 것을 알리고 신약의 예수로 구원을 알리십니다. 그래서 하나님의 택한 백성에게 예수가 다 전해지고 난 다음에 오는 종말입니다. 모든 민족에게 복음이 전해지고 택함 받은 백성이 다 부름 받고 나서야 예수재림입니다. 그냥 탱자탱자 놀다가 시간 됐으니까 맞이하는 종말이 아닙니다. 목표하고 계획한 것 즉 "일 다 끝나야 한다!"입니다. 직장에서 퇴근 시간됐으니 퇴근이 아니라 그날 주어진 일을 끝내고야 퇴근인 것과 같습니다.

마지막 시간에 주님이 오서서 너의 인생을 결산하자 하실 때 오늘의 2달란트 5달란트 받은 사람처럼 무엇을 남겼냐는 것도 중요하지만 남겼다는 드러난 결과보다 중요한 것이 있습니다. 어떻게 살았냐고 하는 문제입니다. 어쩌면 성실과 충성이라고 하는 과정과 자세가 결과보다 더 중요한 메시지가 되는 것은 이들이 받는 상장에 기록된 내용 때문입니다. 25장 21절입니다. "착하고 충성된 종아 네가 적은 일에 충성하였으니 많은 것으로 네게 맡기리니 네 주인의 즐거움에 참여할 지어다!"로 적혀있습니다. 이 일의 결과로 인해 나의 남다름과 훌륭함을 드러내 보이자고 한 것이 아닙니다. 아무도 알아주지 않는 일에 정성을 다 했습니다. 사람 앞에 한 일이 아니라 하나님 앞에서 했습니다. 다음시간에 나오는 "작은 소자에게 한 일이 곧 나에게 한 일이다!"도 같은 이야기입니다.

그러니까 반대로 1달란트 받은 사람은 적은 일에 충성한 사람이 아닙니다. 주인과 이 사람이 나눈 24~26절의 대화를 주의 깊게 봅니다. 이 사람은 주인을 '굳은 사람'이라합니다. 인정머리 없는 나쁜 사람이라는 뜻입니다. 심지 않은데서 거두고 헤치지 않은데서 모은다는 것은 요행을 바라는 한탕주의 사람으로 알았다 입니다. 주인을 알기를 한 건 해서 사람 앞에 자기 자랑 삼는 자기 같은 사람으로 알았습니다. 26절에 보면 주인이 종을 책망하실 때 처음 하는 말씀이 "악하고 게으른 종아!" 입니다. 앞서 칭찬받은 "착하고 충성된 종아!"와 대비됩니다. 악과 선, 게으름과 충성, 묻어둠과 꺼내놈, 요행과 근면, 아무 일도 안함과 적극적으로 일함이 서로 마주보고 있습니다.

즉 게으름과 묻어둠 요행과 아무 일도 안 함이 곧 성경이 말하는 방탕입니다. 방탕은 니나노판을 벌리는 것도 맞지만 그보다 시간을 그냥 흘려보내는 것입니다. 성경이 말하는 적극적 시간의 의미는 '내용의 채움'입니다. 어제와 오늘이 단절되어있지 않고 연결되어 쌓임으로 누적으로 발전으로 나아가는 것입니다.

주인은 아무것도 하지 않고 시간을 흘려보낸 것을 악하다고 하십니다. 이 사람은 아무 일도 하지 않은 것이 본전 까먹는 일은 아니라며 맞섭니다. 25절에 "보소서 당신의 것을 가지셨나이다!"입니다. 꼬인 감정의 표현이기도합니다. 자신에겐 한 달란트 밖에 안 준 것으로도 심사가 뒤틀렸는데 뭐라하니까 "원금은 지켰잖아요! 본전은 차렸잖아요!" 하는 겁니다.

　그러나 27절을 보면 이 돈은 은행에 맡겨 이자를 남기도록 되어 있었습니다. 그러니까 실상은 손해 본 것입니다. 시간은 반드시 어떤 내용과 결과를 낳도록 되어있는 것임을 말씀하는 부분입니다. 결과가 물론 중요합니다. 그러나 예수님은 결과를 칭찬하신다기보다 성실과 충성과 자세를 보십니다. 물론 성실하다고 해서 반드시 결과가 좋은 것은 아닙니다. 그러나 성도는 성실하고 보는 것입니다. 하나님이 여러분들에게 주신 시간이 오늘 내게 맡기신 일에 대한 성실과 감사로 채워지는 은혜가 있기를 축복합니다.

81. { 지극히 작은 자 하나 }

(마태복음 25: 31~46)

말씀을 듣는다는 것은 "하나님은 나와 무엇이 다른가?"를 듣는 것입니다. 생각과 의지와 뜻하는 바에 있어서 하나님은 분명히 사람보다 높고 크고 깊습니다. 우상이라면 배울게 없습니다. 사람이 만들고 교리와 사상도 사람 머리에서 나온 것임으로 우상은 그냥 사람의 투영(거울)입니다. 이스라엘이 출애굽 한 후 모세가 시내산에서 내려오지 않자 아론은 금송아지를 만들었는데 금송아지를 향하여 "보라! 너희를 애굽에서 구해낸 신이라!"고 합니다. 하나님을 자기들이 만든 우상 안에 가두고 격하시켜 자기 맘대로 하겠다는 것입니다. 하나님이 다 자기 같은 줄 아는 위험한 발상에서 벗어나야 합니다.

이 세상에는 "하나님은 나와 다르다는데 하나님은 누구실까? 어떤 하나님이실까?" 하고 하나님의 생각과 뜻을 구하며 하나님을 알려고 하는 사람이 있고 반대로 자기가 하나님이 되어서 자기생각이 하나님생각 자기 뜻이 하나님의 뜻이라고 강변하며 자기와 생각이 다른 편들은 없어져야할 종자로 생각하는 사람들이 있습니다.

반대편 사람들을 향하여 확증편향 희망고문이라 조롱하면서 자기역시 믿고 싶은 대로 믿고 사는 그 부류인 것은 인정하지 않습니다. 그러나 하나님을 아는 성도는 하나님을 섬김으로 자기를 절대화하지 않습니다. 항상 그분의 권위와 뜻과 은혜를 구하며 살아갑니다.

하나님을 모르고 부인하는 사람들은 자기가 신입니다. 자기가 왕이고 기준이고 주인입니다. 그런데 무슨 왕이 자기 인생하나 책임질 수 있는 실력이 없어서 늘 두려워하고 불안해하며 화를 냅니다. 약한 자의 자기반증이 화내는 것입니다.

하나님을 아는 사람은 하나님을 알수록 하나님을 닮습니다. "내가 거룩하니 너희도 거룩하라!"는 성경의 권고는 단지 죄에서 구별되라는 소극적 의미보다 하나님을 닮으라고 하는 적극적 거룩을 의미합니다. 결정적으로 우리가 하나님을 닮을 때에 하나님을 알지 못하는 사람이 모두 다 하는 것을 하지 않습니다.

그건 뭐냐면 폼 잡고 으스대고 보란듯이를 하지 않습니다. 예수님의 공생애 사역중 단 한 번도 없으십니다. 반대로 이런 행태를 부추기고 조장하는 자는 말씀을 거짓으로 전하는 것입니다. 하나님이 우리에게 "내가 너희들의 하나님이다!"라고 자신을 역사 속에 세상 속에 사람들 앞에 가장 적나라하게 드러내 보이신 사건이 십자가입니다.

제가 결코 비약하는 것 아닙니다. 십자가는 하나님이 사람들에 의해서 가장 무시 받는 자리입니다. 조금만 안 무시했어도 그렇게 비참하게 끌려가서 처참히 죽지 않습니다. 예수님을 한없이 깔보고 조롱하며 얕잡아 본 사건이 십자가입니다. 그런데 그 분이 하나님이셨습니다. 이 간극을 어찌 메워야 합니까!

오늘의 본문도 반전입니다. 성경은 반전으로 가득합니다. "우리가 언제 주님이 나그네 되신 것 영접했고, 주릴 때 먹을 것을 드렸으며, 헐벗었을 때 입을 것을 드렸으며, 갇혔을 때 찾아갔습니까!", "지극히 작은 자 하나에게 한 것이 곧 내게 한 것이다!" 보잘 것 없고 초라하고 없어 보이는 그분이 예수님이셨습니다.

예수님은 바리새인들을 향해서 "저들은 겉은 화려하지만 속은 텅텅 비었다!" 하시면서 '위선자의 받는 형벌'을 적용하십니다. 미련한 5처녀 또한 등이 아무리 예뻐도 내용인 기름이 없는 고로 내가 너희를 알지 못한다 하십니다. 달란트 비유에서는 세상적인 업적과 성공보다 내가 허락한 시간을 어떻게 살았느냐의 성실과 충성을 물어 오십니다.

하나님과 사람이 이렇듯 다릅니다. 세상나라는 드러내고 폼 내고 우쭐하는 것만 좇으려하고 하나님나라는 숨겨지고 가리워진 모습으로 오른손이 한 것 왼손이 모르게 하는 나라입니다. 그러니까 성도의 믿음은 뭐냐면 하나님 앞에 가리워지고 숨기고 묻힌 시간은 없다는 것이고 세상은 가리워진 시간은 없는 시간이기에 드러난 시간 폼 잡는 시간 보란듯이의 시간만을 위해서 사는 것입니다. 그러나 성도는 전자의 시간을 살 수 있습니다.

모세가 하나님께 항변하기를 "하나님 도대체 무슨 일을 이렇게 하십니까!", "제가 팔팔한 40세 때는 어디 가 계셨다가 모든 게 탈탈 털린 80에야 오신 것입니까!" 하나님은 답하시기를 "네가 아무것도 아니라고 하는 그 모든 시간과 환경과 조건과 상황들이 다 내 통치아래 있었다!" 입니다. 하나님은 아무도 안보는 것 같은 감춰지고 가리워지고 묻힌 시간에 거기 더 계십니다. 드러나고 폼 잡고 우쭐하는 시간보다 더 계셨으면 계시지 덜 계시지 않습니다. 하나님의 시간을 살 수 있을 때 우리에게 절망과 좌절은 없습니다.

오늘 본문과 맥락을 같이 하는 마태복음 7장을 보면 사람의 시간을 하나님의 시간으로 알다가 예수님께 "나는 너희를 모른다!"는 사람들이 나옵니다. 선지자 노릇, 귀신 쫓고, 많은 권능을 행하는 것이 다 폼 잡고 으스대고 보란듯이의 시간들입니다.

같은 마태복음 7장에 "좁은 문으로 들어가길 힘써라! 멸망으로 인도하는 문은 그 문이 크고 그 길이 넓어 찾는 이가 많지만 생명으로 인도하는 문은 그 문이 작고 그 길이 협착하여 찾는 이가 없다!" 묻혀진 시간의 형상화 시각화된 말씀이 곧 '좁은 문'입니다. 반대로 폼 잡는 시간의 시각화 형상화가 '넓은 문'입니다. 성경은 이렇게 여러 곳에서 일관성 있게 강조하면서 세상 영광을 찾지 말라고 하지만 사람들은 눈에 보이는 권세와 인기와 기적과 초월만이 하나님의 능력으로 아는 것입니다. "하나님의 나라는 말에 있지 않고 능력에 있다!" 했을 때 그 능력은 세상 앞에 폼 잡는 능력이 아니라 나 자신이 부서지고, 부인되고, 변화되고, 깊어지며, 내용으로 채워지는 능력을 말합니다.

갈수록 사람들이 작은 교회를 멀리하고 큰 교회만 찾는 현상 역시 넓은 문과 큰 길로만 행하는 현상이 아닌지 생각하게 됩니다. 큰 교회는 묻혀서 갈수 있지만 작은 교회는 헌신과 봉사에 대한 부담을 갖는다고 합니다. 그러나 무엇을 하는 것보다 되는 것이 먼저입니다.

저는 "나오십시오! 전도하십시오! 십일조하십시오! 봉사하십시오!" 등의 '하라'는 말씀은 없고 '되라'는 말씀만 있습니다. "의심하지 말고 믿는 분이 되십시오! 하나님을 깊이 아는 성도가 되십시오! 상냥한 사람이 되십시오! 오래 참는 사람이 되십시오!" 이렇게 '된 사람'이 뭘 하면 그게 다 전도고 실천이고 교회일이며 하나님영광이라는 말씀을 드립니다.

본이 되지 않고 덕을 끼치지도 않으며 은혜도 없는데 찾아가서 "당신 내가 물었어! 난 한 번 물면 안 놔! 주일 날 교회 안 나오면 열 번이고 100번이고 찾아가서 초인종 누를거야!" 이런 강압에 의한 조작은 거부감과 반감만 살 뿐입니다.

오늘 양과 염소가 동일하게 하는 말이 있습니다. "우리가 언제 그랬냐!"는 것입니다. 양도 염소도 자기들이 행한 행위가 구원의 근거가 되고 또는 버림받는 이유가 되리라고는 생각지 못했습니다. 즉 양은 구원을 받으려고 소자에게 잘 한 게 아니라 속이 채워지고, 내용이 갖춰지고 하나님이 요구하시는 참된 믿음이 있는 자로 즉 '된 자'로 살다보니까 그렇게 지극히 작은 자와 작은 시간에 충실하더라 입니다. 반면에 염소는 내용은 텅 비었어도 겉만 중요하니까 폼 잡는 시간만 하나님의 시간으로 알고 초라한 존재와 보잘것없는 시간은 무시하고 산 것입니다. 그러나 그것이 엉터리신앙의 자기 증명이 될 줄은 몰랐습니다.

82. { 헌신과 배신 }

(마태복음 26: 1~16)

한 여인이 향유옥합을 예수님의 머리에 붓는 것으로 예수님의 장례를 준비하는 본문과 더불어서 그것이 결정적 사건이 되어 제자인 가룟 유다가 예수님을 팔기위해 대제사장을 찾아가는 기사를 함께 비교해 보면서 오늘의 메시지를 찾도록 합니다. 오늘부터 계속해서 십자가를 향해 나아가시는 예수님의 행보입니다. 십자가를 이해하고 받아들이고 나의 가장 귀한 것을 드려서 십자를 맞이하는 '마리아'와 십자가를 이해하지 못하고 외면 배척 거부하는 '가룟유다'가 서로 대비되면서 우리는 어디에 속했는지를 보겠습니다.

우리 모두는 인류의 죄를 대신 짊어지고 죽으시는 예수님의 십자가 대속으로 말미암아 죄와 사망에서 구원받아 하나님의 자녀가 된 신분을 얻게 되었습니다. 그래서 하나님의 자녀는 십자가가 무엇인지를 깊이 이해해야합니다.

고린도전서 1장 18절에 이렇게 되어있습니다. "십자가의 도가 멸망하는 자들에게는 미련한 것이요 구원 얻는 우리에게는 하나님의 능력이라!" 여기서 미련하다는 것은 예수님이 십자가에 달리실 때 그 밑에 있던 사람들이 하는 말과 같습니다. "하나님이라며... 하나님의 아들이라며... 남은 구원한다 해놓고 자기 몸 하나 구원 못하고 그렇게 죽는 게 무슨 구원자냐..." 이와 같은 조롱 속에 담긴 말이 미련하다 어리석다 입니다. 힘과 권세가 있으면 그것을 행사해야지 행사를 하지 않는다는 것은 말이 안 된다.

그러나 구원을 받는 우리에게는 하나님의 능력이라 했을 때 그 능력은 '십자가의 능력'입니다. 그것은 다름 아닌 '자기부인의 능력'을 의미합니다. 하나님 아들의 철저하고도 완전한 자기부인이 있었기에 우리는 생명을 얻게 되었습니다.

사람들은 능력이라 할 때 힘과 권세 헤게모니 이런 것만 생각합니다. 그런데 십자가의 능력은 하나님의 아들로서의 지위와 권세를 포기하고 12영도 더 부릴 수 있는 지휘권을 내려놓는 즉 자기를 드러내는 능력이 아니라 자기를 감추는 능력을 말합니다. 세상은 이런 말 자체를 이해하지 못합니다. 그러나 십자가 대속의 은혜를 입은 성도라면 반드시 알고 적용해야 하는 핵심적 성도의 덕목입니다.

아울러 드리는 말씀은 성도들이 대표적으로 잘못알고 있는 성구 중에 빌립보서 4장 12절 이하가 있습니다. "내가 풍부에 처할 줄도 알고 궁핍에 처할 줄도 알고 일체의 비결을 배웠노라 내게 능력주시는 자 안에서 내가 모든 것을 할 수 있다!"의 말씀은 단순히 자기 긍정이나 자기 최면의 말씀으로 주신 말씀이 아닙니다. 내 바람과 소원을 이루고 기적과 초월을 맛보는 성공의 주인공이 되자는 게 아닙니다.

"내게 능력주시는 자 안에서 내가 모든 것을 할 수 있다!"는 사도바울이 로마감옥에서 한 고백으로 "내가 이제 후로는 그 어떤 모양이라도 다 살아낼 수 있다!"입니다. 리얼하게 말씀드리면 "내가 어떤 꼴이라도 다 볼 수 있다!"입니다.

전에는 "내 눈에 흙이 들어가기 전에는 뭐 이런 것 있었는데 이젠 그런 것 이제 없다!" 입니다. 기독교의 능력은 기적이 일어나고 잠자다가 환상보고 기도하다 방언 터지는 능력이 아니라 "그 어떤 모양(꼴)과 조건과 환경 속에서도 그것을 다 감당할 수 있는 능력"을 말합니다. 십자가보다 더한 꼴은 없습니다. 오늘 본문의 옥합여인은 이것을 하겠다는 것이고 가룟유다는 "그런 능력이라면 나는 더 이상 못해먹겠다!"입니다. 우리가 배신자라고 하면 가룟유다를 대명사처럼 부르는 이름이지만 정작 가룟유다는 억울할 수 있습니다.

배신은 자기가 당했습니다. 예수님에게 배신당한 것입니다. 자기는 예수가 이런 예수인줄 몰랐습니다. 바다를 잠잠케 하고 오천 명을 먹이고 죽은 자를 살리는 능력으로 저 로마황제 쫓아내고 황제가 되는 분으로 알았지 아무 힘도 없이 잡혀 죽는 예수인줄은 몰랐습니다. 3년 허송세월 했구나 하며 멘탈이 털립니다.

기독교의 능력은 십자가의 능력입니다. 예수님은 하나님의 아들이시지만 자기를 부인하고 십자가의 꼴을 다 감당하십니다. 십자가는 그냥 십자가에 달려 죽는 것이 아니라 숱한 오해와 무지로 인한 조롱과 비아냥, 멸시와 천대를 받으며 느끼는 수치, 상실, 배신, 절망, 채찍질, 침뱉음, 주먹질, 못 박힘... 등등입니다.

“이런 오해를 받자고... 이런 억울함을 당하자고... 이런 낭패과 아픔을 격자고...” 이 모든 꼴을 십자가는 다 품습니다. 우리가 인생을 살면서 “이건 도저히 못 참겠다!” 하는 것을 십자는 다 끌어안습니다. 십자가는 인생이 겪는 모든 경우와 처지의 이해와 공감입니다.

본문으로 다시 갑니다. 당시의 종교지도자들인 대제사장과 서기관들은 어떻게든 예수를 잡으려 했습니다. 그때마다 예수님은 잡히지 않고 자리를 피하셨습니다. 드디어 예수님은 때가 온 것을 아시고 일부러 잡히시기 위해 그들의 소굴인 예루살렘에 입성하셨습니다. 그때가 유월절 명절이었는데 대제사장과 서기관들은 생각하길 명절에 사납고 흉한 십자가 처형 같은 것을 행하면 민심이 요동할 것 같아 명절 지나고 잡을 것을 계획합니다. 그런데 착오가 생깁니다. 가룟유다가 찾아온 것입니다. 자기가 예수 있는 곳을 아는데 은전삼십에 건내 주겠다고 합니다. 은전삼십은 당시 노예 한 명 값이었습니다.

반면에 오늘 본문에 등장한 여인은 값비싼 향유를 들고 예수님께 와서 십자가 죽으심을 준비하며, 맞이하며, 이해하며, 감사하며 예수님의 십자가 자기부인으로 오늘 내가 살았음을 고백합니다. 동일한 본문 기사가 요한복음12장에도 나옵니다. 같은 사건인데 특이한 점은 마태복음이 기록하지 않은 세부사항이 기록됩니다. 마태는 '한 여인'이라 했는데 요한은 '마리아'라고 했고, 마태는 제자들이 여인을 비난했다 했는데 요한은 가룟유다라고 실명을 기록합니다. 또한 마태는 '값비싼 향유'라 했는데 요한은 '순전한 나드 한 근 곧 300데나리온'입니다.

마태가 이렇듯 상세기록을 하지 않은 이유는 13절 때문입니다. "이 복음이 전파되는 곳에서는 이 여자가 행한 일도 말하여 그를 기억하라!" 천하만국에 복음이 전파되는 지금 이 순간도 "십자가를 이해하며 자기 것으로 삼는 그 사실과 그 내용을 기억하며 기념하라!" 입니다. 마태의 의도는 이 여인이 십자가를 이해하고 받아들이고 감사한 것 그 자체, 그 사실, 그 내용만이 알려지길 원했던 것입니다. 사람들은 주로 이런 걸 기억합니다. "세상에 값비싼 향유를 드린 그 여인이 마리아였대...", "그게 무려 300데나리온(삼천만원)이나 된대...", "나무란 제자가 가룟유다였다며 하여튼 음흉한 놈들은 항상 가난한 자 위하는 척 하면서 뒤로는 더 나쁜 짓 하더라구..."

여인이 행한 내용, 의미, 골자가 분산됩니다. 그것은 바로 십자가에 대한 바른 이해와 감사입니다. "그를 기억하라!"했을 때 그가 여인이 아니라 '그 여인이 행한 그 것(자체)'입니다. 핀트를 벗어나고 골자를 놓치는 경우가 종종 있습니다. 예수님이 "주는 그리스도요 살아계신 하나님의 아들입니다!" 라고 고백한 베드로를 칭찬하시지만 베드로 위에 교회를 세우시는 게 아니라 그 사실, 그 내용, 그 골자 위에 세우시는 것입니다. 베드로는 몇 구절 뒤에 사탄아 물러가라가 됩니다. 성경을 보면서 사람에게 집중하는 습관을 버려야 합니다. 십자가를 이해하고 받아드리고 감사하면 우리는 마리아처럼 헌신할 수 있습니다. 그러나 십자가를 거부하면 3년 좋은 세월이 억울해서 은전30전이라도 건지려고 합니다.

　십자가를 이해하고 더 나아가 십자가를 실천하고 산다는 것은 분명
히 쉬운 일이 아닙니다. 그러나 그것은 오늘 내 앞에 있는 사람 중에 신
분과 권위와 지식에서 나보다 아래에 있어서 내가 아무렇게나 할 수 있
는 그 사람 앞에서 실력행사하고 큰 소리 치지 않는 것입니다.

83. { 십자가를 산다는 것 }

(마태복음 26: 17~30)

유월절 성만찬 기사가 실린 오늘 본문입니다. 오늘 저녁 이 명절음식을 들고 나서 가룟유다는 예수님을 팔게 됩니다. 대제사장과 장로들은 명절이 좀 지나고 나서 예수를 잡으려했는데 가룟유다가 찾아와서 넘기겠다고 하니까 일이 빨리 진행됩니다. 명절음식은 즐겁게 들어야 하는데 분위기가 상당히 싸한 것을 알 수 있습니다. 21절에 예수님이 말씀하시길 "여기 있는 사람 중에 하나가 나를 팔아 넘길거다!" 하시니까 제자들은 하나씩 "저는 아니지요!"하다가 가룟유다도 뻔뻔하게 같은 말을 합니다. 예수님은 "네가 말하였다!" 다른 본문에는 "네 할 일을 어서 하라!" 하셨습니다.

예수님은 일어나셔서 손수 떡을 떼어 "이것은 내 몸이다 받아먹어라!" 하시고 다시 잔을 따라주시며 28절에서 "이것은 죄사함을 얻게 하려고 많은 사람을 위해 흘리는바 나의 피 곧 언약의 피니라!" 말씀하셨습니다. 목적은 우리의 죄사함이고 그래서 하시는 일은 십자가의 죽으심입니다. 흘리시는 피가 곧 약속의 보증이고 확인입니다.

오늘 본문에는 없지만 누가복음에는 기록된 내용이 있습니다. "이것을 행하여 기념하라!"입니다. 지난 시간 향유옥합을 부어 예수님의 장례를 준비한 여인의 행위를 "기억하라!"하셨습니다. "기억하라! 기념하라! 기려라!" 가 무엇입니까! 뜻을 깊이 새기라는 것입니다. 개인적으로는 사람들이 결혼기념일 같은 기념일을 챙기고 국가적으로는 국가적 행사에 기념식을 행하며 더 나아가 기념탑을 세우는 것은 그만큼 그 날의 뜻과 의미를 되새기로 그 일을 헛되게 하지 말자입니다.

구약 신명기에도 "너희가 애굽에 종 되었던 것을 기억하라!"의 말씀
이 연이어 나오고 각종 '기념석'을 세우는 일이 빈번이 기록됩니다. 사
무엘이 돌을 취하여 미스바와 센 사이에 세우고 여기까지 도우신 에벤
에셀의 하나님을 찬양합니다. 혹 너희는 잊을지라도 이 돌은 알고 있
다입니다.

고린도 전서 11장 25절입니다. "이 잔은 내 피로 세운 새 언약이니 이
것을 행하여 마실 때마다 나를 기념하라 하셨으니 너희가 이 떡을 먹
으며 이 잔을 마실 때마다 주의 죽으심을 그가 오실 때까지 전하는 것
이라!" 성만찬 떡과 포도주를 마시는 그 현장은 "예수님이 네 죄를 대
속하고자 십자가에서 죽으셨다!"가 큰 소리로 선포되는 자리입니다.

우리가 항상 놓치지 말아야 하는 것이 바로 말씀의 '포인트' 곧 '골자'
입니다. 복음이 전해지는 곳에서 향유옥합 여인의 헌신을 기억하라 하
셨을 때 "그 여인이 마리아였대... 300데나리온이었대... 그 놈이 가룟
유다였대..." 이런 지엽적인 것을 말하자는 게 아니라 "십자가를 이해
하고 받아들이고 감사한 그 자체 그 사실 그 내용을 기억하고 기념하
는 것입니다.

제가 왜 이런 부분을 강조하냐면 우리의 믿음은 사람들의 관심사나
감정이나 기분위에 세워지는 것이 아니라 오늘 28절의 말씀과 같은 분
명하고 명징한 지식위에 세워짐을 말씀드리기 위함입니다. 선동 잘하
는 곳이 이단입니다. 사람들을 집단적으로 몰아넣고 흥분의 도가니를
만듭니다. 사람은 군중심리가 있기 때문에 옆에서 울면 같이 울게 됩니
다. 장례식장에서 아이고! 아이고! 밤새워 울었는데 아침에 "근데 누가
돌아가셨죠?" 가 됩니다.

그래서 특별히 열심을 조심합니다. 성도들의 순수한 열심을 이용해
서 사이비교주들이 자기 배만 불립니다. "불 받아라! 성령 받아라! 헌
신(헌금)하라! 선교하라!"는 말에 순수한 성도들이 온 몸과 인생을 바치

는 것을 동력원 삼아서 뒤로는 교주가 자기사익만 챙깁니다. 수준이상의 열심과 수준이하의 지식이 만나면 이 사람 어디 가 있냐면 가라는데 안 가 있고 딴 데 가 있는 겁니다. 반대로 지식만 있고 열심이 없다면 아무데도 안 가게 됩니다. 지식과 열심은 항상 균형과 조화를 이루어야 합니다. 특별히 기독교는 십자가의 지식과 실천이 심장과도 같습니다. 십자가는 아무리 그럴듯하게 설명을 잘해서 많은 사람을 감동케 한다고 해도 그가 십자가를 살지 않으면 남 보기 좋으라고 걸어놓은 장신구에 지나지 않습니다.

"오지로 복음 들고 떠나십시오!" 하면서 자기는 호텔에서 호위호식하고 선교단체재산을 가족명의로 돌려놓는 곳도 있습니다. 십자가는 목걸이로 거는 것도 아니고 선동하는 것도 아니며 오늘 내가 삶 속에서 지고 가는 십자가라는 것을 기억합니다. 예수님의 십자가를 베드로가 말렸을 때 "그냥 됐다!" 하지 않으시고 "사탄아 내 뒤로 물러가라!" 이렇게까지 강하게 말씀하심은 데칼코마니 즉 반대급부의 강력한 유혹이기 때문입니다. 예수님도 십자가는 너무너무 가기 싫은 길이었기 때문입니다.

예수님도 너무너무 싫은 겁니다. 십자가는 자원하신 길이지만 결코 만만하고 넉넉한 길은 아니었습니다. 38절 말씀처럼 "고민하여 죽게 되었으니… 할 수만 있으면 이 잔을 내게서…"의 신음소리가 절로 나오는 상황에서 지게 된 십자가입니다. 그러나 하나님이 가라하신 길이며 내 앞에 놓으신 잔입니다. 우리도 너무너무 싫을 때가 있습니다. 이것저것 다 싫어서 어디 가서 아무도 모르는 곳에 숨고 싶고 도망가고 싶은 겁니다. 또 그렇게 하는 사람들이 주위에 널렸다 하더라도 나는 그럴 수 없습니다. 나는 십자가를 살아야 하는 사람이기에 내 맘대로 살 수가 없습니다. 십자가를 산다는 것은 나를 부인하고 복종하고 섬기며 따른다는 것입니다.

십자가를 산다는 것은 맘에 안 드는 옆 사람을 내 맘에 들게 바꾼다는 것도 아니고 환경과 조건을 내가 원하는 대로 하겠다는 게 아니라 내가 하나님을 섬기는 자로서 책임을 다할 때에 그것들을 감수하겠다는 것입니다. 이것이 "내가 모든 일에 자족하기를 배웠나니 …내게 능력주시는 자 안에서 내가 모든 것을 할 수 있다!"의 참된 의미입니다. 즉 자족이 없으면 감사가 없고 은혜가 없고 믿음이 없습니다. 사도바울은 디모데전서 6장3절에서도 "자족하는 마음은 경건에 큰 유익이 되느니라!"고 권하고 있으며 고린도 후서에서는 주님께 기도하기를 육신의 가시(질병)를 고쳐달라고 3번 간구했지만 그때 들린 말씀은 "내 은혜가 네게 족하다!"(충분하다, 완전하다)였습니다.

하나님이 내게 지금 바꿔주셨으면 하는 것이 돈일수도 있고 신분일수도 있고 배우자일수도 있습니다. 요즘은 자동차 뒤에 "아이들 먼저 구해주세요!"가 트렌드인 것 같은데 라이더 뒤에도 "음식먼저 구해주세요!" 하더니 어떤 차는 "나 먼저 구해주세요! 딴 놈하고 살아보게!"도 보았습니다. 딴 놈이 해답인가요? 내게 주신 환경 내게 주신 사람 내게 주신 문제 이런 것들이 다 내 인생에 "무익하지 않고 적합하다!" 라는 믿음입니다. 하나님이 지어주신 모든 것을 감사로 받으면 버릴 것이 없나니 말씀과 기도로 거룩해진다고 하셨습니다. 먹을 때는 써도 내 인생의 보약이라는 것입니다.

성만찬 하면서 여기까지 왔습니다. 예수님이 떡을 떼어주시며 내 살이라 하시고 잔을 따라 주시며 내 피라 하십니다. "내가 너희를 위해 이렇게 죽는다! 이것을 기념하라!"의 커다란 외침과 선포가 오늘 주를 예배하는 이 자리에도 울려 퍼질 때 "자족하는 마음으로 십자가를 살아라!"의 말씀이 들리기를 소원합니다.

84. { 깨닫게 하시는 성령의 사역 }

(마태복음 26: 31~35)

베드로의 실패가 예언되는 본문입니다. 열심과 진심에 있어서 베드로를 따라갈 사람이 없었지만 실력이 없어서 3번이나 예수님을 부인하게 됩니다. 실력은 말씀을 알고 그것을 삶에 적용하는 능력을 말합니다. 베드로는 "주는 그리스도요 살아계신 하나님의 아들입니다!"의 고백으로 칭찬을 받았습니다. 그러나 그와 같은 그리스도가 로마황제가 되어 구원하는 줄 알았지 십자가에서 죽는 것으로 자기백성을 구원하는 것을 알지 못했습니다.

십자가에서 죽는 것으로의 구원이란 히브리서 2장 4절의 말씀처럼 "사망으로 말미암아 사망의 권세 잡은 자를 멸하시며..."입니다. 예수님이 사탄에게 가서서 "네가 할 수 있는 제일 센 게 뭐냐!", "죽이는 거냐! 사망이냐!", "그렇다면 내가 죽어주지!"가 십자가입니다.

아무도 십자가를 이해하지 못했습니다. 예수님이 부활하시고 성령이 오고 나서야 비로소 제자들이 깨닫게 됩니다. "예수님은 정치 군사적 메시아가 아니라 죄와 사망에서 우리를 건지시는 메시아였구나!" 마태복음 1장 12절입니다. "아들을 낳으리니 그 이름을 예수라 하라 이는 그가 자기백성을 죄에서 구원할 자이심이라!" 모든 죄인의 죄를 짊어지고 십자가에서 죽고 다시 살아나셔서 죄의 삯인 사망도 함께 멸하신 것입니다.

다 도망간 복음서의 제자들과 담대히 복음을 전하는 사도행전의 제자들이 달라진 것은 그들이 깨달았기 때문입니다. 예수님이 그러셨습니다. 내가 죽는(떠나는)게 너희들에게 유익이다. 내가 가야 성령이 오신다. 성령이 오시면 모든 것을 깨닫게 하시고 생각나게 하신다.

많은 성도들이 성령사역이라 하면 성령체험이라고 해서 불로~ 불로~ 를 외치며 내적 촉발 격동 내지 주체할 수 없는 내적 흥분상태 방언 환상 엑스터시를 경험하는 것으로 압니다. 그러나 이것은 아주 얕은 성령의 지식입니다. 성령의 주된 사역은 내적흥분이 아니라 어두운 곳을 비춰서 보게 하는 조명의 기능입니다. 즉 가르치며 깨닫게 하는 것입니다. 이전에 모르던 말씀이 깨달아질 때 이 사람 지금 뭐하고 있는 겁니까? 성령체험 제대로 하고 있는 겁니다. 주시는 분 위치에서 성령사역이고 받는 우리는 성령체험입니다. 성령의 일은 아주 신비한 사역이서 "성령으로 말미암지 않고는 누구든 그리스도를 주라 시인할 수 없다!" 하신고로 성령체험으로의 깨우침이고, 성령체험으로의 회개이며, 성령체험으로의 세례와 동행입니다.

"성령체험 했습니까!", "성령세례 받았습니까!" 이렇게 물어오는 것은 "한 번 횟가닥 하고 뒤집어진 일 있습니까!"를 물어오는 것입니다. 주로 사도행전 초반 교회가 세워질 때 신비체험을 근거로 합니다. 그러나 성령사역을 이렇게만 아는 것은 좀 비약하면 성령을 모독하는 행위입니다. 감정과 이성을 놓고 봤을 때 어디가 더 높은 수준이고 고급한 것입니까! 사람은 기분과 감정대로 살면 안 되고 생각과 이성으로 살아야함은 말할 것도 없습니다. 성령은 성도들을 내적 흥분과 활홀경을 경험하게도 하지만 그보다 깨우치고 알게 하는 사역을 하십니다.

그런데 한국교회는 반대가 되어 횟가닥의 경험을 높은 수준의 신앙인줄 알며 어떤 경우는 아무 생각이 없는 것을 신앙으로 안다는 것입니다. 물론 우리의 신앙이 지식을 넘어서는 부분이 있지만 그렇다고 감정에만 치우친 맹목의 신앙은 지양해야 합니다. 요한복음 14장 17절에서 예수님은 성령을 자세히 말씀하십니다. "이제 내가 가면 성령이 오신다 그는 진리의 영이라 (참된 것을 가르치는 영이라) 세상은 그를 알지도 받지도 보지도 못하지만 너희는 그를 안다 그가 너희와 함께 계시고 너희 속에 계시겠음이라." 26절 에서는 "보혜사 곧 아버지께서 내 이름으로 보내실 성령 그가 너희에게 모든 것을 가르치고 생각나게 하실거다!"

어딜 갔더니 앞에서 무슨 말을 하는데 너무 감정적으로 흥분시키는 말만 하거든 거기 너무 오래 계시지 말기바랍니다. 반대로 어딜 갔더니 여러분을 생각하게 하거든 거기 오래 계서도 될듯합니다. 사람은 생각 하고 판단하며 방향을 정하는 것이지 감정에 횟가닥하고 뒤집혀서 펄 펄뛰면서 사는 것이 아닙니다. 감정에 휩쓸렸다면 선동당한 것입니다. 선동의 대가인 스탈린 히틀러 같은 사람들이 전당대회하면서 오직 노 리는 것은 하나입니다, 국민을 감정적으로 흥분키시는 것입니다. "여러 분들이 지금 힘들게 사는 것은 저 유대인들 때문이다!" 하면서 수많은 군중을 모아놓고 적개심을 불러일으킵니다. 공산당의 경우 역시 "부루 조아 때문이다!" 하면서 광기의 도가니를 만듭니다.

사람이 흥분을 하면 생각을 하지 않습니다. 그러니 600만 명의 목숨 을 파리목숨처럼 죽이게 됩니다. 어떻게 하면 빨리 손쉽게 적은 비용으 로 많은 사람을 죽일 수 있을까 해서 나온 게 가스실입니다. 죽이는 것 도 귀찮은 겁니다. 정상적인 생각을 한다면 결코 할수 없는 일입니다. 35절에 베드로와 많은 제자들이 "죽을지언정 주를 부인하지 않겠습니 다!" 의 고백이 열정과 진심에서 나온 것이지만 다분히 감정적 요소가 강하다는 것입니다. 지식에서 나온 것이 아니라 감정에서 나온 것이기 에 작심 서너시간도 안 되서 물거품이 되어버립니다. 십자가가 왜 있어 야 했으며 십자가의 길은 어떤 길이며 오늘 내게 요구되는 십자가가 무 엇인지 하나도 모르고 그저 "우리 선생님 잡아가기만 해봐라!"만 있습 니다. 예수님 말씀대로 성령이 오시고 나서 제자들이 깨닫게 됩니다.

엠마오로 가는 두 제자에게 부활하신 예수님이 나타나서서 문을 열 어 말씀을 풀어주실 때 그들의 마음이 뜨거워졌다고 합니다. 지식이 있고 그 다음에 뜨거움이지 지식이 없는 뜨거움은 결정적 순간에는 다 부인하는 것입니다. 다른 복음서에는 베드로가 죽을지언정 주를 부인하지 않겠다고 하자 예수님이 "사단이 너를 밀 까부르듯 하였으나 내가 네 믿음 떨어지지 않기를 기도했다! 너는 돌이킨 후에 네 형제를 굳게 하라!"는 말씀이 있습니다. 내가 네게 실패의 자리를 허락함은 너의 바닥을 친 그 시간이 결코 네게 무익한 것이 아니기 때문이다. 네가 돌이킨 후에 네 형제를 굳게 할거다. 이제 베드로가 복음을 전하고 다녀야 하는데 "복음전파는 열정과 진심으로만 하는 게 아니라 성령이 깨닫게 하시는 지식으로 하는구나!"를 깨달은 것입니다.

베드로는 오순절 성령강림의 날 솔로몬 행각에 모인 사람들에게 담대히 구약을 풀어줍니다. "이 일은 말세에 모든 사람에게 하나님의 영을 부어주신다고 약속하신 것이 이제 나타난 것이다! 우리 조상 다윗은 죽어서 그 무덤이 우리가운데 있지만 다윗이 내 주라고 한 그 분은 죽음에 갇혀 계시는 분이 아니다! 너희가 죽인 예수를 주와 그리스도가 되게 하셨다!" 2장 41절에서 그 말을 받은(이해한) 사람들이 삼천이나 예수를 믿습니다.

성령의 임재는 곧 깨우침이고 그와 같은 성령의 사역으로 말미암아 우리가 예수 안에서 하나님의 자녀로 거듭나게 됩니다. 영적생명이 태어나게 되는 일은 육적생명 탄생의 신비보다도 더욱 놀랍고 경이로운 일입니다. 한 생명이 천하보다 귀한 생명이라는 말씀이 그래서 생긴 말입니다. 정자가 난자를 만나서 꼬리가 떨어지고 머리에 있던 모든 유전정보를 흘려보내면 난자는 자기 유전정보와 매치시켜서 하나의 수정체로서 생명이 창조됩니다. 영적생명의 탄생 또한 바람이 어디서 불어서 어디로 가는지 모르는 신비한 성령의 사역으로 말미암습니다. 부패한 아담의 핏줄과 족보에서 생명의 핏줄인 예수의 족보 아래로 옮겨놓는 사역이기도합니다.

오늘 말씀의 결론입니다. 주의 일은 감정과 의지만으로 하는 게 아니라 바른 지성이 뒷받침 되어야 한다는 말씀을 드리며 그렇게 이해하게 하시며 깨닫게 하시는 성령의 사역이 오늘의 성도들에게도 있을 때에 성령은 오늘 내 인생을 깨닫게 하십니다. 내가 겪고 있는 문제를 해석해 주시고 내 삶을 깨우치십니다. 참다운 성령체험이 성도들에게 가득하길 축복합니다.

"그날에는 너희가 내게 아무것도 묻지 아니하리라!"(요16:23)

85. { 거기서 어떻게? }

(마태복음 26: 36~46)

겟세마네의 기도입니다. 예수님이 오늘 본문에 제자들에게 하시는 마지막 권고의 말씀 중에 "깨어 있으라!"라는 말씀이 38절 40절 41절에 세 번 나옵니다. 하나님을 향한 예수님의 기도 또한 "할 수만 있으면 이 잔을…"의 기도가 세 번 기록됩니다. 성경에서 세 번은 완전수로서 그 의미가 중합니다. "깨어 있으라!"는 본문의 의미는 생리적 잠을 말씀하는 것이지만 영적 의미가 항상 그 안에 담겨있습니다. 41절에 "시험에 들지 않게 깨어 기도하라!"는 말씀이 그와 같은 영적인 의미입니다. "깨어 기도하라!"는 "분별하며 기도하라!"입니다. 지난 시간 성령의 주된 사역이 깨닫게 하고, 보이게 하고, 열어주고, 풀어주는 사역이라고 했습니다. 분별과 무분별의 차이는 하늘이 땅보다 높음과 같습니다.

분별은 눈 뜨고 사는 세상이라면 무분별은 눈 감고 사는 세상입니다. 깨닫고 사는 사람의 세상은 눈 뜬 자의 세상이며 깨닫지 못하고 사는 사람의 세상은 눈 감은 자의 세상입니다. 하나님의 성령은 우리를 어둠의 세상 죄와 사망이 왕 노릇하는 세상에서 환한 빛의 세상인 진리와 생명의 깨닫는 세상으로 인도하십니다.

앞을 못 보던 소경이 눈을 뜨게 되었을 때 얼마나 큰 감동이 있겠습니까! 우리가 예수 믿고 회개할 때 흘리는 눈물이 바로 그와 같은 감격입니다. 단순히 지난날의 죄를 뉘우치는 눈물이 아니라 하나님을 모르고 그 많은 세월을 어찌 살았는지에 대한 아찔함과 왜 이제야 깨닫게 되었는지의 아쉬움과 억울함 그리고 이젠 됐다 이젠 살았다의 안도감이 복합적으로 믹스되어 주체할 수 없이 흐르는 눈물입니다.

예수님은 당신의 메시아 됨을 의심하며 찾아온 세례요한의 제자들에게 너희가 본 것을 그대로 전하라고 했습니다. "소경이 보며 앉은뱅이가 일어나며 못 듣던 자들이 들으며 죽은 자가 살아나며 가난한 자들에게 복음이 전해진다 하라!" 새로운 세상 이전과는 비교할 수 없는 놀라운 세상이 왔다는 것입니다. 이전에는 안 보이던 세상인데 지금은 보이는 세상이며, 앉아서만 사는 세상이었는데 서서 돌아다니는 세상을 알게 된 것이며, 아무것도 들리지 않던 세상에서 똑똑히 들리는 세상이며, 죽은 자의 세상이 아니며 산 자의 세상이며, 아무런 소망 없던 자에게 비전과 도약의 세상이 온 것입니다. 이게 무슨 말이냐면 깊은 내막과 본질과 내용물이 보이는 세상을 산다는 것입니다.

예전에는 세상에서 성공하고 돈 많이 벌면 하나님이 축복하셔서 저렇게 됐구나 하고 부러워했는데 그게 아니라 성공하고 높아진 그 자체가 아니라 거기서 그가 어떻게 했는지를 보시는 거구나를 안 것입니다. 자기 잘난 맛에 교만히 행했는지 아니면 겸손히 자신을 낮추었는지를 보시는 구나입니다. 반대로 낙심과 좌절의 시간을 겪으면서 모든 걸 포기하고 막 살았는지 아니면 그때도 믿음으로 하나님을 바라며 소망을 잃지 않고 말씀 붙들고 살았는지 그거 보시는구나 를 안 것입니다. 그러니까 높아진 그 자체가 아니고 실패한 그 자리가 아니라 "거기서 네가 어떻게 살았는지를 보시는 거구나!"를 안 것입니다.

영적으로도 그렇지만 시대가 어지럽고 혼란스러울수록 분별은 더욱 그 가치를 더합니다. 사람들은 다 정의와 공정과 상식이 통하는 세상을 만든다고 전면에 내걸긴 하지만 정작 그들이 바라는 세상은 자기들의 취향(성향)이 이루어진 세상입니다. 사람들은 진실을 원하는 척 하지만 취향을 더 원합니다. 죄악이 가득한 세상에서 진실은 아무래도 좋고 내 취향만 이루어진 세상이면 그만입니다. 우리가 히틀러를 그렇게 욕하지만 그 히틀러를 만든 건 당시 육천만 명에 달하는 독일국민들입니다. 히틀러는 말하길 "나는 국민만 보고 간다!"고 했습니다. 그리고 다시 국민을 선전선동 하는 것은 히틀러입니다. 결국 자기들의 취향을 진리라고 믿게 만듭니다. 그 마지막은 칠천만 명의 생죽음입니다.

성도들이 방송매체를 보면서 나를 선동하기 위함인지 진실을 알리기 위함인지 구별할 수 있어야 합니다. 예전 군사정권에서 공영방송은 정권의 나팔수였다면 지금은 또 다른 한 편 사람들의 나팔수요 전속방송사요 기관지인 듯합니다. 세금으로 운영되는 공영방송임에도 객관성, 중립성, 공정성은 상실한지 오래입니다. 극우나 극좌로 갈수록 그 현상이 더욱 심해지는 것은 그쪽 자기 사람들이 있기 때문입니다. 그 사람들이 원하는 취향과 입맛에 맞게 요리해서 들려줘야 하는 것입니다. 입맛의 가스라이팅입니다. 다시 말씀드리지만 사람은 취향(입맛)을 원하지 진실을 원하지 않습니다. 겉으로는 진실을 원한다고 하지만 속으로는 입맛을 찾아갑니다.

그것이 설령 진실이라고 할지라도 듣기 싫고 듣고 싶은 것만 들으려 합니다. 육적으로도 먹어야하는 것은 젓가락이 가지 않고 먹지 말아야 하는 것에 젓가락이 가는 것과 같습니다. "진실이 밝혀졌으니 사람들이 무릎 꿇겠지!" 순진하게 생각하는 사람들이 있습니다. 어림없는 발상입니다. 아무리 "정의를 하수같이 공의를 물같이!"를 외쳐도 사람들에게 정의와 진실은 자기들의 취향이기 때문입니다.

사람들은 옳은 것을 주장한다기보다 주장하는 것을 옳다고 합니다. 겉으로 옳은 것을 주장하는 포스를 취한다고해도 내막을 보면 주장하고 우기고 싶은 것을 합리화 정당화하고 있더라 입니다. 또 자기편은 아무래도 상관없습니다. 하고 싶은 대로 다 해도 된다는 식입니다. 그저 자기편 사람만 많으면 그게 정의고 선이 되는 세상입니다.

저에게 있어서 정치는 여야가 누가 되었건 국민들을 위한다고 하면서 나쁜 짓 하는 사람들이 있고 또 한편에는 자기는 안 나쁘다고 하면서 더 나쁘게 구는 사람들이 있을 뿐입니다. 이렇게 말하면 양비론이라고 해서 그래 너 잘났다 하던데 정치인과 목회자의 사회적 신뢰도가 바닥인 입장에서 드리는 말씀이라 부끄럽기만 합니다.

지금까지 살아본 바로는 어느 정권이든 들어설 때마나 세상에 없는 나라를 가져다 줄 것처럼 말했지만 그들의 말로는 다 초라했습니다. 여기서도 마찬가집니다. 어느 정권이 들어섰던지 그 정권이 중요한 게 아니라 거기서 "네가 하나님의 사람으로서 어떻게 살았냐?"입니다. 우리가 알 것은 예수님은 한 번도 세상정권에 대해 언급하신 적도 어느 한 편에 서신 일도 없습니다. 기독교인으로서 시대적 책임을 다하기 위해 정치참여 해야지 그와 같은 발상은 시대정신에 부합하지 않다고 하는 사람들이 있습니다. 그런데 저는 안타깝게도 이런 정치담론 이야기하는 사람 중에 그 인생 앞에 주어진 책임과 역할에 성실한 사람을 본 일이 없습니다.

본질을 잃어버리면 안 됩니다. 하나님은 한 인생에게 "네가 네 앞에 있는 사람에게 어찌 대했는지?"를 물어보시는 거지 "네가 어떤 정권을 지지했는지?" 물으시는 것이 아닙니다. 깨닫는 것에 대한 중요성을 계속 언급하는 중에 드리게 된 말씀입니다. 눈을 뜬다는 것은 하나님의 시각으로 바라본다는 의미입니다. 그렇다고 우리가 하나님처럼 볼 수는 없습니다. 비춰주시는 만큼만 볼 뿐입니다. 성경을 비춰주시고 하나님을 알게 하시는 그 지식위에 우리의 믿음이 바로 세워집니다.

계몽주의 시대 이후로 하나님과 성경을 배제한 지성의 발전은 인류에게 지상낙원을 가져다 준 것이 아니라 두 차례에 걸친 세계대전이라고 하는 끔찍한 결과를 보게 했습니다. 20세기 초만 해도 지성과 과학문명의 발전은 세상을 파라다이스로 만들어줄 것으로 알았지만 결과는 그 반대였습니다. 상대화된 서구의 기독교와 성경은 연합국과 추축국이 서로를 죽이는 근거로 사용되는 경전이지 절대적 하나님의 말씀은 아니었습니다. 그렇게 유럽의 기독교와 사상은 그때 이후로 지금까지 멘붕이 되어 "너의 가치를 내게 강요하지 말라!"고 하는 각자도생의 길을 가고 있습니다.

그러나 성경은 정치, 경제, 사회, 문화, 종교에서 종교의 한 부분을 차지하는 하나의 챕터가 아니라 우리가 살아가는 모든 분야와 영역 속에 보편적 가치를 제공하는 완전한 진리입니다. 우리의 생각과 취향과 지식이 성경의 필터를 통과한 것이기를 소망하며 예수님이 겟세마네 마지막 기도하시면서 제자들에게 세 번 권고하신 "깨어(분별하며) 기도하라!"의 말씀이 크게 들리는 오늘이기를 기도합니다.

86. { 선택과 결정 }

(마태복음 26: 36~46)

예수님의 뜻은 이 잔(십자가)이 지나가는 것이고 하나님의 뜻은 예수님이 잔(십자가)을 마시는 것입니다. 지나가는 것과 마셔야 하는 것 사이에 예수님의 기도는 지금 땀방울이 핏방울 되는 경험을 하십니다. 이루 말로 다 할 수 없는 갈등이며 고민이고 내적 부딪침이며 심란함입니다. 사람들이 십자가를 생각할 때 멋있게 "내가 너희의 죄를 위해서 십자가를 진다!" 하시고 골고다 언덕을 올라가신 것으로 압니다. 그러나 십자가는 도무지 마음을 잡을 수 없는 갈등의 시간이 포함됩니다. 십자가는 신학용어나 개념이 아니라 치열한 현장이고 결정된 사안에 대한 구차하게 흔들리는 마음입니다.

성경에서 말하는 십자가, 부활, 믿음, 사랑, 겸손 이런 기독교의 핵심이 되는 주제와 덕목들은 구름위의 말들이 아니라 실제적 현장성을 갖습니다. 믿음은 고난과 난관 앞에서 하나님이 나를 붙잡고 계신다는 고백이며, 사랑은 설레는 마음이 아니라 오래 참고 있는 현장이며, 십자가는 예쁜 목걸이가 아니라 겟세마네의 흔들리는 마음이며, 부활은 죽은 육체의 부활입니다. 기독교의 단어들은 다 현장입니다. 종이위의 글자들이 아닙니다. 오늘 본문 41절 "마음은 원이로되 육신이 약하구나!"의 괴리 속에서 느끼는 아픔입니다. 43절 "그들이 자니 그들의 눈이 피곤함일러라!" 무력함과 연약함의 현장입니다.

예수님은 성자 하나님으로서 이미 이 땅에 성육신 하실 때 십자가를 지시기위해 오셨습니다. 그럼 그냥 십자가를 지는 시간에 당당히 지면 되는데 왜 이런 겟세마네의 고민과 흔들림 선택과 결정의 시간을 또 다시 가져야 했는가? 입니다. 그것은 바로 주님의 뒤를 따르는 제자들과 오늘날의 저와 여러분 때문입니다. 예수님은 우리 모든 예수 믿는 자의 모범이며 거울이십니다.

로마서 8장 29절 이하에 "하나님께서 미리아신 자들로 그 아들의 형상을 본받게 하기 위해 미리 정하셨으니 이는 그로 많은 형제들의 맏아들이 되게 하심이라! 하나님이 정하신 그들을 부르시고 부르신 그들을 의롭다하시고 의롭다하신 그들을 영화롭게 하셨느니라!" 우리를 미리 정하심은 예수님을 본받게 하기 위함이고 예수님이 맏아들 되심 또한 우리 모든 성도들의 모범이고 거울이라는 말씀입니다. 저와 여러분은 하나님이 주권적으로 부르셨습니다. 우리가 간 게 아니라 하나님이 오셨습니다.

미리 정하여 구원과 복을 주는데 받을 조건과 자격과 원인을 사람에게서 찾거나 요구하지 않으시고 구원하시는 분의 약속과 의지와 긍휼로 주십니다. 이것이 기독교가 여타의 종교와 격과 차원이 다른 부분입니다. 예정론입니다. 내가 회개해서 구원받은 게 아니라 창세전에 구원으로 택함받았기에 지금 회개하고 있습니다. 예수님은 내가 회개하는 순간 내게 찾아오신 게 아니라 2천 년 전에 회개하는 오늘의 나에게 오셨습니다. 이런 이야기를 처음 듣는 경우는 이런 궤변이 어딨냐고 합니다. 그러나 로마서뿐만 아니라 모든 성경이 다 이것을 말하고 있습니다.

창조이후 이후 인류의 역사는 죄짓는 역사입니다. 타락한 아담이 낳은 아들이 살인을 저지릅니다. 타락한 인간은 죄인을 낳는다 입니다. 노아홍수에서 살아남은 자들도 바벨탑을 쌓아 하나님께 도전하는 것으로 언어를 흩어버리십니다. 소통의 부재는 그 자체로 심판입니다. 여기까지가 창세기 11장입니다. 그리곤 창세기 12장에서 밑도 끝도 없이 아브라함이 등장합니다. 이 사람부터 죄악세상을 구원하시는 하나님의 치밀하신 계획이 시작됩니다. 사람들은 아브라함이 하나님 말씀에 순종해서 갈대아를 떠나 가나안으로 들어갔기에 복을 받았다로 세뇌 되었습니다. 아브라함이 왜 복을 받았는지 원인을 찾아야 했기 때문입니다.

아브라함의 순종을 부정하자는 게 아니라 그럼 왜 처음에 아브라함이어야 했는지를 먼저 묻자는 겁니다. 옆집 아무개도 아니고 뒷집 홍길동도 아니고 왜 그 집 우상장사 하던 데라의 아들 아브라함이어야 했는지를 물었을 때 이거는 하나님의 선택과 결정 주권 말고는 설명불가입니다. 그 아래 이스마엘과 이삭에서도 왜 이삭이어야 했는지? 그 밑에 에서와 야곱도 왜 야곱이어야 했는지? 형들이 아니고 왜 요셉이어야 했는지? 대표적인 것이 이삭의 쌍둥이 아들 에서와 야곱입니다. 로마서 9장 11절에 이렇게 되어있습니다.

"그 자식들이 아직 나지도 아니하고 무슨 선이나 악을 행하지 아니한 때에 택하심을 따라 되는 하나님의 뜻이 행위로 말미암지 않고 오직 부르시는 이로 말미암아 서게 하려 하사 리브가에게 이르시되 큰 자가 어린 자를 섬기리라 하셨으니 기록된바 내가 야곱은 사랑하고 에서는 미워하였다 함과 같으니라... 그런즉 원하는 자로 말미암음도 아니고 달음박질하는 자로 말미암음도 아니고 오직 긍휼히 여기시는 하나님으로 말미암음이라!"

성경에서 가장 교활하고 음흉한 인물을 들자면 야곱입니다. 그 이름부터 '속이는 자', '발 뒷꿈치 잡는 자'입니다. 그런데 하나님의 마음이 이 사람에게 있었다는 거는 매우 놀라운 일입니다. 이쁨받을 것 하나있다면 장자권을 사모했다는 것인데 장자권의 신약적 의미가 예수 그리스도를 믿는 것입니다. 이것 역시 그가 장자권을 사모해서 복을 받은 게 아니라 복을 받은 자이기에 장자권을 사모한 것입니다. 하나님은 일방적으로 주도적으로 야곱의 편을 들고 계심에도 불구하고 그의 대부분의 인생은 믿음이 없어서 불안해하고 의심하고 이렇게 넘어지고 저렇게 부딪치고 하면서 풍파 많은 나그네 인생인 것을 스스로 고백합니다. 야곱은 신약의 성도를 대표하는 인물입니다.

성경을 읽으면서 "하나님! 도대체 왜 야곱만 싸고도시는 겁니까!"하고 물어야 정상입니다. 야곱이 장자의 축복을 가로챈 후 형에게 맞아 죽게 생겼으니까 삼촌 집으로 도망갑니다. 날은 어둡고 추워서 돌베개 끌어안고 자고 있던 야곱에게 하나님이 찾아오십니다. 창세기 28장입니다. "내가 너와 함께 있어 너를 지키며 너를 이 땅으로 돌아오게 할지니 내가 네게 허락한 것을 다 이루기까지 너를 떠나지 아니하리라!"입니다. 아브라함에게 주신 창세기 12장도 마찬가집니다. "내가 네게 복을 주어 너로 큰 민족을 이루고 네 이름을 창대하게 하리니 너는 복이 될지라 너를 축복하는 자에게 내가 축복하고 너를 저주하는 자에게 내가 저주하리니 세상 모든 민족이 너를 인하여 복을 얻으리라!" '내가 너와', '내가 너를', '내가 네게', '내가 너로'의 강력한 간섭과 개입만 가득한 것이 그저 놀라울 따름입니다.

사람들은 인과율의 원인결과 법칙만 익숙합니다. 야곱은 하나님의 말씀을 듣고 이렇게 대답합니다. "만약에 정말 그 약속대로 해 주시면 제가 그냥 공짜로 받을 수는 없고 십일조를 드리겠습니다!"라고 합니다. 야곱은 뭘 알아야 했냐면 먼저 찾아오시고 손 잡아주시고 약속을 주시는 하나님을 깊이 깨달아야 했습니다. 야곱이나 오늘날 성도들의 생각은 "내가 해 드린 게 없는데 그분이 왜 날 사랑하나!"입니다. 여기를 극복하는 게 기독교신앙입니다. 많은 경우 여기를 넘어서지를 못하십니다. 성도들이 "내가 해드렸기 때문에 복 받았다!" 라고만 세뇌되었고 그런 간증만 듣고 그런 본문으로만 유도되었기 때문입니다. 대표적인 것이 아브라함이 아들이삭을 바치는 것으로 복을 받았다 입니다. 로마서 4장 17절입니다. "그가 믿은바 하나님은 죽은 자를 살리며 없는 것을 있는 것처럼 부르시는 이시니라!" 여기에 아주 중요한 아브라함의 믿음의 내용이 기록됩니다.

"그가 믿은바 하나님은…" 여길 풀어야 합니다. 죽은 자를 살리고 없는 것을 있는 것처럼 부른다는 것은 무에서 유를 창조하는 하나님을 믿었다는 것입니다. 원인이 없는데 결과가 주어지는 세상입니다. 아브라함은 나는 구원받고 복 받을 만한 아무런 원인이 없는데도 불구하고 나를 선택하신 것을 깨달은 것입니다. 그래서 18절 이후가 나옵니다. "바랄 수 없는 중에 바라고 백세나 되어 자기 몸이 죽은 것 같고 사라의 태가 죽었으나 믿음이 약해지지 않고…" 그러니까 아브라함에겐 이삭도 원인 없는 결과로서 주어진 아들입니다. 사라의 태가 없는데 생겼으니까요. 이 믿음이 있으니까 바치라는 하나님의 말씀에 그 다음날 바로 순종할 수 있었습니다. 아브라함이 복을 받은 것은 창세기 22장에서 이삭을 바친 이후가 아니라 처음 부름 받은 12장이란 것을 잊으면 안 됩니다.

기독교 신앙의 본질은 하나님이 날 먼저 찾아오셔서 붙잡고 계신다는 것을 내가 놓지 않는 것입니다. 마치 겉으로는 내가 선택하고 결정한 결과로서의 내 믿음인 것 같지만 선택과 결정은 하나님이 이 세상 전에 벌써 끝내셨다는 것이 성경이 말씀하는 바입니다. 예수님의 십자가는 영원 전에 결정된 사안인데 왜 오늘 여기서 다시 고민과 갈등과 선택과 결정을 해야 하는 모양새가 되었냐는 것입니다. 예수님은 우리의 모범입니다. 너의 인생이 너의 고민과 갈등과 선택에 의해 결과되어지는 것 같지만 내가 이미 결정해 놨다는 것입니다. "너의 운명과 미래를 내가 이미 확보해 놓고 보증해 놨으니까 오늘을 절망하지 말고 자신 있게 살아라!"입니다.

87. { 하나님 증명의 신앙 }

(마태복음 26: 47~56)

가룟유다가 이끌고 온 대제사장의 무리들에게 예수님이 잡히십니다. 예수님이 56절에 "이렇게 된 것이 다 선지자의 글을 이루려 함이니라!" 54절 "이런 일이 있으리라한 성경이..." 27장 10절 "주께서 명하신 바와 같으니라!" 그러니까 처음에 뭐가 있었냐면 "말씀이 있었고 계시가 있었으며 약속이 있었다!"로 시작합니다. 사람의 찾아감, 사람의 간구, 사람의 열심이 먼저 있었던 게 아닙니다. 요즘말로 이니셔티브 즉 "주도권을 누가 가지고 이 모든 일이 시작되었냐!"입니다. 하나님이 주도적으로 아브라함을 찾아가시듯이 모든 시대에 걸쳐 당신의 자녀들을 찾아가신다는 것이 성경입니다.

성도가 출생하고 회개하고 구원받은 게 아니라 구원이 맨 앞에 있고 그 다음 출생이고 회개입니다. 하나님이 이렇게 구원을 맨 앞에 두심은 사람의 못남으로 인해 구원이 취소되거나 훼손되지 않게 하기 위함입니다. 그럼 하나님이 다 선택하시고 결정하셨다면 사람의 선택과 자유의지는 무엇인지 봅니다.

우리가 아는 인생은 우리의 선택과 결정의 결과입니다. 그러나 우리 인생을 조금만 깊이 보면 정말 중요한 것은 내가 선택하거나 결정하지 않았습니다. 우리는 부모를 선택하지 않았으며, 성별을 선택하지 않았으며, 시대를 선택하지 않았습니다. 더불어 내 민족과 나라를 택하지 않았습니다. 내 심장의 태엽을 내가 감아놓지 않았습니다. 우리의 선택은 그저 당장 내 눈앞에 이익과 필요를 따르는 몇 가지 안에서 이루어집니다. 마치 아이들이 문방구에서 사탕 먹을지? 초콜렛 먹을지? 아니면 점심으로 짜장 먹을지? 짬뽕 먹을지? 정도입니다. 그마저도 결정 장애로 애를 먹습니다. 어린 아이에게 있어서 정말 중요한 결정권은 부모가 가지고 있습니다. 자녀가 사지로 가는 것을 뻔히 보면서 그것을 자녀의 자율이고 선택이고 결정이라 놔두는 부모는 없습니다. 강력한 부모의 개입이 있습니다.

우리 삶에 정말 중요한 부분은 강력한 개입에 의해 주어진 것이라고 하는 부분입니다. 물론 이 모든 일이 내가 취사선택하고 내가 결정한 일로서의 결과입니다. 그리고 그로 인한 기쁨과 행복이고 반대로 그로 인한 불행과 자책입니다. 성경이 묻는 것은 너의 행복과 기쁨 그리고 너의 불행과 자책 그 자체가 아니라 그것이 너를 어디로 이끌고 갔는지를 보라는 것입니다. 너의 성공이 너를 하나님께 바짝 붙여놓을 수도 있지만 반대로 세상 향락에 빠지게 할 수도 있다. 마찬가지로 너의 실패가 너로 큰 믿음을 갖게 할 수도 있지만 반대로 나락으로 떨어뜨릴 수도 있다.

그러니까 "너가 뭐가 됐냐!"가 아니라 "거기서 어떻게 하고 있었냐!"입니다. 어떤 경우는 나의 선택과 의지와 상관없이 행불행이 정해집니다. 알콜중독자 부모를 만난 흙수저도 있고 재벌을 아버지로 둔 금수저도 있습니다. 여기서도 하나님은 그가 어떻게 하고 있는지를 보시는 것입니다.

행과 불행 그 자체가 아니라 성공과 실패 그 자리가 아니라 거기서 "하나님께 붙들려 있었냐!" 아니면 "세상에 붙들려 있었냐!"입니다. 하나님께 붙들려 있었다면 세상을 살아가는 동안 한숨 쉬고 후회하는 일이 있더라도 그게 나를 어쩌지 못합니다. "그때 내가 왜 그런 선택을 했을까!", "왜 바보 같은 결정을 했을까!" 같은 자책은 안 해도 됩니다. "이번엔 잘못했으니까 다음에는 잘 하자!"는 이야기가 아닙니다. 인생은 편도여행입니다. 돌아가는 것 없습니다. 너의 모자람과 자책과 한숨이 일을 한다는 것입니다. 그렇게 하면 안 된다고 하는 것을 몸으로 경험한 것 이상의 자산이 없습니다. 예수님은 베드로에게 "사탄이 너를 밀 까부르듯 정신 못차리게 했으나 내가 그 이상은 어쩌지 못하게 했다 그러나 네가 돌이킨 후에 네 형제를 굳세게 할거다!" 라고 하십니다. 이 말씀은 "너의 넘어짐과 못남이 실패가 아니라 유익한 것이 되어 쓰여질거다!"입니다.

다시 갑니다. 회개는 구원의 조건이 아니라 구원의 증상이며 결과입니다. 26장 75절을 보면 베드로는 "네가 날 부인할거다!" 라는 말씀이 생각나 "밖에 나가서 심히 통곡합니다!" 반면에 가룟유다는 27장 5절에서 "물러가서 스스로 목매어 죽습니다!" 복으로 구원으로 정해진 자는 회개를 하는데 반해 그게 아닌 경우는 자폭입니다. 만일 유다가 복 있는 사람이었다면 베드로처럼 "네가 날 팔거다!" 라는 말씀이 생각나 물러가서 회개했을 것입니다. 예수 믿는 자는 자기가 자기를 결정하지 않습니다. 운명과 미래를 하나님의 결정에 맡깁니다.

하나님이 운명과 미래를 미리 결정하심은 하나님이 목적하신 것을 이루기위한 선제적 행위입니다. 54절 "이 일이 있으리라한 성경이 말씀이..." 56절 "선지자의 글을 이루려 함이라!" 같은 표현들은 하나님이 지금 미리 설계해놓으신 계획이 시간표에 따라 하나씩 성취되고 있다는 말씀입니다.

그 가운데 오늘 예수님은 제자들의 배신, 억울한 잡히심, 음해와 중상모략, 얕잡아봄이 있습니다. 예수님은 당시 정치종교지도자들에게 갈릴리 촌뜨기, 나사렛 목수, 마리아의 아들일 뿐이었습니다. 예수님이 이 모든 조롱과 비아냥을 이길 수 있음은 이미 부활승리가 결정된 사안이기 때문입니다. 오늘의 성도들에게도 고민이 있고, 갈등이 있으며, 흔들림과 시행착오가 있고, 마음은 원이로되 육신이 약함이 있습니다. 그럼에도 우리의 운명과 미래는 하나님이 복 주시기로 결정하신 것이기에 두려워할 이유가 없습니다. 신앙생활은 성경을 통해 하나님이 무엇을 하시는지를 보는 것입니다. 신앙은 주를 향한 나의 신앙열심과 진심을 드러내는 나를 증명하는 생활이 아니라 반대로 이전에 몰랐던 나를 향하신 하나님의 진심과 열심을 발견하고 하나님을 증명하는 생활입니다.

신앙의 분발과 열심이 나를 증명하는 것이 되면 안 됩니다. 어떤 목사님이 자기는 하루 7시간 기도하는데 그래야만 영성유지가 가능하고 성도들이 덤비지 못하고 자기처럼 하지 않는 목사는 목사도 아니라는 설교를 30분 내내 하는 겁니다. 이 분에게 신앙 열심은 뭐냐면 자기증명, 자기자랑, 자기위상, 자기입지강화 입니다. 여기에 무슨 하나님이 있습니까! 눈 씻고 찾아봐도 없습니다.

그럼 하나님이 선택하고 결정 다 하셨다면 사람의 책임과 자유의지는 무엇입니까? 사람은 꼭 채찍이 있어야 열심을 내는 것은 아닙니다. 자신이 인정받고 사랑받는 존재인 것을 알게 될 때 자신이 얼마나 존귀한 존재로 대접받고 있는지 알게 될 때 그때 참다운 열심과 분발이 일어납니다.

우리를 움직이게 하는 힘은 사랑이지 채찍이 아닙니다. 너무도 많은 성도들이 율법의 채찍 아래 있습니다. 지옥가기 싫어서 강압에 의해서 그게 아니면 자기 치장과 과시를 위해서 신앙생활을 합니다. 채찍만으로도 신앙 열심 낼 수 있고 자기입지강화를 위해서도 신앙열심 얼마든지 낼 수 있습니다. 그러나 이것은 다 종의 마인드이지 자녀의 마인드가 아닙니다. 그 부모의 자녀는 그 부모와 같은 격을 갖습니다. 지위가 같다는 것이 아니라 위상이 같다는 것입니다. 우리가 말씀을 지키고 신앙열심을 내는 것은 자녀가 지닌 명예로서의 순종이지 채찍이나 사익추구가 아닙니다.

성도들이 주일예배를 드리는 현장은 하나님 자녀들의 명예로운 자리입니다. 말씀을 들으면서 하나님이 나를 어떻게 대우하고 계시는지 깊이 깨닫게 될 때 믿음은 성장합니다. 나를 높이고 나를 증명하기위한 신앙은 금방 지치고 번아웃 됩니다. 그러나 날 향한 하나님의 사랑을 발견하고 알아가는 하나님 증명의 신앙은 세상에서 얻는 기쁨과 비교할 수 없습니다. 내가 비록 못났어도 하나님은 나를 포기하지 않으신다는 사실을 굳게 믿고 오늘을 승리하는 성도들이 되시길 축복합니다.

88. { 있는 세상 }

(마태복음 27: 11~26)

관저 밖이 이른 아침부터 시끌벅적해서 나가보니 사람들이 한 사람 들 잡아 왔습니다. 당시 유대는 로마의 속국이었기에 사법권이 없어서 총독인 빌라도 앞으로 끌고 온 것입니다. 죄인이라고 하는 사람과 몇 마디 나눠보니 어쩌다 자기 백성에게 미움을 받아서 이렇게 잡혀온 것 이 뻔히 보입니다. 빌라도는 말하길 이제 곧 유월절인데 죄수 한사람 놓아주는 관례가 있으니 이 사람을 놓아주자고 했으나 유대인들은 차 라리 살인자 바라바를 놓아주고 이 자를 십자가에 못 박으라고 외칩니 다. 당시 빌라도는 유대총독으로 있었지만 입지가 견고하지 않았습니 다. 유대인들의 민족봉기(폭동)가 여기저기 수면 아래 끓고 있었기에 여 차하면 황제에게 자리를 쫓겨날 수도 있었습니다. 빌라도는 잡혀온 예 수님이 죄가 없다는 것을 알았지만 그렇다고 놓아주자니 민란이 일어 날 것 같았습니다.

명분으로 치면 의로운 사람 죽이면 안 되는데 그렇다고 살려주면 자 기 입지가 흔들리게 생긴겁니다. 빌라도는 예수님 죄의 유무는 아무 관 심 없습니다. 자기자리 보존하고 정치적 입지만 흔들리지 않으면 아 무래도 좋은 겁니다. 이건 어느 시대나 마찬가집니다. 정의사회 공정 한 재판을 외치지만 유전무죄 무전유죄의 세상입니다. 우리가 주님의 다시 오심을 기다리는 것도 이 모든 사건의 내막과 전말을 다 들춰내 시는 것으로 하나님의 정의를 세우심을 기대하는 것입니다. 하나님은 성경을 통해 세상에서 있었던 재판을 다시 하시겠다고 말씀하십니다.

빌라도는 물을 가져다 손을 씻으며 자신은 이 사건에 관여하지 않겠다 하지만 최종 판결권한이 그에게 있었던 고로 예수를 판 것은 가룟유다며 십자가에 못 박은 것은 로마군인이지만 실제로 예수를 죽인 장본인은 빌라도가 됩니다. 하나님께서 우리에게 "불의를 택하지 말고 의를 택하라! 죄악을 택하지 말고 거룩을 택하라! 불평을 버리고 감사를 택하라! 교만을 버리고 겸손을 택하라!"의 말씀을 하심은 "그것이 하나님을 기쁘시게 하는 것이다!"도 있지만 그렇게 하는 것이 맞는 것이고, 바른 것이며, 그 길밖에는 다른 길이 없고 그 길만이 살 길이기 때문입니다.

구약성경 여호수아 24장 14~15절을 보면 여호수아가 14절에 "여호와만 섬기라!" 하고는 15절에 "너희의 섬길 자를 택하라! 나는 벌써 하나님으로 결정했다!" 하십니다. 여호수아 24장은 마지막장으로 여호수아가 절규하듯 간절함을 담아 호소하는 일종의 유언입니다. 단순히 우상과 하나님 중에 취사선택하라는 게 아닙니다.

여호수아가 24장 전체에서 무슨 이야기를 하냐면 "너희 조상 아브라함은 강 건너 살면서 우상을 섬겼다 하나님이 아브라함을 불러내시고 이삭과 야곱에게 복을 주서서 애굽으로 내려가게 하셨다. 애굽을 나올 때 열 가지 재앙으로 나오게 하시고 바다를 마른 땅처럼 건너게 하셨다. 낮엔 구름기둥 밤엔 불기둥으로 우리 행할 길을 인도하셨다!", "아침에는 만나로 저녁에는 메추라기로 먹이시고 광야에서 물을 내어 마시게 하셨다!", "강력한 대적인 헤스본왕 시혼과 바산왕 옥을 친히 싸우서서 물리치셨다!", "이 세상 어느 민족에게 이렇게 하신 일이 있었냐! 전에도 없었고 앞으로도 없을 것이다!" "너희들이 눈으로 보고 입으로 맛보고 몸으로 경험해서 알잖냐! 답은 하나님밖에 다른 답은 없잖냐!" 하나님밖에 다른 답은 없다는 것을 강조하다 보니 마치 두 개 중에 하나 양자택일하라는 형식으로 말하고 있다는 것입니다.

14절에서 여호수아가 "하나님만 택하라!"는 것은 "하나님밖에 다른 선택은 없다!"는 것입니다. 이걸 잘못 들으면 "하나님은 왜 그렇게 배타적이고 편협하며 옹졸하시냐!", "왜 자기만 섬기라고 하냐!" 할 수 있지만 그렇게 된 것은 다른 것은 없어서 그렇습니다. 구약성경에 이방 신들이 나오면 그것이 다 어떻게 표현되었건 간에 그건 다 존재하지 않습니다. 바알, 아세라, 몰렉, 밀곰, 마루둑 이런 건 다 그 실체가 없는 겁니다. 없는 것을 선택하라는 말 자체가 말이 안 됩니다. 뭐가 있고나서 선택입니다. 하나님만 섬기라는 것은 하나님밖엔 없어서 그렇습니다. 19절에 여호수아가 "너희가 다른 신을 섬기면 그는 질투하는 하나님이시라 너희 죄를 사하지 않으실거다!" 경고하심은 당신의 사랑을 '없는 것'에 빼앗기고 '허무한 것'에 내어준 것에 대한 하나님의 불같은 진노하심입니다.

답은 이미 정해진 것이고 다른 답은 없습니다. 있는 것과 없는 것, 생명과 죽음, 구원과 심판, 천국과 지옥 이런 건 선택의 여지가 없습니다. 묻고 있는 것 자체가 어리석은 것이며 너무도 자명한 답입니다. 그럼에도 불구하고 사람들이 '없는 것', '헛된 것'에 주목하고 이끌리는 것은 '욕심'때문입니다. 오늘 빌라도는 허망한 정치적 욕심에 집착하다가 불의를 선택합니다. 예수 믿는 사람들은 가지지 못한 것 즉 없는 것을 보는 사람들이 아니라 이미 가진 것 다시 말해 이미 있는 것을 보는 사람들입니다. 기독교의 감사는 없는 것이 생겼을 때의 감사라기보다는 있는 것을 발견하는 감사입니다.

사람들이 이미 있는 것(가진 것)은 잘 모릅니다. 없는 것만 집착해서 얻으려고 욕심을 냅니다. 그러나 가지고 싶은 집을 얻고, 차를 사고, 지위를 얻고 했을 때의 만족과 기쁨도 잠시 뿐 더 큰 욕심에 이끌리는 것이 인생입니다. 사람들이 하는 말 중에 "새삼스럽다!"는 말이 있습니다. 이미 알고 있는 사실임에도 느껴지는 감정이 새롭다는 것입니다. 늘 보던 것에 대한 느낌이 이전 같지 않다 는 것입니다.
저는 일 년에 한두 번 아내와 일박여행을 떠나곤 합니다. 그리고 집에 돌아오면 이와 같은 감정을 느낍니다. 새삼스럽습니다. 늘 밥 먹던

식탁이 새삼스럽고 소파에 앉아 바라보는 베란다 밖의 나무들이 새삼 스러우며 그 자리에 항상 있던 가재도구들 하나하나가 다 새삼스럽니 다. 여행은 뇌를 유연하게 한 번 환기시켜줍니다. "이런 자리가 있었고 이런 안식이 있었구나!"를 새롭게 확인합니다. 제가 말씀드리는 새삼 스러움은 감사의 또 다른 표현입니다. 없던 것이 생긴 감사가 아니라 있던 것을 발견하는 감사입니다. 그래서 은혜가 많은 성도일수록 그와 비례해서 많은 부분에서 새삼스럽습니다.

무슨 말씀드리다가 여기까지 왔냐면 빌라도가 헛된 정치욕심 때문에 잘못된 결정을 내리는 것으로 여기까지 왔습니다. 사람의 욕심은 헛된 것이며 헛된 것은 우상처럼 실체가 없는 것 입니다. 성도는 없는 것을 택하면 안 되고 있는 것을 택해야 합니다. 마찬가지로 없는 세상을 살 면 안 되고 있는 세상을 살아야 합니다. 단순히 "탐욕을 부리지 말라! 불평하지 말라!"가 아니라 이런 단어들은 없는 것이며 모르는 세상이 며 살지 않는 세상이어야 합니다. 죄는 지식으로 알아야지 몸으로 알 면 안 됩니다. 없는 세상이 아니라 있는 세상을 택하시고 그곳에서 복 되게 사시기를 축복합니다.

89. { 거기까지 사람이 되심! }

(마태복음 27: 27~44)

기독교의 가장 중요한 부분인 십자가가 기록된 본문입니다. 십자가를 온전히 이해하지 못하고, 통과하지 못하고, 적용하지 못하고는 예수 믿는 성도의 삶이라고 보기 어렵습니다. 십자가는 하나님의 아들이신 성자예수님이 죄인들의 죄를 대신 짊어지시고 피흘려 죽는 자리입니다. 사망은 인류가 아담의 불순종과 타락으로 인해 스스로 자초한 길인 것을 먼저 말씀드립니다. 죽으라고 내던져진 길이 아니라 스스로 간 길입니다. "선악과를 먹는 날에는 정녕 죽으리라!" 먹자마자 죽는 것이 아니라 영과 육이 분리되는 시간이 있다는 것입니다. 본래는 분리되지 않도록 지음 받았습니다.

죄지은 인간은 죄의 값인 사망선고와 함께 영벌에 떨어지는 운명이었습니다. 아무리 세상에서 날고 긴다고 해도 죽음을 피할 수는 없습니다. 이 말은 죄의 삯을 치루지 않을 수 없다는 것입니다. '사람이 죽는다!'는 것은 성경적으로 하면 '죄를 지었다!' 입니다. 사망은 죄 지은 자의 마지막 모습이면서 그 앞에서 아무것도 할 수 없는 무력한 자리입니다.

놀라운 것은 예수님이 바로 이 자리에 오십니다. 신은 죽음에 갇힐 수 없습니다. 죽음은 신이 죄지은 인생에게 내린 형벌입니다. 그럼에도 불구하고 사람의 몸을 입으신 예수님은 죽음을 경험하십니다. 죄가 없음에도 죄인의 누명을 쓰고 큰 권세를 지니신 분이지만 아무 힘없는 자의 모습으로 오셔서 구원하시겠다는 사람들의 손에 잡혀죽는 것으로 그들을 구원하십니다. 성육신의 절정이 곧 죽음이라는 것입니다.

죽어야 사람이지 안 죽는 것은 사람이 아닙니다. 거기까지 사람이 되십니다. 거기까지 성육신 하시고 그 연약한 인간의 자리까지 따라 들어오십니다. 오늘 본문을 읽으면 예수님이 얼마나 아무 힘이 없으며 철저히 외면당하시는지 소름이 끼칩니다.

27장 26절에 바라바는 놓아주고 예수는 채찍질 하고 십자가에 못 박히게 넘겨 주니라 이후부터 바로 로마군인의 조롱이 시작됩니다. 이어서 십자가가 너무 무거워 꼼짝을 못하시자 로마군인은 지나가던 구레네 시몬에게 대신 지고 골고다를 올라가게 합니다. 정치적 사회적 힘이 아니라 마지막 남은 육신의 체력 또한 고갈되셨습니다.

39절 이후 지나가던 자들이 머리를 흔들면서 "저가 남은 구원하였으되 자기는 못 구하는 구나 하나님의 아들이거든 내려와 보라!" 45절에서는 운명하시기 직전 "엘리엘리라마 사박다니(어찌하여 나를 버리시나이까)" 하시니 거기 섰던 자들이 "엘리야를 찾는구나! 엘리야가 내려와서 저를 구원하는지 한번 지켜보자!" 합니다.

사실 로마군인은 예수님하고는 아무 관련 없는 사람입니다. 근데 무슨 억하감정 있다고 이렇게 홍포를 입히고 가시관을 씌우며 침 뱉고 희롱하는 것입니까! 못됐습니다. 39절 지나가던 사람들도, 45절 거기 섰던 사람들도 그렇습니다. "선한 일 많이 하시고 죄도 없이 저렇게 죽으시는구나!" 하는 사람 하나 없고 조롱과 비아냥 일색이라는 게 야박함을 넘어서 서글픔입니다. 저는 이 사람들 가운데 예수님의 사역을 맛본 사람들이 있다고 보는 겁니다. 서기관 같지 않은 가르침에 감화를 받고, 크신 능력으로 질병에서 치유 받고, 오병이어의 기적을 직간접적으로 경험한 사람들이 이중에 있다는 것입니다.

그런데 대세를 보니까 힘은 기울어졌습니다. 이미 예수는 모두에게 버림받고 있는 것을 보자 무슨 생각을 한 것입니까! 차라리 오병이어 같은 기적을 하질 말지... 앉은뱅이 일으키고 소경을 보게 하고 죽은 자를 살리는 것을 하질 말지... 큰 능력으로 세상을 확 바꿔 놀 줄 알았는데 저렇게 아무 힘도 없이 십자가에서 죽는 모습에 실망하고 실족한 것입니다. 그 실망이 조롱이 됩니다. 사람들의 외침은 "내려와라!"입니다. "하나님의 아들이 왜 거기 달려있냐!", "천군천사 불러라! 12군단 불러라! 갖고 있는 권세를 사용하라!"입니다. 하나님은 "아무 힘도 없는 자같이 십자가에서 죽어라!"입니다.

십자가는 성경을 통해 보이신 하나님의 하나님 되심의 절정입니다. 하나님의 하나님다우심의 최고봉입니다. 우리가 "누구 답다!" 라는 말을 할 때가 있습니다. "어른답다! 배운 사람 답다!" 입니다. "하나님 다우시다!" 할 때 십자가는 완벽한 하나님의 하나님다우심입니다. 반면에 사람다움은 무엇입니까? 여기서 사람다움은 휴머니티가 아니라 하나님다움의 반대개념입니다. 사람다움은 대제사장, 헤롯왕, 빌라도, 전부 멱살 잡고 끌고 와서 네 발 앞에 무릎 꿇려라 입니다. 이런 게 사람의 영광이며 사람다움입니다.

많은 성도들이 생각하길 다윗이 골리앗을 물리친 것 같은 영웅적 사건만이 하나님 영광 인줄 압니다. 그러나 참다운 하나님 영광은 한 인생이 말씀 앞에 항복하고 무릎 꿇는 것입니다. 사람은 겉으로 나타난 힘과 권세에 민감합니다. 그래서 지금 운동장이 어디로 기울어져 가는지 어디 가서 줄 서야하는지 빠삭합니다.

예수님이 십자가를 지시는 이 순간 사람들은 다 대제사장에게 가서 붙습니다. 그리고는 한 때 예수님께 은혜를 입었음에도 불구하고 약자인 예수님을 조롱하고 비난하고 온갖 수모를 주고 있습니다. 자기 좋을 대로 코걸이귀걸이 삼는 죄인 된 인간의 모습입니다. 성경은 성선설 성악설 중에 성악설을 취합니다. 맑고 깨끗한 눈빛을 지니고 태어나는 아이들도 아담의 후손이기에 악을 품고 있습니다. 그 악이 작고 보잘 것 없는 것이어서 어른들이 웃고 넘어갈지언정 본질상 악이라는 것입니다. 아이들의 그룹 중에 행색이나 지적능력이나 여러모로 약한 아이가 있다고 하면 이런 아이 도와주고 돌봐주려는 아이보다 놀리고 깔보는 아이가 더 많습니다. 아이들도 눈치가 뻔해서 괜히 돌봐줬다가 같이 무시당하기 싫어서 대세 편에 서는 것입니다.

어른은 어른이니까 더하는 것입니다. 자기보다 못 가진 자를 무시하고, 얕잡아보고, 경멸하고 같은 공동체에 있는 것 자체를 꺼리는 것입니다. 그렇다고 무조건 약자가 정의고 선이라는 논리는 물론 아닙니다. 우리는 지금 다 아니까 "예수님이 지금 우리 죄를 위해서 저렇게 십자가를 지시는구나!" 하고 안타깝게 생각하지만 정작 예수님이 십자가를 지시는 그 때는 아무도 모르고 아무것도 모르니까 본성이 나옵니다. 31절의 약자를 농락하는 로마군인들… 39절의 지나가는 자들의 경멸의 눈빛… 47절의 거기 섰던 자들의 희롱… 이런 모습이 악한 본성을 지닌 인생들의 본 모습입니다.

지금 우리가 만일 그때 그 자리에 있었다면 로마군인 아니라고, 지나가던 사람 아니라고, 거기 섰던 사람 아니라고 자신할 수 없습니다. 어려운 처지에 있는 사람에게 따듯한 말 한 마디 해 주는 게 그렇게 힘들어서 조롱하며 비아냥대며 속을 긁어 놓습니다. 자기식대로 남을 판단하는 자기 의에 충만한 사람일수록 이러고 있습니다. 지적하고 판단하며 가르치려들며 위로한답시고 욥의 친구들처럼 속을 더 뒤집어 놓는 말을 합니다. 그리고 그러고 있는 자신이 굉장히 똑똑하고 훌륭한 줄 압니다. 그러나 참으로 인격과 삶에서 하나님을 닮은 훌륭한 사람은 자기의 훌륭함을 남을 깎아내리고 비난하는 데에 사용하지 않고 반대로 옆 사람을 세워주고 힘을 더해주는 것으로 가져갑니다. 그것으로 참된 훌륭함과 가짜를 구분할 수 있습니다.

예수님의 십자가가 왜 훌륭한 것입니까? 바로 자기들을 위해서 십자가를 지고 있음에도 밑에서 모자란 소리, 무지한 소리, 한심한 소리, 답답한 소리, 속 뒤집어 놓는 소리 하는 사람들을 향해 한 마디도 대꾸하지 않으신 것입니다. 그냥 그들 밑으로 들어가십니다. 인생들의 마지막 절망인 죽음의 자리까지 따라 들어가시며 자신을 낮추십니다. 예수님이 그들 위에 계셨다면 12군단이 내려왔을 것입니다.

우리는 언제나 마지막 말을 하고 싶어합니다. 내게 싸움을 걸어오며 공격하고 비난하는 자들을 향해 "그래 너 잘났다! 니 팔뚝 굵다!" 라는 말이라도 하고 돌아서야지 그걸 못하면 울화가 치밀어서 잠이 안 옵니다. 훌륭한 건 마지막 말을 하지 않고 지는 겁니다. 마지막 말은 하나님을 향해 "하나님! 어떻게 저럴 수가 있습니까!" 면 충분합니다.

90. { 열림 }

(마태복음 27: 45~66)

십자가는 당시에 흉악범이나 노예 같은 사람들의 처형방법이었지 로마인이나 일반인들이 받는 형벌이 아니었습니다. 혹시나 하는 단 1%의 가능성만 보였다고 해도 예수님이 이렇게 조롱받고 죽지 않으십니다. 예수님이 그리스도이며 하나님의 아들이라는 최소한의 증거나 후광이나 모습이 없었습니다. "엘리 엘리 라마 사박다니", "어찌하여 나를 버리시나이까!"의 버림받음은 아담의 후손인 인류가 자기들의 죗값으로 각 개인이 버림받아야 하는 자리입니다. 예수님은 그들의 죄를 대신 짊어지시고 죽으십니다. "그는 우리 모두의 화목제물이신지라 우리뿐만 아니요 온 세상의 죄를 위함이라!"

50절에서 예수님이 운명하시고 51절에서 성소회막이 위에서 아래로 찢어집니다. 분리, 단절, 중단에서 연결, 회복, 정상화의 길이 열립니다. 성소는 지성소와 분리되어있었는데 성소와 지성소를 나누는 막이 곧 성소회막입니다. 지성소는 일 년에 한 번 대제사장이 온 백성의 죄를 속죄하기위해 어린양의 피를 들고 들어가는 곳입니다. 예수님이 친히 대제사장이 되셔서 자기피를 속죄소에 뿌림으로 하나님과 죄인을 화목케 하셨습니다. 회복과 관계정성화의 의미가 곧 회막의 찢어짐입니다.

또 하나의 열림이 52절에 기록됩니다. 예수님의 죽음과 함께 무덤이 열리면서 일부성도들의 부활이 일어납니다. 죽음은 죄의 삯이고 그 결과로 영과 육이 분리되는 것인데 죄의 삯을 다 치루신고로 타락 전 상태로의 회복과 회기입니다. 물론 예수님이 다시 오실 때 모든 무덤들이 열리고 믿는 자는 영생의 부활로 믿지 않는 자는 영벌의 부활로 일어나겠지만 지금은 상징적 샘플로서의 일부무덤이 열립니다.

막힘과 단절은 그 자체로 저주고 형벌입니다. 어리석은 사람일수록 사람과 사람의 관계, 시간과 시간의 관계, 하나님과 나와의 관계의 연속성을 잃어버리고 관계를 엉망으로 만들어 놓습니다. 가장 가까운 사이에서도 이심전심이 끊어져 있고, 어제와 오늘이 서로 아무 상관이 없으며, 말씀하고 계심에도 하나님의 마음을 이해하지 못합니다. 놀라운 것은 우리의 구원은 하나님과 연결되어야하는 대상인 죄인들이 자기들의 처지와 지경을 모르던 상태에서의 구원이라는 것입니다. 끊어져 있는 것을 모르고, 연결의 필요성도 모르고, 연결해 달라고 하지도 않았을 때 이루어진 연결이라는 것입니다. 이것은 우리 신앙의 자신감으로 가져가는 것이지 방임으로 가져가지 않습니다.

소경이 눈감고 살다가 그게 전부인 세상인줄 알았는데 어느 날 눈 뜬 세상을 얻은 것입니다. 이는 마치 무지에서 깨달음을 얻게 된 것과도 같습니다. 무지가 닫힘이라면 깨달음은 열림입니다. 극적인 깨달음으로 무지에서 깨달음을 얻은 사람이 오늘 본문에 기록됩니다. 로마의 백부장입니다. 백부장은 예수님을 못 박은 로마군인들의 지휘관이었습니다. 자기병사들이 예수님을 희롱하는 것을 방관했던 사람입니다. 그런데 지진이 일어나고 바위가 터지고 무덤이 열리는 것을 보면서 "참으로 하나님의 아들이었도다!" 고백합니다. 예수님은 보지 않고 믿는 자가 복되다 하셨는데 이 사람은 도마처럼 보고서야 믿게 됩니다.

또 하나의 사람이 흥미롭습니다. 27장 44절을 보면 좌우에 못 박힌 강도들 모두가 예수를 비방했다하는데 누가복음 23장 39절 이하에는 한 강도가 회개하고 "당신의 나라가 임할 때에 나를 기억해주세요!"하자 "오늘 네가 나와 함께 낙원에 있으리라!"의 말씀을 듣고 구원을 받습니다. 복음서를 종합하면 회개한 강도 역시 처음에는 예수를 비방하다가 급격한 심경에 변화를 경험했다는 것입니다. 구약의 에서가 야곱을 만나러 올 때도 하나님이 복수심에 가득한 에서의 마음을 만지셨습니다. 400인이 결코 형제상봉 이벤트 벌이자고 이끌고 온 것이 아닙니다.

돌아가시기 직전에 예수 믿으라고 권한다고 해서 다 믿으시는게 아닙니다. "사람이 마음으로 믿어 의롭게 되고 입으로 시인하여 구원받는다고 했습니다!", "예수님이 나를 위해 십자가에서 죽으셨다고 고백하세요! 그러면 구원입니다!" 라고 해도 고개만 무심히 저을 뿐입니다. 돈을 내라는 것도 아니고 힘써서 뭘 하라는 것도 아니건만 신앙고백은 그 마음을 만지심 없이는 불가한 일입니다.

열어준다는 것을 깨닫는 것으로 말씀드리는 중에 마지막으로 아리마대 요셉을 보겠습니다. 27장 57절 이하입니다. 이 사람은 산헤드린 공의회 의원으로 지금으로 하면 국회의원입니다. 더군다나 부자였고 하나님의 나라를 기다리는 자였으며 예수의 제자였습니다. 예수님을 십자가에 못 박자고 결의할 때 그곳에 가지 않았습니다. 성경에서 부자나 고위층은 예수님과 거리가 있었는데 반드시 그런 건 아닙니다.

지금 이 순간은 모두가 예수님을 외면하는 자리입니다. 예수님은 운명하셨고 그야말로 아무도 없습니다. 예수님의 시신은 그대로 방치됩니다. 바로 그때 이 사람이 나섭니다. 제자들은 다 도망갔고 빌라도에게 갈 수 있고 예수님의 시신을 장례 치를 수 있는 여력이 있는 사람은 "나 밖에는 없구나!"입니다.

인생을 살다가 보면 "하나님이 나보고 하라시나보다!", "나 밖에는 없구나!"할 때가 있습니다. 이것도 하나님의 만지심이며 열어주심이며 깨닫게 하심입니다. 결정적일 때 자기 몫을 해주는 것으로 자기역할을 감당하는 진짜 제자입니다. 베드로 요한 야고보가 해야 하는 일입니다. 그러나 숨어있던 제자가 다크호스처럼 등장합니다. 지금도 이미 알려진 제자 말고 구약에 하나님이 숨겨두신 칠천 명처럼 시대의 다크호스 같은 제자가 저와 여러분이시길 축복합니다. 그 역할은 우리 각 자가 삶의 정황 속에서 하나님의 깨닫게 하심이 있을 때 우리의 순종으로 나타날 것을 믿습니다.

아리마대 요셉은 사람들 속에서 소외당하고 이렇게 저렇게 손해보고 불리할 수 있지만 자신의 소신과 주관과 믿음대로 빌라도에게 당당히 가서 예수님의 시신을 달라합니다. 친히 십자가에서 내리고, 깨끗한 세마포로 감싸고, 자신의 무덤을 위해 준비한 굴속에 안치시킵니다. 예수님의 제자로 얼마나 영광된 일인지 모릅니다. 오늘도 예수님의 십자가 대속으로 말미암아 막히고 닫혔던 것들이 열리고 뚫리는 것 같이 했습니다. 예수님의 보여주심과 만져주심과 깨닫게 하심이 모든 분들에게 함께하시길 기도합니다.

91. { 예수님의 진심 갈릴리 }

(마태복음 28: 1~15)

예수 믿는 성도들에게 예수의 부활은 이미 확보된 팩트이므로 말씀을 시작하면서 예수 부활의 역사적 사실성을 증명하고 싶지는 않습니다. 그러나 오늘의 마태는 믿지 않는 일반인들을 위해서 이 부분을 자세히 언급합니다. 예수님이 십자가에서 운명하시자 대제사장이 빌라도에게 가서 "예수가 살았을 때 십자가에서 죽고 삼일 만에 다시 살거라 했는데 제자들이 시신을 도적질하고는 예수가 부활했다고 하면 예수가 살았을 때 꾀임보다 더 큰 꾀임이 되니 예수의 무덤을 지켜야합니다!" 라고 하자 빌라도는 "너희에게도 경비병이 있으니 그렇게 하라!" 합니다.

경비병과 대제사장을 먼저 주목합니다. 이 경비병들은 예수님의 무덤을 지키면서 천사를 보았습니다. 4절에 "그를 무서워하며 떨며 죽은 사람처럼 되었더라!" 그런데 15절을 보면 "군인들이 돈을 받고 가르친 대로(예수부활은 제자들의 훔쳐감)하였더니 이 말이 오늘날까지 유대인 가운에 두루 퍼지니라!" 만일 우리 중 천사를 실제로 보았는데 돈 받고는 못 봤다고 할 사람이 몇이나 있을까를 생각합니다.

또 보아야하는 것은 대제사장의 행태입니다. 27장 64절에서 "대제사장은 예수의 부활   전에 이미 '예수의 부활은 제자들의 훔쳐감'으로 정해 놓았습니다!" 실제로 예수님은 부활하셨지만 그들에게 예수는 제자들의 훔쳐감으로 설정세팅 됩니다. 예수의 부활이 사실이면 자신들이 틀렸다가 됨으로 '예수의 부활은 제자들의 훔쳐감'을 흔들려서는 안 될 이념과 사상과 노선으로 삼고 여기에 편들지 않는 모든 자들은 다 공격의 대상이고 제거해야 합니다. 이것만 지킬 수 있다면 조작이든 거짓이든 불법이든 아무래도 괜찮습니다. 거짓말 열 번 하면 진실처럼 들리듯이 오늘날까지 거짓이 진실처럼 두루 퍼져 있습니다.

이게 얼마나 기막힌 일이냐면 아무리 내가 눈으로 보고 손으로 만졌어도 그게 사실이면 안 되는 세상을 만드는 것입니다. 경비병과 대제사장들이 자기들끼리 쑥덕이며 거짓 언론플레이하는 오늘 본문을 보면서 사람이 사는 세상이 다 똑 같다는 생각을 하게 됩니다.

중요한 것은 오늘 본문 1절에서 5절을 보면 무덤에 있었던 여자들과 경비병들이 천사를 보고 초월을 경험합니다. 그런데 천사는 경비병들을 투명인간 취급하고 여자들만 상대하는 것이 흥미롭습니다. 4절에서 "지키는 자들이 무서워 그를 무서워하며 떨며 죽은 사람처럼 되었다!"고 했는데 5절에서 천사는 여자들에게 "무서워 말라 너희가 예수를 찾는구나! 그분이 말씀하신대로 살아나셨다!"하십니다. 떨고 무서워한 것은 경비병이었는데 그들은 철저히 무시되고 없는 존재가 됩니다.

그리고 7절과 10절에서 천사와 부활하신 예수님이 여자들에게 무엇을 급하게 알리고 있습니다. 천사가 7절에서 "빨리 가서 제자들에게 '갈릴리로 가라! 거기서 너희를 보리라!' 고 전해라!" 10절에 부활하신 예수님도 여자들에게 "내 형제들에게 갈릴리로 가라 하라! 거기서 나를 보리라!"

부활하신 예수님은 오직 '제자들'과 '갈릴리'에 진심이십니다. 다른 거는 그냥 다 없는 겁니다. 천사들과 여자들마저 예수님의 진심이 '제자들'과 '갈릴리'에 있다는 것을 알리는 전령일 뿐입니다. 여기서 우리가 꼭 집고 넘어가야하는 부분이 있습니다. 사람들이 매우 중요한 이 부분을 왜 다루지 않는지 알 수 없습니다. "예수님이 부활하신 후에 왜 빌라도나 헤롯이나 대제사장에게 가지 않았는지?"에 대해서입니다. 저와 여러분 같으면 어떻게 했겠습니까! 우리 같으면 승리를 얻은 후에 우릴 경멸하고, 조롱하고, 모욕한 자들을 찾아가서 보란 듯이 보복하는 그림이 쉽게 그려집니다. 으스대고 가오 잡는 것이 예수님의 스타일이 아니라면 최소한 사실확인 차원에서라도 그 앞에 가서 "내가 이렇게 다시 살았다!" 하실 수 있는데 성경은 그런 부분에 대한 일체의 언급이 없습니다.

마치 천사들 앞에 경비병들이 투병인간인 것처럼 예수님 앞에 빌라도, 헤롯, 대제사장은 그냥 존재하지 않는 없는 사람들입니다. 이거는 그들 앞에 나타나셨다는 말보다 더 무서운 말씀입니다. 그들은 아예 상과 벌의 대상조차 아닙니다. 완전한 무시와 잊혀짐과 존재감 없음입니다. 예수님이 투명인간처럼 여기셨던 헤롯 빌라도 대제사장이 의미하는 것은 세상의 권력, 세상의 지위, 세상의 성공, 세상의 풍조, 인기, 자랑 등등입니다. 예수 믿는 성도들임에도 예수님이 마치 없는 것처럼 여기셨던 것들에 진심인 것을 보게 됩니다. 예수를 믿음도 그것들을 얻기 위한 방법일 뿐입니다.

성도라고 하면서 헛된 정치권력의 암투에 진심이고, 돈맛에만 취해서 살며, 잠깐 있다 없어지는 인기, 유행, 자랑에 왜 그렇게 진심인줄 모르겠습니다. 그 중에 제일 쓸데없는 것이 연예인들 사생활에 진심인 사람들입니다. 세상에 발을 딛고 살아가니 예수님처럼은 아니라 할지라도 어느 정도 없는 것처럼 여길 수 있어야 합니다.

부활하신 예수님의 진심은 오직 '제자들'과 '갈릴리'에 있습니다. 앞선 마태복음 26장 31절에서 예수님은 "내가 예루살렘에 들어가서 많은 고난을 받고 죽을 텐데 삼일 만에 다시 살아날거다! 그 후에 너희보다 먼저 갈릴리로 갈 테니까 거기서 보자!" 약속하셨습니다. 갈릴리의 영적 의미를 찾습니다. 갈릴리는 예수님이 제자들을 부르시고 많은 가르침과 표적과 병고침을 행하신 예수님 삼년 공생애 사역의 주 무대였습니다. 이스라엘 갈릴리호수 북동쪽에 위치한 고라신, 벳세다, 가버나움 같은 곳들입니다. 그 아래쪽에 고향인 나사렛이 위치합니다. 당시에 이곳은 이스라엘의 변방이고 시골입니다. 수도인 예루살렘은 밑으로 사마리아를 지나 한참 아래에 위치합니다. 그러니까 "갈릴리에서 무슨 선지자가?", "나사렛에서 무슨 선한 것이?" 이런 무시와 괄시와 천대를 받으셨습니다.

예수님은 부활의 영광스런 옷을 입고는 바로 그곳으로 가십니다. 제자들과 먹고 마시고 자며 일상을 보내시던 그곳에 진심이십니다. 그래서 요한복음 21장에서 예수님은 갈릴리 해변에서 숯불을 피워놓고 제자들을 만나십니다. 낙향해서 고기 잡고 있던 제자들이 배에서 소리치길 "예수님이다!" 베드로가 옷 입은 채로 바다에 뛰어듭니다. 예수님은 "애들아! 고기 좀 잡았냐!" 하시고는 일일이 물고기를 구워서 제자들에게 나눠주십니다. "밥 먹자!" 하는 것은 용서고 화해며 회복입니다. 밥 다 먹고 나서 예수님이 베드로에게 "네가 날 사랑하냐!"고 물으십니다.

예수님이 만일 우리가운데 오신다면 어디로 오시는 것입니까! 성공한 자리, 유명해진 자리, 지위를 얻은 자리 이런데 오시겠지 생각하면 아직도 예수님이 왜 부활이후 빌라도, 헤롯, 대제사장에게 가지 않으셨는지 이해하지 못한 것입니다. 예수님은 성도들이 예수님과 동행한 자리에 오십니다. 성도들이 식사기도 하는 자리, 자기 전 감사기도 하는 자리, 반복되고 시달리는 일상의 자리, 때로는 지루하고 권태로운 자리에 오십니다. 거기 오셔서 그 조건과 환경 속에 있는 나에게 "네가 나를 사랑하냐?"고 물으십니다.

오늘 성경은 크게 두 부류의 사람들이 서로 섞이거나 침범하거나 관계하지 않고 있습니다. 예수님, 천사, 여자들의 그룹과 빌라도, 경비병, 대제사장의 그룹입니다. 이 두 그룹이 서로 마주하지 않는 이유는 게임이 십자가에서 끝났기 때문입니다. 게임은 십자가까지입니다. 저들의 목적은 죽이는 것이었고 그 목적을 이루었습니다. 그 다음은 그들에게는 없는 것입니다. 아니 '있어도 없어야만 되는 것'입니다. 예수님은 십자가에서 죽음을 이기시고 부활승리 하셨습니다. 이미 끝난 게임이기에 상대했던 것을 다시 마주할 일이 없으십니다.

갈릴리로 찾아오신 부활의 주님과 함께 승리와 영광과 기쁨을 누리는 사람들이 예수 믿는 사람들이라면 '예수부활은 제자들의 훔쳐감'으로 정해놓은 페이크 속에 사는 사람들이 세상 사람들입니다. 마치 1억 4천만 년 전 백악기 지층에서 불과 생긴지 100만 년 밖에 안 된 인류의 뼈가 나왔다면 그것은 진화론에 의하면 '있어도 없어야 하는 것'과도 같이 이 페이크는 15절의 말씀처럼 두루 퍼져서 오늘까지 진실 행세를 하고 있습니다.

예수님께서 먼저 가셔서 기다리시는 여러분의 갈릴리로 뛰어가시기를 축복합니다.

92. { 지키도록 가르치라! }

(마태복음 28: 16~20)

사망권세 이기시고 부활하신 주님께서 당신을 모욕하고 십자가에 못 박은 자들에게 가서 그들 앞에 승리의 세레머니를 하지 않으시고 갈릴리로 가셨다는 사실을 깊이 묵상할 수 있는 은혜가 있기를 바랍니다. 주님이 마치 없는 것처럼 치부하셨던 세상의 권세, 지위, 자랑, 인기 이런 데에 진심이면 예수를 섬기는 사람이라고 보기 어렵습니다. 부활하신 예수님 앞에 오직 있는 것은 갈릴리의 제자들이었다는 의미가 무엇인지 깨닫습니다.

예수 없이 얻은 세상의 권세, 인기, 자랑, 지위 이런 건 그 자체로 형벌이라고 성경은 말씀합니다. 그것들이 하나님을 가리우기 때문입니다. 그것들 자체가 하나님이고 우상이며 섬김의 대상입니다. 그래서 돈이 맘몬우상인 것처럼 세상의 인기 유명인들을 아이돌이라 부릅니다. 그것만 있으면 저 위치에만 있으면 만족하고 행복하고 더 바랄게 없는게 됩니다. 그것으로 나를 확인하고 자기 정체성을 찾으며 인생의 의미를 찾습니다.

그러나 사랑하는 성도 여러분! 예수를 섬기는 사람은 그런 것으로 나를 확인하고 찾지 않습니다. '나의 나됨'과 '정체성'은 철저히 나를 있게 하신 그분에게서 발견합니다. 왜냐하면 그 분만이 생명을 만드시는 분이시고, 그 분에게서만 진리가 나오며, 그 분만이 의미와 가치를 이 땅에 두시고, 그 분만이 이 모든 기준을 세우시기 때문입니다. 세상에는 영원한 생명도 진리도 가치도 기준도 없습니다.

사람은 돼지가 아닌 이상 의미가 있고 기준이 있어야 살 수 있습니다.

아무리 힘들어도 살아야 하는 의미를 알고 있으면 버텨낼 수 있는 것이고 많은 것을 가졌어도 살아야 하는 의미를 모르면 자폭하는 것입니다. 마찬가지로 내가 이 정도면 잘 살았다 혹은 못 살았다를 나누는 기준이 있어야합니다. 세상에서 성공하고 만인이 부러워하는 나에게서 나의 나됨을 찾으면 허망한 결말입니다. 어디서 왔다가 어디로 가는지 모르고 근거도 방향도 없이 헤매다 소멸되면 그만인 인생이 되고 맙니다.

예수님 18절의 말씀처럼 하늘과 땅의 모든 권세를 지니신 분이 왜 로마로 가서 황제가 되지 않으셨는지를 알아야 합니다. 예수님의 나라는 세상나라처럼 약자 앞에 군림하고 잘난 척하고 떼거지로 사람 많이 모아놓고 세력 과시하는 나라가 아닙니다. 예수님의 나라는 한 영혼에 진심인 나라입니다. 내가 너희 제자 하나하나에 진심이었던 것처럼 그 나라는 한 영혼의 깨우침과 회개와 변화됨을 목적하는 나라입니다. 그래서 19절의 말씀을 지상명령으로 주십니다. "가서 모든 민족으로 제자를 삼아 세례주고 내가 네게 분부한 모든 것을 가르쳐 지키도록 하라!"
여기에 동사가 5개가 나옵니다. 가라! 제자 삼으라! 세례 주라! 가르치라! 지키라! 이 다섯 개의 동사는 오직 한 단어를 위해 수종들고 받들며 섬기고 있습니다. 맨 마지막에 "지키라!"를 위해서입니다. 지키게 하기위해 가는 것이고, 지키는 자를 제자 삼는 것이며, 지킨다고 하기에 세례 주는 것이고, 지키도록 가르치는 것입니다.
지키기 위해서는 지금 말씀과 율법을 주시는 하나님을 아는 지식이 선행됩니다. "내 백성이 지식이 없어서 망한다!", "번제보다 하나님을 아는 것을 원한다!"고 거듭해서 탄식하시는 말씀에 귀 기울입니다. 오늘로서 마태복음을 마치면서 제가 살피고자 하는 부분입니다. 물론 마태복음의 큰 주제는 "예수 그리스도는 누구인가?"도 맞지만 저는 "그 분이 전하는 하나님이 누구인가?"를 보려합니다.

유대인들은 말씀을 주시는 하나님의 마음과 율법 안에 담긴 정신을 알지 못하고 율법의 조문과 문자에 목숨을 걸고 살았습니다. 그래서 예수님은 마태복음 5장에서 "너희는 이렇게 들었으나 나는 너희에게 이르노니…" 의 패턴이 계속 이어집니다.

"너희가 살인하지 말라는 말씀을 들었으나 나는 너희에게 이르노니…", "너희가 간음하지 말라는 말씀을 들었으나 나는 너희에게 이르노니…!"이와 같은 말씀들이 율법을 주시는 하나님의 마음과 정신과 본질을 드러내고 밝히는 말씀들입니다. 이어서 5장 20절에서 "너희 의가 서기관과 바리새인의 의보다 낫지 않으면 결코 천국가지 못한다!"의 말씀을 하십니다. 서기관과 바리새인의 '의'는 율법과 행위의 '의'이며 자기가 이룬 '자기 공로의 의'입니다. "그것 가지고는 안 된다!"입니다. 내게서 난 '의'가 아니고 하나님에게서 난 '의'를 가지고야 구원입니다. 그 하나님에게서 난 '의'가 바로 예수 그리스도입니다.

그래서 예수님의 가르침의 진수라고 할 수 있는 산상수훈을 보면 "가난한 자는 복이 있나니 천국이 저희 것이요! 애통하는 자는 복이 있나니 위로를 받을 것이요! 의에 주리고 목마른 자는 복이 있나니 저희가 배부를 것이요!"로 시작합니다. 이 말씀의 뜻인 즉은 "나는 그 어떤 가능성도 조건도 자격도 갖추지 않았습니다!", "내 안에는 하나님을 기쁘시게 할 만한 것이 없으며, 만족시켜 드릴만한 것도 없으며, '하나님 여기 있습니다!' 라고 내 놓을 수 있는 게 아무것도 없습니다!" 라고 고백하는 자들의 마음상태입니다.

이와 같은 마음을 가지고 있는 사람들을 향해서 "너는 무슨 복을 타고 나서 네 것은 아무것도 없다 하고 하나님만 구하고 있냐!" 입니다. 공동번역이 정확히 번역했습니다. "복 있구나! 가난한 자여! 천국이 너의 것이다!"

"나는 말씀에 순종하고 주일성수 십일조 했으며 죄악된 세상길로 행치 않고 말씀의 길로만 행했음으로 당연히 나는 하나님의 기쁨입니다!" 라고 생각하는 자가 바로 '서기관과 바리새인의 의'를 가지고 사는 것이며 "가난한 자가 복이 있다!"의 말씀을 이해하지 못한 자의 신앙입니다.

오해하지 마시기 바랍니다. 우리가 말씀순종하면 하나님이 기뻐하십니다. 요는 그것을 하나님께 가는 의와 근거와 조건과 자격으로 삼지 않습니다. "내가 하나님께 갈수 있음은 오직 하나님이 내게 주신 '의'인 예수 그리스도로만 가능하다!" 이것이 기독교가 말하는 믿음입니다. 이 '의'에 주리고 목마른 것이고 이 '의'가 없어서 애통합니다.

다윗이 하나님께 성전 지어 드린다고 했을 때 물론 하나님은 기뻐하셨지만 그때 나단선지자를 통해 다윗에게 하신 말씀의 골자는 "너는 내게 무엇을 줄 수 있는 게 없는 거야! 뭐를 주는 건 나만이 네게 줄 수 있는 거야!" 입니다. 우리의 구원은 하나님의 크신 은혜와 사랑과 자비와 긍휼로 인한 구원이지 사람의 잘남과 행위로 인한 구원이 아닙니다.

하나님이 이 모든 구원을 계획하시고 작정하시고 신실함으로 그 작정을 이루실 때에 사람의 잘남과 행위로 인한 구원이 아니듯이 반대로 사람의 실패와 못남으로 구원이 중단되거나 취소되지 않을 테니 그것마저 사용하셔서 너의 구원을 이룰 테니 믿음을 잃지 마라! 하나님이 하시는 일은 사람의 생각과 소원보다 훨씬 높은 것이다! 를 말씀합니다.

제자들이 3년 동안 이것을 배웁니다. '하나님의 크심과 나의 작음'입니다. 그래서 결론 같은 말씀이 마태복음 5장 43절 이하에 있습니다.

"너희가 형제를 사랑하고 원수를 미워하라 하는 말을 들었으나 나는 너희에게 이르노니 원수를 사랑하고 너를 핍박하는 자를 위해 기도하라! 하나님은 그 해를 선인과 악인에게 비춰고 그 비를 불의한 자와 의로운 자에게 내리신다... 너희가 사랑하는 자를 사랑하면 무슨 상이 있으리요! 이방인도 그리하지 않냐...그럼으로 하늘에 계신 너희 아버지의 온전하심 같이 너희도 온전하라!"

이것을 배우고 가르치고 각자의 삶으로 가져가서 그 인생의 자리와 조건과 정황 속에서 실천하는 것입니다. 지난 세기 한국교회는 "가라! 제자 삼으라!"에 집중해서 큰 도약을 이루었으나 "지키도록 가르치라!"는 소홀했습니다. 기껏해야 지키는 것이 종교적 행위에 국한되어 "예배 드려라! 십일조해라! 전도해라!", "그러면 하나님이 복주고 형통케 한다!" 식의 샤머니즘 기독교와 값싼 은혜로 전락했습니다.

특별히 드리고 싶은 말씀은 기독교는 어떤 세력을 형성하고 커다란 집단과 조직을 이루어 대의명분을 찾는 것으로의 기독교가 아닙니다. 역사적으로 기독교는 세력을 키우고 과시하면서 망했습니다. 기독교는 세력이 아니라 한 사람의 영향력입니다.

큰 교회에 있는 나, 나라와 민족을 위해 기도하는 나, 세계선교에 앞장서는 나 이런 것에 나의 신앙을 묻어가면 곤란합니다. 명분과 전체라는 이름으로 내 개인의 책임을 떠넘기면 스스로 속는 겁니다. 오늘 내 앞에 있는 사람에게 선한 영향력으로 빛과 소금으로 책임을 다하는 것이 참된 신앙입니다. 우리가 나중에 하나님 앞에 갔을 때 각자가 대답하는 것입니다. 거기서 집단으로 단체로 세력으로 조직으로 답할 일 없습니다. "예수님이 세상 끝날까지 너희와 함께 하리라!" 하셨습니다. 다시 오시는 예수님을 뵙기까지 참으로 가르치신 대로 살아가는 우리 한 개개인의 영혼이 되길 축복합니다.

93. { '이미'와 '아직' }

(마태복음 24:20)

전도를 하면 기독교에 그래도 호감이 있는 사람들 중에 열에 아홉이 하는 말이 있습니다. 내가 성공해서 교회에 가야지 지금은 비리비리해서 아무 도움이 되지 못한다는 것입니다. 돈 많이 벌어 건축헌금 할 때 나가겠다합니다. 하나님께 도움이 되어드리겠다는 발상입니다. 이거는 대기업회장 손자가 앵벌이로 껌 팔아서 가정경제에 도움이 되겠다는 것과 같습니다. 나름은 기특하고 훌륭한 겁니다.

하나님께 나아갈 때는 내 안의 것 즉 내 안의 근거와 자격을 가지고 그분을 만나는 게 아니라 그분의 것 즉 그분의 사랑과 긍휼로 만나는 것이라 했습니다. 전자가 율법주의자이고 후자가 은혜주의자인데 율법주의자들이 은혜주의자를 향해 언제나 손가락질합니다. "저 뻔뻔하게 빈손으로 가는 것들…" 그래서 은혜주의자들은 "그래 맞아 우린 하나님께 나갈 자격이 없어…" 하면서 하나님께 나오길 주저합니다. 여기서 예수님이 통탄을 하십니다.

예수님이 왜 율법주의자(서기관, 바리새인)들에게 극 대노하시냐면 그들은 천국 문 앞에 서 자기도 안 들어가고 들어가고자 하는 자도 못 들어가게 하는 겁니다. 더욱 사악한 것은 자기 같은 자들을 양산해냅니다. 대형 지옥학원을 차리고 있더라입니다.

로마서 11장을 보면 "누가 그의 마음을 알며 그의 모사가 되겠느냐! 누가 먼저 드려서 갚으심이 되겠느냐! 만물이 그에게서 나오고 그로 말미암고 그로 돌아갈지라" 여기서 '모사'는 '책사'입니다. 주군인 하나님께 기가 막힌 정책과 작전을 말씀드려서 "너 어떻게 이런 아이디어를 가지고 있었냐!" 이런 건 없다 는 것입니다.

'먼저 드려서' 라는 말은 "도움이 되어드렸으니 그에 따른 답례가 있을거다!" 입니다. 하나님은 능력과 지혜가 무한하십니다. 그의 존재에서 편재하십니다. 우리는 여기와 저기 지금과 그때를 같이 할수 없지만 하나님은 가능하십니다. 또한 그분은 그 분이 하고자 하시는 일에 우리의 도움을 받지 않으시고 반대로 우리의 방해도 받지 않으십니다.

하나님을 만날 때는 언제나 아버지를 만나는 것입니다. 계약, 이해, 조건의 관계가 아니기에 그분을 뵐 때 뭘 들고 가냐 마냐는 부차적인 이야깁니다. 돌아온 탕자를 맞이하는 아버지의 마음이 곧 하나님의 마음입니다. 신앙은 하나님의 생각과 뜻과 마음을 아는 것입니다.

열왕기상 19장을 보면 엘리야가 하나님이 하시는 일을 몰라서 당황해합니다. 엘리야가 토라지고 삐집니다. 그렇게 하늘에서 불을 내려 응답하시고 바알제사장 450인을 처단했으면 그들의 수장인 이세벨에게도 그 불이 떨어져서 악을 징벌하고 최종 승리의 깃발을 올려야 하는데 하나님은 그렇게 하지 않으신 겁니다.

악의 수장인 이세벨은 자기가 키운 바알제사장들의 죽음에도 더욱 기세가 등등해서 시퍼런 칼을 휘두르며 자신을 죽이겠다고 덤빕니다. 엘리야는 바짝 쫄아들어서 어디까지 도망을 가냐면 남 유다 밑에 있는 브엘세바까지 갔다가 로뎀나무 아래서 "나 이제 못해먹겠습니다!", "내 생명 거두어 주세요!", "하나님 왜 일을 이렇게 하십니까!", "그 때 끝내셨어야지 왜 저걸 남겨놓으시는 겁니까!" 하고는 입이 한 주먹 나옵니다.

하나님은 동굴 속에 숨어있는 엘리야를 불러내십니다. 9절과 13절 두 번에 걸쳐서 "너 왜 여   냐!" 어디서 많이 들어본 말씀을 하십니다. 아담이 타락하고 숨었을 때 하나님이 아담에게 "아담아 네가 어딨냐!" 이 질문은 다분히 실존적없니다. "너 왜 네 자리에 안 있는거냐!", "왜 네 지위를 이탈한거냐!" 엘리야가 답하길 내가 주를 위해 열심히 특심한 고로 모든 사람이 주를 버리고 우상섬길 때 나 홀로 믿음을 지켰습니다. 그런데 저 이세벨이 나까지 죽이려 합니다.

사람은 항상 하나님의 지식을 얻다가도 꼭 자기 행위로 빠집니다. 내 열심의 특심보다 중요한 것은 하나님이 뭘 하려하는지 아는 것입니다. 신약에도 대표적인 열심 특심인 사람이 베드로입니다. 베드로는 예수님의 십자가를 말리다가 "사탄아 물러가라!"가 됩니다. 베드로는 이해가 안갑니다. 하늘과 땅의 권세를 가지신 분을 악한 세상이 몰라보고 덤벼들면 내가 앞서나가 물리치고 예수님을 지켜드리겠습니다 가 왜 사탄인지 모릅니다.

세상은 예수님이 다시 오시는 그 날까지 죄악이 창궐한 자기세상을 살다가 어느날 돌연히 임하는 종말을 전혀 대비하지 못한 채 멸망하게 됩니다. 성경은 죄악세상을 개과천선 시켜서 세상천국을 가져오는 것을 말하는 것이 아니라 죄의 지배아래 있다가 그 결과로서 느닷없이 닥치는 심판입니다. 세상은 세상자체가 악한 게 아니라 그 세상을 지배하는 정신이 악한겁니다. 돈이 악한 게 아니라 돈을 사용하는 사람의 정신이 악한 것과 같습니다.

"악을 깨닫게 하거나 회개시키지 말라!" 입니다. 악은 끝까지 큰 세력을 가지고 이세벨처럼 하나님의 사람들 앞에 군림할겁니다. 거기서 성도들은 뭐하라는 겁니까. "악 앞에서 착한척 하지 말고 네가 오늘 해야 할 일을 하라!" 입니다. 예수님이 그렇게 하셨던 것처럼 "네 앞에 있는 약자에게 군림하지 말고 섬기는 자로 오늘을 살라!" 입니다.

구약의 엘리야도 신약의 베드로도 이해가 안 됩니다. 엘리야는 생각하길 왜 다 이기셔놓고 일을 꼬이게 하시는지 하나님이 답답합니다. 왜 주적인 남의나라 아람왕 벤하닷을 폐하고 하사엘에게 기름부으라 하시는지도 모릅니다. 베드로도 마찬가집니다. 내가 예수님 편이된 것이 왜 사탄인지 이해불가입니다. 하나님은 우리가 생각하고 소원하는 것보다 더 높고 크고 굉장한 것을 하십니다.

'이미'와 '아직' 입니다. 예수님은 십자가에서 죄인의 구원을 성취하셨습니다. 우리의 구원은 우리가 태어나기 전인 2000년 전 십자가에서 이미 이루어진 구원이고 확보된 천국입니다. 그러나 우린 아직 천국에 못 갔습니다. 예수님이 오시든지 우리가 가든지 해야 합니다.

예수 믿고 바로 천국에 가는 게 아니라 인생여정을 살아가야 합니다. 예수님의 십자가와 재림 사이에 우리가 살고 있습니다. 십자가에서 이미 이루어진 구원인데 재림은 아직입니다. 성경은 이미 완성된 구원과 천국 그리고 아직 오지 않은 구원과 천국을 동시에 교차하면서 말씀하십니다. 예수님은 "귀신이 쫓겨가는 것을 보았다면 이미 천국이 너희 가운데 왔다!" 하십니다. 그러나 아직 우리 천국 안 갔습니다.

'이미'와 '아직'이 만나지 못하는 것은 우리의 인생이라는 시간과 생애가 거기 있기 때문입니다. 하나님을 배우는 시간입니다. 자라나고 깊어지며 연단 받고 훈련되어 예수를 닮아가는 시간입니다. 십자가가 무엇인지 이해하는 시간입니다. 하나님이 무슨 일을 하시는지 헤아리는 시간입니다.

갈멜산의 승리를 이미 확보했지만 아직도 이세벨이 시퍼렇게 살아 있습니다. 모세도 이미 자기백성을 위한 비전을 가졌지만 아직 광야의 처가살이 40년이 기다리고 있습니다. 다윗은 하나님께 선택된 왕으로 이미 기름부음을 받았지만 오랜 시간 실세권력인 사울왕을 도망다녀야 했습니다.

사도바울은 이미 다메섹도상에서 주님을 뵙고 이방인의 사도로 부름을 받았지만 바나바에 의해 천거되기까지 아라비아 3년 고향다소 10년의 아직이라는 묻힌 세월을 살아갑니다. 그는 또한 이미 얻은 구원의 완성과 확신을 말하지만 내가 이미 얻었다함도 아니요 온전히 이루었다 함도 아니요 예수께 잡힌바 된 그것을 잡으려 좇아간다고 했습니다. 예수님은 이미 하늘과 땅의 권세를 가지신 분이지만 아직 십자가를 지시기까지 드러내시면 안 됩니다.

'이미'와 '아직' 사이의 긴장은 우리를 끊임없이 훈련합니다. 나태와 태만에서 우리를 각성케 합니다. 끝까지 믿음을 견지하게 합니다. '이미'와 '아직'이 만나는 날... 변치 않는 약속이 성취되고 완성되는 날 그 날까지 우리의 인생과 생애와 운명이 오직 성령의 강권하시는 팔에 붙들려있기를 축복합니다.

하나님을 아는 것을 원하노라

초판 1쇄 발행 2026년 4월 10일
지은이 김주한
펴낸이 민상기
편집장 이숙희
펴낸곳 도서출판 드림북
인쇄소 예림인쇄 **제책** 예림바운딩
총판 하늘유통

·**등록번호** 제 65 호 **등록일자** 2002. 11. 25.
·경기도 양주시 광적면 부흥로 847 경기벤처센터 220호
·Tel (031)829-7722, Fax(031)829-7723